艰辛与欢乐相随

周勋初治学经验谈

周勋初 著

凤凰出版社

图书在版编目（CIP）数据

艰辛与欢乐相随 : 周勋初治学经验谈 / 周勋初著
. -- 南京 : 凤凰出版社, 2016.9
ISBN 978-7-5506-2435-1

Ⅰ. ①艰… Ⅱ. ①周… Ⅲ. ①历史教学—教学经验
Ⅳ. ①K-4

中国版本图书馆CIP数据核字(2016)第218917号

书名	艰辛与欢乐相随——周勋初治学经验谈
著者	周勋初
责任编辑	樊昕
出版发行	凤凰出版传媒股份有限公司 凤凰出版社(原江苏古籍出版社) 发行部电话025-83223462
出版社地址	南京市中央路165号,邮编:210009
出版社网址	http://www.fhcbs.com
经销	凤凰出版传媒股份有限公司
照排	江苏凤凰制版有限公司
印刷	南京爱德印刷有限公司 南京市江宁区东善桥秣周中路99号,邮编:211153
开本	880×1230毫米 1/32
印张	15.75
字数	378千字
版次	2016年9月第1版 2016年9月第1次印刷
标准书号	ISBN 978-7-5506-2435-1
定价	130.00元

(本书凡印装错误可向承印厂调换,电话:025-57928003)

周勋初

摄于 2013 年

时年 84 岁

目　次

说　明

《古典文学知识》读者广泛，印数甚大，在年轻一代学者与青年学生之间影响尤大。我长期在南京工作，薄有著述，有好几种书就是在凤凰出版社出版的，故与社内成员都熟识。他们屡来邀约，希望我能写一些治学经验方面的文字，在《古典文学知识》上连载。盛情难却，只能勉力从事。奈我年事已高，精力不敷，好在其他科研项目都已安排就绪，压力大为减轻，于是细数个人这段漫长的心路历程，力图恢复历史原貌。1991年时，我应《文史知识》之邀，曾以“顺其自然地登攀”为题，刊于该刊的第四期上。这是我在早年的生活经历基础上逐步形成的处世原则——道家的顺其自然与儒家的进取精神相结合。然而这条登山之路并不好走，非但学术上动辄触及正统与异端等棘手问题，政治上也充满着风险。所幸历经艰难，终于否极泰来，这才可以从容地一一陈述，娓娓道来。自2011年9月开始，至2014年11月止，共写了二十篇文字，据云社会反响尚佳。编者均以“周勋初治学经验谈”为副标题。嗣后我就计划出一单行本，附上相关的文字与图片，具体说明我治学方面的一些经历与心得，很多地方寄寓我对家人与师友辈的感恩之情与纪念之意。由于题材的限制,所举例证大都出于个人的一些文章与著作,前后难免有很多重出之处。尽管我也曾注意,分从不同角度加以阐说,力求多样,然仍难以避免重沓之弊。尤其是到外校讲演时,每举李白之类的研究为例,因为这类题目比较新鲜,比较有趣,效果或许会好一些。从一所学校的听众而言,或许听不出问题,只是把这些文字收集在一起,问题也就出来了,但我已难临时换例,只能把情况说明,尚请读者谅之。有些文字的出版情况事后有些变化,我也就在适当的地方作些说明,前后加上(括号)作为标记。

治学经验谈

一

扫除迷障　培育根本

——我为什么要写一组治学经验谈

各人对外界的事物所见不同，评价也就不一样。我喜欢看考古发掘方面的介绍，觉得几十年来这方面的收获太大了，因而自然想到，考古学方面的成就应当水涨船高，业已达到一种前所未有的水平。只是该学科的一位权威学者在一次座谈会上却说："中国学术到底往哪个方向发展，现在是在十字路口，彷徨不知所措，看不清。我们要从学术的角度考虑在十字路口上怎么走。现在整个学术界总的趋向都是在沉沦，怎么从沉沦中慢慢复兴?"显然，他对考古学界的情况心存隐忧。从他的提法来看，可以认为整个人文学科界都存在着问题。事实是否如此，我无法评估，恐怕也不会得到绝大多数人的认可。

我的主攻方向是中国古代文史，或许因为年龄段相近的缘故吧，对学术界的现状也有一些类似看法，觉得研究队伍日益庞大，出版物越来越多，成果也似乎日新月异，但就其中的创新成分而言，却是未能与出版物的规模与先进的印刷技术相匹配。一批批崭露头角的新人，似乎缺乏基本训练，成品不符规范，内涵未见深刻。有些新秀看来似乎很有希望，但因没有明确的方向，最后达到怎样的水平，很难预料。

自知水平有限,本无资格在这里谈什么方向问题,但或许因为痴长了几岁,也写过一些东西,因此常有人请我去谈谈治学心得。盛情难却,也出去讲过几次,还曾得到过一些鼓励。我知道,做学问没有什么灵丹妙药,只有自己下功夫,慢慢摸索,再在某种外部条件的配合下,才能产生一些可以称得上成果的成果。这里没什么窍门可找。只是从我成长的过程而言,也有一些经验教训可供大家参考。

建国之后,政治压倒一切,因此前十七年强调的是“观点”,以为只要学好马克思列宁主义、毛泽东思想,也就像是配上了望远镜与显微镜,什么东西一到眼前就可心知肚明,不难写出高水平的文章。但在如何对待经典著作的问题上,却又问题多有。怎样阅读,如何理解,难于正确把握。结果语录开道,以论带史,一个时期强调一个方面的语录,一个时期又强调另一方面的语录,此起彼伏,令人目眩心怵。等到“文化大革命”中革命口号响彻云霄时,大家也就察觉到了学术论文不能用语录来支撑,这条道路也就无人走了。

对于这种情况,有人称之为“新经学”现象。须知真理向前多走一步,也会变成谬误。犹如周扬在与陈寅恪谈话时以买鞋为例,说明大学生教学比老师还好,后来又说要向老师学习,犹如鞋子也要试穿几次才得合适,因此两种提法都正确,这是在为大跃进时的“拔白旗”运动作辩护。陈寅恪就答以尺寸不要差得太远。周扬的话貌似辩证,实为诡辩。何况有些政治领导人还经常会发表一些即兴式的言论,也会有人悬之令典,让人顶礼膜拜。如果有人终生服膺,也就会自毁一生。

改革开放之后,形势丕变,观点问题似乎讲得少了,随之兴起的是一阵方法热,“新三论”(系统论、信息论、控制论)风行一时。三论内容是什么?“系统”“信息”二词,似乎与古代文史研究还可以有一点联系,但“控制”论如何运用,却是百思不得其解。1983 年,在一次古代文论的会议上，一位年轻学者大声疾呼一定要采用“新三论”来进行研究，否则中国学术界将万劫不复，当有人请他写一篇运用“新三论”的文章作示范时，他又似乎为难起来。结果这一高潮历时不久也就慢慢降温了。事后有人说，这些术语原来是苏联用在工业领域中的，欧美文化系统中不用这一套。是否如此，我也分辨不清，反正我也不想花什么功夫去学它。我知道，个人学风已趋定型，要想去凑热闹，也挤不进去的了。

只是纵观历史，“方法”论的提出要早好多。自上一世纪始，清廷覆灭前后，就有一些先行者参照西方的学术思想和治学方法撰写有关各个学科的研究方法专著。就文、史、哲而言，似乎要以历史方面的著作出现为早，名著也多，如梁启超的《中国历史研究法》正、补编，直到现在一直有人在阅读，其后出现的吕思勉《历史研究法》，生命力也强，大陆和台湾地区都有新版。

古人说：“譬如积薪，后来居上。”读书的情况可不一定这样，新出的书未必一定超过老书。关键还看作者的水平如何。就以梁启超的这两本书来说吧，虽属草创之作，重点放在观念的革新、门类的区划、专题研究的开展等方面，逐项加以申述。作者才高学博，开示门径，所举的例证，均有引领初学的作用。读这类书，不光是知识方面的增加，还可起到开拓心胸的作用。梁启超的学术水平达到什么程度，学人之间有不同看法，但我认为梁氏毕竟是大家，读读他的《清代学术概论》等书，可以感染他的气派，一个人写文章，应该极力避免小家子气。

梁启超与吕思勉的书都曾重印过多次，方法方面的书都不难求得，陆懋德的专著《史学方法大纲》却是命运多舛，未能广为流传，殊为可惜。民国时期，陆氏在北京各大学主讲史学方法多年，后在讲义的基础上勒成此书。1947 年时，由独立出版社于重庆出版；1969 年时，台湾阳明出版社重印过一次；1980 年时，北京师范大学史学研究所资料室又重印过一次,但以内部发行的方式流通。三处印数都很少,影响也就有限。实则此书虽篇幅无多,内容却甚为精粹。陆氏对中西史学都有很深的了解,其中介绍西方史学的优胜之处,大家对之可能比较陌生,有人囿于过去所受的教育,或许难以接受。实则它山之石,可以攻玉,他人确有其长处,我等自应参考。有人称陈寅恪之史学成就“较乾嘉诸老更上一层”,评陈垣则曰“不为乾嘉作殿军”,即以二人曾受西方史学影响之故,那今人又怎能弃之不顾?

西方学术承传的是思辨哲学的传统。资本主义兴起后,各种学术均已发展到很高的水平,对于各种问题的考察、分析之后,加以归纳,将其内容系统化和条理化,提炼成若干守则,学习者便于掌握与操作,这就显示出了明显的优点。例如《大纲》中的“论史料”“论考证”“论解释”诸编,条分缕析,均可看出西方史学的特点。如言考证工作之步骤,分为:1) 外考证;2) 内考证。外考证中又分三步工作,问:1) 此本来自何处? 2) 此本作于何人? 3) 此本成于何时? 内考证中分为三步工作,问:1) 作者所言之真意如何? 2) 作者是否自信其所言? 3) 作者是否有理由以自信其所言? 诸如校正版本之错误,辨别著作之真伪,均属外考证;决定其内容所述史事之虚实,则为内考证。陆氏在申论外考证中之校勘法与辨伪法时,有许多细致的分析,且能详引我国史学中的名著加以比较,举例亦甚精当,而在论及内考证时,也有许多细致的分析,情况类同。这种论方法的书,可以让人打开眼界,举一反三,启迪思考,读之有益。

从哲学来说,讲治学方法的书似乎较少。早期蔡尚思的《中国思想研究法》;改革开放之后,张岱年的《中国哲学史方法论发凡》,都曾产生过很大影响。这两本书中所讲的“方法”,似乎偏于治学态度与读书方法,张岱年的书要晚出得多,方法论的探讨也就深入很多。

这类有关方法的书籍水平的高下，每与作者学识的高下有关。一些深造有得的人，所举例证，往往是他在科研中解决的难题，因此读者应该关注作者所举出的例证，看他是如何发现问题与解决问题的。严耕望在历史研究上建树颇多，下的都是实实在在的功夫，因此他的“治史三书”，讲的心得，都能给人以启发。例如他在《治史答问》中举《杜工部和严武军城早秋诗笺证》为例，从分析“滴博”“蓬婆”二地着手，说明唐代四川西部地区唐蕃用兵攻守的复杂形势。文章从小处着手，说明的是重大的政治问题，且可说明杜甫此诗措词之妙。这是因为作者治历史地理有年，于此牛刀小试，自然出手不凡了。

上述事例说明，读书不能预设成见。大家既不必为名人的声誉所震慑，也不能为舆论所左右，而应当培养自己的判断能力，区分读物层级的高下。对作者提出的论点和所举的例证，都要仔细推敲，看他们的见解是否通达。例如蔡尚思在论“态度”中有“勿故误”一目，举《晋书·孙楚传》中孙楚与王济的对话为例。孙楚本想说“漱流枕石”，却误说成了“漱石枕流”，王济指出其误，孙楚立即改口说：“所以枕流，欲洗其耳；所以漱石，欲厉其齿。”这是晋人清谈中的一次著名对话，收录在《世说新语·排调》篇中。中国知识界向来视此为雅人深致，所以拿“漱石”“漱铁”“餐云”“餐霞”等词命名者不一而足。蔡氏举此作为方法中“故误”的例证，予以否定，从研治文学的人看来，则近于焚琴煮鹤。与此类似，《隋唐嘉话》中载薛元超有言，“平生有三恨，始不以进士擢第，不得娶五姓女，不得修国史”，有的历史学家就以考证为手段而称之为不合史实，却不去考虑这条材料正可说明唐代的社会风气，这样的研究态度，都可说是只知其一，不知其二。由此可知，著书立说的人不能拘执一端，自以为是，读者则应自有主见，多方考察，不能让人牵着鼻子走。

如果说,历史这门学科的知识比较具体,哲学这门学科的知识比较抽象,二者在方法上差异较大。文学问题的情况似乎介于二者之间,只是由于内容方面的复杂多样,写作手法上常用虚构、夸张、神化等手段,面貌往往更趋多样,读者的感受也就更为不同。步入新时期后,介绍新方法的著作更是多见,美学、文艺学、文学批评等方面的著作,纷见迭出;或许可以说,文艺方面的方法论研究,也已成为一门学问。

如从古代文史研究方面的情况来看,所谓原型研究、比较研究、精神分析研究等新方法,都有人尝试过,然而没有大型的有代表性的专著出现,偶尔见到一些单篇论文,在学术界却是未见造成多大影响。只是接受美学的研究方法却风行一时,至今仍似风头未减。实际说来,原型研究也罢,比较研究也罢,接受美学也罢,古代诗文评中都曾有过同样内容的文字,但古人的表达方式与今人不同,中国感悟式的传统与西方分析型的表达方式差异甚大,近代学术则已倾向接受西方的表述方式,因此中国学者自可模仿西方学术,条分缕析,将后人如何接受前人诗文的影响,作系统的陈述了。

这项工作,难易迥殊。从“易”而言,一些伟大的作家,或是一些中小作家,大都已有资料汇编问世。如陶渊明、李白、杜甫、苏轼等人,后人都已编成几大本的资料集,后人文集中提到该人的片言只语,都已一一抉出,作此研究的人,融会贯通之后,就可理出一条条线索;之后,就可写出一种有板有眼的“接受史”了。无怪乎这类著作层出不穷,一些博士生花上两三年的功夫,就可完成一种专著。各人情况容有不同,前期准备或有差异,但在我看来,途径或许还是相同的。

就“难”而言,接受史的写作也确实不易。作者对研究对象首先得有一个真切而全面的了解,如写“李白接受史”,那么就得对李白其人的方方面面有足够的认识,才能对后人的“接受”程度有正确的判断。他得对李白诗文在宋代、元代、明代、清代的情况有恰切的把握，这里就得对宋代之后的文坛有明确而完整的认识，才能看清李白在宋代与其他朝代文人心目中的位置，他们是从什么样的角度去描写李白的，他们的“接受”是否与原型符合，在“接受”的过程中发生过怎样的变异，这些都是细入毫芒的事，成功与否有关执笔者的修养与学识。况且今人在古典诗文的创作上大都没有下过多大功夫，对于古人遣词造句与驱使典故的奥妙未必体会很深，因此对前后之间风格的承袭与翻新的微妙之处往往难以深入领悟。若从这些地方考察，也可知道做好这项工作并非易事了。

有人认为程千帆先生的《张若虚〈春江花月夜〉的被理解与被误解》一文运用了“接受美学”这种方法，然据我所知，那时他还没有阅读过这方面的文章，后来也没有系统地学过，大家都认为这篇文章写得好，只能说是他对古代诗文沉潜有得，而且在诗学方面有深厚的修养，自然而然达到的境界。这可不是光读一些方法论的书籍就能奏功的。

就比较研究而言，情况也有相似之处。常见的比较方法，一是拿古代的某一文人或其作品与后代的某一文人或其作品相比；一是拿国外的某一文人或其作品与国内的某一文人或其作品相比，后一种比法，似乎更能博得年轻一代的喜爱。问题在于目下中国博通古今与学贯中西的人毕竟罕见，而古今中外的学术思想体系又相距甚远，这就出现了一种奇怪的现象，一些佛学上造诣精深的人避谈《文心雕龙》与佛学的关系，那些学贯中西的人也很少谈论比较文学。我们阅读一些比较中外文学的文字时，常会产生一种浅尝辄止的感觉。只是处在当今全球一体化的时代，各地人民均有了解彼此不同文化的要求，通过文学达到沟通的目的，这种方法可能还是有其前途的，但愿日后能有更多深造有得的著述出现。

目下介绍治学方法的文章中有一种共同的看法，即大家不应往热点去凑，应该避热就冷，找一些他人尚未做过的题目做。这样说，当然有其道理。尤其是那些莘莘学子，学习期限有规定，必须在短期内交出让评审委员满意的成果，势难去啃那些难啃的硬骨头。因此，研究中、小作家，一些偏僻的诗文流派，还有那些显得新颖的研究方法，也就万人瞩目，群趋于是了。但从长远而言，如想有大的建树，还是得下苦功夫，做大题目。而做大题目，则无法走捷径，可以轻易取得成功。从根本上来说，一个人的收获，总是与他的投入成正比的。

从我来说，本就孤陋寡闻，在方法论的问题上考虑较少，学习得也不够，本无置喙的馀地。如果要说的话，那我觉得还是应该学些形式逻辑。试看“五四”时期的那批杰出学者，如顾颉刚等人，都曾提到学习名学教科书的重大作用。中国自古以来就有“名学”一目，但发展得不充分。西方思辨哲学中的形式逻辑研究，到了近代，体系更趋完整，学习之后，自能更好地用以治学。我在《当代治学方法的进步》等文中，曾以归纳法和假设法的运用论证近代学术取得的巨大进步。学者之对方法，从不自觉的状态进入自觉地运用，确是情况不同。处理研究中的一些基本原则，形式逻辑的知识还是应该具备的。

新中国成立之后，特别强调学习辩证唯物主义与历史唯物主义的重要作用，这是有道理的。这门学问，确是体系完整，自经马克思、恩格斯等人倡导后，更能予人以启迪，不能由于过去一些人的错误阐释，就以为没有什么可取之处。例如其中有关对立统一的规律，我曾用以观察刘勰的“折衷”说，虽然未敢自信必是，但还是感到理论的重要启示作用。我觉得，从事科学研究的人，如能读一些马克思、恩格斯的著作，则对如何观察问题，以及视野的开拓、思辨能力的提高，都会有很大的帮助。尤其对于我国学人中常见的一种思维方式——就事论事,更可起到针砭作用。

王国维的研究工作,富于创辟意义,大家纷纷聚焦于其方法之新。例如他所提出的“二重证据法”,就备受赞誉。实际说来,“二重证据法”的提出,不单是一种方法问题,实际上是一种学术视野的开拓,以及对待材料认识上的改变。王国维从年轻时起就醉心于西方学术,因此他的选择材料,不专局限于正经、正史,虽然他在这些地方也曾下过苦功。他还注意新出土的材料中所呈现的历史现象,综合考察之后,得出了崭新的结论。由此可知,王国维的成功,首先应该注意其观念的变化,这样才能了解其对材料的采择,所谓“方法”云云,应该落实在这些上面。

傅斯年与陈寅恪都曾提出过官书与私著应该对勘互读的观点,论者以为这是他们在德国留学时,受到兰克(L. V. Ranke)学派影响的结果。他们把这种学术见解引进中国,可以纠正国人偏重官书的思维定势,将人们的学术眼光提高一步。因此,初学者自应对新的潮流赋予注意,不能光着眼于个别研究方法。我在介绍罗根泽先生治学生涯的经验教训时曾提出,要预流而不要赶浪头。过去学术领域中大搞政治运动,知识分子忙着赶浪头,导致一批批人昙花一现,新时期内仍有可能重蹈这种覆辙。

由此可见,不管你面对的是老经学还是新经学,都应保持清醒的头脑,不要随波逐浪,人云亦云,而要独立思考。

学术领域中的变迁,往往经历很长时间,身处其中的人,如能坚持实事求是的态度,针对各门学科的特点,从文本出发进行客观的深入的解读,谨慎对待新出现的观点或方法,学问从根本上做起,则积少成多,聚沙成塔,总能取得某种成就。

清初顾炎武等人痛心于明社的覆灭,归罪于明末学风之坏,以为其时学界(包括王学左派)中的一些人,空谈性理,不顾社稷苍生的根本利益,导致亡国之祸。因此他们要从传统文化中作寻根之旅,从而兴起一股正确解读经典的思潮。顾炎武撰《日知录》,视之为经纬国家的力作;著《天下郡国利病书》,将眼光转向当前国计民生;著《音学五书》,研究古音,为的是正确解读《诗经》等儒家经典。其后戴震等人更从小学着手,破宋学的成说,探求经典原貌,藉此寄寓他们的寄托。清代朴学的兴起,成就巨大,所以能步步深化,靠的就是实事求是,操作规范,从文本出发。

就初学者来说,一时也不可能想得那么多,看得那么远,但还是应该冷静地对待外界的一切。尤其处在目下浮躁之风弥漫朝野之时,更不能饥不择食,看到新鲜可喜的东西就被它俘虏,也不能急于成名,想走捷径,希望运用某种新观点新方法,甚或采用一些耸人听闻的名词术语,吸人眼球,追求一夜成名。

目下青年学者的压力很大,要想让每一个人都走严耕望这样的道路,怕也不太现实,但还是应该有一个近景规划与远景规划,让目的逐步实现,既出眼前成果,好在社会上立足,又可明确目标,作出一些可以预见的成绩。分清步骤,一步一个脚印,日后自可取得成功。

反躬自省,自知不该讲上面这样的话,因为本人并不具备这种资格。我这匆匆忙忙的一生,常是处在身不由己的状态,一辈子没有什么预定的计划,更谈不上什么远大目标。因此上述云云,或许可以说是我的一种愿望,因为自己无法实现,只能希望年轻一代能有比我更好的结果。是耶非耶,尚祈各界多方指正。

但我还是想从另一种角度再作一些申述。毕竟我在文史领域中跋涉过很久,而且处在极左思潮愈演愈烈的状况下,还是能够留下一些经得起历史检验的成果,其后多处闯荡,奔波于各种不同学术领域,也总能得到相应的收获,那么若把我的这些经历一一写出,或许也可作为一种“另类”的样本,供大家参考。这就是我写作这一组治学经验谈的缘由。

【附录一】

关于论文选题和治学方法

——周勋初先生报告会记录

时间:2006 年 4 月 19 日星期三下午三点三十分

地点:安徽师范大学中国诗学研究中心会议室

主持人:胡传志

参加人:文学院古代文学博士、硕士研究生和部分青年教师

主持人介绍：今天我请来我的老师周勋初先生为大家讲一讲如何选题和治学方法问题。大家对周先生一定不陌生，周先生在古代文学研究界是著名专家，现任江苏文史馆馆长，南京大学中文系教授。周先生论著很多，主要有：《九歌新考》《韩非子札记》《韩非》《张骘〈文士传〉辑本》《文心雕龙解析》《中国文学批评小史》《文史探微》《文史知新》《高适年谱》《诗仙李白之谜》《唐诗文献综述》《唐人笔记小说考索》《唐代笔记小说叙录》《当代学术研究思辨》《西学东渐和中国古代文学研究》《无为集》，以上都收在《周勋初文集》七卷本中。此外，周先生古籍整理方面的著作有《韩非子校注》《唐语林校证》，主编《全唐五代诗》(第一主编)《唐诗大辞典》《唐人轶事汇编》《唐钞文选集注汇存》《20世纪中国学术文存·李白研究》等，新出版的著作有《李白评传》《师门问学录》(与其马来西亚博士生余历雄的教学实录)。从先秦到晚清，学术面很广。今天周先生为大家谈谈如何选题和做学问，我想，这要比单纯就某个专题来讲对大家更有价值。

报告内容：

听了刚才胡老师介绍我的著作，可能会给大家一种错觉，似乎我很聪明，写的东西多。其实我一点儿也不聪明，我这个人迟钝得不得了。也不会讲话，连普通话都讲不好。我曾经在北京工作过三年，我的爱人是北京人，但是普通话我始终讲不好。因此，语言上我是一个低能。有的人讲话很有激情，很有表现力，我不行，说话平淡无奇，温吞水一样。可见，我没有什么才华和能力。我的这些书可能会给人才学不错的感觉，其实比起当代学者来，并不算多。不过我的面还算比较广，从先秦到晚清，这在当代学术界是不多的。学术界现在是专家多，大家少。有苏轼研究专家、《文心雕龙》研究专家，等等。原因一方面在于现在的学术潮流逐渐向专门化发展，另一方面是受到苏联的影响，苏联是搞计划经济的，按一定模式来培养人才。在北京的中国社科院就是这种模式的明显例子：有的人一辈子就搞一个行当，如曹道衡先生研究魏晋南北朝文学、刘××先生研究小说。虽然都很有成就，但是走的还是专家的道路。有的人更窄，如吴××先生，只搞传奇研究。我个人的情况也是身不由己，往往是组织叫你干什么就得干什么。现在回顾一下，我的主要特点就是做事认真。要干什么事，就一定要做好。“文革”时候“评法批儒”，于是我就写了《韩非子札记》。中文系的教学任务先秦时期占的比例很少，韩非子分到了哲学系去研究。我觉得新中国成立后至今，哲学系在文史哲三系中处境最麻烦，因为老是受教条主义干扰。动不动就说谁是唯心主义，谁是唯物主义；唯物主义就好，唯心主义就判死刑。我最不爱看这些东西，令人索然无味。哲学系的一些教师读古书的能力一般都不太好，要把一个字一个字搞清楚，他们可能不如我，所以评法批儒时就不得不叫我参加。我的政治条件很差，只能去做苦工，花了两三年，还不断修改，把《韩非子校注》写出来了。花了很大气力。后来又重新写了另一本书，叫《韩非子札记》。《韩非子》一共五十五篇文章，我细读之后，发现了一些新的东西。所以决定读一篇，写一篇札记，而且要有新东西，是别人没有说过的，后来就成了《韩非子札记》，还正式出版了。这本书，在座看过的人可能不多。的确，在国内影响不太大，但是这本书用现在的话来说，却是效益很好。后来我到日本、马来西亚、台湾等地，好多人认识我。因为他们读了我这本书。日本东京大学法学院的长尾龙一教授在美国国会图书馆看到这本书后，奇怪得不得了——怎么会在“文革”中写了这本书？于是他请自己的台湾学生问问这个姓周的是何许人也，还特地到南京来找我，交朋友。我到日本时，他隆重地接待了我。马来西亚国内的一位最著名的教授，马来亚大学中文系主任郑良树也写信来与我结交。后来他出书，还叫我写序。我在台湾讲学，也有很多人认识我，因为台湾的中文系也把中国古代哲学的好多内容包括在内，台湾的哲学系主要是研究西方哲学的，如康德、黑格尔等等。因此，台湾中文系有一些人也读了我这本书。所以我觉得这一项工作还是很有收获。这就说明，自己虽然不聪明，但是做事效率还是很高的，要做事就一定要做成，写文章就一定要写出来。有的人写了一半就写不下去了，我想好之后就一定能写下来。

我在日本只待了三个月，但是回来就出了《唐钞文选集注汇存》(上海古籍出版社)一书。这是三厚本的书，十分珍贵，不知道大家可曾看过。起因于人家叫我去参加《文选》学会，我不太愿意，因为精力太分散了。有许多杂七杂八的会议都叫我去参加，都是朋友，我这个人也不爱摆架子，要去，就得写文章。当时郑州大学的俞绍初先生叫我去，俞先生人品很好，我就去了。一去后发现，国内研究《文选》的学者眼光太狭窄，在文献的掌握上还比不上日本的学者。日本的几个教授，如冈村繁，就研究得很好。因为日本保存着很多中国的古书。这方面中国人应该反省，我们把自己的文化和文物破坏得太多了。当时日本的《文选集注》有120卷，其中有好几种著名的唐人注。国内已经遗失了，日本则还保存着。这书在抗日战争时期就出版了。当时他们只送给中国五六部，都是当时的教会学校，如燕京大学、圣约翰大学等。后来国内一本也找不到了，可能有人借走就不还了。因此，中国国内这些研究《文选》的学者根本不知道。冈村繁先生等人根据日本人收藏的钞本进行研究，成果很好。台湾还有一部南宋版的《文选五臣注》。改革开放之后我就有了机会到外面去走走，也就极力想把这些书印出来。在日本复印后，交给上海古籍出版社印刷。现在这书已经卖完了。我在前面有两万字的《前言》，作了详细的评价和分析。所以，有人就以为我是专门研究《文选》的专家。实在是惭愧得很，因为实际上，我只是出了这本书。

总之，上面说的只在强调读书的效率要高。有的人爱读书，只是光读不出货。怎样才能"出货?"现在的学生常是面临两种情况。以前的学生中常有不少意气风发的人，傲得很。现在则很少见到了，学生多数对自己缺乏自信，狂傲的人很少看见了。普遍都认为自己搞不出什么名堂来，谦虚得不得了。原因可能是他们面临的压力太大了：又要发文章，又要找工作，因此狂傲的人越来越少了。按说，二三十岁的人最应该意气风发，到了四五十岁以后才会渐渐沉稳，这是人的正常的发展过程。现在和学生接触，发现他们对自己大都没多少自信心。

另一个问题就是找不到什么题目。硕士研究生可能好一点，博士研究生更伤脑筋。博士论文选题确实麻烦。因为博士论文选题很重要，选得好，才会写出好文章，也会有一个好的学术起点，在学术界崭露头角，今后还可以不断开拓、发展。所以很重要，应该好好考虑选题。怎么去做呢？经常有人说，这个问题不能做，那个问题好做。其实，没有什么好做、不好做的，关键是水平的问题。有水平，则什么题目都能够做好；没有水平，好题目也写不好。如韩愈，写得人很多。我最喜欢读陈寅恪先生的《论韩愈》，就两三千字的文章，但是写得十分漂亮。这种文章不知道大家现在还读不读，好像不太读了吧？像王国维、陈寅恪这样的文章，用的是文言文，与现在的文章不同，读起来疙疙瘩瘩的。大家最爱读的可能还是《文学遗产》《文学评论》等杂志上的文章，但是，这上面经得起历史检验的文章不太多。我觉得要真正提高自己的层次，还是要读王国维、陈寅恪等人的文章，因为确实写得好，对人有启发。我于八十年代在南大带硕士的时候就开了一门治学方法的课。其中举王国维和陈寅恪为例子。因为新中国成立后中国人老是喜欢赶潮流，一个潮流接一个潮流的。解放后，一开始就强调立场和观点。观点正确，文章就好，而正确的观点来自正确的立场。站在人民立场的就好，否则就坏。如韩愈就是站在地主阶级立场的，就坏；杜甫因为站在人民立场上，就好。教条主义很严重。当时的文章满是“人民性”“现实主义”“浪漫主义”“艺术性”“思想性”等字眼。五十年代，政治决定一切。当时的文章，没有多少能传下来的。八十年代，方法论成为热门，方法决定一切，什么信息论、结构论等等，搞了半天，这些“论”究竟是什么，也不清楚。八十年代后期，就是文化论，提倡“大文化”研究。当时在《文学遗产》上就有好几篇宏观研究的文章。这么弄来弄去，真正取得高成就的东西可不多。我在南大教书时，曾经与老一辈学者如程千帆先生等探讨，认为讲方法，还不如挑出近百年来最好的一些学术文章，让学生看看学问是如何做的，反而会更有效一些。现在的同学们有一个很大的问题，就是文章的好坏看不出来，往往看到蹩脚得不得了的文章，却如获至宝似的。所以，自己一定要有鉴别水平。所以我就开这门课程介绍读书方法。我没挑章太炎的文章，因为他主要还属于清代朴学的传统学人，对学术贡献的确很大，但不是主流。我认为近百年来最有成就的学术成果就是清末到民初的学术研究。这些人在清末的时候到国外留学，回来后在北洋军阀时期，一个个成长起来。所以，我们现在评价古人，也要客观，一些历史应该改写。如，北洋军阀，以前老是被斥责为一塌糊涂，贪污、腐化，一无是处。北洋军阀有的是很坏，但是实际上不一定全部是这样。我们看，史学研究的王国维、陈寅恪，哲学研究的冯友兰、汤用彤等人，都是在清末时候出国，民初回来，在北洋军阀的时代成长起来的，因为当时的学术气氛还是比较宽松。胡适就是那个时代的产物。因此，中国人应该好好考虑过去的那些讲法了。有些是很片面的，是教条主义的东西。为什么以上学者能够取得很高的成就呢？首先，他们接受的教育是以传统的国学为基础的，而不是分工过细的。如《十三经注疏》等等都读过。后来到了国外,又学习了新学术、新方法。因此,这批人基础好,视野开阔,研究成果最好。对这批人就不能不加以关注。我认为陈寅恪的文章就不能不研究。王国维的《殷卜辞中所见先公先王考》是近百年来最好的文章之一。它将中国的历史翻开了新的一页。大家知道,"五四"时期疑古主义思潮严重,要推翻过去的一切。如胡适、顾颉刚等。胡适从美国回来,在大学讲课时,就从周宣王讲起,说中国此前的历史都靠不住。因为他在美国是学杜威的实验主义的,没有证据的东西,都认为靠不住。他认为,在周宣王之后,历史才一年一年地排得出来,此前则没有确切的历史记载。我跟我的老师胡小石先生学过甲骨文,读得懂他的文章。王国维经过考证,认为《史记·殷本纪》中的记载基本正确。王国维的文章一出,胡适等人的论点不攻自破。近几年还陆续发现了许多古书和卜辞,那么古代记载可靠的东西就越来越多,因此有人提出:"走出疑古主义"的时代到了。既然《殷本纪》靠得住,那么《夏本纪》也应当是靠得住的。所以中国历史至少可向上推至夏朝。这样,中国几千年的文明完全可以靠得住了。王国维的论文就将中国历史翻开了新的一页,写成这样的文章,就是好文章。

古代文学方面,陈寅恪的文章有许多新论。因为他眼光独到,《论韩愈》才两三千字,其中提出韩愈在中国历史上的六条贡献完全是他自己的独到体会。新中国成立后的文章,教条主义很严重。当时就一味贬低韩愈,抬高柳宗元。陈寅恪就在文章中说:谁骂韩愈,谁就是"蚍蜉撼大树,可笑不自量"。一般人这么说,可能会被打成反动分子,因此都不敢说。现在学术环境好多了,可以说了。总之,陈寅恪的眼光就是好。现在的研究工作动不动就强调要发现新材料。陈寅恪用的则都是大家都能看见的材料。如《新唐书》《旧唐书》《资治通鉴》等等。但是,他就能够从中看出新东西。

下面讲一讲“聪明”和“笨”的问题。王国维的天资很好,实在了不起,我的老师罗根泽先生的老师就是王国维,我的老师胡小石先生则曾经是王国维的同事。我问过胡小石先生,王国维是否特别聪明?胡先生说他很用功。可见,王国维不能说是特别聪明的人。有的人的确很聪明,如胡小石先生、陈寅恪和闻一多等等。所谓“聪明”和“笨”,都是相对而言的。胡小石先生的记忆力特别好。他们那个时代,小时候读的都是四书五经,和现在孩子小学课本里面的儿歌童谣不同。这也说明小时候读了四书五经的确也有其好处,到老了还能够背出来。胡小石先生教工具书使用法时,一次课上叫我们查典故,他能够把在《佩文韵府》上许多条文都背下来。过去的老一辈学者,都有这种本事。如康有为能够把《汉书》从头背到尾。因为他们小时候读书都下过苦功,下过大功夫。胡小石、王国维二人又最佩服沈子培先生,这个人大家可能没有听说过,因为他不写文章。这个人真是不得了,不知道他学问为什么能够做到这种程度。他也是记忆力特别好。他小时候在北京,据说有一年连续下雨,他只好在家里读《资治通鉴》,到老了还能背下来,因此人人都佩服。但是,他不太写东西。这与现在的人不同。近百年来这方面的观念差别也很大。古人做学问是“为己”,为提高自己的修养,所以要学习;现在则是“为人”,要把自己推介出去,扩大影响,提高地位,否则职称评不上,房子买不起。过去的情况则不同,有学问的人不写文章,待遇还是很高,一个月几百块大洋,花园洋房住着。现在的社会环境彻底变了。

总之,王国维、陈寅恪等人的学问好,在于能够从普通书里发现大问题,提出新见解,他们自己的视野很宽阔。不是研究谁就一天到晚只看谁的东西。如,研究黄庭坚,光看黄庭坚的东西是不够的,至少要把宋代的东西了解了才行。我搞的东西是比较多的。现在国内的各种学会，什么李白研究学会、《文选》研究学会、《文心雕龙》研究学会等等，存在很多问题。李白学会里的人多是在学校里教李白的。由于教李白，时间长了，对李白的诗歌都很熟，会背，李白哪一年写了什么也都讲得头头是道。但是写的文章，水平高的不多。搞《文选》的人，也多把《选》学变成了文学作品选，不能总体把握。总之，是眼界太窄，视野小了，没有眼光，就发现不了问题。所以，读书要分泛读和精读，二者要相互结合。成为高水平学者的基本条件有两个：智慧和用功。既智慧，又用功的，一定是一流的大家；不聪明，但是很用功，同样也可以成为优秀学者。我的两位老师，胡小石和罗根泽先生，胡小石先生就是很聪明的，罗根泽先生相比之下就比不上胡小石先生了。但是罗先生特别用功，去世的时候不过六十岁。他出身贫寒，读书后，常是苦干：对资料进行收集、排比、归纳、概括。所以，他的文章很朴实，不像有的人的文章一看就是才气纵横，但是，你也不得不承认他的文章好。如《战国时无私家著作说》一文，论证战国时没有私家著作，都是集体创作的，由门人、弟子参与，收集、整理。从《论语》《孟子》《庄子》等著作中都可以看出。他将材料一个个排比，该文的高明之处，就在于排比细密、逻辑谨严、资料收集完备。文章写得很朴实，一看就知道不是那种特别聪明的人触类旁通后的文章。由此可见，每个人应该发现自己的才性，不要盲目跟着潮流走。现在不少年轻人都喜欢搞美学什么的，如果抽象思维的能力不行，那就不合适。如果一个人思维比较细密，他可以去作考证；如果天分不太高，但是很勤奋，就可以去搞文献资料，就性之所近，找一些有价值的题目，也可以取得很大成绩。总之要看自己的才性。

如果真正投入下去，必然可以发现新东西。对一个东西不断分析、辨析，总会提出别人从未说过的东西。我自认为我很遗憾，因为研究的头绪太多了，精力是有限的。你们胡老师说他忙得不得了，其实我当年更忙：从大学留下来之后就一直没有停下来过。改革开放之前，由于我出身不好，只能实干，不可能像当领导的人那样叫别人干。那时候开新课、编书都轮到我。改革开放后，任南大研究生院的副院长，文科的研究生都是我管。我负责南大的古籍研究所，培养了很多优秀学者；程千帆先生在南大创立了全国重点学科后，由于身体不好，事情也主要是我来干。同时，我又要上课，又要不断地开会。连年不断在外面开会。1995 年，到境外就去了三次，国内的会也有五六次。韩国的研究生又要毕业，总之，忙得团团转。但是，也总算应付过来了。我在 1995 年时仍然写了不少东西。或许我的知识面比别人广一些，可以不断发现新东西。总之，需要认真钻研，哪个问题别人讲得还不到位的，自己钻研，肯定会有新发现。写文章的确要发人之所未发，讲别人没讲过的，不仅仅是对别人说过的话再补充几点，或者是花里胡哨地再讲上几句，明眼人一看就不以为然了。

从文学的角度，我有几篇文章可以介绍。其中《九歌新考》是我三十多岁时写的，现在还很喜欢。那时候年轻，思想较为活跃，提出了一些新见，如说《九歌》里面的东皇太一是齐国的上帝等。这一观点，别人或许不同意，我自己却感到很满意。我的文章分为两类：一类属朴学系统，属于实证主义的研究，如《唐语林校证》《唐人笔记小说考索》中的文字；另一类就是较为空灵的，接近陈寅恪的那种，如《九歌》研究，就是通过触类旁通而想出来的那种。李白研究，也是一个大题目。我以前从未对李白好好地研究过，所以，我那本书一出来，别人都很奇怪。2000 年，北大陈平原教授分门别类编二十世纪学术成果时，邀我编《李白研究》。这有点奇怪，因为我这个人连李白学会都没有加入。我写了五万字的前言，对近百年来的李白研究进行了全面的总结和分析，自我感觉还是比较满意的。虽然有些老学者会不满，因为我对一些老辈的成果评价不太高。

讲到研究李白的机缘。我个人的气质其实和李白差异较大。我不太狂放，比较传统。李白这样的人在中国人中是很少见的。1989 年，李白学会在九华山开会，当时的副会长、后来的会长，南师大的郁贤皓先生请我一起去开会。因为我没有去过九华山，于是想去观光一下。写了文章，《李白及其家人名字寓意之推断》。这个题目涉及到对人的一些特点的认识，而特点是通过比较得出来的。比如说某个女同学爱打扮，这是和周围人比出来的，如果周围大家都爱打扮，那么她就不算爱打扮；又比如，说一个人狂傲，也是与他周围人比出来的。同样，李白的性格也是与其同时代人比较而言的。如与高适、岑参、杜甫、王维一大堆同时代人相比，他的特点就显出来了。研究李白，就应该和开元、天宝时期的人相比。一比就可看出，他是个奇人，特点太多了，连给儿子取名字都很怪。人取名字是很讲究的，中国人从名字上就可以看出其家庭背景。如“进福”“贵根”之类，多半是农村孩子；“乔治”“玛丽”之类洋名，多出自城市洋派家庭；“卫东”，多半是“文革”时候出生；“建国”，大多是五十年代出生的人。李白的儿子叫“伯禽”，这很奇怪，“伯禽”是周公的大儿子的名字。这太狂了，自己的儿子竟然和周公儿子的名字一样。其子的小名也怪：“明月奴”，这类名字多半是有少数民族背景的。白居易也是少数民族，因此他的族弟就有叫“金刚奴”的。我的这一发现，就得力于泛读过有关少数民族的书籍，我以前研究《九歌》时，就读过一些。李白的女儿叫“平阳”，这也很怪。“平阳”来自汉武帝姐姐平阳公主，史载汉武帝到平阳公主家，其姐招待他时叫一个女子跳舞给他看，汉武帝很高兴，走的时候将其带走，临行时，平阳公主对该女说：“苟富贵，毋相忘。”该女后来当上皇后，就是汉代著名外戚卫青的姐姐。这是《史记》中的记载。史书中我还是最喜欢读司马迁的《史记》,司马迁其实对汉武帝是很怨恨的,因为李陵事件。他在《史记》中就讽刺了汉代统治者的裙带关系。卫家权势皆源于“平阳歌舞”,这个名声可不好。王昌龄一首诗就写到“平阳歌舞新承宠”。当然,古今观念已经不同了,过去,古人最看不起以色相侍人的艺人、伶人,直到清末,唱京剧的见到妓女还要打千儿,可见其地位比妓女还不如。现在唱戏的则成为“表演艺术家”了。人们对大明星也是十分追捧,很是风光。但是,一般来说,中国古代人是不可能给女儿取名“平阳”的。李白这么做,与他的家庭背景有关。李白在西域长大,那里居住的少数民族都是喜欢唱歌跳舞的。李白的妹妹叫“月圆”。他们一家人都对月亮感兴趣。原因也在于李白家是从西域迁过来的。他小时候在碎叶(今吉尔吉斯共和国境内),那里的文化背景和汉人差异很大。李白五岁时候才回到蜀地。所以,李白给子女取名和汉人不太相同。杜甫的两个儿子,一个叫宗文,一个叫宗武,这是标准的中国人的名字。而李白给子女的取名显得这么怪,主要就在于文化背景的不同。我把这篇文章交到会议上,大家看了都觉得很新鲜。后来我兴趣来了,就写了十篇文章,后来结集为《诗仙李白之谜》在台湾商务印书馆出版了,因为我还没有在台湾出过书,他们的版税搞得很正规,经常给我寄通知,告诉我这本书又卖了多少本了,叫我去拿酬金。这就有一种新鲜感。后来南大老校长匡亚明主编了两百本思想家评传,他希望每位副主编写一本,我就写了一本《李白评传》。我相信,这里面的东西,在李白研究界无人说过,看来现在学术界研究李白的人一时也想不到这方面去。目前这项工作还没结束,我还在不断地写。最近还应我在中国社科院的一个学生蒋寅的约稿(他们社科院要出一本优秀科研成果集子),这几天我还在写一篇稿子《李白的晋代情结》。

下面将《诗仙李白之谜》里面的一些内容介绍一下。我将李白定位于多元文化。中国有的地方文化背景与中原的汉人不同，李白给子女取名上已经可以看出。另外，还有好多奇怪的地方。如他曾经与一个朋友吴指南同游，吴指南死在半路上，李白就把他葬在洞庭湖边，一年以后，又挖开，开棺一见，筋肉尚在，于是剔骨葬友：用刀把肉剔掉，把骨骸放在篓子里背到别处安葬。这在别人看来简直不可思议，换了杜甫，他吓都吓死了，这种事，也只有李白才干得出。其实中国各地的葬法有不同的风俗，差异很大。墨家主张薄葬，最早记载在《墨子》中。我们知道，儒家是讲究厚葬的，汉代建陵非常隆重，要把山挖空了建墓。汉代有天人合一的观念，认为活着和死了没有什么差别。因此在陵墓中也极尽奢华，放置了各种军队俑和其他陪葬品。我家客厅里就有一幅汉画，非常精美，气象万千，由此也可见一斑。墨家崇尚简朴，所以是提倡薄葬的，认为死后只要一副用桐木（桐木是最容易烂的木材）做成的薄棺材，埋了就行了。为此，墨子骂儒家太浪费。现在看来，墨子是完全正确的。我国的羌人自古至今都是火葬。南方的“南蛮”则流行剔骨葬。唐代，湖北一带和四川南部都是南蛮聚居地。当地人的做法都是和李白差不多的。现在广东一些地区仍然这么做。李白住在四川江油，南边就是南蛮，所以说这一观点应该可以成立。学术界研究李白的人都没有发现这一问题，我则读过有关民俗学方面的书，以前在研究《九歌》时就看过这方面的书籍。

另外，就是李白在安陆就婚的情况也较特殊。据李白自己说，他先后在两家做了上门女婿。第一家是前代宰相许圉师家的孙女，所谓“许相公家见招”，就是到许家去结婚，做了那家的上门女婿。在中国古代，做人家的上门女婿是很被人看不起的。当然，现在就是正常的现象了。可是，李白自己却无所谓，毫不避讳。另一家是宗楚客的孙女。我们知道，唐朝的思想是较为开放的，但是封建思想的本质没有改变。唐朝人结婚多是向慕那些大姓名门。这种传统自古皆然，如春秋时期就是娶妻必是姜氏；魏晋南北朝时候南方是王、谢二族，北方是崔、卢二氏。唐朝就是七大姓。有人不是出自名门还要去冒充。如《西厢记》里的崔莺莺，据陈寅恪考证只是妓女身份，可是还自称为"博陵崔氏"。由此更见出李白此举的奇怪：他娶的女子皆非出自名门大姓，而是宰相之后，虽然用现在的话说是"高干子女"，但是前朝宰相，已经是没落的高干了，风光不再。而且中国人讲究门当户对，在婚姻时考虑对方家风要好，是正派人家。但是宗家家世十分卑鄙，是武则天姐姐的子女，在武则天当政时贪污腐化，很恶劣的。李白却为他们讲了很多好话，以至于清代王琦也说李白是在"为亲者讳"。可见李白的观念与正统的规范实在差得很多。我的以上观点，应该说是别人没有讲过的。

还有，李白相信道教。道教如何产生的？我认为起源于羌族。前面说过，羌族采取火葬，在火化时候，有飞烟上升，会给人一种灵魂脱窍而升天的感觉。于是就有肉体毁灭、灵魂不灭的想法。道士炼丹都要在高山上，因为可以"接天"。汉代末年，道教的创立就是在四川，在羌族人的出没地。李白在许多诗中出现了"骑羊"的意象。为什么呢？原来，羌族就是以羊为图腾的，而又多为白羊，所以，李白诗歌中白色的使用也较频繁。四川的西部就是羌族世代居住的地方，可见道教的产生与羌人有关。见于《列仙传》上的葛由就是羌人。从汉代起，峨眉山就是羌族人出没之地。李白诗歌中很多东西的确是别人无法理解的。如，李白出蜀之后第一个想到的地方就是剡中（今属浙江），因为那里名山多，如天台山、天姥山……等等，都是道教名山。李白晚年被赦后，还上书皇帝要把京城从凤翔迁到南京，而南京是东晋的京城所在地，由此可见李白对东晋一朝十分恋念。由此，我们对李白的空灵不同于杜甫的质实的成因又会有进一步了解，因为文化背景上有不同。李白后来到了金华，又讲到“赤松子”，这是道教最早的神仙之一。金华山中还有神仙叫“皇(黄)初平”，即黄大仙。黄大仙早年也是放羊的，据说有人问他在干什么，他回答说在放羊，别人说羊在哪里啊？他一声吆喝，石头就变成了羊。这里又可看出李白所接受的羌文化背景。直到魏晋南北朝时期，东晋与西凉的交流一直都没有停止(东晋有一条通往西凉的路，一直开通)，西凉之后是北凉，还要东晋送《搜神记》给他们。总之，李白受到南蛮、突厥、羌人等族的影响，所以显得怪，与一般人不同。以上这些，我相信是学术界尚无人说过的。八十年代，研究李白的最大的成就就是考证，而我认为对于李白这种天才而奇特的诗人，考证并不是唯一的手段，最好是进行文化研究。按照现在中文系教李白的这种路子教下去，我的这种研究思路也不会产生出来。我的确在材料的搜集和线索的发掘上面花了好大的功夫，还要进行实地考察等。所以，只要认认真真地去做，就能发现大问题。当然，要一下子达到我这种思考高度，的确也不太容易，但是长江后浪推前浪，研究工作也是永远没有停歇的。总之，写文章一定要发人之所未发。与别人讲的差不多，就不会得到大家高的评价。眼界还是要高一些，取径宽一些，不要只局限于当代一些报章杂志之类的信息。现在大专家很少，多的是小专家。所谓“学乎其上，仅得其中；学乎其中，斯为下矣”。所以，一定要读第一流的文章，如王国维、陈寅恪的文章虽然文风与现在的写法有些不同，但是的确有好处。读陈寅恪、闻一多等人的文章，可能一开始会不得要领，但是读过之后确实有好处。他们太聪明了。他们的有些结论我读后也不是太相信的，因为他们有很多推论。但是，结论有时并不重要，只要能够讲出这些话来就不容易了。关键还是打开思想，触类旁通。有的人的文章四平八稳，可我还是不太喜欢。

我的内容就讲到这里，下面可以和大家随便交流。

主持人总结：

周先生刚才再三说自己不聪明，这显然是自谦之词，其实周先生是很有智慧的。从他的研究成果可见，的确是发人所未发。大家可以看到袁本的《中国文学史》中李白部分的注释中，大量都是“参见周勋初《诗仙李白之谜》”。主要原因在于，首先，周先生学术视野很宽，真正做到文史打通，包括民俗学、民族学的内容。二是勤奋。周先生居所离新街口很近。可是他从不逛街休闲，只有工作累了，有时到那里采购来调节一下。目前他已七十七岁高龄，仍然坚持做学问，每天都睡得很晚。因此，能做出大学问与后天的努力肯定分不开的。其三，就是创造力。他有一种“较劲”的精神，如《韩非子》研究，前人写得已经很多，但是他还是要求自己每读一篇原作必有新见解，出新成果，写出新东西来，这就是创新精神。周勋初先生的每一篇文章几乎都发人所未发。如关于《全唐诗》的成书过程等。周先生的讲座内容，面也很广，每次听都会有新的收获。

自由提问：

1. **问：**想知道我们这些人如何入国学之门。

回答：研究的路数总是随着时代的变化而不断变化着的。古人读书的用功是今人所想不到的，如顾炎武，他因为抗清而一直流浪在外，读书条件是很差的，居无定所。他用两匹马，一匹骑，一匹驮着书。他在马上背书，下马就看书。晚上就与一些老者聊天，做一些记录工作。清末学风也是如此。如章太炎，仍然通十三经的。到了王国维，已经是新派的了，路子不同。王国维是为了提高地位才写了一些经学的文章，尽管如此，还是被一些人看不上。庞石帚先生就指出王国维有些东西都是前人说过的。我们现在对经学已经不太懂了。解放后，大部分人对经学更是不读了。所以我觉得现在动不动封一些人为“国学大师”(其实顶多算专家罢了)真是可笑。现在的体制如此,要读透十三经也实在不容易了。大家可以在读经书的时候结合一些清人的著述看看,对了解国学是有益的。如今再按照清人那一套走也不太现实。过去是没有工具书,现在有很多工具书可以查,但是,如果一点都不读,则连注疏也看不懂。所以还是要有所了解的。我们国家搞唯物主义,往往走向实用主义,什么都一窝蜂,大跃进。就我自己来说,别人说我知识面广,但我真的觉得自己很差。因为我的条件与人家不同,从高中到大学,生了七年的肺病,有三年时间躺在床上,体质很差。家里条件也不好,过去的政治运动又多,现在想想,以我这样的家庭出身,能够有今天这个地步也不容易了。我大学毕业至今,十二点之前没有提前上床睡过觉,的确是尽力了,所以也问心无愧。

2. **问:**诗歌在我们这个时代(九十年代)之后,一直在衰落,而中国一向是一个诗的国度,有几千年的诗歌发展史。有人说:诗歌至今,已经到了“老年”时期,对此您是怎么看的?您在马来西亚、台湾等地有没有看到那里的学者师生之间还有诗歌的情怀和诗歌酬赠的现象?因为有人觉得现在主要是诗歌创作断代了,而非研究断代了。

回答:这个问题较复杂。我对新诗没有什么研究。现在诗歌的确衰落得厉害。古代的诗歌一直处于发展演变的状态,从汉代乐府到唐代近体诗,再到宋代的词和元代的曲,总之,是在不断变化,新老更替,推陈出新。但是到了明清之后,新的体式推不出来,虽然还在不断地写,但是还是老的体式,总体上没有唐宋时的风光了。民国时期,新体诗也风光过一时;中国改革开放之后,也曾经昙花一现。其中原因我搞不清楚。一个是诗体本身的问题,另外可能与社会有关。商品经济下,社会上人都纷纷扰扰,烦躁不安,诗情画意越来越少,诗性也越来越少。

理想也没有了,有的只是发财。要么就是去娱乐,什么卡拉OK、旅游之类。商品经济对中国的冲击极大,中国在改革开放以前是政治化的时代,后来就是发财,总之,当下中国人的思想单调得很,没有诗歌产生的那种社会基础,诗情画意、理想都没有,所以,就不会产生诗歌的黄金时代了。

台湾、马来西亚我都去过,台湾和大陆差不多,只是比大陆先走一步,我们现在好多地方,在重复走台湾的老路。虽然现在还有人在写旧诗,但是和老一辈无法相比,没有那种味道了。我老师胡小石先生的诗和字都很好,但是我不行。我只会研究,我的字也很差,家里连毛笔都没有,一直用圆珠笔写字。况且一直忙碌,也没有那种闲情逸致。台湾还有少数人保留个性,如汪中,大陆的人个性基本上都磨光了,汪中这样的人已经看不到了。但是台湾的趋向也有不好之处,那里教授的待遇很高,月薪几万,生活得很优裕。现在的人都是在出名之后,再炒作一下,以求在社会上取得一个更好的位置,养尊处优。台湾的教授很少有人晚上干得很迟的,好多人出来遛狗。生活得太好了,就失去了压力。大陆今后看来也有可能走上相近的道路。

3. **问一:**诗歌的美学研究有两种方式:一是评点注释;二是运用西方理论,请问这两种方法有无出路?有多大出路?

问二:英国的撒切尔夫人曾经说过中国不可能产生西方的先进文化,只会生产出电视机,而不能产生出电视里的东西。对此,您怎么看?我国应该如何发展先进文化?

答一:走评点注释的路子的人现在是越来越少了,这与评审制度有关,往往辛苦半天,搞出来的东西,却不承认是成果。老一辈的评点工作是点到为止,如俞平伯先生的父亲俞陛云,分析一首诗,就是短短的几句,要读者自己体会;后来就是沈祖棻的路子,开始细化,这与女性的细腻感情有关;再后来就是叶嘉莹的路子,她喝过洋墨水,吸收了欧美的理论,所以分析得越来越透,让人看过之后感到无话可说了。所以也有人认为这是水平不高的研究,我觉得这样说也太过分了。叶嘉莹的研究还是不错的,可以给人很多知识,很多感受。以上这些学者,他们自己的创作都是很好的,所以才会体会到诗词的意蕴、笔法。现在很多人不会写诗,读古人的诗也读得不细,研究时只会按固定的套路,加上几句西洋的理论,所以这种研究的最大问题就是讲不到中国诗歌的真正精美之处,也就产生不出这方面的杰出人才。

答二:这个问题太大了。英国人凭什么这样说中国呢?中国人以前老被人看不起,但是中国现在强大了。所谓三十年河东,三十年河西,文化的落没和复兴都各有其时。英国现在就是衰落了嘛,虽然以前自视为大英帝国,不可一世,但是现在不再风光无限了。中国的儒家文化,以前不断遭到批评,说是儒家文化害了中国,但是,世界上唯一流传至今、绵绵不断的也就只有中国的儒家文化了。所以,中国人应该有自信心。希腊文化在本国没有发扬下去,巴比伦文化和印度文化早就和国内的当代文化没有什么关系了。因此,中国未来的结果很难判断,西方人说中国没有出路是不对的。另外,中国人太偏重于实用文化,十分具体,中国的四大发明就都是十分具体的,所以在想象力方面或许有欠缺,这一点也必须警惕。中国至今产生不出爱因斯坦这样的伟大科学家。现在实用主义更加厉害,一般人都缺乏理想。但是,这可能只是暂时的现象,前景还是很难说,中国现在还在起步,一旦起步了,就很难说了。所以,中国人自己还是应该很有信心。中国的文化一直没有被消灭过,现在学术界的变化更大了,如对李鸿章的评价,以前和现在就很不一样,可见,现在看问题比以前客观多了,说明中国现在的发展方向还是对的,当然不会一帆风顺,只是,待到条件成熟之后,一定会产生了不起的人物。日本不也是东亚文化吗？为什么也有高科技呢？日本人都能做到，我们中国人也应该能做到的。现在，台湾的成就和发展，也不应被大陆忽视，台湾的大学排名在大陆之前，台湾的生活水平也比大陆好，贫富悬殊不太大。

（袁晓薇记录整理）

【附录二】

2007年5月，我应浙江大学“东方论坛”之邀，前往讲演，他们根据录音整理成文字，收在罗卫东、方志伟主编的“浙大东方论坛文集/第一辑”《尔听斯聪》中，浙江大学出版社2012年3月出版。由于我的普通话不标准，因此书中的整理稿内夹杂着一些错误，读者如欲引用，请以此文为准。

博学与专精的历史考察

——在浙江大学东方论坛讲座上的报告

我讲的题目是“博学与专精之争的历史考察”，我想把自己对这个问题的思考和大家交流一下。这里的这个“博学”与“专精”，不是讲怎么样广博化、怎么样专精化，而是要从历史的角度考察中国人对这些问题是如何思考、如何践履的。

博学与专精的历史争论

二十世纪五十年代的时候我们经历了“大跃进”等许多事情，读书很艰难。到了六十年代又开始整顿，中央提出了八字方针：“调整、巩固、充实、提高”，于是好多高校慢慢稳定下来，学生可以好好坐下来读读书了。当时我们的校长郭影秋提出要“坐下来，钻进去”，这就产生了到底应该怎么做学问的争论。

我记得当时《文汇报》上有两个老教授争得很厉害，一个是郭绍虞教授，一个是夏承焘教授。郭先生提出做学问要广博，夏先生提出来要专精，他们在《文汇报》上发了很多文章，我们看了以后很受启发。夏承焘先生虽然讲要专精，但他的学问其实很广博，我们现在都知道他在词学领域的造诣是非常深的，但我记得他在考证唐代长安曲江池时画了一张图，考证得非常清晰，这让我很佩服，可见夏先生虽然主要研究宋词，但是他对唐诗也是非常熟悉的。陈寅恪先生作《长恨歌》考证时在华清池下面加了一个注，就说这是夏承焘先生首先提出来，非常感谢他。郭绍虞先生在文学批评史研究领域首屈一指，文学批评史本身就是很广博的，从孔夫子到梁启超、王国维，各个时代的思想都要涉及，郭绍虞先生对这些都有研究，而且他还能进行语言文字方面的研究，所以我觉得郭绍虞先生确实很博学，他提出要博学是和他自己的学术研究有关的。可以说郭绍虞先生讲博确实很博，夏承焘先生讲专确实也很专，但是他们在博学与专精两个方面又都是兼而有之：专的人很博，博的人也很专，因此，“博”和“专”其实是相对的概念。

我的老师叫胡小石，郭先生的学问跟胡先生的学问，从博学的角度来讲，郭先生比不了胡先生，胡先生的学问那是真正的广博。尽管他留下来的文章不是很多。胡先生的知识面是很广的，各种学问都懂，而且他的记忆力特别好，我读本科时他已将近七十岁了，眼睛不好，让学生帮助查文献，学生念一两个字胡先生跟着就能背下去，胡先生的博闻强记真是让我佩服得五体投地。我想和胡先生的博学相比，郭先生不能称为“博”，还是相对比较专精。胡先生也有佩服的人，他最佩服的是沈子培。沈子培是嘉兴人，一代鸿儒。王国维一共佩服两个人，其中一个就是沈子培，陈寅恪提到沈子培时也是佩服得不得了，称之为“通儒”。但是沈先生这个人很奇怪，他不太动笔写什么东西，这牵扯到一个观念的问题。

中国人现在的观念跟过去不一样，“古之学者为己，今之学者为人”。过去中国人的学问叫“为己之学”，认为学问是为自己而做的，是要丰富自己、提高自己的。但是现在人的学问是“为人之学”，你不为人，你的生活就无法维持；你不写文章，职称就无法评上去。过去中国人把“为己之学”放在第一位，认为学问用来丰富、提高自己的修养，沈子培先生就是这么一个人。胡先生提起沈子培时说：“他的学问要是分几十块，拿出其中几块给我，我就受用不尽了。”我们很难想象沈先生的学问达到了什么程度。我们现在的教授和老一辈的学者相比差距真是太大了。

学术史上的博学与专精

我们现代的学者和胡先生他们不能比，我们离开工具书就寸步难行。我经常想,这是什么原因造成的呢?以前中国人读书,像胡先生那样,是从经书入手的,先小学,再经学,然后子学、史学等等,所以他们小时候主要是在经书上下功夫。我们现在在经书下的功夫,与古人有很大差距。

我想这跟整个中国学术的发展有关。先秦诸子时期,百家争鸣,一个老师开创一个学派。到了汉朝的时候,"罢黜百家,独尊儒术",官方统一了经学。到了唐朝的时候实行科举,科举考试一定要考五经,并且是从里面抽出几句来,你要背出中间那几句话,所以必须从头到尾把书背得滚瓜烂熟。再到后来是考八股,是从一句话中抽出两个字,拼起来出一个题目,你要能够就这两个字写出一篇文章来,而且还要符合儒家根本的原理,因此那个时候的人也一定要把四书五经背得滚瓜烂熟。所以我们后来看到有人能背《汉书》,能背《资治通鉴》,这都不奇怪。中国人是有"记诵之学"的传统的。比如顾炎武这个人,一流的大学问家,当时条件很艰苦,一天到晚在外流浪奔波,他就在马上背书,结果昏头昏脑地从马上跌下来。现代人几乎不可想象。胡先生也背书,但是胡先生成长在清朝末年,已经不像前人那样规范了。

这里还有一个原因就是,中国过去的学问是综合性的,基本都是以几本经书为中心展开,所以大家集中精力读通一本经书就可以把所有学科的知识都学起来。比如说读《诗经》,孔子讲"多识于鸟兽草木之名",就等于说我们现在讲的人文科学、自然科学都包括在这本书里面了。中国人古代的学问都讲究要博大,综合性的考虑比较多,从汉朝到清朝一直都有这个特点。明朝后期基督教进入中国,我们才发现洋人有好多知识都超过我们了,但是中国人并不买账。你看明朝末年、清朝初年的一些资料,经常是外国人发明什么东西中国人马上讲:这个东西我们老早就有了。甚至二十世纪外国人已经发明飞机了，中国人还在讲：我们以前讲人像鸟一样从高山上飞下来，这就是飞机的雏形，只是可惜没有发展下去。清朝初年的康熙皇帝不同一般，他喜欢外国的东西，曾经非常认真地向传教士学拉丁文。当时中国的天文测算跟外国传教士的不一样，康熙就叫双方来比试一下，结果中国误差比洋人大，这说明当时中国的天文学已经落后于西方了。但是中国人依然不买账，一直到了清朝末年鸦片战争、中法战争，特别是中日甲午战争，中国彻底失败，这对中国刺激太大了。中国人过去总认为日本是蛮夷小邦，汉朝就开始向中国朝贡，日本对中国也一直都很恭敬，但甲午战争中国却被日本打败了。这时中国人才开始认识到，外国的坚船利炮确实比中国强，我们应该向西方学习，于是那个时候派了很多留学生到日本、到欧美去学习。翻开清朝末年的文献资料，那时到外国留学的人跟我们二十世纪八十年代差不多，许多士大夫，比如陈三立的子嗣，都到国外去留学，这些留学生对中国影响特别大，可以说是改变了中国的面貌。

除了出国留学以外，中国人还废除科举制度、创办新式学堂。甲午战争以后开始办新学堂，结果学堂还没有办好八国联军就打进来了。那时有个办京师大学堂的人叫许景澄，我们读近代史的时候都骂这个人是汉奸，因为他与袁昶反对与八国联军作战，他晓得中国和外国差距大得不得了，因此坚决主张不能打，结果后来被慈禧太后杀掉了。但我觉得中国士大夫当中最了不起的就是这批人，他们是能真正践履道义要求的读书人。

清末光绪二十七年，京师大学堂由张百熙来续办，他听取了很多外国人的意见，其中有一个美国人说你们中国人的学问是综合的，老是混在一起，现在一定要分科教育，比如物理学是物理学、化学是化学。所以中国人办新式学堂必须实行分科教育，京师大学堂就分七个科目。张之洞到北京以后，张百熙又请他提意见，张之洞说你们要加一个经学，因为经学是我们中国的根本，所以七个科目变成了八个。这时的经学实际上已经不能再融合一切学问了。中国实行分科教育以后，老的观念慢慢地就改变了，大家做学问开始讲究专精了。到了民国的时候，科目划分就更细了，但是那个时候人文科学还是占很大的优势，所以当时梁启超还讲知识要广博、学问要博大；但历史的潮流不可阻挡，后来越分越细，受欧美影响越来越深，也就越来越提倡专精了，这也是所谓的西学东渐的一个部分。

但我觉得，西学东渐的影响最严重的一个方面来自苏联。新中国成立以后，我们不讲西学东渐，但其实也在西学东渐，因为苏联也是西方，马克思、恩格斯都是西方人。我读大学的时候更是专精得不得了，比新中国成立之前还要细，因为苏联的教学体系就是划分得很细的。苏联的大学分为理工科与文科两部分。他们把人文科学与社会科学合在一起统称“文科”，理科跟文科合并成为综合性大学，比如南京大学过去叫中央大学，中央大学解放前有八个学院、四十三个系，是当时全国教育体制中最完整的大学。新中国成立以后，南京大学完全被分解掉，文科只有中文、历史、外语三个系。改革开放以后，新的体系又出来了，我们发现苏联的体系还不如欧美的，因为欧美的理论体系和实践体系可以综合在一起互相渗透，很多学问都是互相交叉的，因此我们现在又要把分开来的学科融合在一起。

治学之道——从博学与专精说起

现在很多高校的老师，一辈子就教一个朝代、一个人物，比如研究李白的一辈子教李白，研究杜甫的就一辈子教杜甫，研究《文心雕龙》的一辈子教《文心雕龙》。我参加过好多学会，发现这些老师确实下过一番功夫，但是真正能写得出好文章的人却不多。好的作家、好的作品都是比较出来的。比如说最近几年我一直做李白的研究，李白这个人到底有什么特点？这个问题需要比较才能回答。盛唐诗人李白、杜甫、王昌龄等彼此之间都是朋友，如果真正要做研究的话，办法之一就是比较李白跟他周围的几个朋友，看看他们的不同，然后再进一步研究这些不同的来源。学科分得太细，影响横向的比较，会影响研究的水平。

我认为在做学问的时候，首先要把博学和专精的关系处理好。虽然我们现在很难达到古人那样博学，但是基本的书籍一定要读通。中国近代研究哲学的人中，冯友兰先生的水平是很高的，据他的学生说，冯先生一年当中有两本书是一定是要复习的，一本是《孟子》，另一本是《庄子》，中国人过去把这叫做“温故而知新”。真正做学问的人，必须在基本的书上下功夫，不能光要求速度快。我跟胡先生做研究生的时候，他说学《楚辞》，三本书一定要读，一本是王逸的《楚辞章句》，一本是朱熹的《楚辞集注》，还有一本是戴震的《屈原赋注》，这三本书一本代表汉学，一本代表宋学，一本代表朴学，各有长处。

胡先生在两江师范学堂学习的时候，学校请了很多日本的一流学者来讲学，因此胡先生懂日文。他讲《九歌》，吸收了很多日本人的研究成果，他说中国古代的神分三类：天神、地祇、人鬼。天神包括太阳、月亮、星，这个全国各地都可以祭祀；人鬼，比如岳飞、关公，也是都可以祭祀的；地祇就是地方神，这是有地方性的。胡先生举了个例子，说妈祖只有在福建才有人祭，北方人是不祭的，因为这跟地方风俗及历史无关。我三十岁时写《九歌新考》，那时候思想比较活跃，写出来的文章也很有些锐气。我在里面对胡先生的研究补充了一条，认为楚国位于现在的江淮流域，不是黄河流域，认为闻一多、郭沫若讲的都不对。我一直认为，做学问既需要有独创性，还应该依靠其他一些学问，比如宗教学、民族学、人类学等。

再有一个例子是，我写了一本《李白评传》，里面讲的李白或许跟大家通常认为的李白不太一样。我关注到李白这个人有不同于常人的文化背景。李白在五岁的时候，其家从西域安西大都护府的碎叶迁到四川，因此我认为他受羌戎和南蛮文化的影响很深。我们可以看到李白的有些行为是跟中国传统完全不一样的。比如，李白的一个朋友去世以后，他埋葬了那个朋友，一年以后挖开坟墓一看，尸体已经腐烂了，李白很伤心，拿起刀把朋友的骨头上的腐肉剔掉了。中国古人是绝对不会做这种事情的，高适、王昌龄等人，没有一个人会这样做。以前的中国人甚至连胡子都不刮，头发都不剃，这叫做“身体发肤，受之父母”。李白对待死人、葬礼异于传统习俗。中国最早讲葬法的文章是墨子的《节葬》篇，墨子在这篇文章中反对儒家的厚葬。儒家讲究孝敬父母，所以父母死后要享受跟活人一样的待遇，而且汉朝人信奉天人合一，所以汉墓是很豪华的。儒家还讲父母亲死了以后儿子要守丧三年，这一主张跟人的感情有关，强调的是亲情关系，所以在感情上很难打倒儒家。《节葬》篇中还说到“秦之西”的仪渠之国亲人死后“聚柴薪而焚之”，反映的是少数民族的葬法，羌人到现在还是火葬，我认为这又和道教有关，因为火葬的时候是要把人化成烟的，道教里面讲成仙就是这么个升天的过程。羌人的生活区域在西部，道教就产生在甘肃、青海和四川的交界处，李白就住在这个地方，李白就是一个虔诚的道教徒。李白还跟人家打架，中国过去的文人是不太崇尚武力的，因此我认为这都是他受南蛮文化、羌戎文化的表现。

所以，我的体会是我们做学问还是要讲博学的，因为学问的东西触类旁通，没有广阔的知识面是旁通不起来的。当然专精也是有必要的，我们应该在博学的基础上突破一点，再深入研究。就治学方法来讲，博学和专精的关系一定要处理好，一个人要把精力的70%用来泛读、30%用来精读，精读的书要翻来覆去地读。过去碰到好多人说自己读的书太少，这不是根本问题。只要能读书得法、有所突破，就一定可以有所成就。

问： 您刚才说要从文献下手，采取比较的方法来研究，从文献下手实际上是一种专精的方法，而比较方法则是从博学角度提出的，那么这两个很具体的关系我们应该怎么样处理？

答： 过去南京大学有一位老教授提出，要把文献学与文艺学结合起来，首先把文献学放在第一位。我们也的确是根据这个目标来培养学生的。但是过去情况有所不同，培养人强调要从理论出发，要学习马克思列宁主义、毛泽东思想，要讲大道理。做学问采纳一些基本的思维观念、观点作为参照和依据当然是好的，但是我还是认为应该从文献、从材料出发，不能空讲。现在好多学者都只注重理论，文章看上去写得很漂亮，但是具体看下去就会发现很多毛病。如果从文献出发，即使归纳得不好、提炼得不好，人家也不会讲你胡说八道，因为有材料依据。所以，我觉得做研究首先要从文献出发。比如说研究李白，首先就应该把李白的文献资料掌握好，要弄清楚他的生平、时代背景，等等。现在有些人完全从理论出发，国外某一种理论来了以后，就马上把中国的材料硬搬上去，这种做学问的方式不一定会很理想。

问： 关于中国的古书，比如先秦诸子的《论语》《孟子》这些，不同的学者有不同的立场，形成了不同的观点，现在大家的研究都比较注重它们生成、发生的过程，周先生对此有什么看法？

答： 我喜欢读诸子的文章，我觉得中国学术上最辉煌的时期就是先秦诸子阶段。在先秦诸子中，我只对韩非子下些过功夫，因为“文革”的时候我脱产研究法家著作，写了一本《韩非子札记》。那个时候读韩非的书是很有趣的，每天什么事情也不做，一天到晚读《韩非子》，读了以后做札记，力求写得有新意。这本书出来以后，日本东京大学的一位法学教授在美国看到了，专门跑到中国来找我。还有马来亚大学一个系主任，以及台湾的学者等，他们看到这个书以后也来与我结交。我这本书实际上不完全是讲理论，里面涉及到了很多历史、哲学的东西。王力先生讲先秦诸子的时候说韩非子主张用人唯贤，这不对，因为韩非子认为法是最重要的，用不用贤，一律用法来衡量。王力先生学问专精得很，但是他讲韩非用人唯贤，说明他对先秦诸子的学派原理没有搞清。其他诸子的书我不敢多谈，因为对他们没有下过功夫，现在出土了很多文献资料，我也没有好好读，所以不敢讲。

问： 周先生，您刚才提到李白有非汉族文化的特点，但是我们知道唐代的整个文化都有非汉族的特徵，比如女性穿着比较暴露，从这个角度来讲，能不能说李白的这种非汉族特点本来就存在于唐王朝当中了？

答： 唐朝是中国历史上最辉煌的朝代，一个原因就是唐朝社会的开放性，可以说中国历史上最开放的就是唐朝了。现在还有人在争论唐朝皇族是不是少数民族，所以我也说李白的这种个性跟他的时代背景是有关的。唐朝人比较开放，民族之间的界限不明显，而且唐政府并不管你这个人是不是少数民族，甚至外国人都可以在政府做官，比如日本人晁衡就在唐朝做官。李白能够产生在唐朝，一方面体现了唐朝开放社会的特点，一方面也可以说他的这种特点本来就存在于唐王朝当中了，他不可能产生在宋朝，也不可能产生在明朝。所以我们要把握好时代背景，每一个时代的知识分子都是不一样的。

二 治学经验谈

授业问难　教学相长

——一位师门熏陶下的摸索者

我于1950年考入南京大学中文系，师从胡小石、汪辟疆等先生学习古代文学。胡、汪二师都生于清代末年，一毕业于两江师范学堂，一由京师大学堂转入北京大学，其时教育界正蕴酿着学制方面的改革，废科举，兴新学，文学开始独立分科，然仍为古来文史不分的传统所支配。他们的学习过程，走的仍是清人老路。胡先生五六岁时，学的第一本书为《尔雅》，家长想把他培养成一名杰出的朴学家。汪先生的家长规定他上午读经书，下午读史书，晚上则读读诗文，走的是正规的成才之道。

后来我还接触过一些与他们同一代的老辈，如叶恭绰先生等，发现这一些人大都具有一些共同的特点。他们都善诗能书，笔头功夫好，懂得的东西多。他们谈吐风雅，似乎是在追求一种魏晋风度的神韵。

胡先生口才特佳，又以书法名家，因此上述特点更为明显。我在本科毕业后又读了两年副博士研究生，追随他的时间最久，感受尤深。

胡先生的课堂讲学效果好，普遍受到学生的欢迎。他也喜欢与学生闲谈，由学生随便提问，然后随方解答。他看似仪容庄重，似难接近，但在闲谈时，即可发现其风趣横生，亲切自然。古称君子的仪容应是

“望之俨然,即之也温”,对此我有深切感受。

我体会到,学生从师受学,在课堂上学到的东西,大都是当局规定的一些必备知识,将来可由此谋生,服务于社会,而在课馀问学得到的东西,则常是贯穿着更为深层的内涵,如人格的感染,治学的态度,研究的方法等等,往往在不经意间得到薰染。古代书院制下的教学,就很重视师生之间的答问。这也可以说是中国优秀文化传统在师生关系中的一种体现。

1957 年,祝贺胡小石师、杨秀英师母七十大庆合影
前排左起:徐家婷师姐、胡师母、胡师、陈方恪师
后排左起:杨其群、郭维森、侯镜昶、周勋初、谭优学、吴翠芬

我在大学二年级时,上过胡先生的“工具书使用法”课,这时已经折服于他的渊博与敏悟;大学三年级时,听过他的“中国韵文史”课,觉得真是一种诗意的感染与科学的求真精神的完美结合;而在四年级时听他上中国文学史上半部分,历时半年多,则收获更大,对我一辈子都发生了重大影响。

胡小石（1888－1962），名光炜、号倩尹，又号夏庐，晚年号沙公。原籍浙江嘉兴，生长于南京。著名文学史学家、古文字学家、书法家、诗人。1907年就读于两江师范学堂。历任北京女高师、西北大学、武昌高师、东南大学、中央大学、金陵大学、云南大学、南京大学等院校的教授、中文系主任、文学院院长等职。

胡小石先生

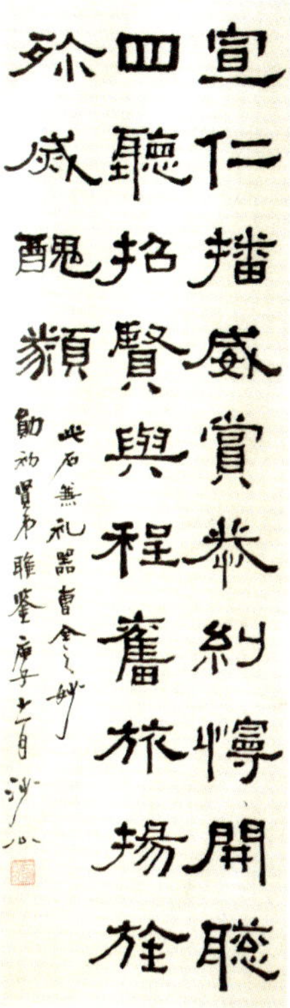

胡小石师书迹

我因长期生肺病，耽搁了很多课程，到了三年级将结束时，才肺病痊愈，班上同学因国家建设需要，都已提前一年毕业，只有我与另一患病的同学孙旭升二人继续留校学习。系主任方光焘先生对我极为关怀，不但允许我多学一年完成学业，进一步养好身体，以免复发；他还告知我，下一学期胡先生要开文学史课，那时胡先生已年近七十，已有好几年不上此课，以后怕难再开，因此方先生叫我不要再补其他什么课程，一年之内，集中精力跟胡先生学。

因为课馀时间多，我就围绕听课内容找各种参考书来读。现在看来，这就是所谓泛读。

新中国成立初期，教师都要补上社会发展史课，藉以说明奴隶社会取代原始社会，封建社会取代奴隶社会，资本主义社会取代封建社会，社会主义社会取代资本主义社会，此乃历史发展之必然，知识分子应该认真学习社会发展史，不得逆历史潮流而动，应该老老实实地进行改造，为建设社会主义祖国而努力。胡先生当时也在学习社会发展史，他在阅读一本苏联人写作的书，结合中国社会的发展，讲授中国古代社会中出现的神话传说与《诗经》《楚辞》等文学作品。

历史学界对于中国社会的分期，一直聚讼纷纭，但总以郭沫若与范文澜的两家之说影响为大。中文系的教师当然不会卷入其中，但得多加关注。小石师对此似乎并不太在意。我则向来对历史有兴趣，这时便去找了很多参考书来读，除了郭沫若、范文澜的书之外，还找了翦伯赞、吕振羽等人的书来看；而我又喜欢东张西望，不想被一种模式套住，因此又去找了日本学者森谷克己著、陈昌蔚译的《中国社会经济史》，田崎仁义著、曹贯一译的《中国古代经济史》，还有顾颉刚编的《古史辨》几大册，一一拿来参看。我将多家之说加以比较，发现问题后再去一一求教。小石师家住天竺路 21 号，距我宿舍有半个小时的路程，我总是用一只大的书包装满了书，摊开向他求教，他则略加评判，并指点向哪一方面再找基本文献来读。

那时小石师正在研究中国古代神话，因此讲课时花在这上面的时间很多，其后接着讲楚辞，又涉及这方面的问题，为此他又花了将近两个月的时间。我在他的指导下，读了王逸的《楚辞章句》、朱熹的《楚辞集注》和戴震的《屈原赋注》。那时我还尽可能地找一些文章来看，例如苏雪林的《楚神九歌与中国古代河神祭典的关系》等。我知道，苏雪林是小石师在北京女子高等师范时的学生，她的研究楚辞，曾受小石师的启发,只是后来她的路子越走越野,几乎泛不可挡,小石师则始终不离朴学家的规范,重视文献与实物的证验,不作过多推论。

小石师在学生时代就通日语,平时经常阅读一些有关宗教、神话、民俗学等方面的书籍,和同一辈人相比,他的学问有其新的一面。我虽迟生四五十年,只是身处特定年代,英语既半途而废,日语也未学成,况且其时图书馆内已把前此出版的一些书籍,如 J. G. 弗雷泽的《金枝》等,都已封存,或许领导上认为这些奇形怪状的知识无补于学生的思想健康吧。不过我还是买到了李玄伯的《中国古代社会新研》,后来又买到了他翻译的法国古朗士的《希腊罗马古代社会研究》,进而又买下了林惠祥的《文化人类学》等书,还尽可能地寻找有关原始宗教、民俗学、神话传说等各方面的材料,努力提高这方面的学识。

小石师在文字学方面建树很多。他的《契文举例》一文,学界公认为研究甲骨文语法的开山之作。他在讲授文学史时,则对金文讲得较多,这也是清人治学先从小学入手的遗风吧。他从文字画讲起,介绍定形后的甲骨、金文,旁及"六书"之说,进而叙及周《诰》殷《盘》。我则在他讲解金文时,找到他在 1933 年中央大学《文艺丛刊》第一期上发表的《古文变迁论》一文加以阅读。我发现,这篇文章中提出的金文字体四期之说,与郭沫若在《两周金文辞大系》中提出的说法相去不远,二者的提出不知孰先孰后?当我提出这一问题时,小石师显得很高兴,且说这一问题杨白桦也没有发现。杨白桦为小石师次子,南京师范大学教授。小石师有关这一金文字体研究成果,早在《齐楚古金表》中已经提示。此《表》先后发表过两次,先发表在某一杂志上,后发表在《国风》半月刊四卷十一期上。可惜我当时没有听清,也没有及时记下,因而首先发表的那本杂志之名,早已忘却,今日只能感到遗憾。

小石师还提到,清道人(李瑞清)对此问题早有研究,他承此遗绪,继续深入研究,才能有此系统的总结。小石师笃于师门风义,意谓这种问题的解决,不可能一蹴而就,必须有长期积累。

学生上文字、音韵、名物、制度等课,常会起枯燥乏味之感,小石师却能讲得引人入胜,亦可说明其教学效果之佳。我在研究生阶段,与同学谭优学合写过一篇《禹鼎考释》的论文,可作这段经历的纪念。

我在小石师家请益时,也不拘于文学史方面的题目,所思所感,提出之后,他总能正本清源,拨开迷雾。有一次我提出,为什么明代的宦官之祸如此严重,清代就没有什么宦官之祸?后人所诟病的李莲英之类,比之前朝,简直可以称为良善之辈。小石师就指导说,明代内廷设司礼监,由宦官掌控,外廷的奏章都要经由司礼监转进,且负责拟订诏令。明代自中期起,帝王每不视朝,对外门户均由主管司礼监的宦官所掌控,也就容易形成控制朝政的局面。清代裁彻司礼监,清室帝王又较勤政,也就避免了前朝的宦官之祸。这一番话,确有顿开茅塞之感。古人云:"与君一席谈,胜读十年书。"与小石师晤谈,常能听到一些课堂上听不到的知识。

我在一开始与小石师接触时,还体悟到他欢迎学生提问,但又是有原则的。有一次,我正在读《诗经》,《王风·扬之水》中有句云"扬之水,不流束薪……"我古汉语水平差,难以理解,于是就此提问,小石师不理我。我也就想到,这种问题不该提出来。以后我当教师,学生如有关于读音、难字、出处等问题时,我也不回答。学生不能拿老师当辞书用,否则反而会增加提问者的懒劲。

我与这些师辈前后相差近半个世纪,谈话内容,也就不易找到共通的关注之点。小石师常与老学生吴白匋等人谈清末掌故,跟我们一辈谈的就少了。因为我等并非世家子弟,对前朝旧事所知太少;时至解放之后,他们似也不宜多谈过去一些"遗老遗少"的轶事,今日思之,仍有无端丢掉了很多“口述历史”的感觉。

我跟汪辟疆先生学，也常到他家请教。他在 1954 年春即中风，不能行走，但在我提问后，还常是摸索着找书给我看。他喜谈文坛掌故，从其名著《光宣诗坛点将录》中，可觇其对近代诗人之熟悉，而他与列名“天魁星及时雨宋江”的陈三立一家，谊属世交，辟疆师早年即从陈三立学诗，故时常叙及陈氏诸子旧事。

汪辟疆先生

汪辟疆师赠《唐人小说》，左笔题署

有一次,他提到陈寅恪的婚事,说是曾署理台湾巡抚的唐景崧看上了陈寅恪,要把孙女唐晓莹许配给他,陈寅恪不愿,然而唐家藏有一部唐代的集子,极为罕有,陈寅恪要借来看,唐景崧不允。这桩婚事拖了很久。此说甚为有趣,我就此问过小石师,小石师也说陈、唐二人的结合乃父母之命,且云陈寅恪早年抱独身主义,所以年纪很大了才结婚。唐晓莹为体育教师,陈氏失明后幸有家室的照顾。小石师早年亦从陈三立学诗,故亦熟知陈家情况。然据赵元任夫人杨步伟的回忆,陈、唐二人的结合出于她的介绍。赵、陈二人同在清华研究院任教时,居处邻近,陈寅恪常到赵家吃饭,杨步伟见他年近四十,尚未娶妻,遂介绍与唐相识。此说似乎信而有徵,但与汪、胡二师的说法距离甚远。后来我遇到曾任北京图书馆副馆长的鲍正鹄先生,言及此事,他就说杨步伟姑妈喜欢信口开河,由此可知一些人的回忆录,确是不可尽信(杨步伟为金陵刻经处创始人杨仁山的孙女,鲍先生的夫人为杨仁山的曾孙女)。

辟疆师为江西人,方言口音重,我的语言能力又差,常是不能全然听懂。他提到唐家所藏的那本书的名字时,我听不清楚,又不便请他重复,今日思之,留下不少遗憾。

熟悉我的人都知道,我喜欢闲聊,可能就跟这些师辈的作风有关。因为我喜欢泛读,又有喜奇好异的习性,对小石师一辈来说,均属晚年弟子,童言无忌,提问题时也就没有什么顾虑,结果常能听到好多不易获得的知识。但是随着革命秩序的建立,一切要求正规,课堂讲学已成接受知识的法定途径。而且班上的学生也多,大家如果都去老师家中请教,也势必难以招架。

从清末到现在,不过百年略过,只是民国初年的事,在当今学生看来,已经像是唐宋元明清的历史一样。记得二十世纪八十年代,放映过一部有关小凤仙的电影,学生见到长袍大褂的梁启超等人,就像进入了历史上的遥远年代。我就对学生说:“蔡锷与小凤仙的故事,其实近在眼前。罗根泽(字雨亭)先生是我的老师,梁启超是罗先生的老师。罗先生在清华研究院读书,所作论文《孟子评传》(收入《诸子考索》时改名《孟子考》),就是在梁启超的指导下完成的。”近百年来,差不多每过十多年培养出来的知识分子就会有所不同。学生接触到的老师,如果年长一些,也就会有另一种面貌的感受。中国地域广大,各地的发展也不平衡,因此常有京派、海派等称;时于今日,又有港台文化等说。南京大学接受的是中央大学的遗产,初期的教师中有胡、汪等人,我在“文化大革命”中曾被加上“封建学者俘虏”的恶谥,今日则又有人认为我在寻找一条新朴学的道路,或许就与这种学统有关。

中国步入改革开放之后,我与程千帆先生一起培养了很多硕士生与博士生。培养硕士生时,采取上课的方式,每星期要上课;培养博士生时,则取定期讨论的方式,每两星期见一次面,一般讨论两三小时。

程先生为硕士生开校雠学课,这是有感于“文化大革命”中的荒谬学风而首先考虑及此。新中国成立之后,培养学生的首要任务是建立革命的世界观,如能用毛泽东思想武装好头脑,那么无论干什么事情,均不难迎刃而解。论及治学,则强调观点的首要意义,因此学生用不着读多少书,只要捋扯一些皮毛,唱唱高调即可。千帆先生以为,拨乱反正,树立正确的学风,必须从指点读书门径开始。因此他亲自为学生讲授校雠学,后与学生徐有富合作,编成了《校雠广义》四卷本,内分版本、校勘、目录、典藏四大类,1994 年由齐鲁书社出版,后于 1999 年获得了新闻出版总署颁发的“国家图书奖”,在教育界与学术界发生了很大影响。

改革开放之初,大家对过去那套学风已经不再顶礼膜拜,而又苦于没有什么新的指导思想去代替,于是一些人便企图从英美等国引进新方法来解救，学术界兴起了一股所谓“方法热”，似乎一掌握了新方法，就可点铁成金。这种做法，其实与前此的官方指导方针，只要掌握了毛泽东思想的观点，将无往而不胜，是一样的思路。不管是老版的做法，还是新版的做法，结果都是一样，大家用不到读多少书，只要掌握了某种外缘的东西即可。多少年来，大家在这种束书不观高谈义理（或方法）的环境中，糟蹋了多少美好年华。

千帆先生于二十世纪三十年代毕业于金陵大学，也是胡、汪二师的学生。我与他先后同门，对问题的认识容易接近。我们讨论后认为，学生应该读些典范的学术论文。我们可以挑几篇有代表性的论文来讲解，如果说要帮助学生掌握学习方法的话，这样做，可能更实在一些。由此决定，我开了一门“近代学者治学方法研究”的新课。我挑选了王国维、陈寅恪的五篇文章加以分析，说明这些文章的贡献，他们何以能取得成功？这些文章是怎样写成的？在写法上又有什么特点？……我工作得很吃力，备课时间用得很多，讲课的速度很慢，一学期下来，只上了四篇文章，但效果还不错。第一次讲这课时，我为五位硕士生布置了一份作业，让他们参照陈寅恪的《读〈秦妇吟〉》做一篇《柳珵〈刘幽求传〉笺证》的读书报告。事后发现，他们都做得很好，说明他们在阅读范文后，都学到了新东西。其中对“小祥”一词的解释，还纠正了我在《柳珵〈刘幽求传〉钩沉》一文中的错误。教学相长，可由此证验。

我的这些讲义后来编入了《当代学术研究思辨》一书，行世后，学术界反应不错，好多学校用作教材，有的教师则照这种做法也开了新课。

总的说来，我们为硕士生开的新课，不再讲什么《诗经》《楚辞》、唐诗、宋词之类的常见课，而是力求开拓新知，讲一些过去遭到忽视的基础知识，或是一些富有探索性质的课题。

我们培养博士生时，学生得抓紧时间读书，积累知识，准备提出问题。千帆先生还为学生规定了几种基本书，如《毛诗正义》《楚辞章句》《史记》三家注、《文选》李善注等，属于文史方面的一些基本典籍。学生写成学习报告后，教师详加批改，如已达到发表水平，则推荐到报章杂志上去寻求发表。

这种讨论问题的方式，与我国过去书院制的讲学方式比较接近，试看《宋元学案》等书，或是后代一些书院的讲学记录，如朱一新《无邪堂答问》等，均有相近之处。这种教学方式的好处是，可以形成互动，调动学生的积极性，也能使教师奋发向上，只有不断努力，全身心投入教学，不敢松懈，才能取得良好效果。

以我个人的经验而言，师生间的互动，从初当教师时起就尝到了甜头。1962 年时，两个学生来谈毕业论文，当时我正在讲授《文心雕龙》，论文涉及通变问题，我就突然感到可作一篇文章，题名《新变与通变》，把梁代的时代潮流、作家群体、皇室人员和文学观念等问题综合在一起加以考察，从中勾勒出一条发展线索。这种思想不断深化，也就形成了后来的《梁代文论三派述要》一文。我体会到，问难之时，脑筋处在活跃状态，为了回答学生的问题，必须抓住话头不断深化，如能开拓有成，则成果立见。因此，问难与授业相辅相成，不可偏废。教师应取主动态度组织教学活动，彼此相互激励，以期取得预想的良好效果。

时至近代，社会转型加速，传统的教学方式不断受到冲击。我的几位老师虽然已经不是书院出身，但前时的流风遗韵尚存，他们的师辈也喜欢有年轻人前去提问。小石师学问博大，他最佩服的学者是乡先辈沈子培先生，当时沈氏以遗老的身份退隐沪上，小石师则寓居清道人家中，沈子培常说年轻人可以带一些问题去谈谈，当时出入沈府的，还有王国维等人，都对此老的应答如响开示门径表示钦佩。雨亭师常说，当年钱玄同在北京，喜欢年轻人去谈学问，提问题，他承此学风，也喜欢学生带问题去。他的研究生却不上他门,也不带问题去,这让他深感失望。

由于政治形势的变化,教师处境不同,态度也就有差异。小石师教的是甲骨、金文与先秦文学,距离现实较远,禁忌较少,谈话时也就显得从容。雨亭师在“拔白旗”时被列为重点批判对象,事后也就三缄其口,又兼健康恶化,势难再享问难之乐了。改革开放之后,师生关系大为改善,博士生的教学中多少还能贯彻一些个别辅导的成分,然自高校大规模地实施扩招之后,不论硕士生、博士生,一般都取大班上课的方式,因材施教愈见其难了。进入新世纪后,情况又有大变,目下教学方式更是讲求制度化。所谓制度化,也就是用大规模培养理工科人才的方式批量加工,犹如工厂里大规模生产产品一样。这样做,一般均采上课和吸收学生参予科研项目的方式,以至于有的学生全然与理工科的学生同步,背后称自己的老师为“老板”。学生很多,项目不一,教师更难针对个别学生的特殊情况精心培植。反正中国每过十年、二十年在教育学生的方式方法上就会有变化,西化之风越来越起主导作用,传统的充满人文精神的教学方式能否占有一席之地,已难确说。

我带的最后一名博士生余历雄将我三年讲课过程中的答问记录了下来,取名《师门问学录》,先后发行了中国与马来西亚两种版本,社会反响颇佳。我在高兴的同时,也暗感神伤。因为我明白,这种教学方式很难复制,因为情况太特殊了。七十老翁,身边只有一名外籍学生,该生极为勤奋,又特别有心,才能有此成果。一般说来,大家在视之为常态的情况下出现某一特殊事例,还有这种可能,想把特殊事例作为常规来推广,除非环境整个改变,否则绝无可能。从中国目前情况来看,尽管大家都把发扬传统文化挂在嘴边,实际上往往只是说得好听一些而已,如果领导上认为这种教学方式不能产生最大效益,也就只能让其自生自灭。

【附录】

张明当年是江苏省高考文科状元，入南京大学中文系后担任过学生会主席。本科生时我教过他，后来他考了王气中先生的硕士生。这篇回忆文字中，也谈到了王先生等人对他的关怀。《师门问学录》出来后，评论文字颇多，张明这篇文章则从师生情谊着眼，读后感受甚深。他散文写得好，这篇文章收在他的《穿越城市》（江苏文艺出版社2014年版）一书中。作者署名“阿明”。本文有删节。

师门问学成追忆

张 明

临睡前，总要翻几页书。昨天打开的是周勋初先生与余历雄博士合著的《师门问学录》。来自马来西亚的余历雄在师从周先生攻读博士学位期间，居然把三年间师生论学的内容做了完整的记录，这才有了这一本周氏《论语》。

翻看着这份古代文学教与学的笔录，我仿佛听到周先生正用他带有浓浓上海口音的普通话娓娓而谈。由于种种原因，我没有能成为周先生的弟子，这成为我一生的遗憾。但周先生一直很关注我的成长与进步，有信必复，勤加勉励。前年，我在二条巷搞人口普查，一年间，常去二号新村周先生家问安，先生总是热情接待，和我纵论学问人生。有时访而未遇，先生听师母说后，会送两本他自己的著作，放在我单位的传达室。先生的这份诚挚和对后学的关怀，体现了老一辈学人的风范，让我感动不已，这也正是我读《师门问学录》感到特别亲切的原因。

……

因为这本《师门问学录》想起了求学时的往事，心头一片潮湿。我会常常翻看这本书的，为的是重温做学生的心情。我想，这样的温故，仿佛又端坐课堂听大师们讲学论道，一定可以使自己的精神重回校园宁静的领地，淡忘目下角色带来的宠辱，熨平社会普遍性焦躁在心湖荡起的涟漪。

师门问学成追忆，抚今追昔已惘然。

治学经验谈　三

综合研究　锐意开拓

——《九歌》、李白研究中的青春意气

我一直主张综合研究，而在我的几种著作中，最能呈现这一特点的，要算《九歌》研究与李白研究。

我的第一部著作，就是《九歌研究》，后因胡小石师的题签被出版社弄丢了，程千帆先生建议改名《九歌新考》。这是我学生时代的产物，凝聚着从师受业时的心血。

1953年时，小石师为三年级学生开设中国文学史课。那时我已读到四年级，但随之一起听课。胡先生讲得很细，光《楚辞》就讲了两个多月，我则围绕着他讲的内容，找各种参考书来读，与讲课内容加以比较。最后我相信，小石师的说法最为可信。

小石师是研究《楚辞》的名家，但他不太写东西，因此外面的名声似乎比一些著作等身的学者要低。只是我在比较的过程中，却慢慢地体察出他的过人之处来了。

我感到当时的一些《楚辞》名家，实际上都有其不足之处。用现在的话来说，有的在知识结构方面有缺陷，有的则是个人的气质问题。

我对闻一多的学问很钦佩。他天才洋溢，悟性特高，时有一些想落

天外的新鲜论点，给人以启迪。但他构拟的楚郊祀歌说，却难信从。看来他是从《湘君》《湘夫人》《大司命》《少司命》《河伯》《山鬼》这些似乎两两相对的篇名中得到启发，因而将诸神一一配对，构拟出他们在楚国的郊祀大典中隆重演出的场景，从而提出楚郊祀歌说来的吧。然东君为日神，云中君为云神，这是古今一致无异说的，日神与云神又怎能配对？《湘君》与《湘夫人》中的主神为姐妹行非配偶神，古籍中记载甚明，不容混淆。闻氏又援刘宋时期谢庄所作的《明堂歌》为证，将《东皇太一》与《礼魂》改名为“吉日兮辰良章”与“成礼兮会鼓章”，这也是没有什么根据的拟测之词。这些地方都可看出闻一多以诗人的气质进行考证，纯属主观的安排，结论并不可信。

姜亮夫的《九歌》研究也令我失望。他暗袭闻氏之说，进一步将《云中君》中之神说成是月神，然而在字句上都讲不通，更可说明此说之难通。

在《楚辞》的一些名家中，大约要数游国恩下的功夫最深，但他在《论九歌山川之神》中论及《河伯》，引用了大量材料，说明河伯有妻子、有子女……而他对材料不作鉴裁，甚至把一些很后起的文献，如《搜神记》等，都用作考证先秦神祇的史料，从理论上说就不够严谨。

先秦时期，中国历史还处在早期阶段，人们的思想还留有很多蒙昧时期的遗痕，因此研究这一时段的学问，必须具备神话学、宗教学、民俗学等多种知识。又因其时文献记载的不足，实物材料的庞杂，研究人员有时还得运用各种性质不同的材料，多方联想，由此及彼，进行推论，才能构拟出一种新的体系。闻一多在这方面有很多优越的条件，他学习过许多西方的学问，视野开阔，想象力强，因此他的成果，时能给人以耳目一新之感。只是他的诗人气质太重，研究楚辞也像是在从事创作一样，这样也就与历史原貌距离过远。游国恩的知识结构中，缺乏神话、宗教、民俗等新的成分,因此不能将《九歌》中的神话放在先秦的文化氛围中加以考察。

郭沫若的研究屈原,已经偏重于政治方面的考察了。像他的研究李白一样,考证工作做得不细,例如他在《屈原的艺术与思想》中提出楚惠王十年灭陈之后,疆域已达到黄河流域,从这个年代以后,楚国就有可能祭祀河伯。此说似是而非,因为陈地属于淮河流域,与黄河距离还远,故该说实难成立。

那时我才二十多岁,本无能力对那些学界耆宿进行评点,只是依靠老师的点拨,才能有此感悟。但应说明,小石师在上课时从不评论他人,我是通过阅读时的比较,才逐渐悟出来的。

汪辟疆师送给我几本他在重庆时主编的《中国学报》,内有他的《读书示中文系诸生》一文,我在读书时,就常用他提出的参读之法,即将诸书参合比勘,这确是一种行之有效的读书法。

小石师年轻时就读两江师范学堂农博系,教师中有日籍教授多名,因此他在学生时代就通日语。他博识多闻,阅读的范围很广,诸如宗教、民俗、神话、传说等方面的知识,无不具备。早在民国初期任教于北京女子高等师范学校时,就以人神恋爱的新说阐发《九歌》中的爱情描写,曾将《楚辞》研究向前推进一大步。步入晚年,他又从事神话方面的研究,曾应南京市文联之请,作过一场《屈原与古神话》的讲演,这些都是我在该一时期从他受业时的背景。

我也尽可能地去找一些相关的书来读,只是困难重重,因为当时已把这类书籍封存起来了,或许主管部门认为这些书中都是资产阶级的无用知识吧。经过一番搜索,找到了一些书,然而寻根究柢,发现中国学者在这些新兴学科领域内工作做得还是不够。我记得,有人曾经引用过一条材料,说是商汤祷告于桑林之社时,曾将头发、指爪剪下,象徵躯体,这一事例颇可作为古代有关人牺的例证。只是后来我忘掉了此文的出处。遍查各种类书,也找不到,颇感惘然(此文原出《帝王世纪》,《艺文类聚》卷十二引,当时偶然遗漏)。直到毕业数年之后,才有机会到北京图书馆去借出江绍原的《发须爪》一书来读,结果仍大失所望,书中也不收这一条材料。江氏是民国时间民俗学界负有盛名的学者,情况尚然如此,只能说明中国学者于此涉猎尚浅。

袁珂的《中国古代神话》出版后,博得了很大的声誉。该书主要贡献在于编织故事,将一些零碎的材料在某一位神或某一故事名下作系统的梳理,这与我所从事的《九歌》研究取径不同,无可取资。

我是一名学生,对我影响最大的,自然是小石师的讲课。除了应读什么书、应注意哪些问题等具体安排外,回想起来,有三个方面对我启示尤大。

一是开阔视野。小石师之论东皇太一,从《史记·封禅书》中所记汉武帝时亳人谬忌祀太一方讲起,考此地乃指北亳,推断谬忌为燕齐方士,从而假定东皇太一的神格,认为有可能是齐国的神。我顺着这一思路续作考察。那时我已在学习马克思主义的理论,因此引用了恩格斯关于"神的统一性,不过是统一的东方专制君主的反映"的论断,又从战国时期的政治局势中得到启示,将东皇太一定为齐国的神。"东皇太一"一名仅见于《九歌》之中,显得神秘莫测,我将之拉回人间,联系当时形势,进行探究,应该说是一种新的思路。屈原之前,齐、秦对立,均曾一度称帝,从而有东帝、西帝之称。尤可注意的是,《楚辞》之中,有"西皇""东皇"的称号,"西皇"可以确定为秦国上帝少昊,那么"东皇"定然是齐国的上帝了。东皇太一实际上是"东皇"与"太一"的复合词。这种命名,宗教上也很常见,如耶稣基督、佛陀毗湿纽等。

在《东皇太一考》这篇文章中,我从天上的星象,到地上各国政治形势的演变,旁搜博考,做足文章,极为酣畅淋漓。我感到,写作这类学术论文也像创作一样,是在抒发一时豪气,他人或会感到讶异,则非所计也。

二是理论启发。小石师提出神有地方性的问题,对我启发很大。小石师举例说,海边的人祀妈祖,北方人祀碧霞元君,都可看出神有地方性的问题。于是我据礼制中的"祭不越望"之说,畅论地祇问题,且由此判断,楚国的郊祀大典中不可能祭祀河伯。《楚祭河伯辨》中,我对楚祀河伯的种种说法一一作了辨驳,由此推导,我从"楚巫、晋巫、南山巫"等身份的地理标志上也发现了神的地域性的问题,而在《秦汉宗教一般》中又"从汉代宫廷中巫祝的身份推断东君、云中君为晋地之神",这些地方可以明显看出我受到老师启发后的多方开发。

三是材料甄别。小石师认为,研究先秦文学中的神话传说,材料可分五等:一为《尚书》及《诗经》中的《生民》《玄鸟》等诗;二为《楚辞》《山海经》《穆天子传》及《庄子》《吕氏春秋》等典籍;三为《淮南子》《史记》及纬书中的零星材料;四为《列子》《帝王世纪》《搜神记》等后出典籍;五为王嘉《拾遗记》,沈约《宋书·符瑞志》《神异经》《汉武故事》《汉武帝内传》等内容更为庞杂的材料。我在研究神话传说时,一直遵照这种教导,选用一、二等材料,不用四、五等材料,即使采用,也仅用在介绍源流演变时提供一些旁证。

其时我正跟小石师学习古文字,因此文章中引用了很多金文、甲骨文中的材料,以及王念孙《读书杂志》、俞樾《古书疑义举例》等朴学中的名著。由此可见,我在入门之时,即是新旧杂陈,不拘一格。

我将《九歌》视作屈原的创作。今日看来,仍觉颇有年轻人的一股锐气。驱使材料,纵横驰骋,然而论证的程序还是严谨而合乎规范的。学生王青自云受此书影响至深,一辈子走上了同样的道路。他在这一领域中已经取得不少成绩，这也使我深感愉快。

《九歌研究》的完成，已在 1959 年读研究生时，它的基础却是在本科生时打下的，正在我意气风发、思想最为活跃的青春时期。

《九歌新考》问世后，虽然也获得了一些赞誉与肯定，但总的说来，始终处于不冷不热的状态。我用神话、宗教、民俗和哲学、历史、地理等各种学问作综合研究，又用朴学家的手法进行论证，而我提出的一些新见，如云东皇太一是齐国的上帝之类，他人可能认为过于超越常情，不太容易贸然接受，可也似乎难以正面驳斥，这样也就必然会陷于不冷不热的状态。

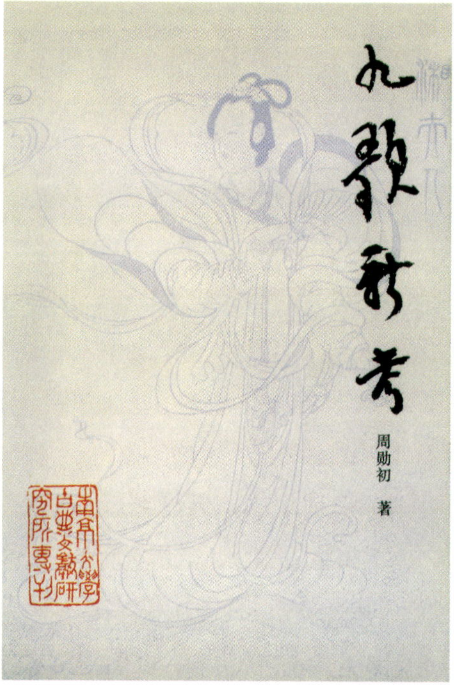

上海古籍出版社 1986 年 8 月出版

新旧世纪之交，楚地发掘与整理出了许多竹简之类的古文献，内有一些关于神祇的名字，似可与《九歌》中的神名相对应，这就给大家提供了新的资料，闻一多等人提出的楚郊祀歌说似乎又显露出生机。只是目下发掘出来的材料毕竟嫌少，而且大都属于官员与地方上的贵族，不能由此证明楚王宫中的祭祀制度。因此，楚文化研究虽然已经有了一些热度，但离全面复原楚国的典章制度距离仍远。

《九歌》研究中的一些老问题仍应进一步予以思考。

一，楚墓中多处发现有“太一”神名，正可说明此神不可能是楚王宫中的主神。如果说，楚宫中的主神称“东皇太一”，地方上的神称“太一”，则不论是从出土文献的报告或传世文献的史籍中均无楚王宫中祭祀太一的记载，更无有关“东皇太一”的踪迹，可知“太一”还停留在民间信仰范围内，并未进入国家级的宗教祀典。

二，郭店楚简中有几组与目下通行的《老子》注本不同的文本，还有《太一生水》等简册，说明战国后期《老子》一书当有多种不同文本在社会上流传，而从宇宙论的角度来说，也有好多不同流派在分头传播。有的专家认为《太一生水》之说乃道家关尹一派的遗绪，有的专家指出《管子》中的《水地》一篇可与此互参，这些都是合理的推断，吾等自可对其时道家的多元与不断分化加以注意。

三，史书记载，战国时期的各种学术流派在齐国的稷下交相融会，道家、阴阳家、神仙家都在此地活动，相互影响。这一宇宙本根的学说遂在此地多头发展，且衍化成了星宿与神灵。齐国一直是战国时期的东方大国，在文化上一向高居顶峰，因而时人普遍认为齐居天下之中。这一时期的星象之说都掌握在方士之手，《韩非子·饰邪》中记载的“太一”即位于齐国上空，可证战国之时“太一”已在民俗、神话、宗教等领域内渗透。

四，汉代王室起于丰沛，与齐国毗邻，在民俗与宗教上受其影响极大。汉武帝在国力大为提升后，意欲在地域色彩很浓的五帝之上安置一个统率群神的上帝，于是燕齐方士谬忌乃将齐地的“太一”迎入长安，以此象徵皇室威权。除京城外，汉武帝命祀太一于汶上明堂，而位处胶州湾边的不其县亦有太一祠，可证“太一”之神与齐地因缘最深。

五，屈原为挽救楚国的危亡，主张联齐抗秦，出使过齐国。《东皇太一》中的描写，当是他在齐国看到的祭祀仪容，故以此命名。我以为对“东”字很难作出另一种解释。

总的看来，楚简中透露的种种讯息，不但没有与我的《东皇太一考》中的推断相冲突，反而提供了新的实例，因而思路得以拓宽，信心有所提高。只是本人精力已衰，已经无法再作进一步的论证了。

楚简中有“大水”一神，有的学者以为指湘水之神，有的以为指淮水之神，有的则以为就是指黄河水神。他们还经常援引《左传》宣公十二年的楚庄王“祀于河，作先君宫，告成事而归”立说，以为有此文献互证，也就可以说明楚人本就祀河，从而可将“大水”定为河伯。

实则这一孤证无法说明“大水”即河伯，理由如下：

一，《左传》哀公六年叙楚昭王东援陈，军次黄河边上的城父时患病，“卜曰‘河为祟’”，昭王以为“三代命祀，祭不越望。江、汉、雎、漳，楚之望也”，河与楚无涉，故断然拒绝祀河。昭王是庄王的子孙，前后相距百年左右，后者仍然明确宣示楚国不能祭祀河伯，那今人又怎能仅据邲之战时的这一特例立论呢？

二，《国语·楚语下》记楚大夫观射父答楚昭王问礼的一段话，云是“天子遍祀群神品物，诸侯祀天地三辰及土之山川，卿大夫祀其礼，士庶人不过其祖”，与周礼内容一致，可知楚王遵循的就是这一原则。

三，祀典中有常祀与临时祭祀之别。楚庄王在黄河边上的邲地打败了晋军,临时祭一下河伯,感谢他不左袒晋人,但不能视作常祀。这种临时祭祀,我曾举《左传》襄公二十五年郑师入陈时“祝袚社”,昭公十七年晋人伐陆浑时“用牲于雒”,《穀梁传》定公四年蔡昭公拘于楚而返蔡时祷汉之水神,都属对当地地祇的临时致敬,与楚庄王的情况相近。

我读古朗士《希腊罗马古代社会研究》时,也看到过同样的例证。公元前 396 年罗马的狄克推多卡密拉斯攻打维爰城时,为了求得当地大神的协助,乃隆重祭祀朱诺,可知地不分中西,情况有类同处。

这也可以用来说明我的一种观点:即使运用一段材料,举出一个例证,解决一个具体问题,也要有综合研究的能力。考察“大水”这一问题时,也要用上文字学、民俗学、宗教学与典章制度等方面的知识,深入检讨,才能求得真相。这可不是光从文献中举出一个特例就可以万事大吉的。

行文至此,仍感青年时期之可贵。其时朝气蓬勃,初生犊儿不畏虎,又加涉世未深,少有人事羁绊,故能一心向学,无所忌惮,披荆斩棘,勇闯新路。

我在后来涉足李白研究,即与早年从事《九歌》研究有关。研究《九歌》诸神时培养起来的兴趣,积累起来的知识,这时又活跃起来,发挥了作用。

1993 年,我发表了《李白剔骨葬友的文化背景之考察》一文,影响还是比较大的。胡晓明将之选入《唐诗二十讲》,评为二十世纪唐诗方面的优秀论文,且在《前言》中介绍,以为我的研究工作很有个性,这或许是看到我在研究工作上有一些个人特点,有异于同辈中人吧。

我读李白的《上安州裴长史书》时,看到里面关于剔骨葬友(吴指南)的记载,这是一种不见于汉族中的葬俗,从而根据他生活地区绵州昌隆县的地理位置，说明他曾受到南蛮文化的影响。李白还说到“许相公家见招，妻以孙女，遂憩迹于此，至移三霜矣”，这又引起了我的好奇。所谓“就婚”，即入赘之意。中国向来贱视赘婿，而李白言下还不无得意之感，许相国家孙女去世之后，他又到宗相国家去入赘为婿，这样的行动举止，与汉族文人很不相同，应该与他的家族背景有关。这就使我想到，李白此举受到了突厥文化的影响，因为有许多史料可以证明，西域的游牧民族中还保留着很多母系制社会的遗痕。

李白生于安西四镇最西端的碎叶附近，在今吉尔吉斯斯坦共和国的托克玛克附近，这与杜甫等人的文化背景截然不同。他成长的地方，处于今四川省西北部，正是少数民族聚居之地。我自研究《九歌》始，对中国民族史一直很有兴趣，对羌族的活动也很关注。这时我从李白《登峨眉山》中的“倘逢骑羊子，携手凌白日”几句诗中又得到启发。骑羊子即羌族神仙葛由。羌人尚白，李白诗中多用“白”字，如白龙、白鼋、白龟、白鹿、白兔、白虎、白鹦鹉、白蝙蝠、白石等等，不一而足，随后我就写下了《李白与羌族文化》一文，畅论李白与羌族文化的种种关系。通过上述考察，我将李白定位为“多元文化的结晶”。可以说，这是我在对这一问题进行了长期的持续不断的探讨后，才得出的结论。

大家知道，李白笃信道教，这很容易理解，因为巴蜀地区本是道教的发源地，而他出川之后，首先想到的是“自爱名山入剡中”，则似显得突兀，大家对此似乎不太容易理解。

我对江南神仙道教的历史与传播也作了考察，引用了《五岳真形图》等材料，说明“一生好入名山游”的李白，不光注目于风景的佳丽，还醉心于神仙的出没，因为道教中的神仙一般都隐显于名山秀水之间。浙东之地，赤城、四明、天姥、天台，都是李白神往之地，所以有《梦游天姥吟》等名作传世，而他对金华牧羊儿的向往，抒发对赤松子的追随意愿，又可与皇初平的牧羊故事联系起来。宗教的传播，神仙的流动，看似缥缈无稽，实则有其统绪可循，一一追踪解读，也是治学中的一件快事。

我在研究《楚辞》之时，接触过一些奇形怪状的说法，后人往往总称之曰“中国文化西来说”。像苏雪林、卫聚贤等，都曾提出过大胆的假说，有的主张中国文化来自西亚，有的主张中国文化来自印度。我的性格中有喜奇好异的一面，步入“新社会”后，上述学说都被青年学子视为在替帝国主义分子张目，不屑一顾了，我则还想去瞧上一眼，看看他们为什么会有这样大胆的联想。李白的情况有其相似之处，胡怀琛等人就从李白“眸子炯然”上推论，以为他是胡人。我觉得，一些“大胆假设”的理论，尽管你不会去相信它，但可帮你开拓思路，多想一些问题。

李白先祖李暠，在河西地区的西端建立西凉政权，经历两代之后，为卢水胡人沮渠蒙逊建立的北凉政权取代，李白的远祖乃远迁中亚，在西突厥的活动地区居住，到他的父亲一辈，又携家回蜀定居。李白的身世，与其他诗人不同，他的思想，他的作风，必然会有很多个人特点。这些特点，应该从李白特殊的身世去寻找答案。但中国的学人，自清末起，就接受了分科教育，学文学的很少关注其他学科的成果。中国步入开放阶段之后，努力克服主观臆断乃至信口开河的积弊，考证之风兴起，一些研究唐代文学的人往往兼治史学，但对中外文化交流的历史还未能顾及。我一直喜欢读向达的《唐代长安与西域文明》等书，至是乃就李白的特殊经历进行全面的考证，时至 2007 年，我又完成了《李白的晋代情结》一文，在西凉与东晋、刘宋王朝的交往上进行考察。西凉一直奉晋、宋朝廷为正朔之所在。自河西走廊的西部南下，经南山道，有一条道路通往蜀地。李暠一直仰慕蜀汉文化，使者即由此道南下，经过蜀地再赴江南。李白之父于武后神龙年间潜还于蜀,定居于蜀,也可由此求得解释。对唐代文化来说,蜀地一隅的情况就很特殊。有人称蜀地文化为盆地文化,多种来源的文化于此积淀,其地故多杂书,又有尚纵横、尚游侠等遗风。再从西凉与吴越地区的文化交流来看,也可得到启示,《宋书·氐胡列传》中记沮渠"蒙逊又就司徒王弘求《搜神记》,弘写与之",可知江南的神仙道教早在李白先祖的年代就已传入西凉。李白晚年从永王璘而得祸,从他的诗文来看,目的在于重现东晋风流。由此可见,李白的思想往往沉浸在前此文化灿烂的东晋王朝这一历史阶段。

现在有一些李白研究者也喜欢谈李白的文化特徵,从歌舞等方面进行考察,我则联系他的家世进行探索,且与其友辈,诸如杜甫等人进行比较,扩及很多层面,诸如宗教信仰、仕宦出处、文艺爱好、民族观念等领域,从多种角度进行研究,发掘李白的文化特徵。这样做,视野当然要开阔一些,拥有的学问也应该多样一些,这些都与我长期重视积累知识有关。我不但重视泛读,浏览杂书,即使是在游山玩水时,也抓住每一个机会增加新知。如到香港开会时,就抽空游览黄大仙祠,藉与前此有关皇初平的知识相印证;到马来西亚开会游览马六甲市时,看到有关黄大仙祠的指示牌,可惜行程匆匆,无法踏勘。

二十世纪之末,我为湖北教育出版社的《20世纪中国学术文存》编了一种《李白研究》,对这一领域中的论文大体浏览了一番,确信我所进行的研究,完全出于个人的沉思冥想,绝不与人雷同。其后我撰《李白评传》,仍然沿袭先前的思路,追求戛戛独造。是耶非耶,愿意接受他人的指正。个人志趣在是,仍思继续开拓,可惜目下已经步入晚年,恐无馀力再行深入探索了。

我很庆幸,年轻时就涉足神话传说方面的研究,培养起了一种喜欢探索新鲜题目的兴趣，能够发挥自己的想象力，形成多方联想的能力。一个人若是过早就投入一个专题进行一种单一的研究，至老不变，那他的很多潜能可能就会受到扼制。

综合研究，锐意开拓，这是我的终生追求。屈原在《离骚》中说："路漫漫其修远兮，吾将上下而求索。"可以作为我的座右铭。

【附录一】

1990年时，重庆师范学院的黄中模教授策划编纂《楚辞与争鸣》一书，邀约海内外学者撰写论文，介绍个人在此领域中的探索所得。我也蒙垂顾，遂撰《楚辞研究的传承与发展》一文以应命。黄教授等人后将众多专家的文字编为《楚辞研究成功之路——海内外楚辞专家自述》一书，2000年由重庆出版社出版。我在这次写作经验谈时自然沿用了其中不少东西，也有很多可以相互补充的地方，故以此文作为附录，藉供参考。

楚辞研究的传承与发展

《九歌新考》一书，在我已出版的十多部著作中情况很特殊。这是我的第一部专著，凝聚着学生时代的心血，是在即将改行之前即兴写下来的一些心得。除此书外，我在楚辞方面没有再写过一个字。

回首往事，常是想起胡小石师讲授古代文学史时的情景。

1953年暑假前，我是南京大学中文系的三年级学生。新中国成立之初,百废待兴,政府需要大量补充新干部,于是决定将三年级学生提前毕业,分配工作。按理我也应和大家一样离校,但我当时肺病初愈,顾虑很多。因为我在高中三年级即十七岁时突然大口吐血,始知患了严重的肺病,卧床三年,濒死者再,靠着当时新输入的链霉素才挽救了生命。入大学后一直住疗养宿舍,到这时才有条件参加正常的学习生活。而且新中国成立之初政治运动不断,我因有病而少学了很多课程,这时也有补读一些课程的要求。于是我便去和系主任方光焘先生商量,希望继续留校学习。方先生向来爱护学生,立即答应了我的请求;他思考了一下说:"你也不必再学其他什么课程了。下一学年胡小石先生要开文学史。他已将近七十高龄,以后不可能再开课了。机会难得,你可要集中精力学好这门课,不必再分散精力。"光焘师的这一安排,对我一生的发展都有重大影响。

小石师晚年对神话传说感兴趣,因此花在上古神话与《诗经》《楚辞》上的时间很多。光讲《楚辞》,就用了近两个月的时间。我则围绕着讲课找书来读,前后大约花了半年的时间。可以说,这是我大学生阶段读书最见成效的一门课程。

1954年毕业,我被分配到中国文字改革委员会搞简化汉字工作,前后历时两年半,也就把楚辞方面的学习丢下了。1956年小石师开始招副博士研究生,希望我回去,于是我于年底考回母校,再次接受小石师的指导。

研究生两年,一直跟小石师学甲骨、金文。当时政治运动迭起,也已难于安心学习了。中苏纷争骤起,"副博士"云云成了讥讽对象。文艺领域中亟需摆脱以往苏联模式,于是中国文学批评史又走红起来。各校竞开此课,而我系罗根泽先生却因身患重病而不能再上课,于是俞铭璜主任决定让我中断学习,改教批评史。就在这改变方向的前夕,我抓紧时间,写下了这部《九歌新考》。

当时很难看到境外新书,但有一次我去古籍书店,却买到了一本寓居香港的饶宗颐先生的《楚辞书录》。此书后附著作目录索引。那时我刚结婚,妻子祁杰还未南下,每学期都要去探亲,其时中央正在号召大跃进,假期都不放假,妻子无法陪我,我就常到北京图书馆去看书,按照《书录》上的提示找旧杂志看。新中国成立前后学风丕变,学界不断批判资产阶级学术观点,我却还去垂顾那些被人贬视的"明日黄花",在当时来说,有违时尚。这也符合我这样一个落后分子的脾性。像孙作云的《九歌司命神考》等文,发表在《清华月刊》一卷一期,外地很难看到。我之所以要去寻找,也有一份好奇心在驱使。但由此我却了解到不少过去有关楚辞研究的情况。

同窗谭优学君非本校毕业生。他仰慕小石师的声名,希望听讲一下楚辞,于是小石师于1959年10月起开始讲授。我在重听此课的过程中不断受到启发,前时积累下的一些问题,这时一一贯穿起来,形成了许多新的论点,也就一气呵成写了下来。我很明白,这次改教批评史,日后很难再回过头来研究楚辞。小石师本想让我作神话方面的毕业论文,为此我已读过《山海经》等书,这时已无可能继续深入下去,只能在构思较为成熟的楚辞方面留下一些文字了。

理论突破

《九歌新考》一书的前期准备工作尚称规范。先搜集材料,对前人的成果进行总结,确定哪些方面可以吸收,哪些方面应当扬弃,然后提出自己的新说。从事研究工作而缺少这一步,各家一味自我申述,那学术界就会出现一片混乱,有些讲不通该淘汰的学说依然如故,有些新鲜观点夹杂于中不能脱颖而出，学术研究势难出现波浪式前进的正常态势。

在当时来说，我对楚辞方面的文献掌握得比较全面。

小石师认为：阅读《楚辞》，三部著作最重要：一是王逸的《楚辞章句》，二是朱熹的《楚辞集注》，三是戴震的《屈原赋注》。这恰好代表了汉学、宋学和清代朴学的成就。就《九歌》而言，王逸的阐释殊不足信，《楚辞章句》中云“上陈事神之敬，下见己之冤结，托之以风谏”，这与《九歌》本义睽违颇远。但王逸此书毕竟是屈赋的第一部注本，保存着不少古义，因而仍应重视。朱熹的《楚辞集注》与王逸注本情况类同，但在分清章节与校雠文字异同方面下了功夫，因此在文本的解读方面已进了一步。《九歌》中对答之词最为纷扰，要到戴震《屈原赋注》出来后才分别清楚，每一句都有着落。这些文字解读工作，是研究的前提，必须重视前人的成果。

千百年来，有关《楚辞》的著作汗牛充栋，势难读遍。我在精读三书的基础上，又对蒋骥《山带阁注楚辞》等书加以泛读，并对清儒的一些研究成果，如《日知录》等书中有关《九歌》诸神的考订，广为搜讨。

民国之前，各种新兴的社会科学如宗教学、民俗学、神话学等还未输入，因此在楚辞研究的理论领域内还未出现新的解说。“五四”前后，各种新学竞相传入，从而产生了不少研究楚辞的新著作。我对每一阶段有代表性的成果也加以研究，并作了小结。这就是《九歌研究》中的《〈九歌〉异说综述》一章。

我把截至五十年代的《九歌》学说，按照历史发展，和诸说出现的先后，分为四类，即（一）忠君爱国说，（二）民间祭歌说，（三）楚郊祀歌说，（四）汉人写作说，并对四类学说之间的交错关系和相互影响也作了阐述。如以近年来的情况而言，则似还可再增加一项民俗比附说，即以《九歌》中的描写与西南少数民族中的民情风俗相比附，或与海外某一民族的民情风俗作比附，阐发《九歌》中的微义。这一后起的学说实际上更具方法论上的意义。因为各个民族之间的发展千差万别，有很多不同情况存在，比照的双方又有时间与空间上的隔离，很难找到沟通的直接证据。因此，有的研究者提出的某些例证只能作为参照的材料运用，启发人的思维，却很难作为铁证而据此作出结论。或许《异说综述》中提出的四种学说仍有其普遍意义，后起的各种学说都是从中衍化出来的，即以“民俗比附说”而言，与“民间祭歌说”似也有因缘。

上面说的是我对此前《九歌》研究所作的总结，下面谈谈我所提出的新说。有关这一点，仍应首先介绍小石师对我的指导和启发。

小石师是楚辞名家，四十年代任教云南大学时，讲授楚辞，享誉一时。当时闻一多、游国恩在西南联合大学任教，也讲楚辞，呈鼎足之势。只是小石师未将研究成果撰为专著，因而其影响远逊闻、游二人。我对闻、游二人的著作颇为欣赏，闻先生天才横逸，在在给人以启发，但他得出的结论，却难信从；游先生的《楚辞概论》是当时最好的一本入门书，但我对他在《九歌》方面的研究，也难信从。

我在听小石师讲课之时，常将当代诸家的学说与之作比较，最后结论是，小石师的说法最为可信。因此，《九歌新考》中的很多论点，即阐发师说而成。

比起闻、游等人来，小石师的年辈略高一些。他于清末进两江师范学堂，学的是农博，当时学堂监督李瑞清（梅庵）先生倡导新学，请了许多日本学者来教授，因此小石师很早就通日语。他又喜博览，新旧学术无不贯通。《楚辞》之学，如想要有大的突破，应具很高的识见，小石师即在见解高明这一层上胜人一筹。例如他在民国十年任教北京女子高等师范时，即以人神恋爱的新说解释《九歌》中的许多爱情描写，其后有学生撰写成文，把《楚辞》研究推进到了一个新的阶段。

小石师讲《九歌》时，提出神有地方性的问题，对我启发极大。小石师举例说，北方祀泰山女神碧霞元君，江淮之间不祭；海边祀海神天妃，北方的人不祭。依此类推，楚人就不能祭祀河伯，因此《九歌》不可能是楚国的祭神之歌。我曾据此检核各种材料，确信此说可以成立，于是依据此说而作了很多发挥。

王逸、朱熹首倡忠君爱国之说，以为屈原之作《九歌》，乃因“楚国南郢之邑，沅湘之间，其俗信鬼而好祠。其祠必作歌乐鼓舞以乐诸神。屈原放逐，窜伏其间，怀忧苦毒，愁思沸郁。出见俗人祭祀之礼，歌舞之乐，其词鄙陋，因作《九歌》之曲。上陈事神之敬，下见己之冤结，托之以讽谏。”但河伯明为北方黄河之神，他又怎能落脚南方而受楚人祭祀呢？胡适、陆侃如等人排除了此说中的牵强附会之处，改从文学进化观入手，将《九歌》定为屈原之前楚国原有的民间祭歌，但仍无法摆脱上一说的困厄：河伯何以会到“南郢之邑，沅湘之间”去接受祭祀？

闻一多、孙作云等人认识到了祭典有礼制上的规定，平民不能祭祀《九歌》中的大神，从而否定《九歌》为民间祭歌之说。他们把《九歌》升到宫廷中去，以为《九歌》中的一些神，只有楚王才能祭祀，于是又提出了《九歌》为“楚郊祀歌”的新说。闻一多还通过想象，把《九歌》视为楚王祭东皇太一时所用的乐曲。其中湘君、湘夫人为一对，大司命与少司命为一对，河伯与山鬼为一对……联翩出场，演出一幕幕歌舞剧。但我仍可紧紧迫问：河伯怎能进入楚王宫廷中去作为伴祭对象？

我遵循师说，对此作了进一步的考虑。我国古代将神区分为天神、地祇、人鬼三类。我认识到，天神、人鬼的祭祀大都没有区域性的限制，如风、云、雷、雨之神，关公、岳飞等鬼，各地都可祭祀。地祇的本义就是地方的保护神，祭祀的地区自然有局限，外地的人与他没有什么关系，也就毋庸施其恭敬。因此，地祇的活动范围常有明显的地区性。

河伯问题实为一根硬骨头，卡在诸多研究工作者的喉头，使他们申述时动多障碍。于是有人举出楚庄王于鲁宣公十二年北上参加邲之战时曾祭祀过河伯；有人以为楚的疆域曾扩展到黄河边上，故可祭祀河伯……各家纷纷作出类似的解释，无非是想解决祭祀河伯这一难题。在我看来，各家之说无一能够成立。为此我写了《楚祀河伯辨》一章，逐一加以驳正。我先写了“诸侯祀其土之山川”一节，征引《国语》《公羊传》《礼记·祭法》和《王制》中文，说明典礼中有明确的规定，并举先秦两汉时人对待社神的态度作旁证。下面三节“楚人信守‘祭不越望’的原则”“楚国疆域从未扩展到黄河边上”“战国时人对楚国疆域的描述”，征引大量材料，说明楚国疆域从未到过河边，楚王从未把祭河列入正式祀典。再下面一节“河伯传说的区域性”，则将夏代至东周时期有关河伯的大量材料按国别排列，说明曾经出现过河伯传说的国家，都在黄河流域之内；相反，一些远离黄河的国家，则都没有出现过什么关于黄河的传说。最后一节“有关河伯的一些材料的订正”，则对陆机《要览》以及《好大王碑》和《魏书·高句丽传》中的河伯故事作出解释，以为均与先秦时期北方的河神无关。

我还注意到了另一种情况，即某位神祇定要由该地区的神巫来祭祀。“巫”字之前常标地名，《史记·封禅书》上说：“其河巫祠河于临晋，而南山巫祠南山、秦中。”其他的巫，如梁巫、晋巫、秦巫、荆巫等，所祠者当然也是该地区的神了。

《九歌》中的这些神，到底属于哪些地区的呢？我把《史记·封禅书》作为重要资料而进行论证。历史是有继承性的，汉承秦制，秦又采择六国礼仪，因此我们可以按照历史发展的顺序，研究祀典的继承和演变，从而探讨《史记·封禅书》中所反映的各地宗教情况。在《秦汉宗教一般》一章中，我在“《史记·封禅书》的分析”“祭祀典礼中的地方色彩”“从汉代宫廷中巫祝的身份推断东君、云中君是晋地之神”三节中作了论证，最后又在“《东君》《云中君》《河伯》中的北方景象”一节中作了补充说明。

《史记·封禅书》是研究先秦两汉宗教问题的重要文献。有关各地的神祇，周天子与地方诸侯以及秦、汉朝廷中奉行的祀典，其中都有详细的记叙。神话、传说问题与宗教问题密切相关。因此我以《史记·封禅书》为重要依据而阐述先秦两汉的神祇情况，也可说是一项文献上的开拓，前人似未注意及此。饶宗颐先生在为中华书局成立八十周年而写作的纪念文章《历史家对萨满主义应重新反思与检讨》中就介绍了《九歌新考》中的《秦汉宗教一般》一章。

小石师在讲课时，还根据《史记·封禅书》中“亳人谬忌奏祠太一方”一语，考知这里指的是北亳，战国时为齐济西地，因而说明谬忌的身份实为燕齐方士，从而推断东皇太一是齐国的神。我又从中得到启发，对此作了进一步的论证。我把“东皇太一”一名分开来讲，以为犹如“土地菩萨”“玉皇大帝”“耶稣基督”“佛陀毗湿纽”等名词一样，实为两个名词的复合。“太一”原为道家表示宇宙本根的专用名词，战国之时方士利用它而成了上帝的代名。为此我从天上有太一星，地上有太一神，齐地自命居天下之中故可奉祀太一等方面作了广泛的论证。

其后我从有关上帝地位的变化中加以考察。自西周中后期起，王室权威下移，影响到大神地位的下降；中央政权削弱，君临全国的上帝也为之减色，分处各地的诸侯国中却产生出许多富有地方色彩的“上帝”来，时至战国后期，齐、秦并称东帝、西帝，反映到神界，也就出现了东皇、西皇的称号。

东皇、西皇之称，均见之于屈原笔下。《离骚》中有“诏西皇使涉予”

之句，《史记·淮南衡山列传》中也称秦王之使为“西皇之使”，则是我把“东皇太一”一名解作东方的上帝太一，或齐国的上帝太一，应当说是文献足征的了。

就全书而言，我对《东皇太一考》《楚祀河伯辨》和《秦汉宗教一般》三章的写作最为满意，行文最为酣畅，理论成分也最浓厚。

感谢小石师在理论上的启迪，引导我在楚辞研究中披荆斩棘，走出了一条新路。

当时我的年龄才三十上下，而我与之商榷的许多学者，大都是老师宿儒，我在河伯的地祇性质上与之辩诘，颇有初生犊儿不畏虎之感。当然，我的这一说法是否可信，还应接受检验和批判。但我体会到了研究工作首先要在理论上进行突破的重要性。现在年轻学者作论文时，常是感叹笔头钝，进展慢，我就时而以早年写作《九歌新考》为例而予以劝说：只要你对某一问题考虑成熟，找到了症结所在，那么行文之时必然势如破竹，几万字的文章不日即可完成。

文献处理

小石师出于李瑞清（梅庵）先生门下，受沈曾植（子培）先生的影响很深，继承清代朴学传统，对文献的处理要求非常严格。

小石师以时代先后为准，把有关神话传说的材料分为五等。

一等材料为《诗经》《尚书》。《诗经》中的《生民》《玄鸟》等诗，保存着先民的感生说。《尚书》中可发掘部分材料，但此书已历史化，故对之不能存很大希望。

二等材料为《楚辞》中的《离骚》《九歌》《天问》等文。《山海经》《穆天子传》很重要，先秦诸子中《庄子》《吕氏春秋》等书中也有材料可发掘。

三等材料，如今文中的纬书，《易乾凿度》《诗含神雾》《春秋潜潭巴》《孝经钩命诀》等，已多残佚，带有浓厚的方士色彩。《淮南子》和《史记》中的材料具中等价值。

四等材料，如《列子》、皇甫谧《帝王世纪》、干宝《搜神记》等。

五等材料，如王嘉《拾遗记》、沈约《宋书·符瑞志》和《神异经》《汉武故事》《汉武帝内传》等。

研究神话传说时，首应援用一、二等材料。在一般情况下，不宜援用四、五等的材料去论证先秦时期的神话传说。

但在目下的一些研究著作中，常是可以看到材料混用的情况。例如有的专家论证河伯这一神祇的特点时，就列举出河伯的妻、女、子、侄、外甥等等，构成了一个庞大的家族体系。他们引用的材料，则前后杂糅，有的还出自后代的地方志和笔记小说，这类说法出现很晚，不能用以说明先秦时期黄河之神的特点。

有关神话传说的研究，当然可以采用多种方法。由于我国古代神话传说遗存的材料比较零散，对于某些神祇缺乏系统的记叙，因此有的研究者就常是采用杂缀的办法，将各种材料混合编排，构拟成一个个有头有尾的故事。这项工作当然也是有价值的。但应该说明，这是在编故事，而不是在作研究，二者性质有别，不能混为一谈。作研究工作，目的在于辨明真相，说明神话传说的原始意义，将先秦时期的神话传说归之于先秦时人观念中的产物，这就不能将后人编造的东西羼杂进去。我在写作《九歌新考》时严格遵守这项学术上的通则，即以征引文献而言，也按照清儒的做法办事，凡见之于《左传》的材料，就决不用《史记》来代替。

先秦典籍散佚特甚，神话传说的资料嫌零碎，很不完整，研究工作中有时不得不依个别材料加以推论，但应少用此法为宜。目下楚辞研究工作中仅凭孤证而作推论者过多，有些问题不易得出共识，这也可能是原因之一。因此，学者进行论证之时，还应努力多方搜求材料，考核排比，运用归纳法以得出结论。我在“河伯传说的区域性”一节中按国别排比有关河伯的材料，就是向此方向所作的努力。

有的研究者坚持说，湘水地区的水神可称河伯，河伯不一定是黄河之神。这我可不能接受。因为在先秦时期，河是黄河的专称，群经诸子中找不到一条湘水可称“河”的例证。后世当然有称有水的地方为大江大河或小江小河者，但在先秦时期则否。如果我们不注意训诂的正确运用，那么也就很难得出正确的结论。

值得深思的是：为什么闻一多、姜亮夫等深通训诂的前辈学者都不在“河”字上大作文章，是否他们对屈原的作品理解不深？知识结构上有什么缺陷？思想上还不够解放？因而不敢贸然称河伯为湘江中的水神。当然，学术研究是不断向前发展的，楚辞研究也不能停步不前，但在文献处理上必须有一定的规范，在训诂运用上必须遵循科学的通则，这样才能求得可信的结论。在当前的楚辞研究工作中，这些问题必须达成一种共识。

出版前后

此稿于 1960 年完成，随即送交中华书局上海编辑所要求出版。但我当时毕竟年轻，思想上很幼稚，看不清复杂的政治形势。当时上峰正在号召“千万不要忘记阶级斗争”，这类不合时宜的稿子，自然不能让它出笼。到了 1964 年 9 月，稿子退了回来，编辑所附上“(64)华沪二字第 1489 号”一信，云是“尊著《九歌新考》对于《九歌》及有关问题所作的考证都较翔实，亦有创见。但由于其中多数的考证，如《秦汉宗教一般》《东皇太一考》《楚祭河伯辨》《楚神杂论》等，对于今天的读者如何正确理解《九歌》似乎并无多大影响；同时由于这些考证都属于古代宗教制度或宗教传说方面的问题，在目前出版似亦不大适宜。我们研究的结果，暂时不拟接受”。

“文革”结束，学术活动趋于正常，我则忙于整理其他几部稿子出版，直到1981年时才能转向此书。这时重读旧稿，发现颇有芜杂之病。年轻时写作，舍不得割爱，有些节外生枝的文字，大量夹杂其中。过了二三十年，毕竟老到了些，也就大加改削，整理出了眼下这一本子。当时就阅览所及，也增加了一些新材料，因此有的引文出于八十年代，但全书的基本格局未变。

到了1986年时，此书始由上海古籍出版社出版。历经磨难，终见天日，不可不谓之大幸。上海古籍出版社的陈邦炎、高章采、邓韶玉等先生大力帮助，请上海著名装帧家张苏予先生规仿元张渥《湘君图》绘制封面，加上小石师生前的题签，更使此书具有纪念意义。邓韶玉先生将此书安排在上海印刷四厂排印，该厂刻字工人水平奇高，把我援用的籀文“雷”字、“罍”字、“鷩”“虆”等字，刻成五号字、六号字时还笔画清楚，字形规范，这也使我深感欣喜。

我因研究方向不断变化，教学与社会活动不断增加，无法再对楚辞问题加以关注，因而也不太了解楚辞学界对此书的总体评价，仅因读书所及，看到一些书上介绍过我这一著作中的若干论点。近承多位朋友见告，且蒙周建忠先生惠寄材料，得知此书社会反响尚佳。有人介绍各家之说，将我列为“南方文学”说的代表人物。因为我在《屈原创作说申述》一章中说：“《九歌》各篇之中，神的性质不同，但因都有神话传说为背景，故而都有奇幻诡异的特点；神的来源国别不同，但因出之楚人手笔，所以又增加了南方文学特有的地方色彩。这些作品都是屈原的创作，和其他作品合观，风格已趋一致。”或许因为论证比较充分，所以得到他人认可的吧。学生时代的习作，有此成绩，似亦差可告慰平生的了。

【附录二】

古代文学的综合研究

——以《九歌》和李白为研究中心（讲演介绍）

时间：2008年5月10日星期二下午3：20

地址：南京师范大学南山专家楼二楼会议室

左右围坐者为学生党银平、陈书录、王青，均为该校教授

南京师范大学文学院为报告会所作的介绍

“旧学商量加邃密，新知培养转深沉”，5月10日下午，文学院古代文学学科在南山专家楼二楼会议室隆重举办“随园文史研究名家系列讲座”活动，首讲邀请全国学术名家、南京大学中文系教授周勋初先生为本学科教师和研究生作了“古代文学的综合研究——以《九歌》和李白为研究中心”的学术报告，报告会由南京师范大学中国古代文学研究中心主任陈书录教授主持。

报告会上济济一堂，如沐春风。年逾八旬的周勋初先生思维敏捷，逻辑缜密，以《九歌》与李白研究为视点，结合自己的研究心得，深入浅出地介绍了学术研究的创新性思维和科学融通的研究方法，赢得了师生的热烈欢迎和一致好评。

治学经验谈 四

乘势发展　及时总结

——漫谈机遇问题

我之步入唐代文学研究领域，纯出偶然。“文化大革命”中无书可读，后因郭沫若的《李白与杜甫》公开出版，工宣队看到风向有些改变，才让教师接触“封、资、修”的古书，于是吾等正在农场走“五七”道路进行脱胎换骨的改造者也可以公然读些唐诗方面的书了。

我对出版物中为什么会出现这种奇迹摸不着头脑，也读不出什么门道。大家交换意见，都对他的扬李抑杜大为不满，这我倒觉得无所谓。一个人常是有其好的一面，也有其差的一面，各人所见不同，结论也就不一样，但郭沫若所持的标准不一，提出的例证似乎不符事实，这我可觉得难于接受。不过我于此道实在知之太少，反正闲着无事，不如利用当前形势，找些唐诗方面的书来读。

我从分析疑点最多的杜甫与高适的关系着手。杜甫的历史比较清楚，已有好几种年谱，注本也多，高适的情况可不易搞清。于是我就正本清源，一一从头学起，结果花了一年多的功夫，完成了《高适年谱》的初稿。这段过程，我已写入《写作〈高适年谱〉的机缘与甘苦》一文中（见本节附录）。

这段特殊经历，体现出了我的个人特点。“文化大革命”中的风气，从学术的角度来说真可说是风马牛不相及，那些舞文弄墨的人，都在闭起眼睛说瞎话。在此之前，也是教条主义横行天下，把什么阶级性、人民性、思想性、艺术性、浪漫主义、现实主义等几顶现成的帽子抛来抛去，用不到多少文献作支撑，大家只要读读几种现成的注本就已够用；如果文献用得多了，反而会被扣上烦琐考证的大帽子。大家试看上世纪五、六十年代的唐代诗人研究，即可知其大势。

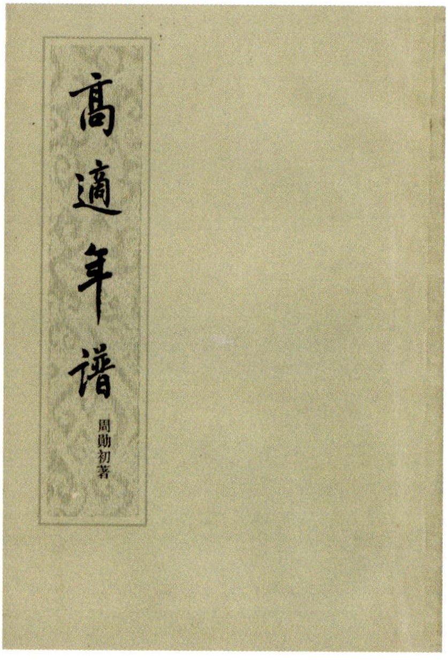

上海古籍出版社 1980 年 9 月出版

我考高适生平，因是“地下作业”，一无功利心可言，反而从容不迫，纯任兴之所至，一一找书来读。

因为要读高适的诗，就找他的集子和《全唐诗》来读。因为要读他的文，就找《全唐文》来读，从而了解到尚有《唐文粹》《文苑英华》等一类总集。

因为要了解高适的历史背景，就读《旧唐书》《新唐书》《资治通鉴》，从而又知道还有《册府元龟》等一类史书。

因为要了解前人对高诗的评价，就读《诗话总龟》《苕溪渔隐丛话》《诗人玉屑》《唐音癸签》《诗薮》等书。这方面的材料，以前教中国文学批评史时多少接触过，不过这时又扩展到了《唐诗纪事》等书，视野开阔了些。

与此相关，我对“唐人选唐诗”的几种选本也涉猎了一番。

高诗在书目中的记载很不一样，我就研究书目，了解到宋代的几种书目，如《郡斋读书志》《直斋书录解题》以及王应麟《玉海》中的目录部分，都有关于唐代名人的记叙，于是目录学方面的知识提高了一步。

诗人之间的交往，见之于笔记与小说中者为多。我对记载比较集中的几种笔记，如《国史补》《唐语林》等，也一一查阅。

高适早年落魄江湖，后又崛起为高官，行程万里，经历复杂，我就阅读相关的典章制度和地理志类书籍。

高适的出身，史无明文，我就转向墓志等材料中去发掘。我已明白，岑仲勉等人于此已经做了大量工作，收获巨大，因此我又读起《千唐志斋藏石》等拓片，后又对罗振玉等人的著作一一泛读。

从岑氏等人的书中，我又知道尚有《郎官石柱题名考》《御史台精舍题名考》等典籍。这些书，过去中文系的人从不去阅读，连名字都不会听到，这时我已视作考证的好材料，读得津津有味。

与此相通，我又读了徐松的《登科记考》和林宝的《元和姓纂》等书，对《新唐书·宰相世系表》等文献也增加了认识。

《全唐诗》中有一首刘长卿的《秋夜有怀高三十五适兼呈空上人》诗，情况似乎很特殊，我又跟踪追击，翻阅《宋高僧传》等书，得知高适还曾接受过不空和尚的灌顶,因而可以定为密宗信徒。我对宗教方面的知识极为有限,至是又找了一些有关宗教的书来读。

这时正值1972年前后,学校又恢复招生。由于工农兵学员的入学,我才有了结束长期下放溧阳农场的机会。工农兵学员用不着像我这样的人去教,中央给他们规定的任务是"上大学,管大学,用毛泽东思想改造旧大学",教师中的那些老资格党员尚且要被管起来,遑论其他。我自知思想水平低,时有误踩红线之虞,无力高举毛泽东思想的伟大红旗。尽管我也在努力学习"雄文四卷",只是始终无法学到手。大家普遍感到的困惑,正像当时风传有人所总结的那样:一看就懂,一放就忘,一用就错。那我又怎能在工农兵学员面前自找麻烦?况且我自回城之后,使用价值重新得到发现,于是忙着编《马恩列斯文艺论著选读》,编《辞海》,1974年之后,更是集中起来从事法家著作《韩非子》的注释工作,至是泛读唐诗的"地下活动"不得不告一段落。

完成《高适年谱》的初稿,当在1974年前期。短短一年多功夫,读的书可真不少。工农兵学员强调开门办学,上浦镇车辆厂去写调查报告,随行者有一大批教师,自有一些党员参与管理,一些政治条件好的教师帮着改改工农兵学员写的通讯,我则时而参加一些讨论,也只能是哼哼哈哈应付应付而已。因与大家融合不到一起,一有空,我就把自己反锁在一个破车厢的列车员房间内读《全唐诗》。

1976年后,"文化大革命"结束,形势丕变,我为完成《韩非子》的校注工作,必须到北京图书馆中去进行校勘,这时我就利用工作上的方便,看到几种《高常侍集》的明清刊本。想起郑振铎在《世界文库》本的《高常侍集》中用了一条《四库全书》本《高常侍集》中的自注,不知是否可靠,于是又借出《四库全书》来核对,同时也对这部大书增进一些感性知识,开开眼界。至是我又知道故宫博物院图书馆中藏有季振宜的《唐诗》钞本和胡震亨的《唐音统籤》全帙，于是又费了一番手脚，前去观看。这番经历，非常难得，把唐诗方面的知识又大大扩展了一番。随后我把这方面的心得写成了《叙〈全唐诗〉成书经过》一文，得到学界的好评。广陵书社印行《御制〈全唐诗〉》线装珍藏本时，即以此文代替“前言”。《全唐五代诗》这一重大项目启动时，我被推举为第一主编，也与这段经历有关。

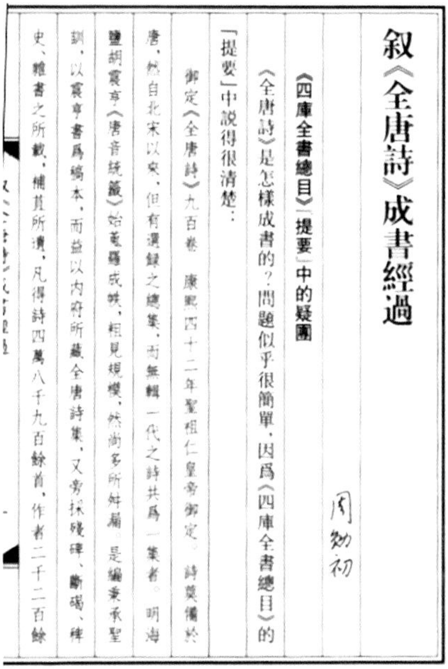
叙《全唐詩》成書經過

周勛初

《四庫全書總目》「提要」中的疑團

《全唐詩》是怎樣成書的？問題似乎很簡單，因爲《四庫全書總目》的「提要」中說得很清楚：

御定《全唐詩》九百卷　康熙四十二年聖祖仁皇帝御定。詩莫備於唐，然自北宋以來，但有選録之總集，而無輯一代之詩共爲一集者。明海鹽胡震亨《唐音統籤》始蒐羅成帙，粗見規模，然尚多所舛漏。是編兼承聖訓，以震亨書爲稿本，而益以内府所藏全唐詩集，又旁採殘碑、斷碣、稗史、雜書之所載，補苴所遺，凡得詩四萬八千九百餘首，作者二千二百餘

1983年时，傅璇琮先生任中华书局古代史编辑部主任，约我为《唐宋史料笔记丛刊》中的《唐语林》一书作整理。当时我工作很忙，本不打算接手，但他认为我对唐代文献方面有些基础，因而再三邀约。大约他也是看到我在《高适年谱》中涉及到许多领域，用了很多材料，因而认可的吧。

整理《唐语林》，用了三年左右，对唐代的笔记小说作了一番摸底的工作。唐代笔记小说的研究，之前很少有人涉足。我为《唐语林》中的

一条条文字查到了出处，随即感到这些方面还得作些解释，因为一般读者看到《杜阳杂编》《金华子》等书名，还是无法了解书的性质，从而难以判定这些材料的文献价值。就这样，我为五十多种笔记小说作了介绍，取名《唐语林援据原书提要》，提供读者参考。

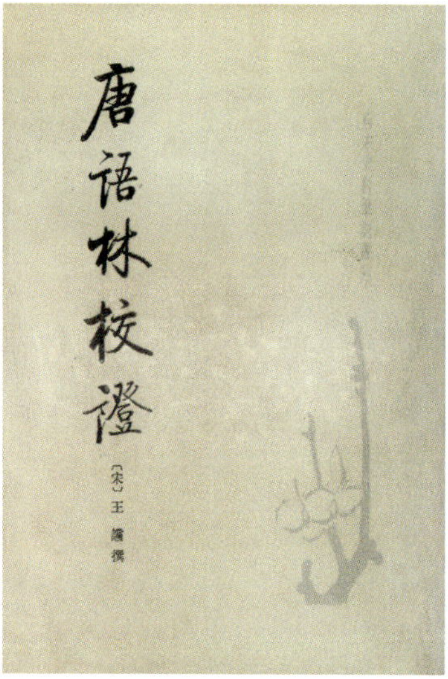

中华书局 1987 年 7 月第一版

中华书局 2008 年 1 月第二版

1989 年时，我为筹办第五届唐代文学年会暨国际学术讨论会，主编了一种《唐诗大辞典》，用作会议上的礼物。我为这一辞典作了种种设计，后面加了几个附录，其中之一就是我撰写的《唐诗文献综述》。我把研究唐诗的主要文献归为十三类，亦即一，文集；二，史传；三，小说；四，谱牒；五，碑志；六，壁记；七，登科记；八，书目；九，诗话；十，艺术；十一，地志；十二，政典；十三，释道书。因受篇幅限制，这一部分只能写到五万字，为此我在写作上下了一番功夫，既要提纲挈领，又要尽可能地增加容量，还要有可读性。

为了写好这个综述，我把以前积累的知识作了一番系统的梳理，例如史传部分，讲到《旧唐书》与《新唐书》时，就要设身处地，把我过去读史时遇到的困难，系统地归纳一番，然后指出解决的方向，这就必须提高学识，参考今人的著作，如金毓黻的《中国史学史》、黄永年的《唐史史料学》等。又如写作谱牒一类，不能仅限于介绍几部有代表性的著作，还得叙及前此豪门世族的兴起，还要说明谱牒之学逐渐衰退的原因，在此前提下，才能说明唐代谱牒之学的状况与特殊地位。这样的写作，可以把过去因工作需要而接触到的材料与读书心得作一番清理与提升，将零碎的、片段的知识深化与系统化起来。

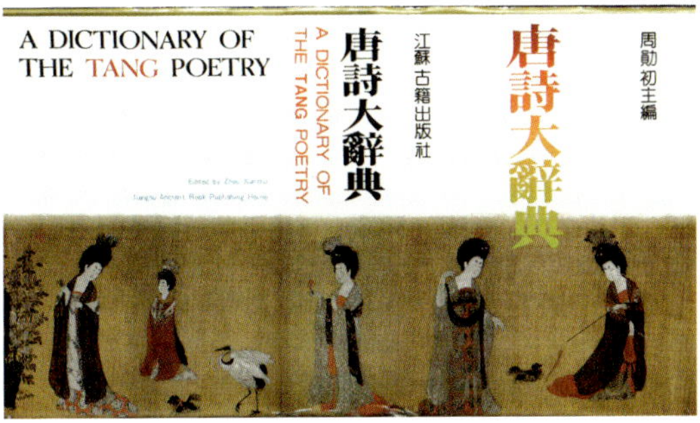

江苏古籍出版社 1990 年 11 月第 1 版

我在提出这份《唐诗文献综述》的写作计划时，江苏古籍出版社的负责人还颇不以为然，因为在此之前，各种各样的文学辞典已经出了不少，只是从未出现过同类的附录。在我的坚持下，《唐诗大辞典》终于增加了两种具有参考价值的附录，另一种为莫砺锋的《唐诗大事年表》，出版之后，却是大受欢迎，广获好评。日本、韩国和本国很多讲授唐诗的学者都把《唐诗文献综述》用作教材，或是指定为主要参考读物。

2008 年时，凤凰出版社将《唐诗文献综述》改名为《唐诗研究入门》，重印了一次。2015 年时，北京出版社将此文与我的其他七篇论文合编成《唐诗纵横谈》一书，纳入“大家小书”丛书，遂使此文的影响进一步扩大。

《唐诗研究入门》

《唐诗纵横谈》

《唐诗纵横谈》(精装本)

2000年时，江苏古籍出版社为我出了一套七卷本的《周勋初文集》，我把《唐人笔记小说考索》和《唐代笔记小说叙录》合在一起，列为全书的第五卷。《唐代笔记小说叙录》就是在《唐语林校证》的附录《唐语林援据原书提要》的基础上加工而成。

本来我对这事想得很简单，以为只要把《唐语林校证》后面的这份附录印进去就行了，复看之后，发觉行不通。这一提要是为配合读者阅读《唐语林》而设计的，如果离开《唐语林》，有些话就不知所云。而且我在此书出版前后还对其中的一些笔记小说作了专题研究，认识已有提高，这些都可写入新著，弥补《唐语林援据原书提要》中的不足，甚或改正一些错误。

整理《唐语林》时，我又得到了一种新的体会。过去我做过的一些研究，如《楚辞》《文心雕龙》、高适、李白等，都是大家和名著，很少接触不出名的小家与小的著作。我认为，研究者确是应该重视大家和名著，这些对象容量大，内涵丰富，发掘的馀地大，开拓的空间多，有水平的研究者更能于此一显身手;那些小家与小的著作,前人重视不够,有待发掘,有待开拓。而像笔记小说之类的著作,介于史、子之间,反映的社会面广,可以看到许多不见于正史记载的社会现象,大有发掘与开拓的馀地,于是我在整理《唐语林》的基础上,陆续写了不少相关文章,后来就汇总成了一部专著《唐人笔记小说考索》。其中研究笔记小说作者的文章,如《赵璘考》《卢言考》等,以前从未见人写过;《酉阳杂俎考》《唐语林考》等,也很少有人措手。我在这些地方分别进行探讨,也将此前的零碎知识作了综合研究,水平有所提高。这些方面的成果,都是我在整理工作中一个字一个字抠出来的,大家都认为比较扎实,获得了好评。

江苏古籍出版社 1996 年 6 月出版

上世纪八、九十年代,考证之风大盛,我本想把《唐人笔记小说考索》写成一本专讲考证的著作,后来又觉得,自己在研究工作中曾经有过很多深入一层的发掘和宏观的审视,或能说明更多问题,帮助读者开拓视野,于是我又一口气写下了《唐代笔记小说的内涵与特点》《唐代笔记小说的崛兴与传播》《唐代笔记小说的校雠问题》《为〈唐语林校证〉事答客问》等四篇，将此列为《唐人笔记小说考索》的上编，一起推出。事后看来，这一工作还是应该及时做好。就我本人来说，当时研究唐人笔记小说的热情未退，头脑还在兴奋点上，这四篇文章写得很顺，应该说还够水平。像《唐代笔记小说的校雠问题》一文，当时就得到程千帆先生的好评，傅杰教授后又将它编入了《近百年来中国文史考据文录》，认为足以显示我的功力。(《文录》将于2016年下半年由复旦大学出版社出版)

《周勋初文集》问世时，我在《唐人笔记小说考索》的新版中又增加了《唐代笔记小说的材料来源》一文，说明我的探索工作仍在继续。

回想起来，我之所以不愿停留在考证的层面上，总想在考证的基础上再作理论上的概括与阐发，可能与我教过几年中国文学批评史有关，而我对考证方面基本功的重视，则又与师承方面有关，与清代朴学总有那么一丝因缘。

我将写作《唐人笔记小说考索》中的研究所得写入了《唐代笔记小说叙录》，遂使此书水平得到进一步的提高。与此有关，我对全书的内容还作了必要的调整，撤下了几种近于湮没的著作，如《魏郑公故事》《闻奇录》等，因为实在无话可说，学者也无必要再去记下这些书名，但有些有用而常见的书，如《朝野佥载》《鉴诫录》等，则必须添入。有些书，如《三水小牍》《洛中记异》等，则迹近传奇，与文史研究距离较远，也必须舍弃。就这样，我对唐代的笔记小说又作了一番清理，自觉在此领域中的发言权又有了提高。

这一时期，我还一直关注李白方面的研究。由于研究高适，对盛唐时期的政治、经济、文化等方面都增加了认识，自然而然地也阅读了许多杜甫的作品，连类而及，对李白产生了更大的兴趣。接触到的唐代诗人多了，自然而然地对他们的经历、特点、成就也一一作了些比较，就是

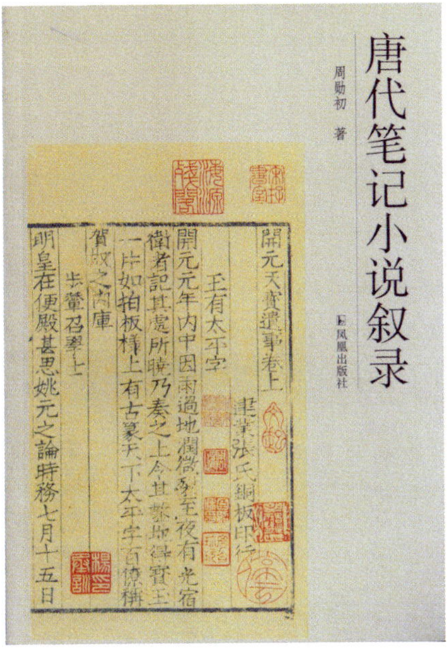

凤凰出版社 2008 年 3 月出版

这样，我就兴之所至，接连写了十多篇有关李白的文章，取名《诗仙李白之谜》，交台湾商务印书馆出版。

读者从书名上就可看出，这些文章中提出的问题，应当新鲜而有趣，像李白子女的命名、剔骨葬友、二次入赘相府等问题，从未有人谈到过。尽管我的这些方面的单篇论文大都已在大陆的各种杂志上陆续发表，大家却无法一一读到，而我又把版权卖到台湾去了，在内地无法再印，这就不免陷入尴尬的局面。恰巧南京大学的老校长匡亚明提出要求，说是担任《中国思想家评传丛书》的副主编每人也应写上一本，我自上世纪八十年代起就奉校方之命出任副主编，这时我就想到，不如就领下一本《李白评传》，好有个交待，于是我又继续写起有关李白的文章来。

本来我以为，我对李白的材料已经进行过一番摸索，写起来问题不大，一动手，发现情况要复杂得多。原来我写单篇文章时，只就一些特殊问题进行探索，而对李白的其他方面关注不够。况且“评传”应有其特殊写法，必须反映全面，于是我又重起炉灶，拟出一份新的章节目录，将有关李白的其他问题，如思想方面的源头，文学方面的成就，对后世的影响等等，也分别介绍。这样，我对李白的知识还得扩展，还得深化。

这时已经步入世纪之交，学术界兴起了一股总结二十世纪学术成就之风，或许我在李白研究的领域已经有了一些名声吧，陈平原教授就来邀约，请我为他主编的一套《20 世纪中国学术文存》编一本《李白研究》，这项工作和我正在从事的《李白评传》写作可以结合起来，从而我对过去李白研究方面的文献又作了一番认真的审读和总结。

一个世纪内的文章与著作，真可谓汗牛充栋，要想一一看过，几乎是不可能的。但这事也没有什么神秘。文章读得多了，一篇新的文章到手，如果你已有经验，那么只要读上关键的一两段，看看他的论断和引用的文献，就可判断作者水平如何了。大体说来，一些已有公论的学者水平确实高些，我们对他们的研究成果应该给予更多的注意，如果把力量平均分配，似也不必。黄季刚最反对所谓“杀书头”，以为每读一本书必须从第一个字读到最后一个字，如从阅读古代文史方面的基本典籍而言，确是应该如此，但要说到阅读一些报章杂志上的文章，也要坚持这一原则，则似不必。

按照规定，每一种书的前面都要写上五万字的前言，总结百年来的研究成果。我按照时间顺序，将清末、民国、新中国成立之后的各个历史阶段一一作了陈述，还对李白研究中的几个重要问题一一作了总结。中间一大段，则对因李白出生地而牵涉到的国际纠纷作了专门介绍。这是《文存》内其他一些书中所没有的，也未见于总结李白研究的其他文字,但我认为这是李白研究中的特殊问题,正可说明这位诗人的不同寻常之处,因而特辟专章,作了一番分析。

我很高兴,每当某一方面的专题研究进行到一定阶段,总有一次机会让我及时总结,将积累的零星知识梳理一番。历经几个专题的研究与总结,我在唐代文史方面的研究可以说是比较全面,比较扎实了。

我很庆幸,“文化大革命”中因无事可做,无书可读,偶然闯入唐诗领域,却一发而不可收,取得了一些学术界认可的成果。这一时期的后一阶段,我的工作特别忙,教学、行政、社会工作、对外交流,本已压得喘不过气来,但我抓住每一个机会,凡事从根本上做起,围绕问题步步深入,因而从不走弯路,能够一一取得成效。老来思之,亦感欣慰。

有的朋友说,你太幸运了,唐代文学研究出现高潮时,你就赶上了,并能迅速占有一席之地。应该说,情况确实如此。但机遇是对所有的人都敞开的,我只是一当机遇闪现时,就能紧紧抓住,且能乘势一竿子扎到底就是了。

我的前半生,处在计划经济阶段,而自改为教师以后,除了应付连绵不断的政治运动外,还常被吸收进集体项目的突击活动。其时人员的任务分配,首重政治条件,我在这方面的情况可谓一穷二白,因而没有资格担负总管全局的重任。但我办事比较认真,对业务比较钻研,不太计较个人得失,仍然看重集体利益,因而自有其使用价值。经手的事多了,涉及到方方面面,积累也就多起来。到处闯荡,不断开拓,自然面临很多机遇。因为我在唐代文史方面已经有所准备,故能充分利用形势,取得一些成果。

或许有人会说,你在南京大学工作,山头大,学生多,做事回旋的馀地大。你涉及的学术领域面很广,认识的人又多,因而有人邀你写文章,作总结。面对外界的种种说法,我只能付之苦笑。实际上,南京大学的文科因为历史原因,从未得到过上级的特别眷顾,在同行中也从未得到过好评,只是在程千帆先生回母校工作后,吾等在他统率下,经过一二十年的奋斗,才取得这样的成绩。而我本人,没有什么交际能力,又不喜迎合上级,因此平时只是埋头苦干,以文会友。但只要你真正具备了实力,有些题目自会有人找上门来,认为由你做最合适。俗话说,机会都是留给有准备的人,这话是不错的。因此可以说,每一个人的成功与否,关键在于努力培植实力,那么机会定会源源不绝而来。

【附录一】

写作《高适年谱》的机缘与甘苦

或许由于我正在指导唐代文学的博士生和硕士生，有些人就称我为唐代文学专家。每当听到这一类话，心中就暗自嘀咕，深知自己根底浅薄，没有在这领域中长期下过功夫，又怎敢享此美誉？但我毕竟写过一些有关唐代文学方面的东西，而且得到过学术界的好评，那么若把自己这一段“速成”而有“实效”的经历介绍出来，或许会对热心向学的读者有些帮助，这是我胆敢草此小文的原因。

我之踏入唐代文学研究领域，是从写作《高适年谱》开始的，而我何以会在众多的唐代诗人中看上高适，则纯出偶然。

“文化大革命”前，我是教中国文学批评史的。当时高校中似有一条不成文的法规，各人的教学和科研的界限很清楚，一般不大滥入其他教师的主管领域。我在研究生阶段学的是甲骨、金文，改为助教教批评史后，从先秦讲到王国维，牵涉到的东西太多，吃力得很，因此从未在唐诗上下过功夫。可以说，当时只是停留在读读《唐诗三百首》的水平上。

“文化大革命”时，横扫“封、资、修”，家中只留下《毛选》四卷，其他

“黑书”都奉命上缴了。当时倒真是赤条条一身无牵挂，上山下乡走“五七道路”，连着有好几年，把“之乎者也”都忘得差不多了。1972 年回城，正处在工农兵学员“上大学，管大学，用毛泽东思想改造旧大学”的新阶段，继续横扫“封、资、修”，仍然无书可读。

正当奉命回城前后，古典文学领域中突然冒出了一本郭沫若的《李白与杜甫》，因为它有来头，工宣队倒也开起禁来，允许教师到资料室中去借古书看。那时确实闲得无聊，系里就组织大家讨论讨论，我也被指定为发言人，于是可以有恃无恐地读起唐诗来了。

对这本书，大家议论纷纷，对郭沫若的扬李抑杜大都表示异议，我倒以为这不算什么，换一种角度，对李白讲得好一些，对杜甫讲得坏一些，只要符合事实，应该允许。但书中对高适的批评，我却产生了疑问。

郭沫若对高适批评得很苛刻，说他内战内行，外战外行，与杜甫分属拥护玄宗和拥护肃宗的不同派别，至死不能解开疙瘩，倒像参加了“文化大革命”中的两派群众组织似的。过去我有个印象，杜甫入蜀之后，生活艰难，是靠老朋友高适、严武接济为生的，《李白与杜甫》中的说法与此相距太远了，我就想到，可以找本高适的集子来读读。

到资料室去借来了一本四部丛刊本《高常侍集》，翻阅之后，颇觉茫然。高诗不编年，分不清哪一首是少作，哪一首是晚作。唐人称呼好用排行或官衔，不大称名字，这就让人难以断定这些诗歌的投赠对象是谁。古今地名差别很大，高适诗中提到的地名很多，我就分不清他到底去过哪些地方，其路线又怎样？……反正那时没有什么硬任务，读不下去也就算了。找新、旧《唐书》中的高适传记来读，增进了一些了解，但与他诗集中的作品仍然联系不起来，也难以判断他跟杜甫及其他诗人到底是什么关系。

后来从《文学遗产增刊》中找到了一篇高适的年谱，读过之后，对有些作品的写作年代和内容增进了一些了解,对他的历史知道得也细了一些,但仅至于此,很难再深入下去。隔了不久,从另一本书上却发现了一条材料,说是《郡斋读书志》上有记载,高适是在天宝八载制科(有道科)中举的,这时我想起前一本年谱上说高适于开元二十三年登第,二者相差太远了,到底哪一种说法正确,我被引起兴趣来了。心想,反正无事可做,不如围绕这类问题借些书来读吧。

那时我被编在学生一起,开门办学,到浦镇车辆厂去写调查报告。大家集体住在等待拆毁的两节硬席卧铺的破车厢里。报告是由学生写的,教师不过参加些讨论,大部分的时间只是看看工人干活,逛逛大街。我就向工宣队头头说,自己个子高,睡时脚伸在铺位外面,容易着凉,要求单独住到原来列车员休息的房间中去,工宣队批准了我的请求,于是我便经常把自己反锁起来,躲在这间斗室中读唐诗。

那时每星期可回家一次,我便定时到资料室去借《全唐诗》及其他书来读,定期更换。

拿《全唐诗》中的《高适集》和四部丛刊本《高常侍集》作比较,发现二者颇有出入,例如《高常侍集》卷一中有《宋中送族侄式颜时张大夫贬括州使人召式颜遂有此作》,颇怪题目何以会那么长,读《全唐诗》后,始知自"时张大夫贬括州"之下,原来是注文,四部丛刊本是活字本,只有一套模子,无法用大小字体区分开来。《全唐诗》本的诗题当更近原貌。

《全唐诗》中的《高适集》中的这一类注,当为高适自注,故至堪珍视,例如《东平留赠狄司马》诗下,有注曰"曾与田安西充判官",后来我查明,狄司马曾随安西都护田仁琬从军新疆,田仁琬于天宝元年去职,狄亦随之东归,故高赠诗慰勉。高诗自注提供了考查的线索,意义重大。

这两种《高适集》中的诗,还有出入,《全唐诗》中多出四首,即《自淇涉黄河途中作十三首》中的"皤皤河滨叟"一首,《玉真公主歌》二首,《途中酬李少府赠别之作》一首,这些诗篇是否可靠,必须从唐宋时人的记载中找到旁证才是。为此我又勤翻各种文集、总集、笔记等典籍,发现这些诗在《文苑英华》、洪迈《万首唐人绝句》和葛立方《韵语阳秋》中均已记载,这就更使我相信:《全唐诗》本的《高适集》的文献价值要比四部丛刊本为高。这与讲版本的人重视《四部丛刊》而轻视《全唐诗》的看法不同。

过去乱翻书时曾有印象,郑振铎编的《世界文库》中曾有高适的诗集,查阅之后,发现里面还有校记,内如《四库全书》本的高适集中,还有一些不见其他本子的原注,如《别孙䜣》题下注曰:"时俱客宋中。"可见传世各本高适集的内容都有一些不同,做研究或校雠工作时,应该广徵异本,择善而从,没有一种高适集是完美无缺的。

其后我到北京整理《韩非子》,曾有一段时间在北京图书馆看书,查阅四库全书本《高常侍集》,可证郑振铎的校语无误。这时我又看到了几种《高常侍集》的明刻本和影宋钞本,也就对高适集子的版本问题有了更全面的了解。后来我又翻阅了《唐诗纪》一书,经过详细的比照,始知《全唐诗》本的《高适集》是抄录《唐诗纪》而成的。

这样,我对高适集子的版本算是了解颇多了。本来还有想法打算就此写一篇文章,总结一下,但当时还以为自己之搞唐诗,只是逢场作戏,因而并不认真对待,拖着没有动笔,结果当时构思的内容随后也就淡忘了。

再说我在列车员的专用房间里读唐诗的事。和高适同时的诗人,上起开元之前,下至大历阶段,前前后后翻了几遍,把和高适有关的诗摘了出来。这时才知杜甫的赠诗数量最多。杜诗又多注本,可以从注中发现新的线索,于是我又借出钱谦益、仇兆鳌、浦起龙、杨伦等人的注本来看。这样的读书方式，倒是有些近于所谓“并读”之法，不但查到了许多有关高适的新材料，而且掌握了各家注杜的风格特异处。例如钱注的特点为以史证诗，仇注的特点为富赡博综，浦注的特点为层次明晰，杨注的特点为简练精到。

过去老师曾有教导，做学问时，应该重视材料的最早出处。研究高适和杜甫的交往，似也应找最早的杜诗注本读，为此我又找了九家注、蔡梦弼注、黄鹤注等来读，从中果然发现了好些珍贵的材料，例如高适入川任职，史书都记作先任蜀州刺史，后任彭州刺史，朱鹤龄和钱谦益都指出了这一错误，并引黄鹤注为证。黄鹤则引柳芳《唐历》和房琯《蜀州先主庙碑》为证。柳、房二人与高适同时，材料最为可贵，惜二文已佚，然残留在宋人旧注中。这些都是查考高适剑南任职时最早也是最可信的材料，于是我懂得了读诗也应该重视古注。

在高适友朋的赠诗中，发现了一首刘长卿的《秋夜有怀高三十五适兼呈空上人》诗，颇为特别，前人似未注意过。内云：“晚节逢君趣道深，结茅栽树近东林，吾师几度曾摩顶，高士何年遂发心？”推详诗意，高适晚年似已信奉佛教，而这在其他文献中是没有记载的。史书上说他曾任淮南节度使，时驻节九江，地近庐山，“结茅栽树近东林”，确是有此可能，但这里怎又说是晚年的事？查高适抗吐蕃失败，内调为京官，死在长安，中间没有可能再去庐山隐居，那么这个“东林”指的又是什么地方呢？

我在翻检过《全唐诗》后，终于在韦应物的集子中发现了三首有关东林道士的诗，才知紫阁峰的西边有一处东林道士的精舍，高适的“茅”舍，当建在彼处，所以诗的结尾有“不见支公与玄度”之语。

但这个“空上人”又是谁呢？我知道，和尚一般取两个字的法号，称呼时可仅用下一字，那么这个“空上人”就有可能名叫“×空”了。为此我就找记载和尚事迹的书来读，知道宋释赞宁修的《大宋高僧传》记载的唐代和尚最多，结果果然从中查到了一个不空和尚，还知道此人当时名望极大。不空为密宗高僧，我过去也听人说过西藏的佛教属于密宗一系，内有摩顶等仪式，这不是又与“吾师几度曾摩顶”可以联系起来了么？

那时查资料，可真有一不做二不休的气概。学校大图书馆阅览室中放有一部《大正新修大藏经》，内有“史传部”，翻阅之后，发现里面还有赵迁写的《不空行状》。不空的材料很多，《不空三藏表制集》中还有飞锡撰的《大广智三藏行碑》等，里面都曾说到天宝十二年到十五年时不空曾应河西节度使哥舒翰之请，为设道场，“节度已下，一命之上，皆授灌顶”，其时高适正任节度使的掌书记，必然也参加了不空的灌顶仪式。综合这些材料来看，高适之为密宗信徒，那是绝无疑问的了。

高适是因抗御吐蕃失败而回京任职的，按例应该贬官才是。他任剑南西川节度使时，官从三品，入京任左散骑常侍，官正三品下，反而晋升了一阶，这可难以理解。况且唐代前期重内职，轻外职，高适的情况为什么这样特殊？为此我查了很多典章制度方面的书，方知散骑常侍一职，入唐之后已成安置罢退大臣之名位，故有“貂脚”之诮。“盖崇其爵禄而置诸闲散，聊示统治者之所谓恩荣而已”。无怪他在晚年能到远郊去“结茅栽树”，看来他已处在半退休状态，不必经常上班了。

刘长卿的这首诗，《全唐诗》的《皇甫冉集》中也收了。刘、皇甫都与高适同时，这诗到底出于谁手？我考证了好久，却得不出结论，总是受到材料的限制吧。但《全唐文》的《高适集》中收有《皇甫冉集序》一文，却被我查出底细来了。此文原载《唐诗纪事》，本是《中兴间气集》中的评语，因为宋时有把高适说成字仲武者，所以《全唐文》中才有这一错误。我又根据独孤及为《皇甫冉集》作的序，考知皇甫冉死时高适早殁，进一步断定了高适此文的真伪。

我对高诗中提到的人一一试加考证，倒像解答数学难题似的，兴致很高。例如高适有《酬裴员外以诗代书》一首，自叙生平，是了解高适历史的重要材料。这裴员外又是谁呢？高诗中云“兄弟真二陆，声名连八裴”，可知此人颇有文名，且出著名族望。查李华《三贤论》中叙及好多高适的友人，内云“河东裴腾士举，朗迈真直；弟霸士会，峻清不杂”，似可与“二陆”之说互证。再查《新唐书·宰相世系表一上》“南来吴裴”下记裴宽兄岐州刺史裴卓二子，即腾、霸，而《旧唐书·裴宽传》中即称其“子侄亦有名称”，“兄弟八人，皆明经及第，入台省、典郡者五人”。这又可与高诗中的“八裴”之说呼应。但他兄弟二人都曾任员外郎之职，高诗所酬者又是何人？查李华有《祭裴员外腾》一文，而独孤及在《检校尚书吏部员外郎赵郡李公中集序》中又说此文已于安禄山之乱中遗失，可知裴腾殁于至德之前。那么高适的赠诗对象裴员外，定然是裴霸无疑的了。

就是这样地，我把高适诗文中提到的人考出了不少。可以说，目前大家所知的高诗中的人物，绝大多数是我考出来的。这也可说是我的一份贡献吧。

我在破车厢中作了一番摸底的工作，为回校后的深入钻研打下了基础。正因为我对唐代的情况太陌生了，阅读之时不断发生问题，随之就找有关的书来读。这样不断跟踪追击，大量检核最基本的文献，知识也就不断扩大深化。像《唐尚书省郎官石柱题名考》等书，过去连听都没有听到过，这时也知道使用了。地方志也翻了不少，并对其体例和价值也有了些了解。敦煌遗诗也一一查检，王重民等人的著作给了我很大的帮助。这样，掌握的材料越来越多，围绕着高适的问题对有关唐诗的文献全面地翻检了一番。

但我总觉得有一件憾事要弥补。查考高适生平，对他的家世却一无所知，心想现存文献中不可能再有什么线索可寻找，但近百年来的出土墓志，还可以再爬梳一番，为此我又翻检起石刻资料来。也算皇天不负苦心人吧，我在《千唐志斋藏石》中居然发现了一方《大唐前益州成都县尉朱守臣故夫人高氏墓志文》，经考查，知墓主高嫃就是高适的亲姊，其父高崇文，韶州长史，与《旧唐书·高适传》中的记载相符，只是旧《传》用同音字记作"从文"罢了。这时始知高适乃高宗时名将高偘之孙。这一结论，已为学术界所接受。

有关高适的研究不断深入，有些结论前人似未说过，为了防止事后遗忘，我就找出一堆烂稿纸，利用背面简单地作了些记录。成果越来越多，不断涂改添写，自己也难看清了，反正无事可做，索性重新抄清一遍。这样加工了三次，大体上也就成了目下《高适年谱》这个样子。从读《李白与杜甫》起，到初稿的完成，大约只花了一年多一些时间。当时万想不到日后还能公开出版，因此全书用简单的文言写成，以省笔墨。

"文化大革命"结束，上海古籍出版社表示可以考虑出书。这时我可犯难了。心想这种白手起家的"急就章"，难免没有错误，总得请人审读一遍，才能放心。当时我还不认识孙望先生，于是转请他人介绍，将稿子送了过去。过了些时候，孙先生的意见来了，一共写了三四页纸，连错别字和标点符号的错误也不放过。孙先生把长期积累的宝贵资料全盘托出。例如高适有《赠畅大判官》一诗，我起初以为是畅当，但又觉得年代不合，翻检《元和姓纂》等姓氏书，也不得要领。孙先生告诉我章定的《名贤氏族言行类稿》中有材料，可确证此人为畅璀。这种无保留地支持后学的热诚，我将永志不忘。

最近二三十年中，学术界已先后出现了八九种高适年谱，有专家评论说，我这书"在高适的家世、行踪、信仰、交游及诗文编年诸方面都有许多创见,内容翔实,贡献尤为突出”,虽觉受之有愧,但也未尝不感到愉快。心想这么一本初学者的习作,竟能和诸多老手的著作颉颃,得力处可能就在自知水平低,因而在一个个具体问题上都不敢轻易放过。龟兔赛跑,迟钝的人有时反而会有成功的希望。

后来我参加了一系列的唐诗会议,和专家交往时,谈到贞石、壁记、佛藏、谱谍、地方志等方面的唐人资料,总也能说上几句,不致显得太寒伧。看来当年的学习还算对路,才能在短期内突击奏效。但心中还常是在暗想:“惭愧,惭愧,靠的就是这么一年多的死功夫,才不至到处出丑。”

(原载《古典文学知识》1991年第2期)

【附录二】

《唐语林校证》惨淡经营始末

1992年初，国家新闻出版署颁布了首届古籍整理图书奖，《唐语林校证》一书获二等奖，对此我当然感到很高兴。因为这次评奖规格颇高，新闻出版署聘请了许多专家对十多年来出版的古籍作了一次全面的评比，共评出一等奖十种，二等奖二十九种，三等奖五十种。其中获一、二等奖的著作，都是著名学者毕生精力所萃的力作。我为《唐语林》一书作校证，从我个人学力来说，远难与前辈专家相比。况且我在从事整理《唐语林》前，对唐代笔记小说的情况知之甚少，差不多是边学边干，摸索着前进的。最后能够取得如此效果，也不可不谓之大幸了。

我用上海古籍出版社重印的这本书做工作本，该社用的是1958年8月中华书局上海编辑所的纸型，而这又是沿用1957年4月古典文学出版社的纸型。原来这书的校点工作做得不太细，标点方面问题尤多，必须重新推敲。例如卷八“凡造物由水”一条中“故江东宜绫纱，宜纸镜，水之故也。蜀人织锦，初成必濯于江，然后文采焕发”，自应改为“故江东宜绫纱，宜纸，镜水之故也。蜀人织锦初成，必擢于江，然后文采焕发”。又如卷七“进士放榜讫”一条，中有“〔丁稜〕口讷，貌寝陋，追引见，连曰：‘稜等登。’盖言‘登科’而卒莫能成语，左右莫不大笑”，我把其中“稜等登”一语改为“稜等登……”，加上了省略号。此处原意本为表达丁稜口吃，故不能成语，从而引起他人发笑。此处如不用标点符号显示，也就难于表达原文的喜剧效果。

古典文学出版社此书是据《守山阁丛书》本排印的。守山阁主人钱熙祚刻此书时，依据的是武英殿聚珍本，为此我又依据聚珍本校了一两遍。

严格说来，《唐语林》此书没有什么版本问题可言。根据我后来的研究，王谠此书本没有定稿，当时似乎也没有刻出，所以宋人书目中的记载就有很多差异，卷数多寡不一，而且对著者也不甚了了。目下所见到的《唐语林》，体例非常特别：前四卷中还保留着一些原书面貌，存《德行》至《贤媛》十八门；后四卷中的条文则按所记之事的年代排列，以《补遗》的名义附后；第八卷中所记之事无年代可依，则又略事汇辑纂于全书之末。这也可以说是我国典籍中仅见的奇特体例了。所以如此，则是因为乾隆时修《四库全书》，利用《永乐大典》中的佚文重新编出了好多种书，于武英殿中以木活字排印，世称“武英殿聚珍本丛书”。其中《唐语林》一书，是现存《唐语林》最早的也是唯一的一种足本，所以我把它作为整理的底本。其后各地据此复刻或重刻，从版本上来说，同出一源，已经没有什么校勘价值了。

《唐语林》存世的最早刻本，仅存明嘉靖二年桐城齐之鸾刻的《唐语林》残本二卷，武英殿聚珍本《唐语林》的前四卷就是据此刊行的。这书也不是什么好本子，齐氏自云“惜予所得本多谬”，其中文字“又有不能意晓者”，可见明代初期即已难得《唐语林》的可靠本子了。这一本子也很难得，南京无此书，我就只能利用暑假，到上海图书馆去读书。1982

年第二次去时，此书已制成胶卷，阅读机放在一间四面无窗仅有一门出入的屋子里。时当盛夏，酷热异常，虽有两台电扇不停地吹，仍如置身蒸笼里一样。半天下来，汗流如注，连续工作几天，也可称够辛苦的了。

由上可知，传世的《唐语林》一无古本可依，二无善本可据，在校勘上遇到了很大的困难。而《唐语林》历经分合与传写，错误至多，又必须细加校正。整理古籍的第一步工作，得通过校勘完成一种可靠的定本，但《唐语林》的校勘却又无法采用校勘中最基本的方法——对校法。因为此书原是汇编多种笔记小说而成的，各人记叙的方式和材料来源不同，因而又无法采用本校法定是非。采用理校法吧，风险太大，而且全书篇幅很大，纯出臆断，也不像校书的样子。这样，校书四法中就只有他校法可供采择了。

应该说用他校法治《唐语林》，回旋馀地还是较大的。因为《唐语林》所依据的原书，半数以上还流传于世，宋元时人的总集、类书、别集、笔记中也保存了许多可供参证的材料。只是材料分散，情况复杂，要想做好工作，也不容易，得花大力气才行。

起初我对此事想得较简单。因为聚珍本《唐语林》正文之前，有一份《唐语林原序目》，这是四库全书馆臣从《永乐大典》中抄出来的，里面列出了王谠编纂《唐语林》时所依据的五十种书的书名，尽管里面已经佚去两种书名，但若把其他四十八种书一一找出，和《唐语林》中的条文核对，不是可以一一追溯到原出处了么？

仔细一看，事情可没有这么简单。里面有些书，非但没有听到过，甚至还不知到哪里去找。有些书吧，像《谭宾录》《戎幕闲谈》《太平广记》等书中有佚文，可以发现内与《唐语林》中条文有重合者，藉此可证王谠采录的是这些书中的文字。有些书，如《贞陵遗事》《续贞陵遗事》《常侍言旨》，在《类说》《绀珠集》等书中有收录。于是我就阅读《四库全书总目》，看宋代流传至今还有哪些重要的类书，并且力所能及地去进行查对。最后得出的结论是，《太平广记》《类说》《绀珠集》和元代陶宗仪的《说郛》搜集笔记小说最多，《太平广记》记叙比较完整，《类说》《绀珠集》删节较多，《说郛》则情况不一，视书而异。此外，像《新编分门古今类事》《古今合璧事类备要》《白孔六帖》《海录碎事》《锦绣万花谷》《近事会元》，甚至篇幅甚小的《五色线》《续释常谈》等书中都有可资参证的文字。

《唐语林》中记载的事情，可与史书互参者甚多。《新唐书》曾吸收小说入史，这是古今一致的看法，岑仲勉在《唐史馀沈》卷四《总论〈新唐书〉》中有介绍，实际上可不止他所列出的几条，我在校证《唐语林》时曾将接触到的材料随手记在《新唐书》有关志传的书眉上，不下百馀条之多，后以无法作精密统计而作罢。《旧唐书》中也已旁搜小说入史。我常将《唐语林》中的记载与《资治通鉴》正文对读，判断所记事件的年代。这样，也就涉及到了《资治通鉴考异》中的许多珍贵资料。

研究唐代笔记小说，《资治通鉴考异》一书亟应重视，这不光是因为书中所录笔记小说的文字接近原貌，司马光对记载的可信程度有所判断，而且有些徵引的小说，像林恩的《补国史》等，不见其他任何记载，《唐语林》卷一叙高崇文伐蜀事，卷二叙杜悰议抚云南事，卷三叙李固言诫刘从谏事，卷六前后叙及文宗问《春秋》大义与李训的解释，篇幅都很长，只保存在此书中。《补国史》叙事首尾完整，颇近纪事本末体例，由此可知袁枢首创这一史体时也是有所承受的。

司马光等人编纂《资治通鉴》时，先以年月为纲，纂成长编，将搜集到的材料归在一起，详加考辨，然后定稿，这是编纂较大型的著作时必须遵行的操作过程。我将《唐语林》八卷逐条剪开粘贴在稿纸上，将有关材料附后，制成长编，分装八册。工作时，放在一只大包里，时常翻来翻去，倒像是账房先生在查账似的。

为了查对方便，我把每一条条文编了号，该条出于哪一种原书，查到之后随即记下。我把《国史补》等笔记小说原书，《太平广记》等总集，《太平御览》等类书，《能改斋漫录》等笔记，以及其他有关材料，一一翻检。有时看到某条材料，似乎与《唐语林》中某一条对应，但后者的条文有一千多，猛然要想知道它究竟在何处，可没有这种天分，于是我又把书中人名制成索引，一有疑惑之处，就查检人名索引，进行核对。笨人也只能用笨办法来解决问题。

经查对后，发现《唐语林》中有些文字本是摘引几种书中的若干条文字编成的，例如卷四《贤媛》引柳婕妤事，自"婕妤生延王"始，原出《因话录》卷一，而前面的"玄宗柳婕妤有才学"部分，则不知出于何书。这样我就必须将之分成两条，全书又只能重新编码。随着工作的深入，这类情况不断发现，重新分条与剪贴的工作也就反复了多次。

《唐语林》此书之成，有其先天的缺陷：此书未定稿，工作较草率；《永乐大典》编者将其条文散入全书，却又常是误标书名；《四库全书》馆臣工作同样草率，一方面将许多标明《唐语林》的文字漏收，一方面将误标书名的文字编入。对后一类文字进行溯源，从而将之剔出《唐语林》，最为难办。因为这像大海捞针一样，不易发现。但经努力，终有所获，计有十多种书的条文被检查了出来，中如卷六"张权舆谏幸骊山"一条，原出杜牧《樊川文集》卷十二《与人论谏书》；卷八"唐人酒令"一条，原出《容斋续笔》卷十六。洪迈生于王谠之后，四库馆臣将此编入，颠倒之甚。

前人翻刻《唐语林》时也曾作过校勘与溯源的工作，其中《守山阁丛书》本做得较好，因为主持这项工作的张文虎、顾观光等人，都是知名学者，因此成绩颇为可观。但这些人的工作也不能说是很到家的。因为他们用以校勘的，仅限于现存有单行本的若干笔记小说，而如《次柳氏旧闻》等书，用的又不是好本子，文字每与顾氏文房小说本有异。这里有一例证，足以说明前人轻视小说的观念对整理古籍甚为有害。钱熙祚用齐之鸾本对校，发现四库馆臣刊行聚珍本时，漏辑了八条，刻入《校勘记》中。其后陆心源又以齐之鸾本对校，发现了佚文十四条，于是刻入《群书校补》卷四中；比之钱氏《校勘记》，又补充了六条。但他们的工作实际上还有遗漏，《唐语林》卷三“牛僧孺奇士”一条，齐之鸾本原有，各家均未发现。由此可知，此书仅有的一部明刻本，薄薄两卷文字，大家都不愿下功夫查检。我的工作能够有所提高，无非肯下笨功夫，态度比较认真就是了。

我曾将《永乐大典》的影印本从头到尾翻了一遍，将《唐语林》中文字所出的原书一一检出，发现现在流传的一些笔记小说原来也有残佚，例如《唐语林》卷三《方正》“薛元赏杖杀无礼军将”一条，《永乐大典》卷一八二〇八曾引，云出《玉泉子闻见真录》。该书基本内容当与《原序目》中的《玉泉笔端》亦即传世的《玉泉子》相近，然通行本已失载。又如《唐语林》卷五有“元伯和、李腾、腾弟淮、王缙，时人谓之四凶”一条，颇怪王缙何以会与元载之子并列，查《永乐大典》卷二九七九亦有此文，云出《刘公嘉话录》，“王缙”作“王缙之子”，则是《永乐大典》此文不但可正《唐语林》之误，而且可补今本《刘宾客嘉话录》之失。

就是这样地，我对《唐语林》中的每一条条文作了校雠和考核，对五十种原书一一作了研究，对滥入此书的条文作了追踪，可以说是对唐代笔记小说作了认真的研究。后来我将研究心得写成《唐语林援据原书提要》，作为附录；后又进行综合研究，写成《唐语林原序目考辨》一文，收入论文集《文史探微》中。文中把书名的混乱情况分为“书名夺误”“异称淆混”“题署不常”“篇章窜乱”“附文随入”“无法印证”“疑莫能明”

“难以决断”“钩沉可得”“似佚实存”十项，这是我国笔记小说中常见的现象，这里所作的典型分析，或许对读者会有启示作用。

这项整理工作，从1981年下半年始，历时三年，于1983年完成。其后我又陆续作了些加工，终由中华书局于1987年刊行。

如果此书取得了一些成绩的话，下列三点似可注意：

一、操作过程比较规范。不偷懒，不取巧，标点逐一推敲，文字逐一考核，从头到尾，一步一个脚印地前进。我的做法可说是很传统的，先作校勘，后作长编，广搜材料，细作考辨，务使整理过后的《唐语林》文字可靠，考辨可信，辑佚无所遗漏。

二、总体设计比较科学。我对全书的整体构架曾作反复考虑，针对读者的需要，撰写各种有关材料。除正文、辑佚外，还有附录六种：即（一）《唐语林》援据原书提要，（二）宋元明三代书目著录，（三）前人序跋与题记，（四）参考书目，（五）援据原书索引，（六）人名索引。各部分相互呼应，融为一体，务使读者多获知识，使用时感到方便。

三、研究工作比较深入。学术界都认为必须在研究的基础上进行古籍整理，赵守俨先生曾从这一角度对《唐语林校证》大加揄扬，虽觉受之有愧，但我确是处处不忘寻根究底，多方探索。我为《唐语林》涉及的五、六十种笔记作了提要，对书中难解的俏皮话与双关语作了解释，并且写了两万字的前言，详细分析《唐语林》的文献价值和流传过程中出现的问题，这里都有我研究的心得。这些成果，正是从逐字逐句的推敲中提炼出来的。

后来我把整理过程中发现的许多问题慢慢扩大为专题论文，前后总计也有二十多万字。目下我已加工成《唐人笔记小说考索》一书，以此作为《唐语林校证》的姊妹篇而供并读。

多年的劳碌总算有了收获。《唐语林》此书，学者以其材料可贵，都想援用，但又因其杂乱异常而不敢贸然从事。《唐语林校证》出版后，一些朋友来信说，他们敢于大胆使用此书了。程千帆先生称赞此举是“救活了一本死书”，虽觉过誉，但看到自己的劳动有益于人，也感到当年的惨淡经营完全值得。

但由于水平的限制，也由于精力常是分散，书中还留下不少错误。不论在标点上，考订上，也不论在前言里，原书提要里，都有不少有待改正的地方。目下我的研究重点已经转移，但仍在为修订《唐语林校证》而积累材料。原来我从《侯鲭录》卷八中发现一条文字，与《唐语林》卷七“宗室凌迟”一条切合，证明了《原序目》中的《齐集》实为《岚斋集》之误。盖“斋”形讹为“齐”，而又夺一“岚”字，致有此误。后来严杰同志告我，《唐语林》卷四“湖接两头，苏连三尾”一条，亦出《岚斋集》，《吴郡志》卷十二中有记载；台湾东吴大学王国良教授给我寄来“中央图书馆”藏钞本《姬侍类偶》的复印件，可证《唐语林》卷六中“武三头”一条亦出《岚斋集》；可知《唐语林》中援用《岚斋集》的文字，至少有三条。而我以前发现《邵氏闻见后录》卷十七中“唐人知贡举者有诗”一条，《全芳备祖》卷十九中“陆龟蒙醉赋”一条，均出《岚斋集》；这样，《岚斋集》中存世文字，目下所知者，已有五条。这些成果的取得，似乎微不足道，但做古籍整理，却就是这么琐碎而辛苦。我从事过多种研究工作，可谓辛苦略尝，因而对“不相菲薄不相师”的说法特别欣赏，平时每对某些鄙视古籍整理而好作高论的人敬而远之，总希望有人不辞劳苦从事这方面的工作，因为这是有关传统文化的基本建设，一人劳而万人逸，对子孙后代都有裨益。

（原载《古典文学知识》1994 年第 2 期）

治学经验谈　五

长期积累　一朝奏功

——我为什么能看上《文选集注》《册府元龟》这两本冷门书

在我几十年的治学生涯中，有两件事办得比较痛快，一是将《文选集注》迎回故土，一是主持《册府元龟》校订工作。

我于 1994 年 8 月起应日本国立奈良女子大学之邀，前往讲学。这事是由横山弘教授促成的。处在“闭关锁国”阶段，一般教师很难接触外国人，即使到了改革开放之后，由于南京大学位处南、北之间，只是一座省会城市，对外交通不方便，对外交流也不畅，因此很少有外国学者前来。只是到了 1981 年 9 月，任教于大阪府立女子大学的横山弘副教授来此作高级进修生，由程千帆先生与我负责指导，才与日本学者开始接触。横山弘研究谢灵运的诗歌，我就带他去考察温州的池上楼与绍兴的兰亭雅集等遗址，还到雁荡山和天台山等地去参观。1990 年时，我主持了一次中国唐代文学学会第五届年会暨唐代文学国际学术讨论会，当时已在日本国立奈良女子大学任教的横山弘教授与京都大学兴膳宏教授等多人前来赴会，他就有意邀我前去讲学，但到 1994 年时始能成行。

我这次讲学的身份为日本文部省外国人特聘教授，享受最高待遇，除了薪资优厚外，还要发放旅游费与图书资料费。如何使用这十万日元的资料费，得有一个合适的筹划。我不懂日语，因此购买彼邦学者的著作没有什么意义，买港台书吧，还不如让该地的朋友买，反而便宜些。因此，这笔钱实际上无可花之处。我也不想零敲碎打地把它用散，于是当机立断，复印一套《文选集注》带回国内。

我总觉得，中国研究文史的学者如有机会到日本参观一下博物馆或图书馆，都会有眼睛一亮的感觉。那里珍藏的文献之丰富，保管之完善，都值得我们这个文物输出古国去效法。特别是那些仅存于彼处的典籍，更是值得我们百倍珍视。唐钞《文选集注》残本，就是这么一种天壤之间仅存的罕见之物。

可以说，这书的来龙去脉至今仍不大明晰，但它产生在唐代，至迟出现在宋初，当是没有什么问题的。书中保存着很多唐人的注，这些注本在《新唐书・艺文志》上都有明确的记录，而在存世的典籍中，已是残佚殆尽。京都大学内藤虎和狩野直喜两位教授于二十世纪二三十年代向各处藏书家与藏书单位徵集残帙，在原来的一百二十卷中徵集到二十三卷左右，辑入了《京都帝国大学文学部景印旧钞本丛书》，列为第三集至第九集，大家才能比较方便地读到此书。只是该书的印制正值抗日战争时期，难以传入中国。《中国丛书综录》上记载，只有个别图书馆藏有此书，但从未见到有人提起过；北京大学与华东师范大学二校图书馆也藏有该书，但又似乎已经失踪，因此国内学者可能无法阅读与利用这一珍贵的典籍（北京大学的一套当属燕京大学原藏，华东师范大学的一套当属圣约翰大学藏书，二校或因均为美国系统的教会学校而能获赠）。

我对此书早有所知。对于《文选》，我没有下过多大功夫，只是读过骆鸿凯的《文选学》等几种常见的书,知道日本藏有《文选集注》的一些残卷。罗振玉于民国七年(1918)印过其中的十六卷,取名《唐写文选集注残本》,辑入《嘉草轩丛书》。中国学人中,如傅增湘、高步瀛、余嘉锡、黄侃等,接触过此书,且在他们的著作中都曾援用过若干资料。

黄侃在《文选平点》中提到,"建安以前文皆经再校",其中就用上了"罗振玉影印日本残卷子本",他在正文中则称之为"唐本"。

我喜欢读余嘉锡的书。《世说新语·文学》篇"简文称许掾"条刘孝标注引檀道鸾《续晋阳秋》"……至江左佛理尤盛,故郭璞始会合道家之言而韵之"下,余氏《笺疏》引《文选集注》卷六十二公孙罗注引檀道鸾《论文章》,则作"至江左李充尤盛",从而否定了以往各本"佛理尤盛"之说。这里文字上的歧异,确是很难解释清楚,余嘉锡的说法,我也不信,然而还是从中了解到《文选集注》中保留着可贵的异文。

我在"文化大革命"中写过一本《高适年谱》,讨论他的宗教信仰问题,引及刘长卿的《秋夜有怀高三十五适兼呈空上人》诗,中有"不见支公与玄度"句。支公一名正与空上人对应,而玄度一名尚应多方考索。《世说新语·言语》"刘真长为丹阳尹,许玄度出都就刘宿"下,《笺疏》引唐无名氏《文选集注》卷六十二引公孙罗《文选抄》曰:"徵为司徒掾,不就,故号徵君。好神游,乐隐遁之事。祖式,濮阳太守。父助,山阴令。"又引《隐录》云:"询总角奇秀,众谓神童。隐在会稽幽究山,与谢安、支遁游处,以弋钓啸咏为事。"正好提供了这一佳例,可以说明高适其时的身份,读后印象深刻。《文选集注》的价值,也就在我脑子中扎了根。其后我在整理《唐语林》时,于卷二原出《刘宾客嘉话录》中的文字中又发现了一条公孙罗的残文,也就在《校证》的注文中提示:"日本金泽文库唐写残本《文选集注》中引有《文选钞》佚文"。

南京大学藏有罗振玉刊行的《唐写文选集注残本》,我曾借出阅读过。上述问题就是依靠该书解决的。这时有机会到日本天理图书馆中去看《京都大学旧钞本丛书》中的《文选集注》，观感自然大有不同。罗振玉的书，印成巾箱本样，开本很小，其中只有自藏的第四十八、五十九卷据原件影印，其馀均为摹写之本，第一百一十六卷前半，更是只据藏本用小字誊录，距原貌更远。《旧钞本丛书》本则按原件尺寸用珂罗版影印，保留文献原貌，二者价值自然无法并论。这时我就想到，应该把日本文部省给我的十万日元资料费全部用来复印此书，把这宝贵资料携回国内，那就比购买任何一种可在书店里买到的东西更有价值。我的这一决断，事后看来，完全正确。

在图书馆中复印资料，收费还是比较贵的，幸亏横山弘与天理图书馆关系深切。他在京都大学毕业后，就在天理大学教书；去大阪府立女子大学、国立奈良女子大学任教后，仍然在天理大学兼课，因此他就通过这种因缘，将《文选集注》二十三卷影印本全部借了出来。那天我们去看书时，还有好几位女学生同行，大家分头拿，搬回了奈良女子大学。此书因开本宽大，纸质优厚，特别沉重，如果只去一两个人，即使是壮汉，也会累得够呛。我在装箱带回国时，还因超重而增加了运费。

中国的出版业虽称热闹，但要印一本篇幅较大、成本较高的书，也不容易下决心。《文选集注》价值很高，但这是内行人的看法，对一般人而言，也只能说是一本冷门书，阅读与购买的对象有限。上海古籍出版社在传播传统文化方面魄力颇大，立即决定将之辑入《海外珍藏善本丛书》，于2000年时顺利推出，完成了我引回珍贵文献的心愿。

中国“《文选》学会”聘我为顾问，我总觉得不敢当，自知在《选》学上没有多少积累，而我为了写好《唐钞文选集注汇存》的前言，却是下了一番功夫。因我感到，对绝大多数中国学人而言，看到《文选集注》时毕竟会有陌生之感。此书真可说是一本奇书，它的流传经过，不要说中国人不清楚,连日本人也说不大清楚,应该加上一篇水平比较高的《前言》,历叙此书的价值与传播始末。只是国内于此可谓一无相关资料可言,因此我又请求日本朋友援手,提供日本学者与台湾学者有关此书的论著,然后花了很长时间,慢慢理出头绪,写下了一篇较长的《前言》,为读者提供一些基本的、必要的知识。在这段学习过程中,我也探讨了流传过程中出现的一些复杂问题,提出了一些研究心得。

此书的出版,为《文选》学的拓展提供了一种可贵资料。记得二十世纪八九十年代《文选》学会开会时,大陆《选》学界的朋友对《文选》版本大都所知甚少,一般都停留在阅读胡克家刻本与《四部丛刊》中的六臣注这两种最常见的书,对于国外学者的研究情况,所知有限。实则日本学人早就利用《文选集注》进行过许多深入的研究,像斯波六郎、森野繁夫、冈村繁等几位,都曾进行过细致而深入的钻研。《选》学本属中国的传统学术,但在当今之时,国学的探讨也不能固步自封,必须加强文化交流才是。我能为这一重要文献的回归故土作出一点贡献,有助于《选》学的开展,一直深感庆幸。

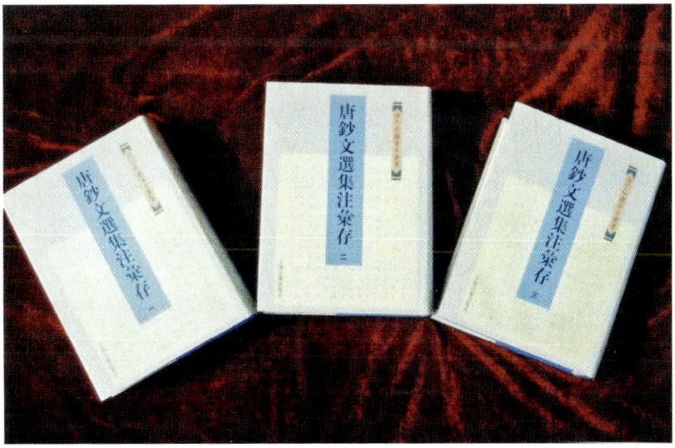

上海古籍出版社 2000 年 7 月初版

一些研究《文选》的专家于此颇多赞许。王立群在其《现代〈文选〉学史》中，胡大雷在其《〈文选〉编纂研究》中，都列有专门的章节介绍，且对我的工作予以肯定。傅刚在其《〈文选集注〉的发现、流传与整理》一文中说：“周编本后出转精，相信对于中国的《文选》学研究事业，能够起到推进的作用。许逸民先生称它为‘选学’史上的里程碑，并不为过。”

我在同一年内还作出了另一项抉择，以我古籍所内同仁为核心，对《四库全书》内篇幅最大的一部类书——《册府元龟》进行校订。事后看来，意义重大，效益也很明显。

我自完成《唐人轶事汇编》之后，深知集体编书得有节制，因为这会影响到工作人员的评职称。高等院校内评职称时，大都把功劳归在主编身上，漠视具体工作人员的贡献，这就必然会影响到他们的前程。因此，我在九十年代初期作这项决定时，内心很矛盾，本不想再干什么集体项目了，只是形势逼人，也不能不多方考虑。其时的青年教师经济上压力太大，所谓“搞导弹的不如卖茶叶蛋的”，他们还是想搞一些项目，赚一些稿费，弥补家用，这样才能求得生活上的安定和心理上的平衡。当时最常见的增收项目为古籍的今译与注释，这对阅读能力的提高虽有一些帮助，但总有些零敲碎打，难得深化，因此我就不愿他们多接这种活计。这就是说，干什么活，总要得到最大限度的报酬，其中有经济方面的收入，也要有学识方面的提高。选项目时，不能为领导上的决定或出版社的利益所驱动，所摆布。

刚好河北教育出版社来商洽，他们有一项很大的出版计划，要对宋初的“四大书”重新整理，各出一种新本。我当机立断，接手《册府元龟》的校订工作。

与我们一起从事这一工作的高校有好几家，他们对整理《太平御览》《太平广记》《文苑英华》感兴趣，而对《册府元龟》表示冷淡，那我又为什么反其道而行之呢?

我对《册府元龟》所知甚少,平时使用也不多,因我毕竟不是历史系的教师,平时也无讲授《册府元龟》的需求。但我喜欢泛读,对于历史方面的一些典籍,也略有所知。以前从事唐代文化方面的研究,利用过《册府元龟》中的资料,又从岑仲勉等人的介绍中,知道其中的史料,比之目下流传的几种正史,还有某些优胜之处。陈垣利用《册府元龟》中的材料,补足了《魏书·乐志》中的缺页,其后一些专家校点二十四史中的《魏书》时,又从《册府元龟》中找到了多页原缺的文字,于是《礼志》《乐志》与《刑罚志》都成了完帙,凡此均可看到此书文献价值之高。其时中华书局虽然已将残存的宋刊《册府元龟》五十八卷、明代黄国琦等据几种钞本刻出的完帙先后印出,但均未加整理,鲁鱼亥豕,字句不通之处甚多,那么我等将宋、明两种印本互校,寻找若干抄本校一下,再与通行的史书善本参校,不就可以整理出一种可信使用的好本子了么?这么做,比较容易着手,前景也可控制,成果的价值也高,于是我与所内同仁统一了认识,首先挑了这一种当时普遍不被看好的书,来作为所内的一项重大的古籍整理项目,而且立即与出版社签订了协议书。

这是我在排除了其他三大书的选择之后作出的决定。我以为,其他三书的"知名度"虽然更高,但整理起来问题很多,前期准备工作如果不够充分,也就不能显示水平,其后续效应也不会很明显。这是因为每一种书的具体情况各有不同。对此分别作出判断,就靠平时有所积累。

《太平御览》为存世最重要的类书之一,保存的古籍极为丰富,但要想对这些残存的片断文字一一进行校雠,几乎是不可能的。这书是根据前时的《修文殿御览》《文思博要》《艺文类聚》等书编成的,然《修文殿御览》《文思博要》等书已经片纸无存,更谈不上用作校雠。如整理,只能做一些断句之类工作。这种事情,很琐碎,难度却很大,往往吃力不讨好。实际说来,使用此书的人大都是各方面的专家,查资料时,并不依靠你的断句,因此这样的整理工作,做了当然好,不做也无所谓,其价值也就难于清楚地显示出来。

《太平广记》的情况有所不同,存世者无宋本,明本倒有几种,内中既有刻本,也有钞本。汪绍楹整理的《太平广记》,流传很广,依靠这一整理过的本子,已经可用,学界也没有出现过多少批评文字,说明这一本子大体上说已经接近完美,有人想做进一步的整理,必须大大加工,如多方搜求材料进行互勘等。这样下功夫,费时费力,难见成效。是否值得干,也要考虑。

《文苑英华》的情况有些类同,此书传世的刻本不多,抄本又繁杂,因此从版本来说回旋的馀地不大。想把工作做得细一些,如从诗文中提到的小注着手探求古本原貌,却又工程浩大,甚为艰难;用作者本人的集子来校吧,却又漫无边际,难以控制。例如白居易的文字,书中收录很多,若用白集单行本来校,也就与整理别集的功夫差不多了。朱金城的《白居易集笺校》下了很大的功夫,日本学者还说用的古钞本太少,好多流传于日本的古钞卷子没有用上。因此,《文苑英华》的整理工作往往投入多而收效不明显,我在尚有选择馀地的情况下,也不看好这项工作。

现在看来,《文苑英华》这种书的整理最好由研究有素打算长期作战的个人承担。如果集体进行,人数也不宜太多,每个人都应有处理复杂问题的能力,否则水平高下不等,难以达到全然完美。

我在接下《册府元龟》这项工作任务时,还有其他一些考虑。大体说来,目的有三。一是让参与者认真读一些史书。目下学术上分科太细,学中文的不认真学学历史,会对研究工作造成巨大障碍。中国古代文人一直在文史不分家的情况下成长,我们今天虽然已难重走古代文

《册府元龟》校订本，凤凰出版社 2006 年 12 月出版

士的道路，但对文学之外的知识，尤其是历史，应该尽可能多地补一些课。二是通过整理《册府元龟》，让大家熟练地掌握电脑操作技术。二十世纪九十年代，理科的教师一般都已能够使用电脑，文科的教师则还处在起步阶段，不过大势所趋，必须迎头赶上。只是其时教师收入微薄，而电脑的价格又很昂贵，大家都有心有馀而力不足之感，我就与出版社商量，请他们预付一笔稿费，让大家都能用上电脑。三是藉此可以有所收入，补贴家用。应该说，这些目的后来都一一实现了。

我们花了十三年的功夫，完成了这一任务，整理出了一种面目一新的《册府元龟》。书中文字经过认真的校订，易读可靠，读者称便。全书十二大册，最后一大册为人名索引，读者查找其中人物时，一目了然，更使此书的使用大为方便。自此书问世时起，就一直受到学界的欢迎。2007 年时，此书又获首届政府出版奖，大家无不欢欣鼓舞。

此书后因各种原因，改由凤凰出版社出版，因在同一城市，双方人员本多交往，因此在各项后续工程中，联系与协作更为方便。由于稿酬标准已有调整，电脑费用已显得所费不多，因此参与校订者的收入，比之其他一些项目，可称从优，大家对此都表示满意，觉得在学识与经济上都有收获。

目下我们正在着手进行一次再加工，已有人在日本等地选用好的抄本对校，还将学界与自己发现的误处一一改正，相信正式的修订工作完成后，此书将更臻完善。

我在漫长的学术生涯中，遇到过不少突发的事情，因此我的成果单上有些书的出现，显得有些不合常规。可以说，每当一次机会在我面前呈现时，我总不会让其轻易滑过。上述两大工程的完成，同样证明了决策的及时与正确。机不可失，时不再来，短时间内作出决定，还得平时有所积累。日本和台湾地区的朋友都说，目下各个地方的文化单位都对珍贵文献资料的外传加严了控制，因此要想再编《唐钞文选集注汇存》之类的书，问题就更复杂难办了。

我喜欢泛读，早年教中国文学批评史，自然要对《文心雕龙》加以钻研，而阅读《文心》，势必要对《文选》加以关注。稍有文史知识的人都知道，二者必须并读，才能把握魏晋南北朝时文坛的大势。我的治学之道比较传统，重视文献的把握，因此对《文选集注》之类能够提供新材料的罕见典籍也有所了解，一到这书真的出现在眼前，也就想到利用已有条件，将之携回故国了。同样，我在讲授文学史时，注重知人论世，因而常是翻阅历史，了解各个时期的时代背景与人物动态，这样对《册府元龟》的情况也就有所了解。中国历史文献研究会以《册府元龟》为中心，协调众多人员，分从不同方面加以研究，事后由刘乃和编成了一本《册府元龟新探》，1983 年时由中州书画社出版，我曾阅读过此书，因此在确认项目与撰写《前言》时，受益不少。或许可以说，这本小书并不热门，一些历史系的教师也未必会加以关注，但对我这样一个中文系的教师来说，及时能作出决定，却是提供了知识上的准备。

由此我又想到，一个人在读书时，也不能太急功好利，什么“急用先学，立竿见影”云云，流毒甚深。吾等平时还是应该多多泛读，犹如蜘蛛结网，网张得越大，猎获食物的可能性就越多；若有个别些小生物闯入，也可粘住。我平时一直喜欢泛读，有些知识，一时看来用不上，但到机会来临，也就发挥了作用。精读当然也重要。目标锁定后再细细研磨，务使这一问题研究得深，研究得透，也就可以取得优异成绩。泛读与精读本来是不矛盾的，二者结合得好，则成功的机会更多，收获当更大。目下学界只强调精读，如果精得太过，陷于孤陋寡闻，见识狭窄，那么好多机会也就无法浮现。就我上述情况而言，如果平时知道得太少，不知《文选集注》与《册府元龟》为何物，这样也就难以抓住机遇，坐失良机还不自觉。

【附录】

2012年,全国古籍整理出版规划领导小组来函徵求意见,他们正在策划一项意义重大的工程——首届向全国推荐优秀古籍整理图书,我就回了一封信,表达我的一些看法。顷观《古籍整理出版情况简报》2015年第7期(总第533期)上,有《国家出版广电总局、全国古籍整理出版规划领导小组关于报送〈2011—2020国家古籍整理规划〉执行情况和增补项目的通知》,在“二,申报增补项目的重点、范围和要求”(一)“增补项目的重点”内,首先列出的即“系统整理散失国外、国内未见或稀见珍稀古籍文献的出版项目”,或可说明鄙见尚有可取之处,故附此以告读者。

为推荐古籍整理精品致全国古籍整理出版规划领导小组有关负责同志的一封信

全国古籍整理出版规划领导小组有关负责同志:

顷接贵署新出字[2012]254号文件,嘱为优秀图书评奖活动推荐优秀整理本,深知此事意义重大,本应奉命立即回复,奈因年迈,近年来读书甚少,且我校现已迁至仙林新校区,去一次图书馆都很困难,故难以正确地说清那些著作应该入选。不得已，谨将考虑到的一些问题提出，供参考。

一、一些特大型的总集，不能以其规模之大取胜，而应详细检查其质量。以后为这类书立项时，也应严加控制。不能只看有哪些名人领衔，哪些名校作基地，就放松尺寸。我想这里似可考虑以下几点。（一）这一大型著作是否有永久价值，至少能传世五十到一百年，供大家广泛使用，将学术研究水平提高到一种新的层次。（二）其中绝大部分分支项目能够超越前人，予人以一新观瞻的感受。（三）是否能培养出一批人才。这也是至为重要的事，以往编这类大型总集，用了不少人，做些低层次的劳动，结果往往是上面的几个头面人物出了名，下面却糟蹋了一批年轻人，这是至堪痛惜的事，尽可能要避免。

二、影印著作也应严加控制。不能看到一种稀有版本就视若珍宝。有些人把自己正在搞的东西说得那么重要，实则各种文献都有一个自行淘汰的过程，有些著作之所以流传不下来，实因其内容缺乏深厚的底蕴，今天就没有必要为之重新推广，诱导他人再去费时费力。还要对集成性质的影印丛书严加控制，上级部门，不能对此多拨钱。

三、不论整理古籍，还是研究某一专题，选题应是决定性的一着。一部大型的总集，如果选题确实好，还要细心加以培植，因为这类书分量太大，势难做到一次做好。以我主编的《册府元龟（校订本）》而言，荣获首届中国出版政府奖后，大家都感到高兴。但细查内部，发现问题还很多。当时参加的人很多，水平参差不齐，留下不少错误。目前我们正在组织人力，到日本等地找其他钞本来校，再将发现的问题汇总，预计再过几年，就可组织修订，再出新版，将此书的整理水平再提高一步。

四、以后评奖时，可以考虑纳入域外汉籍中的珍品。中国的一些古籍，流传到日本、韩国等地的一些钞本或版刻，极为珍贵。例如日本各地收藏的《白氏文集》钞本，原是日本遣唐使僧惠萼在苏州南禅院中抄去的六十七卷本，最接近白居易诗歌的原貌，又如韩国的奎章阁本《文选》，其中的五臣注，比之国内的各种版本都要近真。因为日本和朝鲜的学者前来取经时，极为虔诚，不敢改动原书文字，不像国内一些文士或书商，常是乱改前人文字。因此今人整理古籍，应该特别重视这些异邦保存的文献珍品。况且这些文献的外传，正好证明了东亚文明是在汉文化的孕育下发展起来的。宣扬这类典籍的珍贵，对于我国传统文化价值的宣传与发扬也是有益的。

中国过去只有"《选》学"之称，所谓"红学""龙学"，都是新中国成立之后兴起来的。因为中国的文学向分散文与韵文两大块，学韵文的人必须学习《文选》，其地位之重要，不言而喻。但自五四运动"打倒选学妖孽"开始，新中国成立之后又贬之为贵族文学、形式主义文学，选学即告衰落。反观日本，倒是传承不绝，广岛学派代有著名学者研习。他们在文献的占有上确实超过我们，因为他们拥有一些珍贵的钞本。我在上世纪九十年代到日本去讲学时，通过很多朋友的帮助，取回了一种《文选集注》的复印件，这是世间仅存的一种珍贵钞本，内有公孙罗、陆善经等中土久佚的唐人注释。我又通过台湾的朋友弄到一卷钞本，从国内图书馆中也求得好多残卷残片，编成《唐钞文选集注汇存》三大册。前面有一篇详细的前言，后附各种配合阅读的资料。前一两年，我又筹划出了一种增补本，请日本朋友帮忙，又求得了几种残卷残片，上海古籍又重印了一次。此书博得了学术界的重视。许逸民、傅刚、刘志伟、王立群、胡大雷、刘跃进等专家，或在文章内，或在著作中，都有很高评价，以为其文献价值可与李善注、五臣注并列。近年来《选》学上有许多发展，都与此书有关。我整理的古籍，有好几种得过大奖，而我对这部《唐钞文选集注汇存》可说情有独钟，但得到的对待却迥然不同。上海古籍出版社对此感到很无奈，我则已经不太在意，但还是觉得域外汉籍这一块应该重视起来，故不避自媒之嫌，把我感受较深的一种书作为例证，提出这一问题，供你们参考。一得之见，可能有偏差，亦乞谅解。

敬礼

周勋初上

2012.11.26

治学经验谈　六

自出手眼　力排干扰

——由编选《李白研究》所想到的

方光焘先生是我最敬佩的老师之一。这倒不光是他爱护学生如子弟，还因他人品高尚，鲠直率真，从不曲学阿世。每读一本书，一篇文章，总能自出手眼，提出独到看法。

他是上世纪五十年代南京大学首批评出的一级教授。由于他写的东西不算太多，因此有些人总不太明白，为什么他能评上这么高的职称？但在我们学生看来，却是完全合适。

方先生不仅在语言学上卓有建树，而且在文艺理论、现代文学等方面也造诣精深。他开过一门"鲁迅研究"的课程，每讲一篇文章，都有自己的心得体会。时人研究鲁迅，都要突出其斗士的身份，分析作品中的人物时，凡与上层人物有些纠葛的，都要上纲上线到阶级斗争的高度，以此坐实鲁迅开始具有先进的阶级意识，由旧民主主义正向无产阶级先进分子转变。但当学生向他提问如何看待《离婚》中的爱姑这一人物时，方先生就说这是农村中的一个泼妇。显然，这样研究鲁迅已经不合时宜，当时就有学生背后说他不突出政治。随后他就不得不转向，专治语言学了。

二十世纪五十年代，华士英师母、方光焘师摄于鼓楼校区南园之小桃园宿舍前

但我一直认为，方先生对鲁迅的理解应该很真切，他在这方面具有独到的优势。他们都是浙江人，年龄相差不大，都是早期的日本留学生。阅读的文艺方面的书籍，都是苏联来的早期日语译本。方先生后来也一直住在上海，从事左翼文艺运动。他的大哥光炜先生和鲁迅等人一起，一直在蔡元培的领导下担任教育部的佥事，方先生的母亲六十寿辰时，鲁迅也到他家来祝贺，因此方先生对周家弟兄之间的纠纷与闺闱之内的一些隐情，都很清楚。我认为，方先生眼中的鲁迅，还是没有经过多少粉饰的本来面貌。他对鲁迅小说中那些中下层人物所取的视角与判断，都有深层次的解读与全面的观照。只是时移势转，方先生的鲁迅研究也不得不束之高阁了。

后来我虽专攻古代文史,受方先生的影响还是很深。方先生言必己出的精神,一直对我有激励作用。只是回想起来,思想境界上还是有差距,不能像方先生那样突破世俗的羁绊。

我在编选《李白研究》一书总结二十世纪的研究成果时,遇到好多难以处理的问题,也就想到应以方先生为榜样,做到自出手眼,独立不倚。

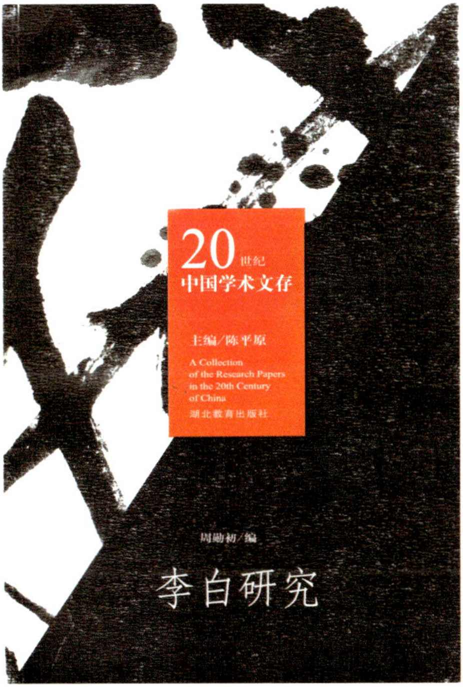

湖北教育出版社 2003 年 8 月出版

“文革”之前,我教过几年中国文学批评史,也读过一些著名的选本。例如王渔洋的《唐诗三昧集》,专选王维、孟浩然一派山水清音之作,为他倡导的神韵之说作佐证;沈德潜的《唐诗别裁》,专选杜甫一派大声镗鞳之作,为他倡导的格调说作佐证。吾等今日总结二十世纪研究某作家或专题的研究论文,情况当然不同,选文要求平稳,否则或有可能犯下一偏之弊。

目下古代文学研究者中最常见的分歧是:一些喜欢赏析的学者常是轻视考证性的文字,以为与文学研究的本意距离过远;一些喜欢考证的学者则常是轻视赏析性的文字,以为里面没有什么真功夫。因此,大家认为若是由他们操选政时,喜欢赏析者编的会是一本集中介绍赏析成果的专著,喜欢考证者编的会是一本集中介绍考证成果的专著,二者都不能全面反映学术界的总体成就。由此大家认为,一位研治古典文学的学者,应该具有比较全面的修养,才能做好选编工作。

操选政者常是难以避免时代风气的影响。例如二十世纪的中间阶段,中国学术界为一种偏颇的学风所控制,诗文方面的评价,首先关注的是所谓阶级性、人民性、思想性等原则。钱钟书编《宋诗选注》,有其自出手眼之处,但也不能“逆时代潮流而动”,有些公认为代表宋诗风貌的名篇,像黄山谷的诗歌,仅收录三题,而当时公推思想性最高的陆游之作,则多达二十七题,因此曾经遭到过国内外学者的左右夹击。这种问题,在我们这些人看来,很容易理解,大家不必为此多作辩护,也不必严加指责。钱钟书对宋诗沉潜至深,治学深具个性,这是大家一致公认的。《宋诗选注》中出现的一些问题,只能说是时代给他的局限,后人对此不必求全责备。他在《宋诗选注》1988 年的香港版《前言》中也已介绍过其时的无奈。由此我又想到,读书确是应该持客观的态度。我们对于前人的著作,要有一种理解的同情。

但钱钟书的这本《宋诗选注》还是有其明显特点,选者对宋诗的理解,体现在诗的评与注中。《序》文也有特点,体现出研究者的个性。读者一看这文字,就可断定出于钱氏之手。这种境界,难能可贵,值得珍视。

钱钟书在谈到采择诗人诗篇之多寡时发表了如下意见,以为那些大家总是吃亏，那些小家反而占了便宜，因为小家留下的名篇也就那么几首，选诗的人为表平衡，一般都要选上，而那些伟大诗人的名篇实在太多了，势难多选，结果总是遗落很多。这种见解，通达且睿智，然而后人能起而矫正者则不多。

反观总结二十世纪学术成就的许多选本，编选者对入选的那些学者往往人各一篇，这就造成了事实上的不平等。因为有些人实际上也就是那么一篇写得较好，有些人则名篇甚多，但为全书格局所限，只能留下一篇。

我编《李白研究》，力求突破这一不成文的程式，挑选了四位研究者，各选两篇入内，以示研究者贡献之不同。当然，这样安排是否合适，人物与论文选得正确与否，各人看法不同，意见或会有差异，就我而言则力求公正。

我把自己也列在四人之中，选了《李白剔骨葬友的文化背景之考察》《李白两次就婚相府所铸成的家庭悲剧》二文入内。我认为，我从文化方面考察李白的为人和诗文创作，代表的是一个流派，一种方向。唐代文化至为辉煌，多种域外文化的传入，域内不同文化的交融，形成了唐代文化的璀璨多姿。李白体现了这种文化的异彩，因此我把李白定位为“多元文化的结晶”。应该说，这一观点已为学界所接受。因此，我把这两篇文章选入，不是什么“老王卖瓜，自卖自夸”。我也不必为了这两篇文章去冒天下之大不韪，贻笑于方家。

古人有云：为人应“内举不避亲，外举不避仇”。我想操选政者应奉此为准则。即使自己的东西，如已达标准，也不必回避。

但操选政也确实不易。当今社会，人被编织在重重关系网中。作为一个知识分子，他有单位，有师长，有学生，有朋友，还有种种社团，如果负责某一方面的选政，那单位之内的同事，自己的老师与学生，平时交往的朋友,还有你参加的各种社团,势必都得考虑。如果你是一个社团的负责人,还得关心团结的问题。因此操选政者于工作之始,无不力求公正,但事后看来,真正能做到公正的却又不多。况且论文的好坏,又不是能放在天平上称出来的,稍有为难之处,也就会向照顾人情方向转移。我常感到,人的各种负担之中,人情债最难还。因此我时时想到,要以方光焘先生为榜样,保持独立的品格,自出手眼,不要为世俗人情所羁绊。

《李白研究》之中,选入张才良的《李白流夜郎的法律分析》一文,情况有些特殊。作者早逝,与我素昧平生。此人生前无大名,似难与其他各家并列,而且我对这篇文章的结论也不信。在我后来写的《李白评传》中,仍取中道赦还之说。但我认为张文有新意,从唐律的角度分析李白生平中的这一大事,而且说得较圆到的,以前似乎还未见到过。这也就是说,张文有其开拓性。这样的文章,就有其可取之处。

葛景春的《古集原载诗二首,遗韵曾传魏夫人——李白诗词二首新证》一文,情况也较特殊。我知道,李白是否写过《菩萨蛮》《忆秦娥》二词,学术界争议甚多,怕难彻底解决,因为材料太少了,大家论证时多用推论的方法,也就难于使对方信服。葛文提出了一些新的材料,往实证的方向跨出了一步,就应得到肯定。我选择此文,着眼于此。

我总觉得,研究古代文学应该利用各种手段,尤应注意考古方面的成果。这种研究方向,自岑仲勉等人起,已经在唐代文史研究领域中取得共识,但大家似乎比较关注用墓志等物去考相关人物的生平,而用之于解决李白研究中的具体问题,则尚未之见。武秀的《谈兖州近年出土的四件文物及其对'李白在兖州'研究的实证》则可说是一种很具体的新成果。他以北魏守桥石人、汉代跪石人、北齐沙丘造像残碑与李诗互证,说明其中屡次提到的"东鲁""沙丘"等地就在现在的山东兖州附近,这就把古来聚讼不决的李白东鲁行踪落实了。应该说，这种材料很可贵，介绍这些资讯的文章，自应列入。

我把二十世纪李白研究中的重要问题按类分列，选入最有代表性的文章，藉与此书总的名称《20 世纪中国学术文存》相对应。上起玄修(夏敬观笔名)的《说李》，尚存古来诗话遗风，下至改革开放之后的新成果。上世纪五十年代之后，文学研究每与政治运动相纠结，为存历史之真，书中录入了林庚的《诗人李白》等文。港台地区学者的论文，也酌量录入。然限于丛书体例，日本与欧美等国学者的文字概付阙如。

根据丛书体例上的要求，我又写了五万字的《李白研究百年回眸》，这是必要的安排。只有选文，如无综述配合，则文章的作用与地位将无从呈现；仅有综述，如无相应的选文供人阅读，则每给人以浮光掠影的感受。当然，限于篇幅，限于体例，也不可能在每一篇综述之后均附范文，但如条件许可，则附上几篇，还是有其好处的。

我写综述，力求一一提出个人的看法。例如《百年回眸》下编《李白研究中若干重要问题的分析》，集中介绍了“李白的家世”“李白的出生地”“李白的家庭成分”“李白一共去过几次长安”“文献真伪的鉴别与疑难”“李白诗文中存在的疑团”等几大问题。前面四个问题，争论最多，出入甚大，我先对各家之说作客观的介绍，然后进行评判，有的则提出新的材料，予以新的解说。例如李白何以不应科举试，情况确很特殊。宋代杨天惠《彰明遗事》中有李白“微时募县小吏”的记载，而《新唐书·选举志下》云是朝廷曾有禁令，“其尝坐法及为州县小吏，虽艺文可采，勿举”，《旧唐书·宪宗本记》上亦载此说，二者相互印证，似可解释李白不应科举试的原因。然《彰明遗事》中的记载多道听途说，与正式的文告内容不符。《唐会要·贡举中》则云“元和二年十二月敕：自今已后，州府所送进士，如迹涉疏狂，兼亏礼教，或曾任州府小吏，有一事不合清流者,虽薄有辞艺,并不得申送”。显然,《旧唐书》《新唐书》中的记载与此同出一源,同记一事,只是略去了“有一事不合清流者”一句,遂使敕文本意大不相同。据此可知,唐律规定州县小吏可以应举,然行事若少有不合士人规范者,则州府即不得进送。这是我在寻根究底后提出的意见,似可破前此一度盛行的“小吏”之说。

我在《回眸》中特设“李白的族系之争”一编。从李白的出身之地与他本人的论述中寻找根据,力破前此一度盛行的李白为胡人之说。因为李白的身世太特殊了,涉及到近代中苏疆土之争,因此有的朋友认为这段文字政治色彩太浓,不必花此笔墨,我则认为这正是李白的与众不同之处,不但可以由此看到李白的思想与作风不同于唐代其他诗人的根本原因,也可说明唐代文化的多源与多彩。我把李白定位为“多元文化的结晶”,必须从他的特殊身世叙起。

应该说,这篇综述有我个人的特点。在《李白研究》后面的《20 世纪李白研究论著目录索引》五“综述”中,列有二十二篇综述文字,读者若作比较,或可认同我的说法。我总认为,做学问要有自己的特点:看问题,应该有自己的眼光,有自己的论证方式,也要寻找一种与众不同的表达方式。

有的专家认为,研究综述已经成为一种新形态的中国古代文学研究之研究。自上世纪七十年代起,这类文章即不断出现。尤其处在历史转折时期,如世纪之交等,更会激发学术界总结前此学术成果的心愿。而且目下出版物数量庞大,一个人要想掌握所研究的专题的有关讯息,实是遍览为难,如有研究这一专题的学者能将其所掌握的材料作一综述,省却他人翻检之劳,确是有益学林,功德无量。但就目下已经涌现的大小研究综述来看,还未取得理想的成绩。因为做好这项工作也不容易,作者既要全面掌握情况,还要居高临下,有独到的眼光,将各种研究倾向作出评判,对各家之说分出高下;应以学术为天下公器,不能存个人的偏见,这样才能起到正确的指导作用。

这就牵涉到了研究者的学识问题,涉及到了他们的素质问题,也关涉到他们所处的时代的问题。

张可礼在《中国古代文学史料学》中特设一章,讨论“研究综述”的写作,对此进行了全面的概括,提出了很好的意见,也指出了其中普遍存在的问题。最为难解的是,大家对“文化大革命”中的十年动乱,往往用“噩梦”“浩劫”“断裂”“荒芜”等词一笔带过,他就此提问,“为什么”有不少爱好和研究古代文学的知识分子投入了或想投入这场“革命”,有些人还写了一些今天看来毫无“学术”的文章?为什么许多同是在二十世纪三、四十年代已经成名的学者,在十年动乱中会有不同的表现?其中有什么教训值得后人汲取?这些问题提得很尖锐,要想全面地正确回答,可能还要等上几十年。大家对此采取一笔略过的态度,也就是因为难于正面回答。

我思想水平很低,思辨能力也差,自知无法回答。不过我想从师长一辈和同辈中人的表现中寻找一些答案。

我认为,近百年来知识分子思想上多混乱,原因之一,与价值标准的多歧有关。陈寅恪于1964年《赠蒋秉南序》中说:“默念平生,固未尝侮食自矜,曲学阿世,似可告慰友朋。”他表白的是坚守传统价值观的信念。现在看来,由秦入汉位致通显的叔孙通是早期的“风派”,司马迁为之立传,就用“希世度务”“与时变化”来加以讽刺。因为中国士人向来认为应该坚守自己的信念,不能为求一时之通显而作识时务之俊杰。

新中国成立后,党与政府奉马克思主义、毛泽东思想为最高准则,理论界认为道德也有其阶级性,中国的很多传统观念都遭到了否定,遭到了批判。到底哪些道德应该坚持,哪些道德应该批判,人们思想上自必产生混乱。

周一良为陈寅恪的早年入室弟子。新中国成立后，周氏一直要求进步，历经折腾，“文革”后期进入了“四人帮”的写作班子——“梁效”。陈寅恪在《魏书司马睿传江东民族条释证及推论》中本有一段文字，叙述师生二人论学之乐，末尾时云“周君又远适北美，书邮阻隔，商榷无从，搦管和墨，不禁涕泪之泫然也”，文字饱含感情，后来却把它删掉了，所以在后来出版的文集中已不见踪影。周氏自云这是因为老师认为他“曲学阿世”，所以有此一举。由此可见，一些坚持中国传统观念的人对此甚为执着。

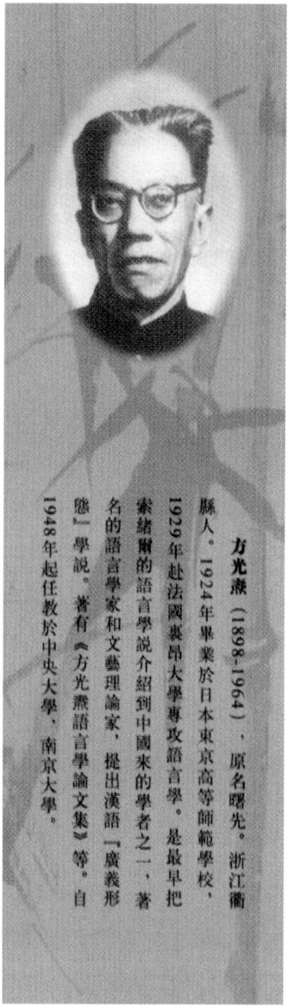

方光焘先生

“文革”结束之后，批评郭沫若的人很多，特别是他在《李白与杜甫》一书中推翻了自己过去提出的观点，将“双子星座”中的杜甫肆意糟蹋，而替李白说了很多不切实际的好话。这种现象，是否可称“曲学阿世”，却又不能简单地作这样的判断。因为新中国成立后，党政领导一直要求知识分子进行思想改造。知识分子经过二十年的改造，既有层层领导组织的系统学习，又有不断上纲上线的群众运动作胁迫，到了“文化大革命”中，知识分子更是动辄得咎，既有思想上的困惑，又有现实的困苦，如果不紧跟上面的步骤，也就会遭到意想不到的灾难。像郭沫若这样的身份，既是文坛大佬，又是政界标志性的人物，其时身处风口浪尖之上,自当把握好大方向,调整个人思路,投入到运动中去。

这就让我再一次地想起师辈来了。方光焘先生殁于1962年,像他这种性格的人,如果活到“文化大革命”时,定是宁为玉碎,不为瓦全,不受凌辱而自行弃世。因此他的不能寿登髦耋,对他自己来说,实为幸事;对我们学生一辈来说,也就免除了心中的无尽伤痛。

钱钟书的《宋诗选注》,选文时顺应时势,评注时则坚持己见,这是当时知识分子常见的一种处世态度。《论语》上说“大德不逾闲,小德出入可也”,人处复杂的政治环境中,有时也不得不调整个人的位置,但在大德上还是不能“逾闲”。

一些在上世纪三四十年代就已成名的学者出现某种异化,也可理解。如上所言,上有党政方面的高压,下有群众运动的胁迫,这就必然会导致思想上的混乱,甚至发生尽弃所学的现象。

至于那些年轻一代的学者,本在“学”上还未扎根,因而谈不上什么“曲学”的问题。他们的趋时,本来就是很自然的事,因为上级要求的就是这样。只是这一时代中培养出来的有些人趋时过甚,旧的道德固然弃之如敝屣,各种新的道德也未见其展示,而且随着形势的不断变化,一无原则可言,各种各样的道德都可为我所用。这样的人,只能称之为“文化大革命”中的一种土特产——“风派”了。

史无前例的“文化大革命”结束,国人睁眼看世界,发现国外的人并非都生活在水深火热之中,国内也并非天堂。而且照官方的说法,国内经济已经濒临崩溃,因此中央号召拨乱反正,于是兴起了一股反思的潮流。只是阶级观点仍应坚持。这就面临着一个难缠的老问题,道德到底有没有阶级性?传统道德能不能继承?中国的知识分子还要不要紧跟上面来的号召,是不是可以独立思考而不再重蹈“曲学阿世”的覆辙?

时至今日,陈寅恪的声誉越来越高,大家对他的不曲学阿世表示钦佩,因为这维护了一位学者的尊严和良心,为此还付出了生命的代价。郭沫若走的是另一条道路,本就不甘心以文人与学者自囿,他要作一名斗士,何况这时他也亟欲有所表现。社会主义阵营发生分裂,中国一直处在苏联的军事威胁之下,民族主义情绪高涨,陈寅恪称李白为胡人,“无产阶级学术权威”起而批判“资产阶级学术权威”的这种“谬论”,正是抓住了好题目,倒也顺理成章,不会让人感到意外。这时郭沫若也承受着内外的重重压力。“文革”开始,他就公开表态:自己过去写的东西应该付之一炬。《李白与杜甫》中的扬李抑杜,体现出他的进一步努力,表明自己的学术观点已经彻底改变,完全接受伟大领袖的教导,这样也就同时确证了自己仍属无产阶级司令部中的一员。而在这时站出来表态,就要像个造反派的样子,因此他得用尖刻的口吻斥骂萧涤非等人,还要以轻蔑的态度批判陈寅恪,乘机在业已沦落为贱民的资产阶级知识分子面前摆摆威风。这也是当时有条件出来露露脸者的一种常态。

有人称《李白与杜甫》为“文化大革命”中的一个怪胎。联系当时的形势,也就可以理解。1966 年至 1967 年初,江青审查新中国成立以来拍摄的电影时,便对《诗人杜甫》横加指责,申明毛主席喜欢李白而不喜欢杜甫。对于这点,郭沫若当然早有所知,深有所知。处在他的位置,既不能像钱钟书那样远离风口,则自当改变立场,收回戴在杜甫头上的“人民诗人”桂冠,何况他本人确是具有挥洒自如的浪漫主义气质。

看来郭沫若的表态还是及时的。一年之后,《读〈封建论〉呈郭老》向外传达:“劝君少骂秦始皇,焚坑事业要商量。祖龙虽死魂犹在,孔学名高实秕糠。百代都行秦政法,《十批》不是好文章。熟读唐人《封建论》,莫从子厚返文王。”幸亏郭沫若在李杜问题上已经争取主动,“击一猛掌”的力度也就减轻了不少。可见郭沫若在政治上还是极为敏感的。

李杜诗歌的此高彼低,本是学术上的一个老问题,自可让人自由发挥。令人难解的是，这时各种学术思想正乱作一团，伟大的导师为什么不再提那美妙动听的“百家争鸣”，而自称好学生的郭老则又为什么定要足尺加码，调门提得高的离谱。以他这样的身份，却以演出荒诞剧的方式谢幕，郭沫若为“保住晚节”也付出了高昂的代价。

“文化大革命”之后，社会上流行一句总结性的评语，认为人们的路线斗争觉悟越来越高，道德水平越来越低。显然，这里说的道德首先指的是传统道德。可见虽经十年大力“除四旧”，还是没有能够从根本上铲除人们头脑中的传统价值观。这到底是中国人的幸运，还是不幸呢？

郭沫若从颂扬“双子星座”转向扬李抑杜，可用“组织观念强”来解释，这是一种新道德，也就是革命道德。有人则把他的学术转向视为“曲学阿世”，这是从传统道德着眼而提出的批评，他们标举的是旧道德。二者各有所见，或许也可以说是“仁者见仁，智者见智”吧，这也就是我在上面所提到的，价值观上的分歧，导致道德观上的混乱。

我想，今后还是会有多种价值观并存的局面。这可能也不是什么坏事，只要一些人不动用手中掌握的权力去逼迫他人改变立场曲学阿世就行了。毕竟殷鉴不远，人们还是不愿看到传统道德遭到彻底铲除。

现在我的思想再次出现变化，认为若对过去的研究作总结，不必再持一种标准，选文时也不必要求四平八稳，应该允许人家独标宗旨，去宣扬某一种写作手法，标榜某一种情调，犹如当年神韵、格调、性灵等流派争竞时的情况一样，否则研究中的多样化将无从体现。千人一面，千部一腔，研究工作中的繁荣景象将永远无法出现。

七 治学经验谈

体例创新　附件完善

——营造古籍整理精品的一些尝试

我在生活上很保守，墨守陈规，从不想改变老习惯，但在学术上却很喜欢创新，总想做一些时人不去做的事，尝试一些新的治学方式，于是忙里偷闲做起《文士传》的辑佚来了。

不论教书，还是做研究工作，首先就得积累资料。辑《文士传》，也是这一用意。搜集残佚，近于小敲小打，这在改革开放之前则被视为“小道”。因为那时强调观点决定一切，首先得把握大方向，对于这类琐碎的工作，有些人是看不上眼的。这一时期很少有人做辑佚，就是明证。

我在1982年前后教过三次《文心雕龙》，因此又读起《世说新语》等书来。这时余嘉锡的《世说新语笺疏》已出，后面附有《世说新语引书索引》等附件多种，内如《文士传》一书，常为刘孝标注所徵引，可证此书在南朝文坛上影响很大。这时我就想到，可将《文士传》来做一次尝试，做做辑佚的工作，也可培育与锻炼一下这方面的能力。

对于魏晋南北朝时的一些基本文献，我已有所掌握，这些基本文献的名家注释，我已有所阅览。对于工具书，我也能够运用，因此在搜集《文士传》的残文时，没有遇到什么困难。只是辑佚的首要任务是无所遗漏，即使是像《元和姓纂》卷二五中仅出现“妫览”一名,也应辑入。就这样,我前后一共辑出了六十七位文士的材料,又仔细地磨了几遍才放心。

材料已经搜集完毕,就得多方考辨,澄清一些混乱的说法。之前此书已经有过两个辑本:一是日本学者古田敬一的《文士传辑本》,1981年日本(京都)中文出版社出版;一是中国学者詹杭伦的《〈文士传〉钩沉》,载《稽古拓新集——屈守元教授八秩华诞纪念》,成都出版社1992年出版。二者初具规模,然仍有遗佚,尤其显得不足的问题是,他们都只将佚文按人头与年代顺次排列,其间还缺乏细致的加工。

既是“传”体,那就张氏原作而言,当然是按人头排列的,只是后人辑佚时在材料的编排上还得动些脑筋。如果辑得的几种材料叙事完整,应把首出的材料置前,其馀则按年代先后排列于后;如果后出的材料叙事更完整,则将这一种材料置前,馀者置后。材料编排好后,在括号内注明引用了哪些文献。文献名字的先后,即表示这一位文士的材料以哪种文献为主,哪种文献为副,读者可依此复核。各种文献之间的重大差别,后者如可起互补作用,则均在注文中列出。我对上述条文有看法,则在下面加按语,发表我对这些人物或事件的一些研究心得,有的看法也编在注文之中。

《文士传》辑本完成时,我对此书的作者问题已有新的认识。以往言及此书作者时,各种文献上的记载很混乱,当代学者的结论也众说不一。詹杭伦的考证很细致,提供了很多新材料,以为作者当为张骘,乃北凉沮渠蒙逊属下的左司马。此说虽然有其文献依据,可还是无法解释《崇文总目》中记载的此书终于谢灵运之说,也无法说明《玉海》卷五和《新唐书·艺文志》“杂传记类”中定其为萧齐时人之说。于是我根据个人考辨所得,提出了此书原作者为晋代张隐后经齐萧时期的张骘增订的新说,以为如此始能澄清混乱,摆脱文献上的种种纷扰。

这段时间内我还在进行《唐语林》的整理工作。这书的情况十分复杂,我在整理的过程中反复研究,怎样才能将杂乱无章的文字理清头绪,说明其价值之所在。读者初读此书,对于其中的错乱情况往往习焉不察,我对此书进行整理,就不能让读者如坠五里雾中,内中问题都得有所抉发,应该让他们读过我的书后,认识上有所提高。

《永乐大典》中曾留下一份书单,可以说明《唐语林》是依据五十种唐宋笔记中的材料编成的,为此我作了溯源的工作,且在每条条文下面注明查找结果。这项工作耗时甚多,但为提高整理的质量,我仍一丝不苟地进行到底。

经过几年摸索,我越发感觉到,工作结束时应将各项研究成果加以总结,把我接触到的一些有用材料作些介绍,好让读者与后起的学者了解此书的种种复杂情况。为此我又编制了《唐语林援据原书提要》《宋元明三代书目著录》《前人序跋与题记》《唐语林校证参考书目》等几种附件。至于《唐语林援据书目索引》《唐语林人名索引》两种,则是为了解决读者查检之需。

这些附件分门别类地提供了一些与《唐语林》密切相关的材料,有助于大家对各个方面的了解,有利于大家方便地利用。但要让人对此书有一个完整的认识,则还得写上一篇总结性的《前言》,对此书的编写与流传过程中的种种复杂问题一一作出分析。这篇《前言》凝聚了我多年探索的心得,一出现后就受到了大家的重视,后被复旦大学的傅杰教授收录进《二十世纪中国文史考据文录》,2001 年由云南人民出版社出版。

从古籍整理的角度来说,书前附上一篇“前言”非常必要。读者接触此书,往往是从阅读《前言》开始的。整理者就应把这书的内容与价值作一番介绍,将自己的研究成果凝聚其中,好让读者能以最快的速度加以掌握,并且找到一个正确的阅读方向。我总觉得,整理古籍,不光是加上新式标点和分分段的问题,应该在研究的基础上进行整理,这样水平才有保证,个人的学识也才能有所提高。

或许由于此书的整理工作做得还算细致,博得过一些好评。中华书局副总编赵守俨常举《唐语林校证》为例,以为可作研究型整理古籍的样本。陈四益在 2004 年 12 月 20 日的《新京报》上发表书评《书无好坏论》,介绍《唐语林》时说:“这本书给我最深的印象,倒并不是书中有关唐代的有趣史料,而是周先生整理古籍所下的功夫。在乱印古书成为发财门道的今天,这样切切实实的整理工作,几乎是空谷足音。念及此,真令人感叹唏嘘。”

我在《唐钞文选集注汇存》和《〈册府元龟〉校订本》出版时都写了一篇长长的《前言》。这两篇《前言》写得很吃力,因为之前我对二书的内容也不熟悉,但我尽可能地读了一些书,对二书的内容、价值和成书经过等问题都一一作了研究,然后加以分析,再作介绍。我想,假如这两种书的前面没有相应的《前言》,其价值必然会被湮没不彰,因为对绝大多数的人来说,大家可能听都没有听说过书名;读者或许还会怀疑,为什么出版界要推出这些冷门的大书?

《唐语林校证》完成后,研究工作可没有停止。教育部属下的全国高等院校古籍整理研究工作委员会成立后,各高校古籍所都提出了一些大项目,如北京大学古籍所的《全宋诗》,复旦大学古籍所的《全明诗》,四川大学古籍所的《全宋文》等。我任南京大学古籍所所长,也应申报一个项目,作为所里的重点工程,但我不愿牵制太多人力,也不愿参加的人花去太多时间,因为集体项目的成果不能作为具体工作人员的成绩,会对他们日后申报职称不利,于是我便依据自己整理《唐语林》的体验,申报了一个编写《唐人轶事汇编》的中型项目。历时三四年后,项目完成,学术界评价颇高,并于 1999 年获新闻出版总署颁发的第二届古籍整理图书一等奖。

《唐人轶事汇编》全书共有一百七十多万字,分为四十卷,收入人物近二千七百多人,引用唐、宋人的文献近三百种。人物的序次,按年代先后;生年不明者,按卒年约略推算。记载模糊的,则归另类处理。引用的材料,如共记一事,按著作的先后或记载的完整程度排列,这些都是沿用了前此辑录《文士传》等书时的工作经验。事后视之,效果亦佳。

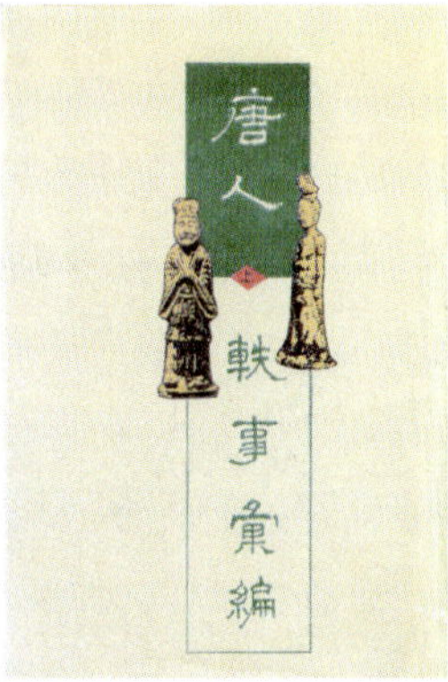

上海古籍出版社 1990 年 11 月初版

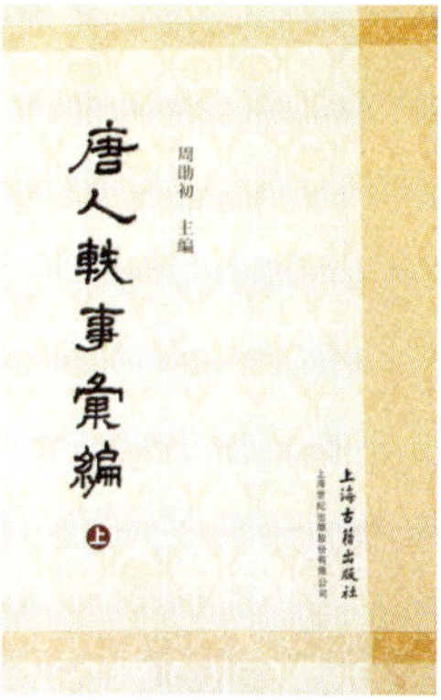

上海古籍出版社 2006 年 4 月二版

上海古籍出版社 2015 年 7 月三版

所内三名从事这项工作的人员也都得到了很大的锻炼与提高。严杰事后一直从事唐代笔记小说的研究,后有《唐五代笔记考论》(中华书局 2008 年版)等书问世,武秀成对唐代史书中人物的活动年代进行钻研,后有《旧唐书辨证》(上海古籍出版社 2003 年版)等书问世,姚松则在运用电脑处理文献的问题上继续钻研,建立了很多数据库,为日后从事的《〈册府元龟〉校订本》的整理工作继续作出贡献。

我所原所长程千帆先生为研究宋代文学的权威学者。他在工作中深感丁传靖的《宋人轶事汇编》已经不合时代要求，因此劝我再接再厉，编一种新的本子去代替它。只是上述三位工作人员都已另有任务，我也不想再让他们继续花去一段较长的时间，于是另组队伍，由葛渭君、周子来、王华宝三位负责。这项工作，从 1998 年始，历时十三年，才完成初稿，目下正由严杰教授加工，预计明后年内可以问世。

我为此书又写了一篇长长的《前言》。《唐人轶事汇编》的《前言》，重点介绍笔记的价值、国史与笔记的关系、学术观念亟待更新等问题，《宋人轶事汇编》则将重点放在论证唐代社会与宋代社会的不同，生活在不同时代的文士作风与观念有差异，这些如何反映在笔记之中。二者既要分别有其总体的叙述，显示两种书的不同文献价值，学者应如何对待，如何利用；还要相互呼应，说明唐宋两代人物的时代风貌。这样做，困难重重，提笔之时，时有力不从心之感，但我黾勉从事，力求写出水平。用我自己的话来说，希望这两篇唐宋人物轶事汇编的《前言》能够与二书相匹配。

上海古籍出版社将《宋人轶事汇编·前言》中的第二部分《唐宋人物轶事的不同风貌》先行在《中华文史论丛》2011 年第 3 期(总第 103 期)上发表，预告此书即将问世，藉此听取各方意见(《宋人轶事汇编》已于 2014 年 9 月由上海古籍出版社出版)。

2000 年，我在江苏古籍出版社出《周勋初文集》时，将《唐语林校证》中的附录《唐语林援据原书提要》扩展成了《唐代笔记小说叙录》一书，编入《文集》第五册中。

在我研究唐代笔记小说之前，中国大陆的学者中对此进行系统研究者似乎还不多。1990 年时，我主办第五届唐代文学年会暨学术讨论会，台湾来的王国良教授送来一本《唐代小说叙录》，内容与体例都好，于是我便参照这一著作，以及后来李剑国教授送我的《唐五代志怪传奇叙录》（南开大学出版社 1993 年版）等书，重新拟订了体例，将内中的每一种著作都按书名及异称、著录与版本、内容之分析三部分作系统介绍。因为唐代笔记小说的名字有的很怪，如《酉阳杂俎》《因话录》等，读者一时不易理解，必须加以说明。唐代的笔记，有的历经改削，流传至今的本子往往面貌有所变化，这些都应该对读者作必要的说明。这些问题解决后，才能对内容进行陈述与分析。可以说，这样的体例安排，完全是从读者方面着想的。一种好的体例，有助于将研究内容清晰地表达，让读者易于接受。

《唐人轶事汇编》精装本，上海古籍出版社 2015 年 7 月出版

《唐人轶事汇编》平装本，上海古籍出版社 2016 年 3 月出版

“文化大革命”中，我曾奉命参加法家著作《韩非子》的注释工作，“四人帮”覆灭后，又奉命将其改写成一种学术著作，于是我又增加了校勘等部分，以《韩非子校注》之名问世。为了提升此书的学术分量，方便读者学习，我又设计了好几种附录：一是乾道本《韩非子》与《韩非子校注》篇目的对照表。因为我们从事新注时，为了方便读者，对原书的体例有所改动，篇目的排列，也已不再分卷，这些必须有所说明。二是增

加了《史记·韩非传》的注释。知人论世，读者应对韩非其人有所了解，因此我们采取与全书同样的体例，对《韩非传》作了注释。三是附上了几种有代表性的《韩非子》版本的书影，下加说明。我不取只讲版本特点的程式，而是注重与注释的内容相呼应。四是制作了人名索引。五是绘制了春秋与战国时期的政治形势图。中国向来重视左图右史的读书方法，读古书而不知道查对地理，则每陷蹈空之弊，易生歧解，因此加绘地图，虽然增加了工作难度和印刷成本，看来还是必要的。

凤凰出版社2009年8月修订本版第一次印刷

凤凰出版社2012年2月第二次印刷

凤凰出版社2014年6月第三次印刷

此书出版后，受到读者的好评，于是江苏古籍出版社的后身凤凰出版社领导多次与我商量，由我再作加工，发行新版，于是我在2009年时花了几个月的时间作了修订。这时我在体例上又有了一些新的考虑，前面增加了导读，后面增加了一篇回忆录。我已看到，此书的重印已成我国图书出版史上的一件咄咄怪事。“文化大革命”运动的荒诞不经，策划者的恣睢暴戾，后人恐怕难以全面了解。所谓“评法批儒”注释法家著作，貌似科学研究，实则都在闭起眼睛说瞎话，只是用“革命”的高调粉饰其愚弄和役使民众的恶行，不是身历其境了解内情的人都有可能受其迷惑。我就感到应该对历史负责，于是写下了《疯狂的年代，理性的思考——〈韩非子校注〉编写始末》这一长达两万多字的回忆录。有的读者表示，这篇文字能够帮助他们真实地了解这段历史，对“评法批儒”的真相和具体做法有了较为全面的认识。

我把以前发表过的一篇文章《读〈韩非子〉》印在全书前面，作为导读。这样做，并非趁机推销自己的文章，我也用不到这样做。因为傅杰教授应华夏出版社之邀，于 2008 年编《韩非子二十讲》时，已把这篇文章收入。这本书是他花了很大功夫从二十世纪的《韩非子》研究论著中挑选出来的，我的这一文字可说已经经过历史考验，专家已经确认它有益于读者。读者先读我这篇文章，再来阅读《韩非子校注》正文，因为全竹在胸，效果可能更好。我在考虑问题时，总是站在读者的角度进行设计的。

在此还可以介绍一下我在《韩非子》研究中附带完成的另一项工作。

《韩非子校注》的注释工作完成时，江苏古籍出版社正在编一套《中国历代名人传丛书》，他们叫我写一本小册子《韩非》，自然不容推辞。此书为普及读物，规定写五万字。我从未写过这类书，琢磨好久后才理出头绪，心想应该抓住几个重要方面，提纲挈领，写出气势。韩非喜用小故事说道理，文字极为生动，我就可以多用原文，这样既可不背离原意，又生动活泼，可读性要好得多。前此我已写过一本《韩非子札记》，对理论上的问题多所探讨，这时自可将研究成果尽可能地纳入。只是《韩非》出版多年后，悄无声息，因此我一直认为这是我所写的书中最落寞的一种。想不到傅杰编《韩非子二十讲》时也将它收在里面，且置于全书之首,大约认为此文具有帮助读者全面了解韩非学说的作用吧。南京大学出版社闻讯后,立即将之纳入“《中国思想家评传》简明读本”。这套书印数很大,孔子学院将其列为对外推介读物,日后将用多种语言的译本向外传播,这可又是我意想不到的事。

江苏古籍出版社 1985 年 10 月出版

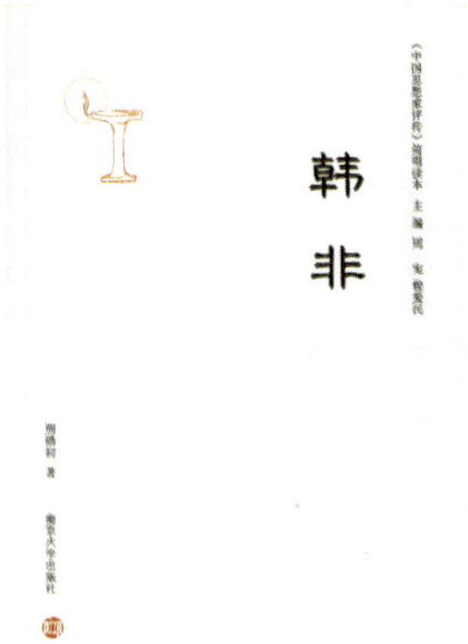

南京大学出版社 2009 年 3 月出版

面对国外学生的读物,应该做到图文并茂,有吸引力。我认为,这种书不宜多用近代画家的创作,以免与原书的时代背景有所扞格,应该多采用考古方面的实物图片。韩非的核心理论是耕战政策,我就选用了四幅铜器上的耕战图,其中一幅藏于故宫博物院内战国中期的宴乐桑猎攻战纹壶上的图象,犹如一幅精致的图案画,我还把它用在《韩非子校注》的封面上,显得贴切而大气。

我选了民国时期洛阳金村韩国贵族墓中出土的许多器物上的图象,说明其时韩国的文化已达很高水平。前面用了两幅地图,一为郑韩故城的遗址图,说明韩国都城的方位,一为战国七雄的简图,好让读者了解其时的政治形势。叙及《韩非子》中哲学方面的“气”论时,选入了收藏在天津博物馆中的战国《行气铭》玉饰件图片；叙及《韩非子》在文学上的影响时，则选用了少年儿童出版社 1954 年版的《中国古代寓言》中“自相矛盾”的一幅插图，最后又选用了 2008 年上海越剧院演出新编历史剧《韩非子》中的两张剧照，说明这一生于两千年前的思想家至今还在发生很大的影响。

这本小册子博得了编制精美的赞誉。这也是我的一贯追求，不论大书、小书，都要力求完美。我在遴选《唐诗大辞典》中封面上的图像和正文之前的八幅图片时，也花了不少心思。

由上可见，我在从事古籍整理、资料汇编或辑佚等工作时，常在体例等方面多作考虑，前后大都加入附件多种，中间还要尽可能地插入地图或其他图片，这样做，意在打造一种精致的成品，将完成项目深入钻研后的研究成果纳入。这样的成果，才能经受得起历史的考验，才能博得众多读者的认可。

不但古籍整理方面的情况如此，我在学生余历雄的听课笔记《师门问学录》后面，也增加了很多附件。余历雄是我最后的一名博士生，他把三年听课笔记都记录了下来，交我审阅。我考虑到，这种读物还未在出版界出现过，可以作为我们南京大学古典文学专业培养博士研究生的教学实录，供大家参考。于是我在指点他作了加工后，交凤凰出版社正式出版。我又考虑到，自己教学一生，以前写的论文和出的文集，都是在教学工作中产生了新见，积累了知识，随后陆续形成的成果，而我在教学方面的情况，则一无记录，如今可藉《师门问学录》出版之机，将我这方面的材料附入，也可反映我教学生涯的整体面貌。于是我又附入了几篇介绍我在日本、美国、台湾等地教书的报导。

《师门问学录》问世后，反响很大，很多指导研究生的导师都用作重要的教学参考书，接着还出现了很多书评，分别从不同角度评述讲课内容与这种教学方式。余历雄是马来西亚籍学生，这本书在他的祖国教育界和任职的学校拉曼大学也引起了很大反响，受到高度重视，于是彼处的马来亚文化事业有限公司计划出一种新版。我就想到，可把一些公开发表过的书评附入，这样可以帮助读者更深入地阅读此书，也可提升余历雄在他们国家的学术地位。于是二人合计，附入了九篇书评。这时我又想到，前后曾有几个单位采访过我，已有三篇访谈录问世，内容也多涉及我在教学与科研方面的问题，性质类同，也可合在一起，供大家参考，于是马来亚文化事业有限公司于 2011 年的新版中增加了上述几种附件。随后不久，《文艺研究》杂志又来邀约再作一次访谈。我自问学识有限，本无多少治学经验可谈，前面已有多种文章发表，本已不该再次渎人耳目，然因采访者职责所在，有此任务要完成，且已拟定好采访议程，于是尽量避开与前此文字重复的地方，再作一次谈话。轮到凤凰出版社出增订本时，后面也就附入了五篇访谈录。最后一篇访谈录发表在《南京大学报》上，可以反映本校人员对我的一些看法。

我觉得，每一个人从事一种著作时，都可把他接触到的各种有用材料，斟酌遴选，用各种方式纳入。常用的方式之一，应当就是附录。这样做，可以帮助读者扩大视野，对著作中涉及的方方面面都有所了解，从而构成一个完整的知识体系。有的附件则带有工具性质，如人名索引、篇名索引等，可以帮助读者快速地查到所要的材料。《师门问学录》出版后，有些人与我讨论其中提到的一些问题，我想再复核一下，可也已记不起来了。因为这种漫谈式的教学方式没有什么固定的程式，讲到哪里，记到哪里，不论是讲者，还是记者，都难记清问题是在哪次上课的时间内提到的，更不要说是刚接触此书的读者了，于是在后出的马来西亚版和中国国内版上，都加上了责任编辑王华宝博士编制的《人名索引》和《篇名索引》，读者称便。此时我又想到，每出一种书，都应努力提高质量，争取有再版的机会，这样可把前此书中的不足之处一一弥补。

附件的采录随全书内容而异。我编《唐钞文选集注汇存》时，附入了横山弘教授编制的《〈文选集注〉研究论著目录》（1856—1999）和吴正岚编制的《〈文选集注〉引书索引》，帮助读者寻找前人的研究成果和书中材料，用意比较清楚。我又附入了罗振玉《〈文选集注〉残本序》，好让《文选》研究者知道这一珍贵钞本早期在中国流传的经过；我还附入了隽雪艳的《现存〈文选集注〉一览表》，则另有其用意。我在《唐钞文选集注汇存》的《前言》中讨论过此书流传过程中的一个重要问题。台湾学者邱棨鐊曾提出，这一《集注》曾收藏于宋代的荆州田氏家中，这一说法传播甚广，实际上有误解。此书第六十八卷内有“□州田氏藏书之印”“田伟后裔”“伏侯在东精力所聚”“潜”“潜山”等多枚藏书印，又第七十三卷残片中附有汪大燮和田潜的题记，据此可以考知，一些《文选集注》残卷常以二十行、二十五行等残片传世，原来是田潜与北京厂肆正文斋的商业行为造成的。他们为了多卖钱，竟将残卷分割成残片出售，致使这些残卷无法呈现全貌。因此我又想到，《文选集注》零卷迭经很多单位与个人收藏，里面一定有很多题记可以参考，例如目下收藏于日本御茶之水图书馆成篑堂文库中的《文选集注》卷六十一上就有彼邦汉学家德富苏峰的题记，可惜我们无缘阅读罢了。如果能到隽雪艳所列表上的收藏家处一一去查找，追踪这些藏书家收集残卷的经过，那对了解《文选集注》的保存与传播定会有很大的收获。这样，我就必须把田潜的题记和隽雪艳所制的《表》一起收入。

我为迎回唐钞《文选集注》残卷，遭遇的困难，所花的心思，很多很多,幸有日本、台湾地区和内地的朋友多方援手,才能一一化解。2000年出书后,日本又出现了一些残片与残卷,为此我又筹划出一种增补本,于是又请各界朋友帮忙,玉成此事,卒于2011年8月出了一种新版。我所遭遇的困难越多,得到的愉快也更多,因为这是传承祖国传统文化的千秋大业,自当坚持不懈,完成任务。

我总希望学术界不要轻视古籍整理,因为这是国家文化大业中的一项基本建设。从事这一工作的人,必须具备多方面的学识,不论分章断句、校勘辑轶,还是说明复杂的史实,或是阐释深奥的哲理,都得依仗长期积累,才能从容应对。这可不像写作论文或编纂资料,回旋的馀地较大,遇到难办的地方,可以绕着走。有些人之所以漠视古籍整理,或因他们运用文献时没有打过硬仗,没有做过这方面的繁复工作。因此,我们重视古籍整理的人,应该有一种使命感,不要为某些单位内不合理的规章制度所动摇。大家应该以传承祖国的优秀文化为荣,不论从事的是小项目,还是大项目,都应把这视作一项精品工程,全力以赴,希望这一加工后的著作能随原书的固有价值而流传久远。

【附录】

唐宋两朝历史人物轶事汇编的编纂

一

有关历史人物的奇闻轶事，自《世说新语》等书问世后，一直受到知识阶层的重视和喜爱。只是这类随笔式的著述，内容庞杂，水平良莠不齐，古人一般评价不高，将其归入小说一类。“小说”也者，道听途说、街谈巷议之谓，势难据为典要，与正史并列。

傅斯年与陈寅恪于二三十年代分别提出了“正史”“小说”应等量齐观的观点。二人都认为私家纂述易流于诬妄，官修之书其病又在多所讳饰，因此他们强调今人治史应“详辨而慎取之，则庶几得其真相”。这种观点的出现，实为史学思想上的一大进步。

清代已有一些学者强调扩展史料范围的重要性，如王鸣盛在《十七史商榷序》中提到，他曾努力搜罗偏霸杂史、稗官野乘、山经地志、谱牒簿录、小说笔记等文，尽取以供佐证。这是因为清代朴学重考据，首求材料的齐备和态度的客观，于是轶事类的著作才能提升到重要的地位。清末民初缪荃孙等人注重刻印唐宋笔记小说，继承并发展了朴学的传统。

傅斯年以“中央研究院”历史语言研究所为据点，倡导“历史学就是史料学”，则自有其西学背景。傅、陈二人于二十年代同在德国学习，曾受兰克(Ranke)学派的影响，该学派以“客观主义”和“科学方法”为号召，以为历史学家的治学要像自然科学家的治学一样，应该最大限度地掌握资料，然后进行精密的考查。这种史学理论，体系更为完整，自比清人之说更为深入。

陈寅恪还提出了“通性之真实”的理论，为史料的活用打开了大门。他举康骈《剧谈录》中所记载的元稹求见李贺遭到拒绝一事为例，说明唐代重进士轻明经的社会风气。从这一记载的真实性而言，可以说是荒谬，元稹明经擢第时，李贺才四岁，又怎能发生这一事件？但若把这看作其时特有的社会风气的反映，则可觇知唐代文人的普遍心态，就得承认这一记载确是不失为珍贵之社会史料。

陈氏的这一理论，以及他所提供的例证，可以给人以很大的启发。唐代文人尽多这类有趣的故事。例如《方舆胜览》卷五三中有一则轶闻说：“磨针溪，在(眉州)象耳山下。世传李太白读书山中，未成，弃去。过是溪，逢老媪方磨铁杵，问之，曰：‘欲作针。’太白感其意，还卒业，媪自言武姓。今溪傍有武氏岩。”《锦绣万花谷》续集卷十一亦载此事，可徵其传播颇广。“只要功夫深，铁杵磨成针”的成语，显然出于此一轶闻，但世人大都不知道此说原与诗仙李白有关。

这类事情是否属实，很难断言，看来只像是一则寓言。人们可能还会产生疑问：李白天才卓荦，应当咳唾成珠玉，不似苦吟派中人物，学诗之时用不到下铁杵磨针般的苦功夫。

但《酉阳杂俎》前集卷十有云：“白前后三拟词选，不如意，悉焚之，唯留《恨》《别》赋。”传世的李白集中仅见《拟恨赋》一篇，《拟别赋》则已佚去。但从“三拟词选”的记载中也可看到李白所下工夫之深。

李白喜作古诗，不喜近体，这自然与他不受绳束的个性有关。只是从他早年的创作来看，如《访戴天山道士不遇》《寻雍尊师隐居》等五律，工致的当，足徵他在诗歌格律上确是下过很大的苦功。《本事诗·高逸》中还记载，唐玄宗尝因宫人行乐，遂命召李白前来吟咏，“上知其薄声律，谓非所长，命为《宫中行乐》五言律诗十首。……白取笔抒思，略不停缀，十篇立就，更无加点。笔迹遒利，凤跱龙拏。律度对属，无不精绝”。从现存的八首五律来看，可证孟棨的记载不误。这一轶闻，再一次地证明了李白早年曾在近体的格律上下过苦功，才能在需要时一气呵成，挥洒自如。这样看，“铁杵磨成针”之说虽似无稽之谈，但不是恰好反映了李白创作上“看似容易却艰辛”的一面，因而弥足令人叹服么？

二

上述有关历史人物轶事的著作，近人大都称为笔记小说。人们如把一代著述集中起来，与正史并读，不就可以掌握该一历史阶段人物的总体面貌了么？

《唐诗纪事》《词林纪事》等书，所记录者，只是文人的史实与轶闻。有人将记载各类人物的相关著述集中起来，于是有《宋稗类钞》《清稗类钞》一类著作行世，只是这类著作一般编得都不理想。原书经改写后，随即抹去作者与书名，而且编者任意删节，甚或歪曲原意。他们本将这类作品视为茶馀酒后的消闲之具，因而大都草率从事。若从学术的角度来看，自不足据为典要。

民国年间，丁传靖辑成《宋人轶事汇编》二十卷，可以说是这类典籍中的上乘之作，研究宋代文史的人一直把它视作案头必备之书。但吴梅在金陵大学授课时曾介绍说，丁氏编此书时已在晚年，精力有所不及，他仿白居易辑《六帖》的做法，置备了许多坛子，将抄录剪裁下的材料分别投入，只是老眼昏花，时常发生错乱，抄录时书名亦常有误，这就影响到了成书的质量。吴、丁二人乃老友，故所说可信。我在写作有关宋代文学理论的一篇文章时曾吃过苦头。查《宋人轶事汇编》卷十二引《清波杂志》曰："崇宁、大观间，海外诗盛行，朝廷虽尝禁止，赏钱增至八十万，禁愈严而其传愈多，往往以多相夸。士大夫不能诵坡诗，便自觉气索，而人或谓之不韵。"这是有关苏诗风靡朝野的生动记录。当我将要发表此文而核对材料时，发现原书中无此文字，向人请教，也无结果。大家都很熟悉这一条文字，但不可能贸然记得它的出处，因此文章延搁了很久不能发出。后来我翻冯应骝《苏文忠公全集笺注》，在后面的附录中方才找到上述文字的原出处——《风月堂诗话》。《宋人轶事汇编》中这类问题很多，还有前面提到的问题，删节或改写时不作任何交待，这些都使当代的研究工作者难以接受。

我从八十年代起应友人之约，整理了《唐语林》一书，朋友们就怂恿我继续开拓，进行唐人笔记小说的研究和整理。他们认为我为《唐语林校证》一书设计的体例较好，这时我就想到，应该吸取《宋人轶事汇编》的经验教训，编一本高质量的《唐人轶事汇编》。

我向全国高校古籍整理研究工作委员会申请立项，得到批准，获得经费上的支援。我古典文献研究所内的三位成员——严杰、武秀成、姚松负责全书编纂的具体工作。他们花了三四年的时间，先作长编，后作考核，始行定稿。交稿后，上海古籍出版社的责任编辑丁如明同志又认真审稿，抓紧时间很快出版了。

如上所言，此书总结了前人的经验教训，在内容上有了进一步的考量，在体例上有了很多新的建树。全书共一百七十馀万言，分为四十卷，引用唐宋文人所撰的杂史、传记、故事、小说近三百种，所收人物近二千七百多人,内容可谓宏富。又加体例上有很多长处,读者使用时,咸称便利。

《唐人轶事汇编》中每一位人物的事迹,采取编年与分类相结合的方法排列,这样可以看出人物自幼成长的过程,也可看到他在其他方面的种种表现。材料的择取,集中于文史类内,排除那些荒诞无稽的记载,但对某一方面的特殊材料,如有关一行、张果等人的某些事迹,涉及宗教与民间信仰,或与自然科学方面的问题有关,故亦慎择摘取。好些辞条共记一事,则按照著作的先后或记载的完整程度排列,读者不但可以掌握首出的与完整的材料,还可以了解到这些事件传播的广泛程度。有的辞条涉及多人,则用互见法加以解决。但这在工作上却增加了不少麻烦。总的说来,我们在内容和材料的审辨上下了很多工夫,多方发掘,继之以考证,每一个环节都可看出编纂者的努力。

此书问世后,颇获各界好评。上海古籍出版社社长李国章同志在纪念该社的创办而撰写的《四十载辛勤耕耘结硕果》一文中称《唐人轶事汇编》是"专题性古籍整理的集成性作品";尚古轩在香港《大公报》上撰文,则称轶事爱好者读是书时"似深入宝山,定可满载而归去"。

三

由于此书取得了成功,学术界很多朋友劝我继续从事这一方面的活动。程千帆先生多次提及丁传靖的《宋人轶事汇编》亟应改编,这时他更督促我抓紧时间完成这一工作。为此我又约请葛渭君、周子来、王华宝三位同志承担这一著作的具体编纂任务。

经过讨论,我们一致认为:不能在丁氏原书的基础上修修补补,应该参照《唐人轶事汇编》的体例,扩大著作的规模,预计全书完成后,将达二百三十万字左右。这一部书,我们仍将命名为《宋人轶事汇编》,俾与《唐人轶事汇编》连接，成为前后相续的姊妹篇。

我在多年摸索之后，加深了对这类古籍整理工作的理解，尤感深切的是，从事大型汇编的编纂，体例问题首应考虑，那种号称思想内容可统括一切的观点，实属不动脑筋的懒汉作风。

古人的成功经验可供我们借鉴。从事大型编纂工作，必须先制成长编，集纳材料，详辨而慎取之，最后组织成文。编者斟酌择取的过程，应在书中有所反应，以便读者考量与复核。我们编纂这类书籍，应以结构科学、材料可信与方便实用为最高原则。尽管有些人对这类著述不感兴趣，认为显示不出学术水平，实则学者水平的高下在编纂思想与著作体例中不难看出。我相信，夸夸其谈的人决然编不出什么高水平的著作来。

经过长达十六年的努力，《宋人轶事汇编》终告完成。我在该书《前言》中写道："《唐人轶事汇编》和《宋人轶事汇编》二书的编纂，前后达二三十年之久，我自上世纪八十年代筹划这一系列的编纂，今以耄耋之年看到二书之成，有益于传统文化的传承与发扬，不胜欣慰之至。"

二书得到学界欢迎，前书于 1999 年获新闻出版总署颁发的第二届古籍整理图书一等奖，后者出版时王水照、侯体健先生评曰："新编《宋人轶事汇编》，传续《唐人轶事汇编》的编撰精神，不但注重材料的丰富，也兼顾可靠性，在广搜博采的基础上精挑细选，由博返约，展现了一幅姿态万千，骨肉饱满的宋代人物书卷，如果要欣赏宋人风度，体味宋人情怀，感受宋人的雅致生活与书卷气息，此书恐怕比《宋史》更为合适。"为此上海古籍出版社再次精心打造，各出一套精装本与平装本，并迅速推向社会。该社编辑遂来邀约，让我把编纂过程中的一些构思与做法作些介绍，兹乃应命缕陈如上。

（原载《中华读书报》2016 年 4 月 6 日第 10 版《书评周刊》，改题《〈唐人轶事汇编〉〈宋人轶事汇编〉的编制》；后载上海古籍出版社主办之《古籍新书报》第 166 期［总第 322 期］，2016 年 6 月 28 日，恢复原稿题目）

八 治学经验谈

寻根究柢　务实求真

——《文心雕龙》研究感言

我在“文化大革命”前教过两年和两个学期的“中国文学批评史”，一个学期的《文心雕龙》，“文革”之后，又教过三个学期的《文心雕龙》，因此一共只有四个学期左右的时间投入的精力较为集中。目下年事日高，已难再去图书馆借书来读，也难在馆内读上一段时间的书，于是又重新回头来读《文心雕龙》。因为这书牵涉到的典籍家中大都具备，有关的研究论文，可从镇江图书馆制作的光盘上找到，个别难以看到的资料，则可让学生帮着寻找。就是依靠这些条件，我又开始写作《文心雕龙》的论文。

2006 年时，我写下了进入二十一世纪后的第一篇论文《〈文心雕龙〉书名辨》，这是应学会的邀请而动笔的。次年四月，中山陵管理局承办《文心雕龙》年会，我因长期在南京工作，学会就请我去做一次演讲，于是我把文章提交大会，且在开幕式上宣读。

2007 年时，我又写了一篇文章《“折衷”＝儒家谱系≠大乘空宗中道观》，本拟提交次年首都师范大学举办的《文心雕龙》会议，后因病未能前往，改在《中国文化》2009 年春之卷上发表。

就在这一年，《文心雕龙》学术研讨会在安徽师范大学举行，也邀请我前往，为此我又写下了一篇《〈文心雕龙·辨骚〉篇属性之再检讨》，然亦因病未能前去，后来他们还是编进会议论文集中去了。

2009年时，我还写了一篇小文《西河王济非王武子辨》，发表在南京大学古典文献研究所主编的《古典文献研究》第十三辑上。

2010年时，我应《文学遗产》之邀，写了一篇《刘勰是站在汉代经学“古文学派”立场上的信徒么?》，发表在2011年第2期上。

读者若是对我有所了解的话，可能会对最近的行动感到诧异，似乎有些一反常态。以往我写文章时，一般不大喜欢批评他人，人家批评我时，我也不大答辩。这些地方受到一些前辈学者的影响，像陈寅恪、钱钟书等人，不大喜欢在书面上与人争执。我还觉得，自己在《文心雕龙》领域中实际上没有多少发言权。新中国成立之后，这门学问已成显学，我与之商讨问题的这些人，都是专家，有的甚至终身投入。与他们相比，实在差得太远。但我于此虽涉足至浅，先后还是参加过多次高规格的学术研讨会。因此，我对其中的一些朋友都有交往，一些前辈素抱敬意，那么我又为什么要接二连三地写文章与之商榷呢?

这是有感于《文心雕龙》研究领域中出现了一些值得忧虑的新情况。

上世纪八、九十年代，《文心雕龙》研究出现过一个高潮，发表的论文多，专著也多。学会成立，名家辈出，专业会议多次举办，《文心雕龙学刊》出版多期，一派欣欣向荣的气象。但盛极则衰，到了世纪之末，已呈难乎为继之势。进入新世纪后，随着老一代专家的退出，以往活跃于《龙》学界的专家不断趋于老龄化，新的一代成长的态势似乎不太明显，于是一些后学逐渐发出哀叹，以为《文心雕龙》这块阵地已经开发殆尽，后人再难措手。据说在一次《文心雕龙》的会议上甚至有一位前辈学者的再传弟子哀叹，像他祖师那样的水平犹如泰山北斗，后人无法企及；像他这一辈人，已成残废。这种过度自我贬损的言论，据说颇引起他人的反感，但那些持异议的人，实际上也奉他们的师辈为泰山北斗，以为无法超越。我虽已难出席各地的专业会议，本人也非专业人员，但我还是感到，应该和大家一起，寻找摆脱困境的道路。

在我看来，他们提到的那些前辈学者学问固然好，但都有其不足，并非无懈可击。若从他们的局限中寻找原因，似乎也可看到其间还有很多道路可走。

于是我在写作有关《文心雕龙》的文章时，势必要对各家提出商榷。

早在上世纪六十年代，我编的《文心雕龙解析》讲义中，解释《文心雕龙·序志》篇中一段说明此书命名的文字时，就曾列举与刘勰同时的各家之说，说明魏晋南北朝人都是从构思与美文两个方面探讨文学特点的。今将诸文列表如下：

途径 作品	构思	美文
刘勰《文心雕龙》	言为文之用心也	古来文章以雕缛成体
萧统《文选序》	事出于沉思	义归乎翰藻
卞兰《赞述太子赋并上赋表》	沉思泉涌	华藻云浮
范晔《后汉书·文苑传赞》	情志既动(抽心)	篇辞为贵(呈貌)
《西京杂记》卷二(托名司马相如)	〔赋家之心〕苞括宇宙，总览人物……	〔赋之迹〕合纂组以成文，列锦绣而为质
谢惠连《雪赋》(托名梁王命司马相如之词)	抽子秘思	骋子妍辞

我以为，一种理论的提出，都有其时代性。一些伟大的理论家水平固然远超侪辈，但也不可能遗世独立。他的理论，与其他人的观点必然

会有相同之处。情况表明,魏晋南北朝人都是分从构思与美文两方面着眼探讨文学特点的。

当代的《文心雕龙》专家探讨刘勰所拟的这一书名时,则无不从内容与形式这一范畴下手进行分析。滕福海在《文史知识》1983 年第 6 期上发表的《〈文心雕龙〉这个书名是什么意思?》中就是这么解释的。

李庆甲作《〈文心雕龙〉书名发微》,阐释更为细致,然仍未离窠臼。他以为"'文心'一词提示了全书的内容要点",但对滕福海提出的"'雕龙'标明了该书形式的特点"之说则有保留,而他也认为"雕龙"本有"形容其文采富丽"的一面,因而实际上与滕说相去不远。李庆甲以为"文心"与"雕龙"之间乃主从关系,不是并列关系,这也就是说,"文心"支配"雕龙",而这也就是近代文学理论家一直强调的内容决定形式。

一些《文心雕龙》的专家,如郭晋稀在《文心雕龙注译》、赵仲邑在《文心雕龙译注》等今译本中,都把"岂取驺奭之群言雕龙也"一句译成否定句,认为刘勰是在批判驺奭的过度追求雕琢,我则引用杨树达在《词诠》中的分析,以为"岂"字应释为"宁也,无疑而反诘用之","无疑"即肯定意。因此,《序志》篇中的这句应译作:"难道不是有取于驺奭所说的群言雕龙么!"魏晋南北朝时文士的笔下,提及"驺奭雕龙"这一典故时,从不用作负面的例证,凡此均可说明当代一些学者理解方面有错误。他们都对刘勰反对六朝文学形式华艳的态度强调得过了头。

刘勰把《文心雕龙·辨骚》篇称为文章的枢纽,有的学者,如范文澜、陆侃如、杨明照等,认为该文应列入文体论的范畴,有的学者则不同意此说,二者争执甚烈,一直不能取得共识。

牟世金在《文心雕龙研究》中特辟专章,再作深考。他补充了新的材料,以为《乐府》篇中已有"骚体"一词,可证刘勰本把"楚辞"视作一种文体,我则举《汉书·礼乐志》为说,说明"骚体"只是"乐府"中的一种腔调。刘汉王室起于楚地,故重楚声,汉武帝闻朱买臣善楚辞,遂得宠幸,刘勰《乐府》篇中举此事为例而不再在《辨骚》篇中讨论,正可反证《辨骚》篇不属文体论的范畴。与此类同,《文心》中提到《惜诵》《招魂》等文时也不放在《辨骚》中讨论。

《汉书·艺文志》中将辞赋归为一目,亦即视楚辞与赋同类,汉人一直这样看待楚辞。从魏晋南北朝时残存的目录来看,无不沿袭刘向有关文体的归类,刘勰尊重刘向,在楚辞的文体归属问题上也持同样观点。

魏晋南北朝时已经形成了“风骚”传统。刘勰对此至为珍视,故在《宗经》之后还要加上《辨骚》一篇,为这一传统作出新的界说,可知该文所言纯属理论上的辨析,而非文体方面的探讨。

刘勰在《熔裁》篇中举西河文士谢艾、王济为例,说明文辞的繁简问题。谢艾其人,《晋书》有载,王济其人,情况难明,于是异说纷呈,莫衷一是。

祖保泉等人将西河定在陕西华阴一带,那是根据战国初期吴起守西河一事而立论的,应该是从辞典上查出来的;周振甫等人将西河定在山西西北部,那是从《晋书·郡国志》上查出来的;张立斋、詹锳、牟世金等人以为王济就是晋初的王武子,则是错上加错:王武子为太原王氏,那是指他的郡望,太原属河中,与西河又怎能混为一谈?上述各家,都是“龙学”界的一流专家,在这小问题上暴露的问题,是由教育上的分科过细而产生的。这种问题,不可能发生在清代一流的朴学家身上,因为他们的文史知识都是在读经史时逐渐积累下来的。近代的专家专攻文学,遇到复杂一些的文史知识,就得靠查各种辞书来解决了。对一件事、一个典故,不能了解其前因后果,说不清楚其产生的背景,必然会产生混乱。

考张轨建立的前凉政权,文化甚为发达,史书的记载也很完备。刘知幾《史通》外篇《古今正史》曰:“前凉张骏十五年,命其西曹边浏集内外事以付秀才索绥,作《凉国春秋》五十卷。又张重华护军参军刘庆,在东苑专修国史二十馀年,著《凉记》十二卷。建康太守索晖,从事中郎刘昞,又各著《凉书》。”《隋书·经籍志》“史部”中即有《凉记》《凉书》《西河记》等著作多种。《旧唐书》“乙部、史录、杂伪国史类”载《凉记》十卷,张谘撰;《西河记》二卷,段龟龙撰。《新唐书》“乙部、史录、伪国史类”载段龟龙《凉记》十卷、《西河记》二卷,张谘《凉记》十卷,刘昞《凉书》十卷;“乙部、史录、地理类”载《西河旧事》一卷。从中可知,彼时史家记录该地情事时,均以“凉”“西河”指称。“西河”一词的内涵,实指凉地。唐、宋类书中,还多见《西河记》《西河语》等书名,说明直到宋代,“西河”一词仍然常见,所以胡三省注《资治通鉴》卷三四中的杨雄《谏勿许匈奴朝》曰:“若西河,则汉武威、张掖、敦煌、酒泉县是也。”这就与《文心雕龙》中提到的王济为西河文士之说完全切合了。

考南北朝之时,“西河”“河西”二名实际上是通用的,《隋书·经籍志》“史部、霸史类”载“《西河记》二卷,记张重华事,晋侍御史喻归撰”。张重华死后,前凉陷于内乱,迨其弟天赐重掌政权,十多年后即为前秦所灭。淝水之战,张天赐乘机逃归东晋。《世说新语·言语》载天赐言北地(指凉地)风物之美,曰:“桑椹甘香,鸱鸮革响。淳酪养性,人无嫉心。”刘孝标注引《西河旧事》,曰:“河西牛羊肥,酪过精好,但写酪置革上,都不解散也。”而沈约《宋书·氐胡列传》记景平元年进大且渠蒙逊“河西王”,“元嘉元年枹罕虏乞佛炽槃出貂渠谷攻河西白草岭”,可知西河、河西实为一地。只是唐、宋之后的人逐渐多用“河西”一词,少用“西河”一词。时至近代,人们习见“河西走廊”之说,偶尔见到“西河”一名,反而会起摸不着头脑之感了。

我写佛学方面的文章,似出偶然,实则有很深的因缘。1984 年复旦大学举办的中日学者《文心雕龙》研讨会上，我提交了一篇论文《刘勰的主要研究方法——“折衷”说述评》，得到过一些好评。《文学评论》1997 年第 2 期上《二十世纪文学回顾》专栏内，罗宗强、邓国光《近百年中国古代文论之研究》中云：“有些研究虽非共同关心的重大问题，但由于其严谨与切合于历史的原貌，而取得了令人瞩目的成就”，如“周勋初关于《文心》的折中思想的研究”。但在我提出这篇文章的隔年，张少康在《学术月刊》1986 年第 2 期上发表了《擘肌分理，唯务折衷——刘勰论〈文心雕龙〉的研究方法》一文，不同意将“折衷”之说局限于儒家之说，而是认为应该扩大视野，考虑到刘勰深通佛理的这一特点，强调“折衷”的核心应该是佛家学说内大乘空宗龙树的中道观。我一直认为，朋友一辈中，张少康是继牟世金之后对《龙》学贡献最大的一位。这次他或许是顾及我的面子，文中不提我的名字，但文章批评的对象是谁，不难看出。随后徐季子也发表了《刘勰文论中的中道观》一文，载《文心雕龙学刊》第六辑，同样标举佛家中道说来加以批评。后来持同样观点而立论的还很多，不过其时我的研究中心已经转移，对此已趋漠然。

我很清楚，这一问题很复杂，不是我能彻底解决的。平时我因业务所需，也读过一些有关佛教的书籍，但佛学湛深，不是我这样一种浅尝辄止的人所能穷究的。我还注意到，一些精通佛学的前辈，如吕澂、汤用彤等人，都对这一问题三缄其口。吕、汤二位，前者早年写过有关美学的著作，后者晚年写过玄学与文论的专题论文，但都避免涉及刘勰的《文心雕龙》与佛学的关系，可知《文心雕龙》之与佛学，看似容易联类而反，但要作出具体论证，谈何容易。

然而当我再次投入《文心雕龙》的研究时，发现这一问题已是无可回避，必须明确表态，进一步阐明我的观点，于是才有《“折衷”＝儒家谱系≠大乘空宗中道观》这一文章的出现。

我认为，研究《文心雕龙》首先必须尊重刘勰的自白，看他是怎么说的。《序志》篇中明白表示，刘勰抱着虔诚的心情宣扬儒家的教义，“折衷”一词又属儒家思想体系中的一项重要范畴，从孔子的学说，到汉儒的阐发，一系相承，均无异说相羼，那后人又怎能弃之不顾，另立新说？马宏山等人认为刘勰说的是儒家的话头，暗地里用的是佛家的教义，那是否表示刘勰是那样一种人：说的是一套，做的又是一套，他是那种人么？

主张大乘空宗中道观的人使用的方法，是比附，将龙树《中论》八不偈中的一些字句抽出来与“折衷”挂钩，进行形式上的比对，因此他们的研究限于推论，看不到他们对两种思想体系有什么完整的把握。

佛教东传，早期的僧徒或信众为了宣传这种异质的教义，大都采取“格义”的手法，援用中国固有的哲学特别是玄学中的一些名词术语，来表达他们的教理，这就让后人在判断上造成许多困难，不知道他们到底是在宣扬佛教思想呢，还是仍然在阐释本国固有的道理？范文澜说，刘勰在《文心雕龙》中固守中国文士的立场，排斥外来的名词，除了偶用“般若”等个别词汇外，几乎找不到其他例子。尽管近人费了大力企图打破范氏之说，可至今收获甚微。

印度佛教哲学与中国的固有思想有很大不同。我举慧远为鸠摩罗什翻译的《大智度论》作序为例，介绍鸠摩罗什与慧远之间的问难，说明中国的高僧或佛教信徒接受印度佛学时，往往难于全盘接受其彻底的“空”观。况且历史上也从未见到过某人仅因读了佛学典籍中的某些篇章就从根本上改变了自己的世界观与研究方法的先例，大家要想证成此说，还得进行更具体、更深入的论证。

刘勰生活于齐梁之时，当时佛学盛行的是成实说，刘勰与成实师多所交往，后人研究刘勰的佛学思想时，自应对成实说在彼时的作用多所顾及。

刘勰深通佛理。他在研究印度宗教哲学时，受其影响，在思想方法上有些变化，这是完全有其可能的，但我希望大家对此进行更深入的研究，而不希望只是举出《中论》中的一些偈语或是读了一些有关因明学的著作就匆促地作结论。

我在论证“折衷”之说时，从孔子的学说谈起，这是追溯思想的源头，并不是说刘勰仅以《论语》为唯一的思想资源。汉代的儒家在学理上已有很多发展，到了魏晋以后，更多地与道家思想融合，形成玄学。玄学辨析名理，在思辨能力上有了很大的提高，好些典籍上提到其时人们在辩难或行文时，都已达到了“剖析毫厘”的高度。况且南朝人士在玄学的基础上大都兼习佛学，他们的思辨能力又有了进一步的提高。因此，齐梁时期那些植根在中国本土文化基础上的理论家，完全有其可能写出博大精深的著作。刘勰奉儒家为宗，这是南朝人的儒学，实际上是一种玄学化了的儒学。后人对此研究时，自应尊重刘勰的自白，结合时代特点，进行具体论证，而不能把他再三强调的主导思想视作遮人耳目的门面话，从而自己另说一套。

我在发表这篇论文之前，先把文章寄给有关各位，他们感到惊讶，想不到近二十多年之后始有回应。事情确是如此，我本不想写这方面的文章，但看到主张以佛学来全面解释刘勰理论的人越来越多，而像我这样以儒家谱系解释刘勰思想的人，似乎已经沦为时代落伍者，这让我感到，此事有关研究刘勰的方向问题，不可不辩。这就是文章产生的缘起。

我写经学方面的文章，也是勉强执笔的。我对经学所知甚少，而我与之辩诘的人，如范文澜等，都是老师宿儒；范氏早年即有经学著作行世，那我又为什么要去冒犯权威，谈我不熟悉的东西呢？

我总觉得，这一说法有些凭空(意识形态)立论，不符合魏晋南北朝时的实际情况。古文经学与今文经学之争，在汉代确是壁垒分明，这是因为与仕途有关。朝廷规定，学子通一经者即可入仕，因此那些掌握经典解释权的经师便以自己熟悉的那一种经典作为私有财产，从而形成了师法、家法等说，社会上产生了很多世代传经位致通显的世族大家。时至魏晋以后，朝廷以九品中正制选拔官僚，士人通经无法稳得职位，于是经学的重要地位下降，古、今文的冲突也就不再重现。东汉之末，郑玄即已遍注群经，兼采纬候，后人一直沿此途径向前发展，阅读《晋书》与《南史》中的《儒林传》，已经看不到有什么固守古文或今文的学者。刘勰既非经师，又不墨守，那他又怎能"完全"或"基本"上站在古文学派的立场上去呢？

我还在《文心雕龙》中发掘内证，请大家注意刘勰在《论说》与《时序》篇中再三强调的汉代两次经学会议的重大影响。西汉宣帝时的石渠阁会议，纯为今文的一家之言，东汉章帝时的白虎观会议，亦为今文家所主导，这两次会议，决定了汉代文学的动向与风貌，刘勰再三予以褒扬，那又怎能说刘勰是站在古文学派的立场上排斥今文的呢？刘勰在"枢纽"部分还写下了《正纬》一篇，以为谶纬之说"无益经典而有助于文章"，而这正是魏晋南北朝时文坛动向的确切概括与合适指导。刘勰在《封禅》篇中举张纯之文为例，说明其援用钩谶典籍之的当，那又怎能说刘勰纯主古文家说呢？刘勰在《史传》篇中对《左传》《公羊》《穀梁》一一表扬，正体现了南朝学界融通三《传》的特点，那后人又怎能对此视而不见？

每一个人都生活在其特定的年代，总会受到时代风气的影响。范文澜、杨明照、王元化等一代学人，思辨能力很高，但还是不能摆脱其时主流思潮的影响。新中国成立之后，大家都奉马克思主义为最高准则，而据恩格斯的论断，在哲学上，不属于唯物主义，就属于唯心主义，他们三人信奉历史唯物主义史观，以为历史上的一些大理论家都应具备唯物主义的因素，始能站在时代前列；而从经学来说，古文学派重训诂，举大义，具有唯物主义因素，今文经学则与阴阳家相混杂，谶纬等说更多迷信，因而必须严加批判。因此，在范文澜等人看来，刘勰作为进步的大思想家必然偏于古文学派，而与今文绝缘。范氏的生活年代更早，承清末馀风，受到老师刘师培、黄侃等人的影响，故重古文经学的态度更为坚决。

由此可知，习俗可以移人，每一个人都受到时代与师承的影响。今人研究刘勰，虽远隔千年，研究者却都会受到当前时代的限制，而不能正确地去了解齐梁时期的学术环境，从而也会对刘勰的学说产生误解。杨、王等人的学生一辈，或是他们的再传弟子，对经学上的问题或更感陌生，从而代代相传、信之不疑了。

二十一世纪之初凤凰出版社印的样书，提供给帮助注释的有关人员作参考

由上可知，刘勰在《序志》篇中提到“马、郑诸儒，阐之已精，就有深解，未足立家”，只是举例性质。魏晋南北朝时学人均以郑玄为经学领域中的代表，不能据此进一步推论到刘勰本人在经学上的归属。

研究刘勰的《文心雕龙》，要有一个总体的把握。历史上出现的一个个伟大人物，犹如历史长河中闪耀的一个个明星，我们就应为他们正确定位，不能拿后人的信仰或基本价值观粘附到他们身上。所谓内容决定形式，唯物主义优于唯心主义，寒族胜于士族等说，也是同样的问题；这些理论先入为主，再去观察刘勰的学说，无意之间，也就导致以古为今，把古人的理论现代化了。

现在看来，《文心雕龙》中还有很多问题有待于澄清，很多问题有待于重新探讨，即使是在传统学术的研究领域内，也有很多工作要做，很多地方可以开拓。只是我们的工作要从源头上做起，全面了解刘勰的学术背景，再来考察他的许多新创，多方探求，深入辨析，那么必然会有许多新问题浮现出来。后人的研究和探索将永无止境。我们只有在全面了解刘勰的生活环境之后，将《文心雕龙》中的各种学说放在中国学术的发展长河中加以考察，再来探讨他的理论，他的创新，才能贴近主题，步步深入。

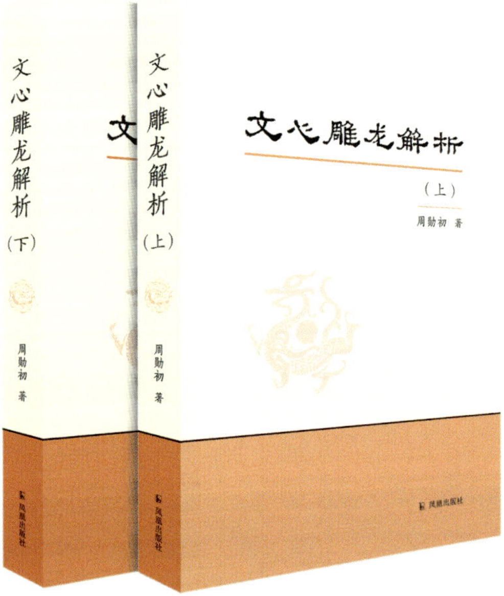

《文心雕龙解析》上、下册，凤凰出版社 2015 年 12 月出版，软精装印本

【附录】

《魏晋南北朝文学论丛》后叙

自八十年代起，我先后出版了几种有关唐代文学的著作，主持过几次唐代文学国际会议，还担负了几项编纂唐代诗文总集的主管工作，因此学术界也就确认我是唐代文学的研究人员。实则我在中国古代文学的各个领域中不断奔波，本无专业可言。虽曾东涂西抹，亦复难以称得上在哪些方面成绩更为突出。

江苏古籍出版社 1999 年 11 月出版

目下年事日高，回首平生，觉得早年本与魏晋南北朝文学有缘，只是随顺世故，身不由己，竟至无法于此投入较多精力。今蒙江苏古籍出版社的好意，将我前此所写的文字汇成一册，内心的感受，真所谓欣慨交集。想到既有向学界请教的机会，不如把我写作这些文章时的情况，以及有关的一些想法，附于全书之后，供学界参考。

我于1954年在南京大学中文系毕业后，分配到北京，曾在中国文字改革委员会工作了两年半，后应导师胡小石之召，回校当副博士研究生。先生以为治学应该打下深厚的基础，故亲自讲授《说文》、甲骨、金文。只是这种宁静的读书生涯为时不到一年，鸣放即起。接着运动不断，什么反右派、交心、拔白旗、大跃进等等，轰轰烈烈地展开。知识分子需要改造，敲石子大炼钢铁，打麻雀"除四害"，加上平时的政治学习和大搞卫生，花去的时间比起学习的时间还要多。运动后期又紧接着"三年困难"时期，饭都很难吃饱，油水严重不足，虽然每晚仍坚持读书至十二点始就寝，但已饥肠辘辘，只能枵腹入梦。

不少人在运动中受到了无端的打击，例如学长谭优学兄仅因对无法静心读书不满，竟至划为阶级异己分子，遭到清除出党的严惩。我在一次又一次的运动中能一一渡过难关，也可算是幸事的了。

一直到六十年代初期，高等院校中的空气才逐渐有所缓和。这时社会主义阵营已发生分裂，中国高举反对"苏修"的旗帜，要求肃清前时苏联文艺学的影响，建设中国式的马克思主义文艺理论，于是"中国文学批评史"这一学科重又得到重视，各校纷纷开设此课。1949年之前，这一领域中以郭绍虞、罗根泽、朱东润三位先生的著作最有代表意义，此时郭、朱二先生在复旦大学任教，罗先生在我校中文系任教，再加上第一位写出《中国文学批评史》的陈中凡先生也在我校中文系任教，因此两校阵营，本可以说是旗鼓相当。无奈陈先生已年迈，罗先生患高血压与肝硬化，已难再上讲台，于是系里只能将我这个刚改为助教的肄业研究生驱前充数，开设中国文学批评史课。

其后周扬着手抓高等院校的教材建设。因为历史的原因，他将编写《中国文学批评史》和《中国历代文论选》的任务交给复旦大学和南京大学，让各编一套，这里也有促使双方竞赛的用意吧。然我校中文系正处在青黄不接的困境中，罗根泽、胡小石、方光焘等先生于六十年代初接连去世，全国有影响的学者已屈指可数；复旦大学实力本已超群，这时还得到华东局和上海市委的大力支持，吸收外地外校专家学者参予，组成了阵营强大的编写组，进驻国际饭店，并由上海图书馆配合，供应所需资料。就在这样的条件下，他们编出了《中国历代文论选》三册，后又编成《中国文学批评史》三卷本中的首卷，为中国文学批评史这一领域提供了宝贵的资料和研究成果。

我作为一名中国文学批评史的教师，对复旦大学的成绩感到钦慕，又对自己单位的现状感到沮丧。尽管有的领导还在自得其乐，我却有不胜没落之感。竞赛彻底失败，还遭到出版部门的嘲笑与奚落。那时我年纪很轻，茅庐都尚未初出，面对这种尴尬的局面，又有什么办法可想呢？

我的职务是教师，只求在讲台上站住脚跟。

第一遍讲课，力求对讲到的内容有真切的了解，不要传播错误知识。只是批评史内容太多，自孔子到王国维，都要一一点到。当时还有很多特殊要求，例如讲到明代时还要介绍民间文学理论等等。我虽不免借鉴他人成果，但力求把握原文，而不以稗贩郭、罗、朱的现成著作为满足。

第二遍讲课，觉得应在漫长的批评史各时段中抓住重点。像其他通史一样，批评史也可分为上下两段。上半段可以魏晋南北朝为重点，下半段可以明代为重点。前者承上启下，理论建树最为突出；后者内容丰富，戏曲、小说等理论均有可观。如把这两个时段的理论研究出个眉目，整个中国文学批评史也就可以梳理清楚了。

第三遍讲课时，我就将讲授上半段批评史时的一些读书心得慢慢写成了文章。不过在“文革”之前，只发出了两篇，其中之一即《梁代文论三派述要》。

那时我才三十稍过，平时困处一隅，与出版界素无因缘，也无师友可以推荐。南京没有什么文史方面的专业杂志可以发表。我就贸然把它寄给了中华书局上海编辑所。他们倒是不计名位，把我这一无名小卒的文章与诸多名家的文章并列，刊登在《中华文史论丛》第五辑上。

中国步入改革开放阶段后，学术界逐渐活跃起来。中国古代文学理论学会成立。我因“文革”之前教过几年文学批评史，也参加了学会的活动。诸多同行一见如故。原因何在？只是他们曾经读过那篇《梁代文论三派述要》。

不但此也，港台的学者也因此而对我有所了解。原来自大陆出去的杨家骆教授时在台湾师范大学讲授目录之学，他托美国的朋友买到了《中华文史论丛》。七十年代，他主编了一种《中国学术类编》，由鼎文书局出版。内有“中国中古文学史等七书”，计为刘师培《中国中古文学史》、王瑶《中古文学思想》《中古文学风貌》、拙作《梁代文论三派述要》、夏承焘《四声绎说》、詹锳《四声五音及其在汉魏六朝文学中之应用》、郭绍虞《再论永明声病说》。杨氏并在《识语》中一一介绍上述七书。其他五人，因为年辈较高，杨氏均有了解，故介绍颇详。其中说到何以不收王瑶《中古文人生活》一书，以为“实就周树人《魏晋风度及文学与药及酒之关系》一作，加以扩充而成，所论实为斯时士大夫之风尚，并非专指文人生活，故不取”。后又续云：“周、夏、詹、郭四作虽主题较专，然其深度实远逾王书，故并录之。”杨氏此说自是一家之见，对王瑶先生的批评过嫌苛刻，但他实际上不知我是何许人也，故在介绍时，只能泛泛地说“周勋初《梁代文论三派述要》，探骊得珠，久称佳制”。这一褒扬，却是过分抬举了我。前已说过，截至此时，我只写过这一篇文学论文。六十年代中国大陆学风陡变，这种学院式的文章不受重视，“久称”云云，实在是无从说起。

但到八十年代，台湾大学的罗联添教授又将此文编进《中国文学史论文精选》，由学海出版社出版，见到的人就更多了。1993 年，我赴香港参加中文大学主办的魏晋南北朝文学会议，遇到台北师范学院的刘汉初教授，他就说到前此两岸阻隔，台湾学者不易见到大陆学者写的文章，然而《梁代文论三派述要》一文传入较早，因此台湾学者大都知道我的名字。这真是以文会友的生动事例。

1997 年时，我应美国华盛顿大学康达维教授之邀，前往讲演，他就提到《梁代文论三派述要》一文，并谬蒙赞许。可以说，我因此文而被国内外学者所接纳，取得了魏晋南北朝文学研究人员的资格。

如用夸大一些的词汇表达，我这第一篇文章可谓一炮打响，境外学者常是引用到它，而在国内却是打了一个闷炮。有的学者谈到梁代文论三派或谈到通变、新变两派时，都用表达个人研究成果的口气陈述，尽管论点与论据都与拙作相仿佛，但却好像没有看到过我这一文章似的。现在大家都在谈论文章的写作规范，那么引用他人成果时，必须注明出处，是否也应该考虑与国际接轨的问题呢?

《梁代文论三派述要》发表之时，政治形势已趋紧张，“千万不要忘记阶级斗争”的号召出来后，科学研究很难进行，只能出现一系列的批判文章。我在 1965 年时在《新建设》杂志上发表了另一篇文章《关于宫体诗的若干问题》，副标题为“与胡念贻同志商榷”，却是引起了不断的悔恨。

自 1962 年起到 1964 年止，胡念贻先生在《新建设》杂志上先后发表了讨论文学遗产批判继承的几篇文章，并举宫体诗为例而申述其意见。现在看来,他是有感于当时教条主义者的扼制科学研究,希望能有一个较为宽松的环境,让大家各抒已见。我这文章,则仍坚持所谓"糟粕、精华"之说,反对他开放古典文学"禁区"的主张。应该说,我写这篇文章时还是采取摆事实讲道理的态度,但在当时的气氛下,无疑还是起到了"围攻"的作用,这是我一直深感遗憾的原因。批评与商讨,本是研究工作中的正常现象,但在那样一种环境下,不管你写文章的主观意图怎样,事后观之,往往起到助纣为虐的作用。想到这些心里就感到懊恼。

前几年,台湾中国文化大学的洪顺隆教授为编《中外六朝文学研究文献目录续编》,要我复印《关于宫体诗的若干问题》一文给他。他在读过之后,来信表示赞同,说是看法跟我差不多。可能他还不太了解此间的特殊情况,因而就事论事,难得明白事情底细。当我更多地了解到其时的具体情况之后,更感到写作此文的时机与论证方式不妥。为此我在编辑论文集时,不再收入这一文字。

在当时来说,可谓不该写的文章写了,该进行的工作却不能顺利地进行。

《〈文赋〉写作年代新探》一文,"文革"前已完稿,且已寄交《新建设》杂志。"文革"中几遭湮废,全靠傅璇琮先生大力帮助,才从一堆废稿中捡回。此稿表明,我像写作《梁代文论三派述要》一样,重视综合研究,只是我所讨论的是陆机的文学理论,所以尤为重视哲学问题。

魏晋南北朝时的文人,大都喜欢进行理论上的探讨。玄学、佛理,发生的影响很大。因此,今人研究魏晋南北朝文学而对玄学与佛理缺乏了解,也就可能难于在文学研究中有所突破。

我从《文赋》受到"言不尽意"论的影响切入,揭示陆机与玄学的关系。又从陆机对世传《易》学态度的变化上进行考察,说明他在入洛后开始学习玄学，其间还援引了陆氏兄弟夜遇王弼之鬼的传说，从文化背景上加以透视，并以此为根据而推断陆机写作《文赋》的年代。因为此文观察问题的角度有与他人不同的地方，曾经受到学界的赞誉。而我之所以能在这一老问题上提出新见，则得力于当时一些浅薄的哲学知识。

1988年时，暨南大学主办《文心雕龙》国际学术研讨会，我应邀参加，乃重操旧业，提交了一篇《〈易〉学中的两大流派对〈文心雕龙〉的不同影响》的论文，重新对玄学中的许多问题学习了一番。虽然自以为还提出了一些新见，有与他人不同的地方，或可供学界参考，但论文写得很吃力，总因平时投入的时间过少，终日为其他事务忙忙碌碌，不能进行长期的系统的考虑，因而不能驾轻就熟地操作。抽空草此论文，而又牵涉至广，又属专门之学，自然捉襟见肘了。

研究中国古代文学理论，《文心雕龙》一书自当倍加重视。我总认为，若想剖析刘勰的理论体系，必须从玄学与佛理下手，特别是玄学，更具首要意义。

但不论前此抑或眼下，研究《文心雕龙》的人，说明刘勰的思想时，大都致力于参照西洋文艺理论而构拟一套完整的理论体系。八十年代之前的《文心雕龙》研究者，大都采择苏联的文学原理，作为参照而构拟刘勰的理论体系；八十年代之后，又有一些人参照欧美的文艺理论而构拟刘勰的文学理论体系。我却总想从文本出发，力求按照《文心雕龙》文章中的原有格局，勾勒出刘勰的理论体系。

刘勰的理论，熔铸了前此的经史百家之学，因此我在写作有关《文心雕龙》的文章时，总是希望找出《文心雕龙》中学说的源头，根据魏晋南北朝时的风习，说明刘勰的各种建树。例如我从《序志》篇中的“唯务折衷”之说，寻找折衷这一方法的学术渊源，说明刘勰使用这一方法所取得的成就。根据《序志》篇中提到的大《易》之数，分析刘勰与《易》学的多种联系，说明《文心雕龙》中的文原之说与结构问题。根据刘勰对《春秋》学的推崇，研究刘勰何以又会遴选潘勖《九锡》为有骨之作的代表？我的研究工作，遵循“发现问题，解决问题”的原则，虽然未必能把问题解决得很妥当，但我一直努力这样去做。

当我的研究工作进行到这一地步时，这才体会到前此阶段在艰难困苦的环境中积累下来的一些先秦两汉知识还是起到了很大的作用。中国学术起于先秦，因此不论是儒、道二家的经典，还是其他诸子百家的学术，抑或《左传》《史记》等史籍，都对魏晋南北朝时的文士产生过很大的影响。人们如对先秦两汉的学术缺乏了解，恐怕很难深入到魏晋南北朝文学的深层研究中去。有的《文心雕龙》研究者热衷于借助欧美的新兴学术理论构建刘勰的思想体系，而成效并不理想，可能即与他们对刘勰的主要学术渊源之一——先秦两汉学术了解不够有关。

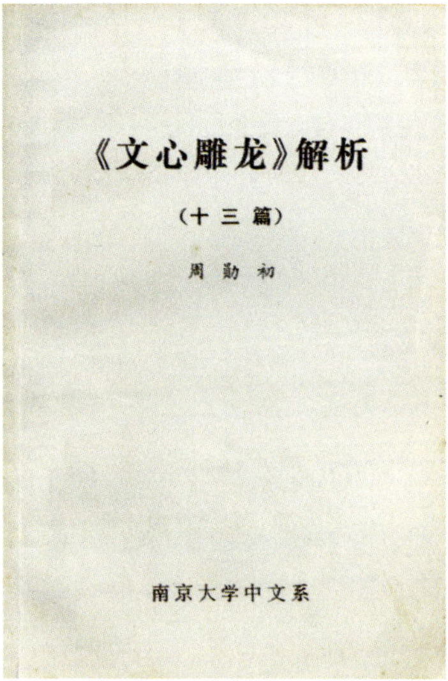

二十世纪八十年代印的讲义

八十年代初期，我开过三次《文心雕龙》的选修课，遂将六十年代写的一些讲义重新捡出，挑取《原道》等十三篇有代表意义的文章，编成一种取名为《文心雕龙解析》的教学用书。我不取通论式的教学方法，而是将所选的文章一篇一篇地分析。先是“解题”，因为刘勰取篇名时都很有讲究，往往与他观察问题的角度有关，反映出他不偏于一端的辩证观点。中间为对正文的“分析”，按其自然段落进行讲解，这里就得注意所讲内容的学术渊源，论点展开时的内在逻辑程序，还得注意刘勰使用骈文而形成的特殊论证方式。末复作一“小结”，发表我个人的阅读心得。这一讲义，自以为还有一些特点，可惜其后因为任务转移而始终无法加工出来。

《文心雕龙》分为上下两大部分。后一部分的理论，是从前一部分的作品研究中归纳和提炼出来的。我本想花上一段时间认真阅读魏晋南北朝时以及前此阶段所遗存下来的各种文体的作品，相信这在探讨刘勰的成就时是必不可少的基础工作，可惜因任务转移，这一计划也无法实现。

1995年时，我因参加北京大学主办的《文心雕龙》国际会议，还写作了《“登高能赋”说的演变和刘勰创作论的形成》一文，仍然保持我在各种文化现象中穿穴的研究方式，也曾受到好评。然因教学、行政、研究头绪纷繁，精力无法集中，始终无法在《文心雕龙》的研究领域中作全面的开拓。

过去一段时间内学术界喜欢谈论评价问题。实则其时的研究者每依西方的某种理论为准则，而将刘勰等人的理论与之比附。相合者，评价就高；不合者，评价就低。有人为了提高中国古代某些理论的身价，还不惜委转为之解说，使之与西方的理论相类。这样的评价，到底有什么意义？我以为研究某一位古人的理论，就得恢复它的原貌，然后置之于历史发展的长河中，看它所起的作用。原貌尚未弄清，或者仅凭装扮过的面貌立说，又怎能谈得上什么客观评价？

也许总是由于师承的缘故吧，我的研究工作时而像是朴学家的治经史。研究的是古代文学理论，所用的方法却很少采用演绎，不喜欢根据经典作家或领袖人物的一些言论而作推导。所采用的，主要是归纳法。讨论问题时，常将研究对象分为几个方面，然后搜集积累材料，经过归纳，提炼出若干论点。《魏晋南北朝人对文学形象特点的探索》一文,这一特点就较明显。或许我写这一文章时正处在学习古代文论的早期阶段,因而更为明显地暴露出了这一方法的斧凿痕迹。

五十年代末六十年代初,俞铭璜同志出任我系系主任。他的思想非常灵活,一再提到学习文学理论的人应该注意与文学密切相关的其他艺术,如美术、雕塑、音乐等方面的成果。我在探讨魏晋南北朝时文学的形象特点时,也就触及到了这方面的问题,只是限于个人的素养,未能取得什么成果。日后更因研究方向转移,以致这方面的研究未能继续,但我以为这一方向还是正确的。研究古代理论的人不能忽视艺术领域中的一切成果,因为各门艺术之间有其相通的地方,而魏晋南北朝人更多兼通各种艺术者。

拨乱反正之后,中国文学批评史课已由另外几位教师担任,我则到处打杂,社会活动又急遽增加,只是由于缺少教师,我还教过两年魏晋南北朝的文学史课。

因为讲文学史,所以对一个个作家作过一些研究。后因参加国内外有关魏晋南北朝文学的会议,也就写下了一些文章,像《魏氏"三世立贱"的分析》以及左思、郭璞、谢灵运等文章,都是应急赶出来的。

魏晋南北朝人喜欢提出一些高度概括的警句,如"陆才如海,潘才如江";"北人看书如显处视月,南人学问如牖中窥日"等说,虽仅寥寥数语,底蕴却极为丰富。有人如能发此未发之覆,则对读者理解这一阶段的文化,定能有非常大的帮助。我虽不敏,也想于此有所尝试。《三都赋》出,"洛阳为之纸贵";郭璞诗为"晋中兴第一"等说,吸引我去钻研。文中作出的解释,或未妥帖,但也体现出了我的努力方向。

大家知道,魏晋南北朝时距今过远,资料遗佚过多,即使是像阮籍、左思、郭璞这样的大家名家,所能见到的诗文为数也很少。因此研究这一时期的学者,每叹研究资料不足,在这为数很少的文献中难于推出新见。我的感受也一样。但我以为，假如我们把目光仅限于纯文学的考察，那么就会受到很多限制，比之唐、宋以下的作家，材料方面的困难要严重得多。如果我们对此进行综合的研究，则以其时社会上变化之急遽，思想上交融与冲突之激烈，文学创新的多姿多态，还是可以不断深化，予以发掘。这里可能需要更多的敏感，在各个方面的交叉关系中考虑你所研究的内容，从而提出某些他人意想不到的论点。

魏晋南北朝时的文献资料虽说为数不多，然而还没有很好地整理。过去鲁迅研究小说时，曾花大力气对这一时期所遗存的小说资料加以科学的整理，辑成《古小说钩沉》一书，沾溉后学，功德无量。不过鲁迅可能意在提供一种阅读的文本，有的地方不惜改动原文，或增加文字，以期文字畅通。这对整理古籍要求严格保存原貌来说，走的是一条新的路子。我秉性保守，又喜欢什么都试试，于是我以《文士传》为题，重新作了辑佚，希望为学术界提供一种更完整的本子。现在这书已有多种辑佚的新本子问世，读者不妨比较一下，或可看出我在体例问题上的关注。今人若欲从事编辑资料汇编之类的书，就得郑重考虑体例问题，务求存真与便用，我在主编《唐人轶事汇编》和整理《唐语林》时都曾于此再三致意。

研究魏晋南北朝文学，《文心雕龙》是理论方面的重镇，《文选》是文章学方面的重镇，学者必须投入很大的力量才能有所成就。

我于《文选》投入力量很少，故对《选》学不敢赞一词，而我也曾做过一件惬意的事，把流传日本的珍贵古籍《文选集注》迎归故土。这书在我国书目中一无记录，然据诸多内证，可以说明它是唐人钞本，至少是后人据唐钞转录的钞本。全书一百二十卷，内有中土已佚的公孙罗注、陆善经注与《音决》等珍贵文献，即以李善注、五臣注而言，也与目下所见者有异。诸家注本中徵引材料极为丰富，有的是早已亡失的佚书与佚文。大家都在慨叹魏晋南北朝一代新发现的材料不多，那么此书的出版，当对这一方面有所补益。

民国七年时，罗振玉曾请人模写残本十六卷，以《唐写文选集注残本》为名，影印行世，其时一些知名学者如高步瀛、余嘉锡等引用过此书，可能即据罗振玉影印本。只是罗本失真之处甚多，自难据为典要。其后日本京都大学的内藤虎次郎、狩野直喜二博士编成《京都帝国大学文学部景印旧钞本丛书》，辑入二十三卷，质量有了很大的提高。我又续有所得，且请人编了几种辅助使用的材料，因此这一命名为《唐钞文选集注汇存》的本子出来后，相信可对魏晋南北朝的文史研究有所贡献。

这里应该指出的是，日本学者利用此书与其他珍贵钞本，写出了不少有关《选》学的高质量的文章。我国学者困于《选》学的文献资料，有的研究工作已显得落后。这就说明，研究中国古代文学也不能闭关自守，应该虚心地向国外同行多方面地学习，才能取得进步与发展。

客观地说，研究魏晋南北朝文学而要想发掘出大批前人未见的材料，那是不现实的，但现存材料是否已经多方发掘利用上了呢？怕也未必。还是以《文选》和《玉台新咏》为例来说明吧。

《文选》中的文体究竟分为多少类，各家意见分歧很大。有的学者据陈八郎本五臣注《文选》与唐钞《文选集注》卷八十八司马长卿《难蜀父老文》中的陆善经注，以为《文选》中尚有“难”类。实则古代文献中于此早有明确的记载，《玉海》卷五十四引《中兴书目》，记《文选》中有赋、诗……碑、志、行状等为三十卷，其中就列有“难”类，可见宋代内府所藏《文选》中即有此类。这一上好的材料，可惜大家均未注意。

又如《玉台新咏》中的宫体诗问题，更有复杂的内容需要探究。宫体之起，可谓文坛新物，应该怎样看。往往是随社会观念的变化而采取不同视角的。进入八十年代之后，美国对同性恋者采取更宽容的态度，社会上对同性恋者不再歧视，国人的观点每随国外的动向而转移，于是便有人撰文以同性恋来解释《玉台新咏》中的一些描写。我对这些问题素无研究，故不敢妄加评论。只是根据直觉的观察，现代的同性恋者一般都能相互尊重，双方处在平等的地位上，《玉台新咏》中的那些作者，固然把娈童一类的对象描写得很美，但他们是用平等、尊重的眼光去看对方的呢，还是视作玩物？因而这种现象属于人类正常活动呢，还是一种不正常的变态的人际关系？值得进一步思考。

既要研究彼时的同性恋问题，那么自应考察《玉台新咏》中一些作者的私人生活，看看他们有没有过同性恋的问题，当时社会上有没有这种风气？可惜的是，我还没有见到过有人曾对这一问题积累过材料。前已说过，我因研究方向转移，精力无法集中，因此也没有发掘这方面的材料。然偶阅前时所作的笔记，内云《南史》卷五十一《梁宗室上·长沙宣武王懿（附猷子韶）传》中有"庾信爱之，有断袖之欢"的记载，这不是证明庾信即有同性恋的问题么？颇怪那些论证《玉台新咏》中的同性恋问题的学者何以不注意这类材料？

我很希望能对《玉台新咏》有新的正确的认识，以赎前愆。为此我也希望大家能够更进一步敞开思想，加上严密论证，对文坛上的种种复杂现象作出新的结论。

步入改革开放新时期后，学术上的清规戒律已大为减少，一些向被偏见所搁置的问题，这时才又受到重视，说明中国的古代文学研究已有很大的进步。例如赋这一种文体，因其具有高度综合的特点，向为前人所看重，故有"作赋需大才"之说。但在新中国成立之后，却因汉代大赋的内容多颂扬统治集团，小赋作者的身份类似俳优，又因其写作的方式不合西洋有关文学的定义，故而遭到否定，甚至有人认为中国一直轻视赋这一种文体。目下此说虽已很少有人相信,但如何研究这一特殊的文体,却还需要一种新的眼光。应该说,赋是一种最具中国文化特色的文体,研究人员必须具有多方面的知识,对中国的文化学术有真切的了解,才能把握赋的特殊性质。魏晋南北朝人重视作赋,在大赋与小赋的创作上都取得了很多成绩,也有很多创新和发展。我在好几篇文章的研究中都涉及到了赋的问题,路子是否正确,所言当否,希望得到学界的指正。

在中国历史上,魏晋南北朝这一时期特具奇光异彩。尽管其时时局混乱,文士常遭不幸,然而思想上束缚较少,各个领域都有新的开拓。试将《汉书·艺文志》与《隋书·经籍志》作一比较,即可发现自汉入晋之后,无论哪一个方面,都有很大的变化。社会是一个整体,文学这一领域,自然会受到其他不同领域的影响。纵观全局,在各种关系中考察社会的变异,也可发现很多问题。我对其时的科技问题加以考察,说明这一领域的进步曾对文学产生影响,这一研究,也只能说是一种尝试。我本不懂科技,自难深入了解这一领域中的许多复杂问题,写作此文,也只是想在看问题时多一种视角罢了。

中国历史悠久,代有能人,在各个方面留下了众多宝贵的遗产,足以使人感到自豪。杜牧《润州》诗曰:“大抵南朝皆旷达,可怜东晋最风流。”说明这一时期的文学多么具有吸引力。这时的一些杰出人物大都思想丰富,个性鲜明。他们思考问题时,往往更具纯文艺与纯思辨的特点。阅读与研究这一时期的作品,自能让人感到特有的愉悦。只是限于个人的条件,未能在此多所沉潜,往往陷于浅尝辄止,未能在跨出一步后再走下去。今日将此戋戋小册奉献学界,难以掩饰内心的怅惘。

但我作为一名教师,也有足以自慰的地方。1995年,我校中文系和古典文献研究所联合举办了魏晋南北朝文学国际学术研讨会;1998

年,又联合举办了第四届辞赋学国际学术研讨会,都取得了成功。古典文学教研组和古籍所里的成员提交了不少论文,并得到了国内外同行的认可与赞许,说明他们在中国古代文学的研究领域中已经取得了很好的成绩。我在经历过六十年代青黄不接的困难时期之后,又经历了“文革”所造成的再次青黄不接的痛苦时期,如今终于看到本学科的复兴。经过二十年的努力,新老人员的艰苦奋斗,才能取得这些成绩。这里有我投入的一份力量,那么个人的科学研究虽然受到一些影响,也就不必多所感喟的了。

九

治学经验谈

以文会友　多闻博识

——参加学术会议的好处

参加学术会议,可以听到很多过去没有想到过的问题,打开思路;到外地开会,可以到很多过去一直神往而无法去的地方看看,增长阅历。我参加过很多学术会议,虽然不能做到多闻博识,却也开拓了眼界,积累了不少新的学识。

“文革”之前,学术界没有什么交流,大家的主要任务是在本单位内学习毛泽东思想。“大跃进”后,各校大编教材,那时已有极左的苗头,大家把历史上的人物一一狠批。随着调整政策的出炉,上面着手纠偏。1961年时,俞铭璜在华东局宣传部副部长任上,在上海锦江饭店召开了一次座谈会,以复旦大学与南京大学所编的《中国文学批评史》中陆机、严羽、王国维三人为例,打算从这些难点着手,经过讨论,找到一个正确对待的方向。其时我已由研究生改为助教,且已升任讲师,得以参加盛会,聆听郭绍虞、朱东润、刘大杰、陆侃如等人的宏论。陈谦豫对此事还有一份记录,题作《锦江饭店的四天——中国文学批评史教材座谈会纪要》,发表在《古代文学理论研究》第二十八辑(2009年6月)。我则对此已经一无记忆,只有一件事还有深刻印象。一个晚上,顾易生带我们几个外来户去一家小剧场看舞剧《小刀会》。上海地区的太平军攻入上海城时，道台吴健彰吓得惊慌失措，在台上窜来窜去，活像一只耗子。我总觉得，用舞剧的形式表现封建士大夫的行动举止，与清代官僚那套官场习惯动作距离过远。与此相似，将祝英台等大家闺秀搬上舞剧舞台，把大腿踢得比头还高，看来也有些滑稽。

改革开放之后，出席学术会议的机会多了。因为我所涉及的学术领域较广，也就有更多的机会到各地走走。

1982 年时，参加陕西师范大学举办的全国唐诗讨论会，首次游览西安古城，大开眼界。当时我已出版过《高适年谱》，登慈恩寺塔时，也就想到了高适、岑参、储光羲、薛据、杜甫五人同登此塔时联袂赋咏的盛况，觉得这一宗教胜地不仅凭借玄奘的光环普照人间，盛唐诗人这种诗酒风流的韵事，也是光耀史册，为西安这座名城增添了不少绚烂的色彩。主办方组织大家参观了碑林等地，对西安的古迹之多，文物之盛，增加了感性认识。

1984 年时，参加西北师范大学举办的唐代文学第二届年会，会后赴敦煌参观。这种地方虽然神往已久，但要想亲临其地，却是想都不敢想的。这次参观了很多窟洞，领略到壁画和塑像之美。想到常书鸿为了维护祖国文化传统的一脉，甘心作出那么大的牺牲，对于上代知识分子的这种赤忱，倍感敬仰。

大家还去阳关参观。汉唐两代为了开拓西域，进行文化交流，多少人来回于河西走廊，“西出阳关无故人”，又是多么悲壮。想起中国几千年的历史，就是这么不断地开拓与传承，我想不是亲历其境，只关在书斋内是不大可能涌起这种思绪的。

1986 年时，参加河南省社会科学院在洛阳举办的唐代文学第三届年会，正值洛阳牡丹花会，也就想起了唐宋两代人对牡丹花的喜爱。其间还参观了龙门石窟，凭吊了白居易墓。此间风光苍凉灏瀚，白氏何以择此作为长眠之地，有了一些感性认识。卢舍那大佛的庄伟，具有强烈的震憾力，和上次西安会议上参观乾陵时一样，体会到了“盛唐气象”的真正含义。

这次开会，还去了东边的白马寺。过去我在研究韩非时，知道姬周王朝东迁雒阳之后，实际上由东周与西周两个宗主国所控制，东周在今白马寺地，西周在今王城，也就是我们去参观牡丹花展的王城公园周边，经过踏勘，对彼时的地理形势有了正确的认识。

这次路过白马寺，目的是去巩县参观杜甫故居，顺便看了一下宋陵。与唐朝皇帝的陵墓相比，觉得差别太大了。从中反映出，唐人发扬蹈厉，宋人就显得平和优雅。后来我写《唐人轶事汇编》和《宋人轶事汇编》的《前言》，就曾由此展开论述二者之间的不同。南京附近多六朝陵墓和明孝陵等遗存。南朝帝王和萧氏王族墓前的石刻神兽和神道碑，灵动秀美，明孝陵前的石象、石马和文武大臣石像，虽是庞然大物，然从文化内涵来看，却是差得多了。北京十三陵前的石像，也是这样。

1988年，参加山西大学举办的唐代文学第四次年会，前去晋祠参观。“晋祠流水如碧玉”，李白诗中描写的景色，依然如昔，颇怪唐人出门旅游为什么这么方便？今日吾等前去太原开会，尚且困难很多，李白依靠诗才，为什么就能到处周游，有人招待？这笔钱谁出？

到国外开会，可以领略异国风情，也可以开拓新知。1995年时去马来西亚参加“传统思想与社会变迁国际学术研讨会”，会场设在吉隆坡的马华大厦，周围高楼林立，中间夹着一座规模不大的关帝庙，颇显突兀。这座庙宇未被经济大潮冲垮，没有受到整治与拆迁之灾，仍然镶嵌在无边无际的楼宇之中，且香火旺盛，足见其在华人心目中的地位。王学泰在《游民文化与中国社会》一书中曾对关公现象作过很好的研究，

1992 年，我与程千帆先生在厦门大学主办的唐代文学学会第六届年会上

1992 年，参加中国唐代文学第六届年会时与罗宗强于厦门万石岩公园内的万石湖畔合影

确是一个值得探讨的课题。我在日本游北海道时，在该地函馆看到过一座关帝庙，据云该地距中国最近，早期的华人大都从函馆上岸，至今市内还保存着一片华人墓地。我在关帝庙的留言簿上看到一位中国游客用激动的口吻写道："祖国的传统文化是多么伟大呀！"读后别是一番滋味。

同年到韩国成均馆大学参加"第五回东洋学国际学术会议"，参观成均馆，馆内孔子牌位之前没有十大弟子的塑像，而是树立二程子和朱熹的牌位，可知他们传承的是宋明理学。

我在上个世纪的八十年代到本世纪初，工作特别忙。不论双休日，还是节假日，都无法休息，出门开会，倒是一个调整节奏的机会，乘机可以摆脱困扰，放松一下身心。因此，我总是紧紧抓住出门开会的机会，获取本地区、本单位或在书房中不易获得的知识。

中国古来一直有这种说法，学界中人应该读万卷书，行万里路。"读万卷书"，解决起来或许还容易一些，自己可以掌握，"行万里路"的问题可不易解决。我们那个年代，经济困难，收入微薄，谈不上出门旅游。各地的旅游条件也不好，现在的人又不具备徐霞客那样的精神，怎能冒险外出？况且我等都是"国家干部"，工作时间固定，哪里容你长期在外闯荡？

参加学术会议，也就自然地解决了"行万里路"的问题。会上有人招待，用车、导游都由主办方承担，自己只要跟着走走就行了。私心自幸，像我这样一种生长在特定历史阶段的人，在外面看到的，听到的，也可以说是很丰富多彩的了。年纪大了之后，又有了很多外出讲学的机会，携眷同游，更增加了人生乐趣。

应该说，我为会议作的准备还是很充分的。一接到通知，我就着手写论文，决不敷衍塞责。以文会友，目的就在求得他人的指教，怎能马马虎虎？我反应迟钝，没有下笔千言、倚马可待的本领，只能及早考虑，反复酝酿，想一个合适的题目来做。而且我的修改过程又很漫长，反来复去地磨，要到自己感到基本满意为止，这样自然要及早准备了。

我选题目，总想有一种新的视角，发人之所未发，希望能够取得“出人意料之外，又在情理之中”的效果。下面介绍几篇会议论文的情况。

1983 年 5 月，安徽亳县举办建安文学讨论会。1965 年时，郭沫若在《文物》杂志第 6 期上发表了《由王谢墓志的出土论到兰亭序的真伪》一文，根据南京周边王谢家族中人一些墓志上的文字近于隶体而断定王羲之的《兰亭序》为伪作。有的学者则认为东汉后期已经出现带有草书笔意的新隶体，东晋之时行书已经成熟，郭说难以成立。曹操原籍亳州，七十年代中期，安徽省考古界在亳县城南郊发掘了曹操宗族的五座墓葬，亳县博物馆在《文物》1978 年第 8 期上发表了《亳县曹操宗族墓葬》一文，且附图片。墓砖上面的文字，已带行书之势，在学术史上有其特殊意义。裘锡圭讲文字学时，以此为证，认为墓砖上刻的文字已经近于早期行书。我对建安文学有兴趣，也想去看看曹家祖坟的规制，但得提交一篇论文，为此我就重读《三国志》，从曹操的历史入手，考察其为人，由是关注到了陈寿、孙盛与曹睿妃子虞氏多次提到的“三世立贱”之说。以前我从小说中已看到过曹操与曹丕争夺甄后的故事，也读过曹植的《洛神赋》，知道古时还有曹丕与曹植共同钟情于甄后的传说，这时各种趣闻一一串连起来，觉得曹家的这种作风与东汉时期的世家大族中人相差太大了；这样，也就联想到了建安文学中多慷慨咏怀与男女恋情的诗歌，最后完成了这篇《魏氏“三世立贱”的分析》。从曹氏一门的特殊作风透视时代的演变，从时代风气的变化说明新一代文风的形成。或许视角有些与众不同，在会议上受到好评。

那时开会要把论文预先寄去，主办者要及时分发，好让报到的代表们登记后领回去阅读。我在报到时,会议的主持人就迎上来,说:“周先生,你这文章的写法,以前从来没有看到过。”第一天开会,小组里的人大都初次见面,因此得一一自报家门,当我介绍自家名字时,旁边坐着的一位女同志突然说:“你就是周先生?想不到这么年轻。”到她自报家门时,我才知道,她叫陈祖美,当时正负责《文学评论》的古代文学部分。自从这次认识之后,至今保持着学术上的联系。

事后据她说,也是因为读了我的文章之后,觉得思路有些不一样,现在人写文章不太会这么去想。每天她都要读许多来稿,看不到《魏氏“三世立贱”的分析》这样的文章。我就问她,为什么会说起我年轻?她说读过我的文章之后,有一种感觉,好像我是跟朱东润一辈的人;我追问,为什么会有这样一种感觉,她又说讲不清楚。2001 年时,我去济南参加山东大学成立百年纪念会,与滕咸惠同桌用餐,谈起彼此初见面时的情况,他也说当时感觉上有落差,原来认为我是与朱东润一辈的人,想不到属年轻一辈。问他何以有这种感觉,他也说不清楚。此事我一直纳闷,为什么人家会有这种印象:时代悬隔?也许我的文章时或呈现亦文亦史的特点,与朱先生的学风有其近似之处,所以才会让人产生与上一辈人相混的感受吧。

日本学者甲斐胜二将此译成日语,发表在《福冈大学人文论丛》1995 年 6 月的第 27 卷 1 号,事后又承面告,以为我的这篇文章文字精练,颇有古气,不易把这种特有的味道传译出来。本来他还想多译我几篇文章,后来不得不知难而退了。

1985 年时,福建师范大学在邵武举办严羽学术讨论会。严羽是邵武人,所以地方政府极力配合。我对严羽素无研究,对《沧浪诗话》也不熟,为了提交论文,我又尽可能地做了一些准备。最后我从《沧浪诗话》中举崔颢《黄鹤楼》诗为“唐人七律第一”之说着眼,阐述严羽诗说的真意，进而阐发宋人与明清之间诗坛文学见解之差异，草成一文，取名《从“唐人七律第一”之争看文学观念的演变》，递交大会作交流。或许这篇文章分析得还算细，视角也还可以，从而得到主办者的青睐，被安排在大会开幕式后作报告。这事还引起了共同与会者我中文系副系主任的惊诧，说是“想不到他们对你如此重视”。他是教文艺理论的。新中国成立后，北京大学举办的毕达可夫讲习班上，他任班长，也是我的老领导。对于属下的情况，隔行如隔山，自然看不清楚。那时的人早已形成了一套评价人的思想体系，首先得看上级认可的政治水平高下，像我这种滚在古书堆里、凭材料说话的人，当然看不上眼了。

蔡厚示教授是这次会议的主要组织者之一，也是毕达可夫讲习班的学员。他热情好客，抓住这次机会约请了很多同学一起来聚会，还大摆筵席宴请各方来客。武夷山机关事务管理局的负责人是他的学生，尽情安排，餐具都是银制的，这对我们过惯寒碜生活的知识分子来说，自然觉得开了眼界。席上全是“毕氏门徒”，只有个别例外，如龚克昌，则是当年班上党支部书记吕大姐的学生，吕大姐当天也在座。蔡厚示口若悬河，一一介绍来宾，因为都与毕氏有缘，气氛格外热络，只在介绍到我时略作停顿，显得不太顺口，或许这时他才发觉我与这位洋师傅没有任何关系。破格接纳，更觉荣宠。目下举办的各种学术会议都是专家云集的场所，自知到处都是“另类”的身份，只是当我递交论文权当敲门砖后，倒也都能得到大家的认可与欢迎，真是不胜荣幸之至。

1985 年时，我在本校一次会议上的经历，也值得一提。程千帆先生在中山陵举办了一次黄侃百年纪念会，与会代表大都是黄门弟子，或是语言学界的学者，提交的论文大都属于小学方面。程先生以为，季刚先生建树多端，文学上也卓有成就，他就让我写一篇有关《文心雕龙》的文章，介绍黄侃在各大学中讲授这一课程的贡献。

恰巧那时程先生正在教校雠学课，把王乘六、褚祖耿记录的一种《章太炎国学讲演录》印了出来，用作参考读物，我从其中一段话中得到启发，由此申发而构成了一篇《黄季刚先生〈文心雕龙札记〉的学术渊源》，提交大会且作报告。

我在之前教过三、四年中国文学批评史，知道清代桐城派与《文选》派之间的一些纷争，看到章太炎的讲话之后，联系黄季刚在《札记》中透露的一些讯息，也就发现清末民初在京师大学堂到北京大学期间曾经发生过一场纷争。以姚永朴、林琴南等人为代表的桐城派，逐渐被黄季刚以及后来进入北京大学的刘师培所代表的《文选》派所取代。时隔不久，新文化运动兴起，桐城、《文选》两派又退出了历史舞台。这是近代学风演变的一大交会。因为这段历史距今已经将近百年，黄季刚的一些老学生，如殷孟伦；北京语言学界的耆宿，如周祖谟，似乎也已不太清楚，听得都很入神，效果很好。

我的这篇文章后来传播颇广。上海古籍出版社编“蓬莱阁丛书”，重印《文心雕龙札记》时，就把这篇文章放在前面作为“导读”。陈平原编《中国文学研究现代化进程二编》时也收入此文，且在《后记》中谬加赞誉。2010年时，陈平原主持北京大学中文系建系百年纪念，邀请我去作学术讲演，介绍个人的治学心得，也源于这一文字因缘。

通过此文，我又结交了许多朋友，包括学术史方面的研究专家，这使我感到很满足。

计算起来，我所写的论文，很多是为参加会议而准备的。或许可以说，我之所以能在各种学术领域占有一席之地，往往与提交的这些论文有关。

教育部于1983年时设置了全国高校古籍整理研究工作委员会，我一直在里面担任职务，且任南京大学的古典文献研究所所长。有关古

北京大学讲演时之海报

这是我最后一次至外地外校讲演，时年已八十一岁

2010年6月24日，我在北京大学中文系报告厅讲演时之情景

第一排左起：陈平原、傅刚、夏晓虹、葛晓音、安平秋、张鸣

第二排左起：柳春蕊、苏安国、李鹏飞、刘勇强、李铎、钱志熙、杨忠，杨忠后面为刘宁

籍整理方面的许多会议，都要参加，这也是我学术活动中的一个重要方面。由我出任第一主编的《全唐五代诗》，傅璇琮、孙钦善等任主编的《全宋诗》，曾枣庄、刘琳任主编的《全宋文》，章培恒出任主编的《全明诗》，纷纷上马，而我作为古委会中的项目评审委员之一，在评审时，在项目启动时，工作开展时，都要参加各种各样的会议，花去的时间不少，也从中学到了很多东西。安平秋主任（初任副主任）运筹帷幄，善于团结各路人马，评审组内的人员都是各个学术领域内的专家：董治安治群经诸子，林沄专攻考古，宗福邦专攻小学。大家各抒己见，扬长避短，力求公正，历时二、三十年，似乎还未听到过什么负面的评价。章培恒任评审组组长，认真负责，刚柔相济，能够得到大家首肯，也是颇为不易的事。

古委会内人才济济。我在遇到版本方面的问题时，就向黄永年请教，遇到文字方面的问题时，就向裘锡圭请教。他们都能竭诚相告，我亦于此获益匪浅。

2007 年 9 月，与黄永年合影，摄于其家中

我在参加古代文论和《文心雕龙》等方面的会议时，别是一番感受，学科的性质不同，各方成员的修养自然有异。文论的专家重在理论探讨，因此宏观的论文数量多，中西合璧的成分大大增加。这也可以帮助我扩大视野。特别是在上世纪八十年代，阅读王元化的《文心雕龙创作论》，听他在各种学术会议上的发言，印象尤为深刻。在此之前的三十年，大家的思想受到严重禁锢，看待问题视野狭窄，头脑中尽多条条框框。王先生不但熟读马恩原著，而且精通西方思辨哲学，看问题时，不但眼界高，而且要比常人深刻得多。这让我懂得，研究《文心雕龙》等理论著作时，不能停留在文献层面上，还要提高自己的理论修养和思辨能力。不要为一种既成的模式套住，应该结合自己的特点，形成一种新的思路。

《文心雕龙》研究领域内有一些专家，如牟世金，对待《文心》一书，锲而不舍，终身投入，简直有一种殉教的精神。尽管这与我个人的治学道路截然有异，然我对此仍然至为尊重。

古文论与古籍整理方面的专家治学时，似乎作风大异，然统而观之，不难看出，一些杰出学者都有其共同之处，那就是“认真”。只有极为认真的人，才能登上学术高峰。反观有些“知名”人士，虽然也能出上一两本书，发表一些高论，然细加分析，这样的言论，这样的文字，常是火候未到，加工不够，水分过多，内涵不足，长此以往，风光是否能永久保持，就很难说。

只是目下学术风气日趋浮躁。人在社会上，面临种种诱惑。升官、发财，出门八面威风，在家宾客盈座，比起那些枯斋独守的人来，惬意多了。于是很多人耐不住寂寞，不免心有旁骛，中国“学而优则仕”的传统又在发酵。职位高就是学问好，头衔多显示能量大，于是人们忙于活动，死守学术阵地的人也就少了。这样的风气慢慢渗入各种学术会议，比之过去，情况似乎已有变化。这种现象，比之国外学界办的一些会议，似乎已经有所不同。不过我还是改不了书呆子的脾气，总希望中国的学术回到纯正的道路上来。

因此，我不赞成有些人参加会议时不作任何准备，临动身前才匆匆忙忙凑上一篇。这样做，想要提高自己，让人家对你有好评，怕也很难。我更不赞成有些人干脆不带论文，讨论时哼哼哈哈地讲些大话空话，充当大牌，显示身份，这样于人于己都没什么好处，绝非以文会友之道。

回顾历史，可以看到，一些前辈学者之所以能于所在的学术领域之内发生巨大影响，往往出于几篇文章。像陈寅恪，就是由于《天师道与滨海地域之关系》《四声三问》《李太白氏族之疑问》《韦庄〈秦妇吟〉校笺》等文，对魏晋南北朝和唐代文史研究起到了巨大的推动作用。应该说，《金明馆丛稿》等论文集中几篇单篇论文的影响，绝不在《隋唐制度渊源略论稿》与《唐代政治史述论稿》之下。浦江清在古代文学研究领域声誉甚高，也就因为留下了为数不多的一些论文，水平很高，《花蕊夫人宫词考证》一文尤传诵一时。钱钟书著作甚多。他在学术环境正常之后首先推出《旧文四篇》，可见他对这四篇论文（《中国诗与中国画》《读〈拉奥孔〉》《论通感》《论林纾的翻译》）的重视，而这几篇文章确是足以传世。这些事例无不说明，学人如欲有大的开拓，势必要在单篇论文上下功夫，这是每一位学者智力如何的集中表现。写好一篇论文，如果自己确信内有突破前人又对推进科学研究有益的话，从中自可得到很大的满足。

只是目前学界又出现了一些新情况。各个领域中盛行评奖，得了大奖的人，又有名，又有利，所在的单位也感到风光，因此不论个人或单位，纷纷要上大项目，争取榜上有名。单篇论文呢，研究的是一个个专题，如果组织评奖，则见仁见智，不太容易取得共识。因此，在人文科学界似乎还未见到过有以一篇论文而获奖的事例。这一问题确实很棘手,不太容易操作。从历史上看,一篇论文的取得共识,或是发生影响,往往需要很长时间,经过历史的冲刷与过滤,精华才得以显示。因此,有志于从事纯学术的人,还要耐得起寂寞,不急功好利,对自己的科研能力抱有信心,力争写出几篇开拓性强、富有创见的论文。人生的可用时间不过短短几十年,因此有志于学的人,不要左顾右盼,应对自己坚持的方向深信不疑,以不变应万变,按照既定方向,一步步走到底,争取最后胜利。

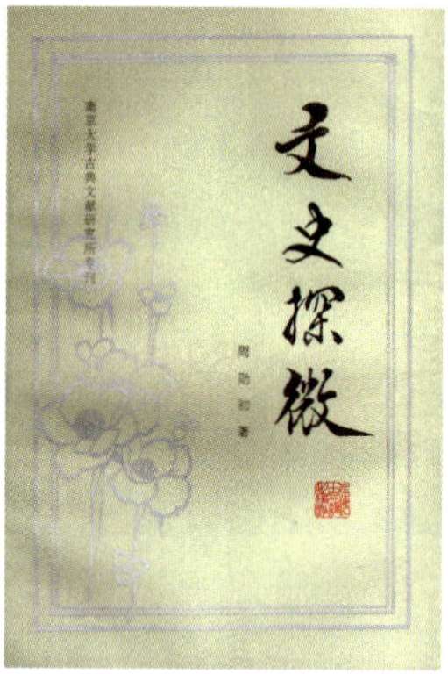

上海古籍出版社 1987年12月出版

凤凰出版社 2012年9月出版

南京大学出版社 2008年3月出版

十　治学经验谈

触类旁通　深入发掘

——如何做到读书得间

1999 年 8 月,哈尔滨师范大学主办“全国古代文学、古典文献博士点新世纪学科研究发展研讨会”,散会之后,张锦池教授送我到飞机场时,利用这段时间交流培养学生的经验。张教授颇感苦恼,说是学生上课时提不出问题,讨论时不发言,常以冷场告终,他认为我已有一、二十年培养博士生的经验,他们那里新批准招收博士生,因此希望听听我的意见。其实我也常是遇到类似的困扰,也想不出什么好的解决办法,但看他态度极为诚恳,也不能“王顾左右而言他”,因此接着就说:“你可以指定一两篇文章叫他们读,要求读出新意来,从中也可以发现他们有没有悟性,有没有思辨能力,然后对症下药,引导他们步步深入。”这话好像当时还得到了他的首肯。

其实我在教学生时,很少指定什么文章或著作让他们读。每一个人的教学方式,往往与他本人的成长过程有关,我在当研究生时,胡小石师就很少让我专门去读某一本书或某一篇文章。那时我就喜欢泛读,发现问题后再找老师请教,因此读的书,提的问题,常是五花八门,不像一个中文系学生的样子。后来我带研究生时,也常有类似情况。

大家从余历雄在《师门问学录》的记录中不难发现这一特点。

老师的主要责任是培养学生。泛读的目的不是放任自流，让学生自生自灭，由此可以偷懒，推卸应负的责任。身为老师，应该认识到肩上的担子很重，要发掘人才，培养人才，让他们茁壮成长，在学术上有所成就。

这里的首要任务是发现学生的才性。

有的学生眼界很高，往往目空一切。我们应该承认，历史上确有一批人狂得出奇，只要他拿得出东西，我们就得钦佩，可惜的是像李白这样的天才毕竟少见，有些人的狂态，只是不认识自己而已。他们常是说些大而无当的话，写些海阔天空的文章，日子长了，大家看透了，也就会不以为意，贬之为“志大才疏”“眼高手低”。

这样的人，在过去崇尚“假”“大”“空”的年代，比较常见。目下学生升学困难，就业困难，棱角几乎磨光了，狂生数量大减。我倒觉得这也不正常。人处青春时期，应该有些自负的气概，“天生我材必有用”，这是一种自信。少年老成，也不见得是什么好事；甘作驯服工具，也不见得有多大出息。

有的学生很敏感，反应很快，听领导的讲话，别人的发言，可以马上有体会，接着可以说上一套，然而细察其内容，往往是一些急就章，内涵不深刻，只是起了一些回应的作用。这样的人，可能会博得领导的好感，他人的欢心，但长期浅尝辄止，自鸣得意，往往提不高层次，文章始终缺乏深度。

有的学生非常用功，读的书多，记的也多，这种学生也容易博得好评，只是学术水平的高下主要看创造力如何，这些学生往往是勤劳有馀，天分不足，最后被人贬为“书簝子”“两脚书橱”，这是很可惜的。不过这种学生可向备顾问的方向发展，利用本身优势，找些合适的题目来做。

说来容易做来难，培养学生容易犯好高骛远、不切实际的毛病。真要培养学生成材，确也不易。什么事情都得具体分析。由于个人处境不同，先天后天的差异很大。有的学生起步较迟，如能给予合适指导，可以做到后发制人。须知全面发展的人毕竟少有。有的学生年纪大了，还未入门，做老师的就应看他是否属于偏材。如果确实具有某些长处，那就可以让他扬长避短，或者说是扬长补短，让他快速成长，在某一领域内占有一席之地；不能放任自流，让他们日益陷于困境，丧失自信与自尊。

我的一个女学生俞士玲，博士论文做的是西晋文学研究，其中有关陆机、陆云的部分，她先整理成了一本年谱，我把它推荐到古委会去，编入“中国典籍与文化研究丛书”。古委会请人初审时，有人提出异议，认为古委会出的书总要与古籍整理有些联系，《陆机陆云年谱》是否能与此搭上界？我就为之辩解，以为书中的考证文章就有四、五十处之多，对二陆的历史与文献作了细致的辨析，这里就有文献方面的整理与研究方面的开拓，与丛书的宗旨正相切合。自从此书于 2000 年在人民文学出版社推出后，一直得到学界的好评。大家认为此书有新意，有开拓，解决了不少具体问题，对推进魏晋南北朝文学的研究有其贡献。

这书的最大特点，也就是作者读书得间。陆机、陆云传世的文字不多，千百年来人们翻来覆去地读，确是难以读出新意，俞士玲能从中发现大量问题，可以说明她具有研究者的素质，我之所以留她任教，也是着眼于此。

马来西亚籍的学生余历雄把三年听课笔记整理了出来，取名《师门问学录》，由凤凰出版社出版。读者阅读此书，就可发现他的勤奋，读的书多，提出的疑问也多。傅杰教授在《书林漫游录》中说：“其读书的勤勉，提问的到位，恐怕是不少本国的学生都要自愧弗如的。”如今他在马华学界已小露头角，即与前此如饥似渴的求学经历与善于发现问题有关。此书后在马来西亚与中国分别出了一种新版。

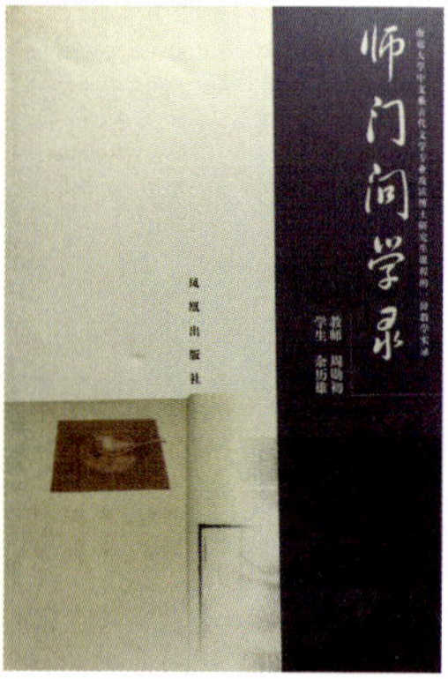

凤凰出版社 2004 年 12 月初版

凤凰出版社 2011 年 8 月增订本

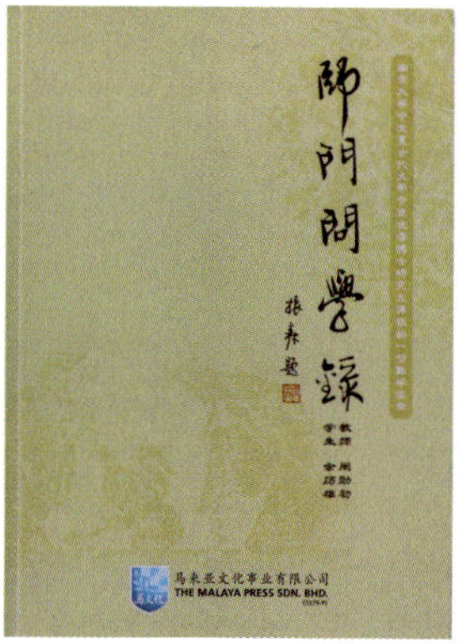

马来西亚文化事业有限公司 2011 年出版

余历雄（左）在马来西亚“拉曼大学中华研究院新书推介礼”上

我不赞成目下培养博士生普遍采用大班上课的方式，希望能够汲取古时书院制下问答式的教学方式的长处。因此我培养的学生，任其自由发展，选择的题目，不一定是我所熟悉的内容，也不一定是我当下正在研究的课题。例如胡传志的博士论文《金代文学研究》，就是他在一次介绍读《中州集》的体会之后，发现内有新意，在这方面有开拓馀地，因而鼓励他，指导他，步步深入，才取得成绩的。目下胡传志在这一领域已经取得不俗的成绩，我又建议他再向上下世代继续开拓。

上述云云，说明每一块学术阵地上总有很多空间可以耕耘，可以发掘。只要方向对，又肯投入，都可取得可观的成绩。

除了“深入发掘”之外，我更注重“触类旁通”，认为这也是研究者必备的素质。如能奏效，更可取得出人意料的理想效益。

我在大学阶段，几位教师不太理会各个学科业已区划清楚的鸿沟，而是纵横驰骋，提出很多新鲜观点，深具启发意义，对我一辈子都有影响。

方光焘师讲文艺理论，不按教科书上的规定一板一眼地讲。有一次，他提到中国的建筑普遍重视整齐对称之美。像皇家的宫廷，官府的衙署，寺宇的院落，都是前堂后寝，左右包厢；就是一般的民宅，也是左右对称，没有乱搭配的式样。这是因为中国经历着漫长的封建社会，统治阶层要求上下有序，由是形成的社会心理，也就普遍追求整齐对称之美，给人的感觉，也就是稳定与和谐。这番分析，深入浅出，一直深印于脑海。后来我读汉赋，就是按照这一路子去理解的。《文选》中把汉代的京都大赋排列在前，也是这一社会共通心理在起支配作用。我写《论谢灵运山水文学的创作经验》，从分析《山居赋》入手，进而说明谢灵运在山水诗方面的成就，也是沿着这一路子推导下去的。葛晓音为《谢灵运研究丛书》中的《研究论集》遴选百年来的代表作品，就把我这篇文章选了进去。

我跟胡小石师学习楚辞，读了一些民俗学方面的著作，知道周边一些少数民族的丧葬习俗常有其自身的特点。南方地区有的少数民族实行剔骨葬，先把死者掩埋，隔些时候取出，将骨头上的残留物剔除，然后进行安葬，这与中原地带汉族的观念大异其趣。自古以来，汉族受儒家影响，首重孝道，所谓“身体发肤，受之父母，不敢毁伤，孝之始也”。李白埋葬友人吴指南时，却行剔骨葬，把他前几年亲手埋下的尸骨重新捡出，剔去骨上的肉，移至其他地方安葬。这种做法，放到王维、杜甫等人身上，简直无法想象。当我读到《与安州裴长史书》中的这一段记载时，马上觉察到其中有问题，李白的思想与一般的汉族文人大有不同。

就在同一篇文章中，李白又提到“许相公家见招，妻以孙女”。我读杜甫的《哭王彭州抡》诗，中有句云：“北部初高选，东床早见招。”仇兆鳌《杜诗详注》引《杜臆》曰：“见招，是招王为婿。”许相公家招李白为婿，男方居住女家达十多年之久，也是一种奇特的现象。其时李白应是赘婿的身份。在父系社会中，尤其是在中国这种特别强调伦理的社会里，李白的处境想来未必佳妙，但他不以为意，言下还不无自得之意，这又说明他的文化背景颇与时人有异。

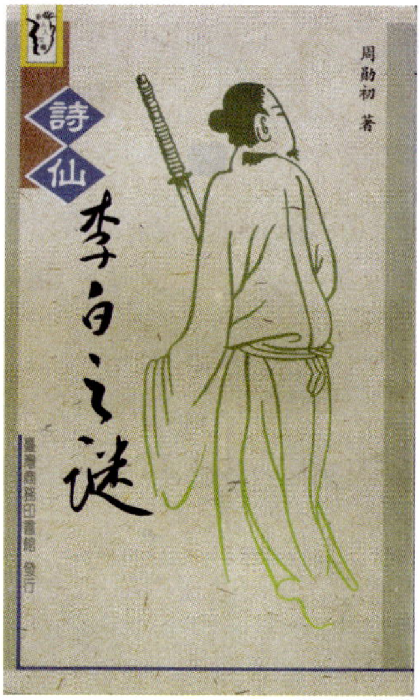

台湾商务印书馆 1996 年 11 月出版

李白家族迁居西突厥控制之下的地区达数代之久，到他五岁时才由父亲携回至四川定居。可以想见，这种家庭中的子女一定会受到突厥文化的某些影响。我一直喜欢阅读向达的《唐代长安与西域文明》等书，对中西文化交流的历史有兴趣，知道突厥、铁勒等族婚配方面的一些情况。这些族群中的男人结婚之后，都会住到妻子家去，这与李白的情况不是一样的么？后来我读周一良《敦煌写本书仪中所见的唐代婚丧礼俗》等文，才知道唐人受西北一些游牧民族的影响，婚姻观念有了一些改变，这更增加了我提出李白受突厥文化影响这一论点的信心。

南京大学出版社 2005 年 4 月出版

我读李白的《登峨嵋山》诗，末尾有句云：“傥逢骑羊子，携手凌白日。”骑羊子是谁？传为刘向所撰的《列仙传》中说：“葛由者，羌人也。周成王时，好刻木羊卖之。一旦骑羊而入西蜀，蜀中王侯贵人追之，上绥山，在峨嵋山西南，高无极也。随之者不复还，皆得仙道。”两相对照，可知李白曾受羌族文化的影响。后来他到浙江金华去游赏，表示对皇初平与赤松子的仰慕，内中都有其脉络可循。这也是我在论证李白的多元文化背景中的一个重要方面，即羌族文化的影响。

这些方面的开拓，应当可以叫作“触类旁通”吧。我写这些文章时，浮想联翩，心情极为舒畅。所谓“为文当发前人之所未发”，上述云云，或许可以说是取得了这种效果。

因此，我对早年研究《九歌》的一段经历甚为留恋。小石师循循善诱，叫我关注神话、传说、民族、宗教等其他相关学科，这对我日后的发展大有帮助。因此，我一直以感激的心情怀念当年帮助和指导过我的一些老师。

如果说,“深入发掘”的着力之点大都放在原有的知识系统之内,如作者本人文字的前后互勘,相关文献的比较异同,历史记载的出入违舛等;“触类旁通”的着力之点往往体现在不同学科之间的渗透与相互激发。那是否可以进一步说,“深入发掘”凭仗的主要是功力,“触类旁通”时凭仗的主要是颖悟。比较起来,后者似乎更能予人以豁然开朗的感觉。当然,这样的区分也只是相对而言,“深入发掘”时也需要颖悟,“触类旁通”时也要先培植功力。一位优秀的古典文学研究者应该具备两方面的才能。

因此我认为,教师应该竭尽所能,引导学生向这些方向发展。

俗话说得好:“师傅领进门,修行靠自身。”人在入门时认准这扇门很重要,进门后则仍需不断努力开拓。

人生一世,身处大千世界,不光是人与人之间在交往,各种各样的因素都对人的生存发生影响。我们的研究工作,往往是在切断研究对象与外界的种种复杂关系,只把他放在我们所熟悉的范围内加以剖析。随着学科分类的日趋细密,研究文学的人常是把研究对象放在今日视为文学的环境内加以考察,外界的历史背景、哲学思潮、宗教影响等等,都被忽略,甚至可说置若罔闻,因此在这些研究者的笔下,研究对象的整体面貌实际上无从体现。描写的内容,细部刻画或者可称细致,但总览全局,却又是残缺的,偏颇的,有的甚至陷于瞎子摸象。因此我认为,研究古典文学的人也应该尽可能地扩大知识面,运用多种知识,分从各种不同的角度去观察对象,深入加以分析,得出的结论也就会比别人更深刻,更接近研究对象的真相。

新中国成立前期,在人文科学的研究中颇多清规戒律。例如对待宗教问题,无形之中成了禁区。当局常以马克思在《黑格尔法哲学批判导言》中的一句名言作为裁决的根据:“宗教是人民的鸦片。”因此在古典文学研究领域内,从上一世纪五十年代到八十年代,也就不再看到什么像样的研究著作了。这里还可举出两种研究柳宗元的著作来加以讨论。

吴文治著《柳宗元评传》,1962 年中华书局出版。按照吴文治、谢汉强主编《柳宗元大辞典》上介绍:"这是全国解放后试图运用马克思列宁主义观点为柳宗元撰写评传的第一本书。"而据《吴文治教授八十华诞纪念集》中的介绍,这一著作当时发生过很大影响,也为日后他在柳宗元研究中的领军地位奠定了基础。这里可以用来比较的另一本著作是孙昌武著《柳宗元传论》,人民文学出版社 1982 年出版。《柳宗元大辞典》上介绍:"这是文化大革命后第一部全面详细介绍和评论柳宗元,影响较大的长篇著作。"此书亦负时誉。书出不久,就得到了一些日本学者的重视,随后接受京都大学等单位邀请,前往讲学,均可看出这一著作的影响之大。

这两本著作,内容相近,在前后两个历史阶段都起到了很好的作用,从学术水平来看,可以说是互有高低,但二者在处理宗教问题上却大有出入。按照上述《大辞典》中的说法,前者是一本"致力于文学创作,唯物主义无神论思想的论著","书中材料翔实,但也存在着扬柳抑韩的倾向"。后者则已转为重点论证"坚持理论斗争、崇信佛教""统合儒释"了。比较之下,自然要以后者的描述和对柳文的定位更为接近事实。翻阅柳《集》,就可以看到柳宗元前后结交了很多宗教界的朋友,为他们撰写碑铭,讲了很多好话,那又怎么可以说是坚持"唯物主义无神论"思想的呢?孙著于此作了深入的探讨,帮助读者打开眼界,自然更能获得好评。

由此可见,在意识形态领域内实施偏颇的方针政策,也就是戕害一代学人,误导几代读者。吴、孙二人的思辨能力都很高,但前者在著作中留下了遗憾,后者则摆脱了错误的理论羁绊,日后也就取得了许多新的成就。我们对此只能用时代局限作解释,吴著的不足非其过也,时代之故也。

这一问题,在更上一代人中并不存在。陈寅恪以宗教为新的视角,在魏晋南北朝的文史领域中不断开拓,引领学术界走上新路。他对唐代文士的研究,也卓有建树。例如他在《元白诗笺证稿》中的附论《白乐天之思想行为与佛道关系》内纵论韩愈与白居易的宗教信仰,云是"鄙意昌黎之思想信仰,足称始终一贯,独于服硫磺事,则宁信其有,以与唐代士大夫阶级风习至相符会故也。乐天于炼丹烧药问题,行为言语之相矛盾,亦可依此解释。但白、韩二公尚有可注意之点,即韩公排斥佛道,而白公则外虽信佛,内实奉道是。韩于排佛老之思想始终一致,白于信奉老学,在其炼服丹药最后绝望以前,亦始终一致。明乎此,然后可以言乐天之思想矣"。这种新见,也是立足于宗教研究而得以提出的。

陈氏对白居易思想的分析,可谓导夫先路,可惜其后横遭压抑,难见嗣响,中断了二、三十年之后始有人延续。陈氏据此还曾作出推导,云是"唐代士大夫之风习"均如此,则是可以帮助后人了解唐代上层人士的风貌,也有广泛的指导意义。

新中国成立初期,陈寅恪还写下了《论韩愈》一文,列举六个重要方面,说明韩愈在文化史上的重要贡献。这是与日后学术界愈演愈烈的扬柳抑韩之风截然背违的。经历过历史的一大反复,证明陈氏之说更近乎事实。

陈氏文中指明韩愈以反佛著称,也反对道教,这些地方实与政治问题有关,然而韩愈在日常生活中实与佛、道二教中人多所交往。前述白居易的研究文字中就提到了韩愈服食硫磺之事。从中可知,唐代文人的思想极为复杂,不是单取一种视角就能说明问题的。历史的教训给后人敲响了警钟,研究古典文学不能采取简单化的态度。

我在上一世纪八十年代为研究生讲授“近代学者治学方法研究”时,曾经编有一篇讲义,取名《通才达识　迥出意表》,副标题为《读陈寅恪〈论韩愈〉》,导言中说到:“事物之间的联系,充满着辩证的关系。有些事物之间,看似绝无关系,甚至还有相互排斥的情况,但若细加考察,则仍可以发现彼此之间有其内在联系。人们观察事物时,如果只是停留在表面现象上,那就只能人云亦云,在低层次上作些论述;但若能发掘出事物之间潜在着的深层联系,并能深入地加以阐发,最后取得大家的公认,这类文字才有可能被人认为具有发人之所未发的创见。显然,我们应该努力提高自己的学养,培养敏锐的感受力与观察力,有所发现,有所创辟,有所建树。”这种意见也曾得到他人的赞同。韩愈在佛、道方面貌似矛盾的复杂态度,就可说明上述道理。

后起的一些研究佛教文学的学者沿此道路向前开拓,取得了很多新的成就。陈允吉先后写下了《“牛鬼蛇神”与中唐韩孟卢李诗的荒幻意象》《论唐代寺庙壁画对韩愈诗歌的影响》《韩愈的诗与佛经偈颂》《韩愈〈南山诗〉与密宗曼荼罗画》等文,均曾得到学术界的好评。陈氏后将这些论文编入《佛教与中国文学论稿》一书内,上海古籍出版社列入“中华学术丛书”,亦可觇知其成就之丰硕。

我对宗教问题很重视,也有兴趣,颇欲于此下些功夫,以收触类旁通之效。只是改革开放之后,学术环境大变,种种事务纷至沓来,实在抽不出多少时间阅读宗教方面的典籍,这对我来说只能引为憾事。因此,我虽在无法回避无法推脱的情况下,也留下一些相关文字,但自知底子太薄,不敢多说,更不敢乱说。

我也知道,人的一生精力有限,不能想到什么就学什么。尽管我一直追求多闻博识，只是限于条件，限于才力，只能陷于寡闻浅识。尽管我也写下了《魏晋南北朝科技发展对文学的影响》等文，想从各种社会现象的交会中发现新的问题，但能力有限，只能起个抛砖引玉的作用，表示一下努力的方向而已。所喜者，有些愿望已有学生一辈在完成。张伯伟著《禅与诗学》，曹虹著《慧远评传》，高华平著《凡俗与神圣》，在佛教与文学的问题上都有开拓；吴正岚著《金圣叹评传》，论证传主的新见时以为受到了华严宗的影响，把研究的层次提升了一步，说明他们都已具备跨学科研究的能力。王青著《汉朝的本土宗教与神话》，赵益著《六朝南方神仙道教与文学》，都对道教与文学的关系作了新的探索，凡此均有新意。赵益还应中华书局之邀，整理了道教中的经典著作《真诰》一书，列入《道教典籍选刊》，也是颇为不易的事。

如何做到读书得间，结合具体的人来说，实际情况却是千差万别，难以一端论。自知禀性驽钝，是否可以说是曾经"得间"，或者达到什么程度，都不敢自信，还应听取学界的公论。反正我在前面已经再三说过，这里只是介绍个人治学中的一些感受，其中既有成功的经验，也有失败的经历，是耶非耶，任人评说，一得之愚，仅供参考而已。

十一 治学经验谈

滚动前进　集束效应

——怎样让读者不断加深印象

有时看到一些好文章，觉得作者思路很好，论点新鲜，希望不久能够看到他有进一步的论述，然而等了很久，不见嗣响，原先的印象也就渐渐模糊了。阅读某种著作，时而也有类似的感受。这些作者都很有才华，只是一部著作出来后即悄无声息，这样的人才随即消失在漫漫的时光中，这是很可惜的。

上述情况，在博士生中尤为多见。他们写作论文时，尽心竭力搜索枯肠，构思出了一篇精心结撰的论文，随后进入社会，工作忙起来，思想不再集中，无法继续前进，有的甚至不再从事本专业的工作，也就终止了前此的研究，结果发表出来的论文或专业报告，成了灿然一现的昙花。

再从出版界的情况来看，一进书店，或是打开电脑，多种多样的新书排山倒海而来，简直目不暇接。你所苦心构拟的著作，投入其中，犹如一滴水珠，立即无声无息地消失。十年寒窗，只换得案头的一本杂志或一部新书，能不使人黯然神伤。这种滋味，怕是很多人都遇到过的。

只是人在社会上立足，总希望能占个好的位子。这里先不说什么藏之名山，传之其人，或是说什么十年窗下无人问，一举成名天下闻，这样的期待或许与现在的年轻一辈距离过远。远水难救近火。当今社会竞争激烈，而人又背负着很多社会责任，如果赶不上外面的步伐，也就可能一败涂地，不可收拾。因此，对绝大多数人来说，如何让自己的研究成果发挥最大效益，还是应该有所考虑。

我不精此道，谈不上什么策划，这里只是夫子自道，从个人的经验中抽出几点来谈谈。

我们那个年代，不能提什么成名成家。除非你已经确保在“红”字上已经过关，上级确认你已经“红”了，才可放心大胆地向“专”的路上奔去。否则，发表一篇文章，出一本书，弄得不好，反而会背上“光专不红”的恶名，甚至被确认为走“白专道路”，对此我有深切体会。

我的第一篇文章《梁代文论三派述要》，取得了很好的效益，那是经历了时、地的变化，首先在境外取得好评。改革开放之后，国人观念大变，学术界也就确认了此文的价值。正因为文章发表在当时很少见的纯学术刊物上，而且和诸多名家并列在一起，容易引起他人关注。这就是说，这篇文章出现的环境有些特殊，容易引起他人的不同感受。处在当前学术界，一篇文章发在《文史》《中华文史论丛》《中国社会科学》等杂志后，要想引起同样的反响，怕已很难。

我之从事韩非的研究，本就不合常规，然而后续效应不错。对此我可有些自我感觉良好，这又是什么缘故呢？

“文化大革命”后期，又闹什么“评法批儒”，我又奉命投入法家著作《韩非子》的注释工作，前后大约花上了三、四年的时间，一直忙到“改革开放”，经历了两个截然不同的世代。这书未被湮没，反而得到了学术界的认可，成为“评法批儒”这幕荒诞剧中仅存下来的一种学术著作，正可说是匪夷所思。

或许我的经历有些特别，因此常有人劝我写自传，而我自知只是一个普通的知识分子，没有参与过什么惊天动地的大事，干的活也就是写了一些东西，如果说情况有些不易让人理解，那我应该介绍一些写作时的背景，知人论世，或可供人参考。

我在注释《韩非子》的过程中，有所发现之后，立即记下，不断酝酿，随后写成了《韩非子札记》一书。这种做法，与我喜欢读清人的读书札记有关。梁启超早已指出，清人治学，喜作札记，像顾炎武的《日知录》、钱大昕的《十驾斋养新录》、赵翼的《陔馀丛考》，都是这方面的代表作。王念孙的《读书杂志》，也是同类之作，只是主题较为专一就是了。这是一种行之有效的做法。只是目下学术界看重论文的写作，这种一条一条的文字，很难单独行世，但我觉得札记还是应该勤做。这些札记，时而拿出来翻翻，一方面加强记忆，一方面加深理解。各种知识进行由此及彼的联想，容易形成若干中心，产生一些小论文。如果觉得深度还不够，尚有开拓的馀地，那就可以搁一下，再加充实，这样反复多次，也就可以完成一篇像样的论文。我的这一《札记》，有几篇篇幅大的文章，已经可以算是完整的论文了。一般说来，零零碎碎的东西不太容易引起大家的兴趣，如果内有一些像样的文章，也就可以振起全局，让人另眼相看。

近代以来，学术分科越来越细密，文、史、哲泾渭分明。新中国成立之后，学界受苏联的影响甚深，哲学领域中遵行的是唯心论与唯物论的两分法，大家研究某一思想家时，首先注意的是批判唯心论与颂扬唯物论的问题，像我这样内容庞杂的《札记》，哲学系的教师一般不会去垂顾。台湾的情况有所不同，那里的哲学系，重点放在西洋哲学，中国固有的东西，如先秦诸子、魏晋玄学、宋明理学等，都放在中文系的课程中教，因此我到台湾参加学术活动，很多中文系的老师都知道我的研究情况,有的还对《札记》加以赞誉,这倒是完全意想不到的事。马来西亚学者,时任马来亚大学中文系主任的郑良树教授读后立即来信订交;日本学者,时任东京大学大学院总合文化研究科教授兼图书馆馆长的长尾龙一教授叙及初读此书的感受时说:“我发现了研究韩非子的、具有敏锐智慧和渊博知识的大陆学者周勋初的著作,‘在文革的狂风暴雨中,居然有这样的智慧幸存下来’。这使我深为感动。”随后他就撰写了专题论文向国内作介绍。

人称知音难遇。这事让我认识到,如果文章中确有独到的地方,还是能够得到国内外学人的认可,因此作者也要有自信。

《韩非子校注》于2012年荣获首届江苏省新闻出版政府奖。我在此书附录《疯狂的年代,理性的思考》这一纪实文字中全面暴露了那些翻手为云覆手为雨者任意驱策民众愚弄百姓的种种恶行,如今却能得到政府的褒奖,感受自然非比寻常。由是体会到“人间正道是沧桑”之说确属颠扑不破的真理。

我在从事《校注》的工作中产生了一部《札记》,又在《札记》的基础上产生了一本小书《韩非》,《札记》中容纳了“校注”中的许多读书心得,《韩非》中纳入了很多《札记》中的研究心得。对我自己来说,顺理成章,热情未退,近于一气呵成,没有经过多少周折,在每一阶段都能有所收获。这对一个中文系的教师来说,真是出乎意料之外。

我想,如果我只修改出一本《韩非子校注》,大家未必就会认可我在先秦诸子研究领域中的成绩,因为这类注本太多了;如果仅加上一本《札记》,影响也不会太大,因为这书学科跨度太大,国内缺乏广泛的读者群。《韩非》的情况就不同了,《中国思想家简明读本丛书》的印数很大,列入孔子学院推介读物,将来各种外语译本出齐后,影响也就会更大。每一种书都有它的读者群,都有其传播的基础,这就可以提升我在韩非研究中的优势。

彭鸿程在《近百年韩非研究综述》中说："尽管'文革'给学术研究带来很大的影响，但压抑中自有一份韩非子的犀利在(作者原注：此处指看待社会问题客观、冷静)。1976 年南京大学《韩非子》校注组编写完成的《韩非子校注》，'利用各大图书馆珍藏的韩子善本，吸收前人的研究成果，对《韩非子》加以全面整理'，力求达到'科学性和通俗性相结合'。在当时产生的法家著作整理本中，惟有这本书'坚持实事求是的治学方针，后又作了反复的修改'，受到了读者和专家的好评。周勋初先生在参与编纂的过程中而有了自己的想法，最后形成《韩非子札记》。尽管该书迟至 1980 年才由江苏人民出版社出版，却是'文革'后期学术研究平实学风之集中体现的著作。两年后，也就是 1982 年，《韩非子新校注》得以出版。"(此说不确，《韩非子校注》及其修订本书名中均无"新"字)

我在整理好《唐语林》之后，接着进行唐代笔记小说方面的研究，也可作为"滚动前进"的例证，似亦可供大家参考。

我在接下《唐语林》的整理任务之前，对唐代笔记小说的情况所知甚少，而《唐语林》的情况又极其复杂，作者生平、文献源头、编纂过程、流传经过等各个环节上，都有很多待解的谜团，不易一一搞清。只是难做的题目也有其好处，更易显示出处理者的水平。只要你肯下功夫，深入钻研，也就可以破解各种难点，做出内容丰富的文章。

《唐语林》内一条条文字，下面没有注明出处。但在《原序目》之后有一份书单，列出了五十种书名，说明全书文字都是从这五十种书中摘出的，王谠仿照《世说新语》的体例将之分类编纂而成。然而若想知道其中某一条文字出于哪一种原书，除了翻阅五十种书一一查对外，别无他法。那时尚无各种检索系统的手段，我就只能采用笨办法，从检索人名着手，寻找条文出处。

经过几年奋斗，书单上提到的书总算一一查出来了，其他一些羼入的书，也找出来了，只是这些陌生的书名，到底什么性质，价值如何，我在摸索一番之后，尚且说不清楚，想来一般读者更会感到陌生。那我就应一鼓作气，对这些笔记小说作些介绍。于是我仿照《四库全书总目》等典籍的体例，为五十多种书作了提要，这也就是《唐语林校证》附录中的一种《唐语林援据原书提要》。

1993 年时，国务院新闻出版总署举办第一届古籍图书评奖会议，《唐语林校证》获二等奖。大凡在第一届评审中获奖的东西，比之他时，会接受更多考验。从中华书局来说，要从几十、几百种书中挑出几种去评比；从出版总署来说，要将新中国成立之后的成果集中起来比试一下，名作如林，大部头的著作为数亦夥，“出线”当然更为不易。我于此道涉猎至浅，竟能获此殊荣，心中自是高兴。不过我也明白，这书还显得粗糙，需要不断打磨才行。嗣后我在发现错误或不妥之处后，立即记下，朋友与读者发现问题，告诉我后，我都表示感谢。就这样，经过几年的磨勘，慢慢完成了修订工作。好在这书重印的机会很多，等到第四次印刷时，前言已重新写过，文字已部分重排或作技术处理，这才算是可以放心付梓，正式完成这一著作了。

世纪之交，我的工作极为繁剧，但我见缝插针，锲而不舍，唐人笔记小说方面的研究始终没有停止。其中一些名著，如《国史补》等，已有人做过研究，看来我也难有新的突破，也就不再措手，而像《因话录》等几种，材料可贵，学术界却关心不够，我就对其作者赵璘进行研究。正好黄永年先生编《古代学术研究集林》，来函约稿，我就将《赵璘考》寄去发表了。嗣后发现此文还应补充，于是又在反复推敲后加以重写。随后印出的同一文章，内容已经充实多了，也完善多了。

到了上世纪九十年代中期，有关唐人笔记小说的研究告一段落，当时感到日后怕已很难再抽出时间继续深入，因此在加入了《唐代笔记小说的校雠》等四篇文章之后，编成了《唐代笔记小说考索》一书，打算初步作一小结。里面一些人物，如卢言、赵璘、韦绚等人，唐代历史上应该有其位置，只是前人注意不够，我的这些研究，用句时髦的话来说，算是“填补空白”，而像《酉阳杂俎》等文，探讨工作应该算是深入了一些。这一篇文章原是为庆祝饶宗颐先生荣任复旦大学名誉教授而出版的《选堂文史论苑》一书撰写，长者有命，自当黾勉从事。全书作者名家林立，拙文忝列其中，自不能过于差劲。

不过，我心中还在不断盘算，自知有关这方面的研究虽然已有专著行世，但其内容仍偏颇不全，因为我只是就《唐语林》中提到的几种书进行研究，还有一些重要的典籍，却是未作介绍；有些已为历史淘汰的书，则不必再提，免得让当下的研究者再去劳神，这样我就应该再作一次清理，对此作一番全面的审视，该去则去，该补则补，调整之后，再出一种新著。到了 2007 年时，学生打算为我举行八十寿辰庆典，我就想到可以编一本新的《唐代笔记小说叙录》，作为答谢各界的礼物。与《唐语林校证》中的附录《援据原书提要》相比，新书之中删去了《魏郑公故事》等数种，加入了《朝野佥载》《鉴诫录》等多种，内容也就纯粹得多。因系专著，故在体例上也作了新的规划，务使纲目更为明晰。这类著作，从记叙方式来看，继承的是前此书目提要传统，而在“内容之分析”部分，则又纳入了个人的一些研究心得，务使新旧兼容，内涵尽可能地充实。至此，我的唐代笔记小说研究才可说是真正划上了句号。

从过去来说，若与正宗的经史之学相比，笔记小说研究只能算是小道，因此正统派的学者是不会倾其全力投入的。西学东渐，学者对史料的看法有了根本变化，国史与小说并重，笔记才能逐步登上大雅之堂。

我就想到，可以编纂一种《唐人轶事汇编》，其价值也就很高。中国学人向来重视知人论世，大家读过新、旧《唐书》之后，再来阅读《唐人轶事汇编》，不就可以囊拓正史、小说两个方面的记载了么？

《唐人轶事汇编》行世之后，不论是在学术界，还是在出版界，均颇受好评。而我之有此设想，也是在《唐语林》的整理工作中得到启发，一步步发展下来的。

我的这些成果受到学术界的关注，多次获得褒奖，当然感到高兴。

胡戟等人主编的《二十世纪唐研究》“文化卷”第四章《文学》四《唐代文学研究的主要成果》中说：“周勋初《唐语林校证》（中华书局，1987年）通过清理《唐语林》的资料来源，推究其取材范围和编纂、流传情况，对唐代若干小说集的原貌及在宋代的流传情况作了令人信服的考证，这一番正本清源的工作将唐代小说研究的整理水平提升到一个新的高度，同时在文献上为唐代小说研究奠定了坚实的基础。他在此基础上撰成的《唐人笔记小说考索》（江苏古籍，1996 年），由目录学入手，将唐代小说创作、编集、传播过程中的各种问题放到古代学术史和唐代文化的大背景下考察，得出不少有意义的结论。”（页 649）“文化卷”第六章《史学与地理学》中，引程毅中的书评，也对《唐人笔记小说考索》作了很高的评价。又杜晓勤《隋唐五代文学研究》（20 世纪中国文学研究丛书）一书中说，周勋初《唐人笔记小说考索》是“20 世纪唯一一部对唐代笔记小说进行深入探究的著作”，“这种宏观与微观相结合的研究方法，为目前尚不太为人所重视的唐人笔记小说研究提供了一些综合研究的实例”。

我的研究李白，能在学术界占有一席之地，也经历着一段滚动发展的过程。

我由研究高适而注意到杜甫，再由杜甫而联系到李白，本身就是一种自然的发展。而我在李白研究中用上了早年写作《九歌》时积累下的有关神话、传说、宗教、民俗等方面的知识，也就使我的研究工作呈现出了一种新的面貌，从而反映出了个人的一些特点，与他人有所不同。

我在研究李白时，关注他的与众不同之处，先后写成了十篇文章，汇成一集，取名《诗仙李白之谜》，交由台湾商务印书馆出版，内地反而不易看到了。不过罗宗强教授在主持高等教育出版社版《中国文学史》唐代部分的分册时，还是引用了我的一些观点，这是因为我们之间向来交流著作，所以他能看到这种境外印刷品，然对他人而言，可能就很困难了。

不过以后我还是遇到了很多机会，将李白研究方面的成果不断扩大。2000 年时，江苏古籍出版社为我出了一套七卷本《文集》，《诗仙李白之谜》编入其中，大家也就容易看到了。与此同时，我写了一部《李白评传》，编了一部《李白研究》，又将这方面的知识扩展了一番，我的整体研究成果，也就不断扩大其影响。

这事促使我反思。自古以来，李白的研究一直属于热门话题，时至今日，仍然如此，差不多每年都有几种新的研究成果推出。在这成果扎堆的情况下，要想脱颖而出，谈何容易！那我为什么能够挤进这支队伍，占有一席之地呢？如果仅靠几篇文章，或是一本《诗仙李白之谜》，也就不太容易产生这样的效果。幸而后来我又拿出了新的成果，产生

南京大学出版社 2011 年出版的平装本

后续效应,影响也就不断扩大,这就容易引起他人关注。我从文化着眼,观察李白的为人,进而将他从唐代诗人群体中标举出来。这种做法,别人也就容易看清。这也就是说,一篇文章或是一部著作,在这出版物层出不穷的情况下,不易引起他人关注,如能将成果不断扩大,内涵不断深化,以此不断冲击文坛,也就容易奏功。我在韩非研究、唐代笔记小说研究和李白研究等领域,都有类似的经历,今日将此浅见贡献给大家,亦是野人献曝之意。薛天纬、孟祥光在《中国古代文学研究年鉴 2005》中负责《李白研究综述》,在“专著部分”介绍我的《李白评传》,说是“《李白评传》的研究思路及某些观点,与作者 1996 年由台湾商务印书馆出版的《诗仙李白之谜》有着明显的承继关系。作为‘评传’,作者不取此类著作常见的以传主生平经历为线索展开评述的写法,而是着意对李白研究中一些重大的、有疑义或者有争议的问题作出自己的独特解说。作者所持的学术理念,是既严格尊重、广采博取史料,又积极探索、不惮出新。所持研究视角和研究方法,则是以多元文化的影响来解读李白其人其诗。比如,李白两次入赘相府而引以为荣,心理上没有什么障碍,是出于他出生于西域迁来的家庭,受到突厥文化的影响。李白剔骨葬友,是因为家居绵州昌隆县,因而受到南蛮文化的影响。书中指出,李白为西凉李暠之后,出陇西李,李暠所建之国又处在异族包围圈中,所以曾努力保护并传承中原文化,李白从家族中受到这种文化传统的教育,他一直怀有晋代情结,重视汉魏六朝文化传统。他三拟《文选》,赋、乐府、古风多摹拟之作,都是这种传统的影响。李白在文学上的贡献,可作处理继承和发展的范例来看。李白不由科举晋身,只求通过献赋与隐逸进身,也与这一文化背景有关。又指出,李白‘功成身退’的思想,出于道家,而非儒道结合等说所能解释。他的思想是综奇士与高士于一身。‘安史之乱’中随从永王,则是其纵横家的思想所决定。即使在一些细节问题上,作者也多有独到见解,如谓李白以词臣奉诏,以‘清平调’名其词,是受了南诏乐调《清平乐》的影响。总之,正如该书《内容简介》所说:‘此书新见迭出,是对中国历史上这一特定时期(按:即盛唐)所产生的诗仙李白作出全新解释的一部学术著作。’”

应该说,我的其他著作大都也有一段滚动前进的经历,只是上述几个方面的著作线索更清楚具体,容易说明问题就是了。

再从上面提到的三类著作的性质而言,韩非研究采用的是传统的方式,针对这一对象的不同方面进行多种不同方式的考察,不拘一格地逐一解决问题。唐代笔记小说的研究重在力破传统偏见,开拓新的学术领域,培育新知。李白研究则采用多元文化的结晶的新视角,在重重书海中力求杀出一条血路,让人一新观瞻。今日可以聊作自慰的是,上述努力均能有所小成,说明当年的观察、辨析与努力还是没有虚耗。我也有了如上所述的自信。这方面的经验,或亦可供大家参考。

这里还可对李白研究方面的情况再作一些申述。2006 年时,我在《中华文史论丛》第一期上发表了《李白与羌族文化》一文,进一步充实我所提出的“多元文化的结晶”之说,此文后译成英文,发表在 Frontiers of Literdry Studiers in China,(Volune 2. Number1. March 2008)上。与此同时,我应中国社科院文学研究所之邀,又写了一篇《李白的晋代情结》的长文,发表在《中国社会科学院文学研究所学刊》2007 号上。我从李白家族的历史阐述河西、蜀地、江南等地的文化交流与相互融会,说明蕴育李白其人的特殊文化背景,进一步阐发我对李白文化内涵的探讨。事后知道,社科院邀约的专家审读时,一眼就看出了这是我的文章。或许可以说,目下具有这种思路的人还不多见,我在这方面的研究成果,似有“独家经营”的味道吧。

阅读近代的中国学术史,可以看到一种现象,某位学者推出一种著作之后，得到他人激赏，随即在学术界占得重要地位，似与我上面介绍的情况不同。如钱穆撰《刘向歆父子年谱》，也就树立了他在思想史方面的重要位置。这当然是事实。但我们也应看到，这些前辈身处的时代，正在各种学术的草创时期，研究队伍相对来说还不算庞大，这类著作的出现，顺应时代发展的要求，容易引起他人关注；而且这一著作确是水平高，经受得起历史的考验。他们的成功，是由诸多条件决定的。而当下的一些学者，基础或已不太可能有那么深厚，又身处烦躁不安的时代，任职单位要求你多出成果，快出成果，否则保住你的职位都会成问题。在此情况下，即使你沉得住气，也难以做到十年磨一剑。当然，我也不是在这里鼓动大家草率从事，将不成熟的、尚待加工的、还应深化的东西匆忙抛出，这样做效果不好，反而会给人一种马马虎虎、水平低下的感觉，这也是得不偿失的事。我只是说，成果完成后，应该持续不断地工作。先行的研究工作，要有后续效应，不断扩大影响，这样更易确立你在学术界的地位。

如果借用战争中的一些术语来说明，那是否可用炸弹作比喻。以往作战时，防守阵地上的设施，毕竟条件简陋，你只要投下一颗炸弹，就可轰出一个缺口；今日不然，阵地上满是犬牙交错极为牢固的障碍物，那你就得投出集束炸弹，才能轰开一个缺口，让你快步登上去。因此，我在总结这方面的经验时，也就取名“滚动前进　集束效应”。

【附录】

疯狂的年代,理性的思考

——《韩非子校注》编写始末

一

现在的学生,在校时学习负担重,离校时就业难,因而时常感到有压力,其实处在每一个历史阶段的人都会遇到特有的压力,我们这一辈人前半生就时时感到政治上的巨大压力。但人们常是好了疮疤忘了痛,对过去的事容易淡忘,对眼下的痛处则感受特深。因此,当今的学生偶尔看到一些记录“文化大革命”中毛主席检阅红卫兵的场景时,或许还会羡慕其时学生的境遇。看!天安门广场上红旗招展,锣鼓喧天,“万岁,万岁,万万岁”的口号此起彼伏,地动山摇。学生无所负担,奉旨进京,“革命无罪”,“造反有理”,可以到处潇洒走一回。只要你有兴致,可以全国串连,爬火车,搭轮船,到处有人接待,游遍名山大川。想到黑帮分子家去抄家时,看到中意的东西,还可以剥夺下来留着玩玩;到大专院校去参观时，遇到反动学术权威，可以开口就骂，动手就打，发泄一下革命豪情。反正“和尚打伞，无法无天”，已经成了“最高指示”，那小将们又有什么压力可言呢？只是处在红色恐怖之中，不知有多少善良无辜的人横遭摧残，不知有多少对国家民族作出过贡献的人含冤死去。

到了“批林批孔”阶段，掀起“评法批儒”高潮时，虽然暴力活动已经减少不少，出版物上却仍在大搞群众运动，连篇累牍地发表各种各样的革命文字。什么工人战斗队、工农理论组、工农兵学员小分队等等，纷纷用笔作刀枪，把历史上的人物一个个拉出来批判。因为古代能够进入法家队伍的人毕竟少之又少，绝大多数的人都属儒家，因此中国几千年来的历史一片漆黑，少见好人。只是“东方红，太阳升”，几万年才产生一个的伟大领袖诞生后，人们才告别漫漫长夜，迎来了灿烂的阳光。

改革开放之后，有机会到国外走走，遇到几位日本朋友，谈到“评法批儒”时，他们说当时还感到很激动，原来中国的工农兵都已经能读懂深奥的先秦古籍，而且能提出自己的见解了。因为他们看到的一些法家著作，上面的署名，尽是××大学、××工厂、××人民公社、×××部队……中的理论组或战斗队，难怪他们深感惊讶了。对此我只能苦笑，心里却在想，一个国家能把自己的声威建立在蒙骗上么？

我们这一代人，时时处在一些莫名其妙匪夷所思的运动之中。我们的一些特殊经历，如果不写出来，后人恐怕难于理解，当他们翻阅过去的文献时，或许还会受到一些如簧之舌的迷惑，因为事实已被歪曲涂饰，难明其相。而我作为运动的一位参加者，又曾留下过有关的一些文字，我就想到，应该把当时的事迹一一记下，也可为后人提供一些认识这一特殊年代的史料。

二

大约是在1974年暑假过后不久，我和洪诚、许惟贤三人到上海参加集体修订《辞海》的工作。一个星期天，本地人都回家去了，许惟贤同志也已在前几天回南京，我和洪先生无处可走，就去参观第一届党代表大会旧址。看到里面还有一些书在卖，内有陈奇猷的《韩非子集释》新版。"文化大革命"中，有关古代文化的书籍都已作为"封、资、修"的大毒草而遭到铲除，这时江青等人兴风作浪，搞什么"评法批儒"，《韩非子集释》一书这才得到了再版的机会。

按照江青等人提出的观点，中国历史是由法家推动而向前发展的。对于这类梦呓，我想凡是神经不出毛病的人，都是不屑一顾的。但当时无书可读，多少年不买书了，积习难除，也就想买一套拿回去翻翻。只是翻开一看，发现这书印得很马虎，删去了原有的附录和增补，这就使我很不满意。况且那时公共汽车拥挤不堪，提着两厚册书，也不方便，决定还是回到住所再考虑就近购买。此事也就作罢了。

回到住处瑞金二路272号原农业出版社的小楼里（现为上海古籍出版社社址），许惟贤已回来了，并带来了最新消息，说是校革命委员会副主任徐福基同志最近去北京，领回了"评法批儒"的任务，中央文革领导小组让南京大学负责法家著作《韩非子》的注释工作。他们倒也引进了竞争机制，每一种法家著作都由两家承担，据说另一种《韩非子》注本由上海总工会负责。听到这消息后，立即想到陈奇猷的《韩非子集释》可不必买了，校方不久就会发一套给我。

我之所以有此预感，是有多年经验为基础的。我很明白，一搞运动，凡属政治斗争性质的，我每充当批判对象或反面教员，但如略带学术气息的，则每充当主力，吸收进革命阵营中去。果然，不到一个星期，南京就传来通知，叫我赶快结束手边工作，回校报到。

我对策划“评法批儒”的那些政客的险恶用心和荒诞行为深恶痛绝，只是身处恐怖政治的高压下，只能随顺世故，参与其中。不过我对工作的对象还是满意的。韩非是标准的法家，这是没有疑义的，对其学理进行阐发，只要尺度把得准，也就不失为一部正规的学术著作，或可取得成绩。不像王安石、龚自珍等人，定要给他们奉上一顶法家的桂冠，闹得牛头不对马嘴，结果定是白费气力。

“文革”后期形势极为复杂。按当时情况来说，一般人认为，上海是受“四人帮”控制的，江苏省委彭冲等人则是听邓小平的，两边关系很紧张。这时上海、江苏各搞一套法家著作《韩非子》，上海由总工会的理论班子负责，必然忠实贯彻“四人帮”的政治意图，为他们篡党夺权的阴谋服务；我们编《韩非子》的注释本，自不能跟着走，应该老老实实地干，把这编成一本富有学术气息的读本，尽量忠于原著，少用那些乱七八糟的政治用语。这番设想，很快在编写组中达成共识，这就为日后的成书获得了保证。

江苏编写组的外部环境还是比较好的。全书的编写工作均由南京大学的教师负责，省里不派什么人来，也不传达什么旨意。其时风行大兵团作战，江苏人民出版社参加进来的两位编辑，一位是原省哲学社会科学研究所的研究人员汤敬昭同志，另一位则为原省委宣传部的秘书李仕安同志，和我们参与此事的教师属于同一类型的知识分子，彼此共同语言很多，容易相处。三结合中的另一股力量，南京化学工业公司理论组派来的几位工人师傅，都是新从大学毕业的学生和高中毕业生，平时很爱学习，对我们这些“臭老九”都很客气。厕身这一写作班子，在当时来看，也可算是知识分子难能遇到的一个安乐窝了。

这时全国已经恢复党的组织活动,南京大学党委随即组成了一个庞大的编写领导班子,总管全局。参加的编写人员,则实行工人、学生、教师三结合。这时的学生号称工农兵学员,因此从阶级成分来看,那是绝对可靠的。全部成员八十多人,分成七个小组,每一小组十人左右,内有教师两名。我则负责全书的总体设计和统稿工作。但我出身不好,无党无派,非党非团,不久之前还被革命小将和革命教师宣布为地主阶级的孝子贤孙和封建学者俘虏,这时自不能担当什么领导职务,于是他们给我安了一个头衔,叫做“顾问”。另一顾问为周钟灵先生,他写过一本《韩非子的逻辑》(人民出版社 1958 年版),于此研究有素,自可发挥作用。但他只负责全书的标点和分段,这方面的工作做得十分出色。

“顾问”本是一个荣誉头衔。所谓“顾问顾问,顾而不问”,而我则起早摸黑,尽干实事。工作流程规定,我把各组交来的稿子一一修改完毕后,就得送请上、中、下三级领导逐一审查,可知我这“顾问”,只是身处下层之下的一个具体工作人员。名实乖舛,荒腔走板,令人发笑。

我把《韩非子》全书五十五篇文章也分为七组,并且将各类文章打散,让每一个小组负责八篇左右。这种分配方式,一下去后就有教师表示异议。他们认为应该按类分配,例如哲学系的几组,就可负责《解老》《喻老》《扬权》《主道》等哲学论文,这样既可学好哲学,又可提高质量,加快进度。事后思之,这一意见有其道理。工农兵学员和教师本从文、史、哲三系中来,各人的专长和关注的对象不同,应该注意每一位参与者的特点。但我这样安排,正反映了我的治学特点。我一直认为目下文科分工过细,读中文的不懂历史、哲学,反之亦然,这样必然会限制学生的发展。我国古代向有文史不分之说,先秦诸子更难说是某一专业的人物,学生自可趁此进行一些综合研究的锻炼。我总认为,后人若想在文科领域中取得较高成就，应该进行综合研究。

第一次组织队伍时，南大师生仍分散居住在校内原地，到了第二次组织队伍时，省里拨下一笔款子，于是领导小组决定将全部人员集中到省属的建邺路招待所(原省委党校)。用现在的眼光来看，这时的生活水平自然是极为低下的，但对历经磨难习惯于席地而睡的教师来说，也可算是难得的居住条件了。

参加注释的学生每参与一次突击总要停上两个月的课。有的学生不耐寂寞，常是溜回学校去，此地又近闹市，有的学生就常去逛街。大家集中精力攻读革命的法家著作，本来指望提高觉悟，但据说有的学生却是中了法家的毒，在卧室的墙上贴了些韩非的语录，总是有关人情好利恶害和使用各种权术的精到分析吧。于是领导小组感到光是学习法家著作不行，还得正面进行毛泽东思想的教育，从而加强了党团组织的活动。

“文革”中，不论做什么事情，都要求直接向工农兵取经。《韩非子》的注释稿反复了几次，完成初稿后，就得直接向工、农、兵徵求意见了。领导小组与江苏省总工会挂钩后，事情很顺利，约定某日去他们那里开座谈会。那天从几个工厂里来了几位工人，大约都是一些对古代文史较感兴趣的理论骨干，提了哪些意见，现在已一无记忆。因为局面很平和，所以没有留下什么突出的印象。或许由于稿子是由工农兵学员提出的，来路有保证，因而不必剑拔弩张吧。其时工农兵学员肩负着神圣的使命，中央给他们规定入学后的任务是“上大学，管大学，用毛泽东思想改造旧大学”，“评法批儒”自然也属这项神圣事业的一部分。他们和出席会议的工人属于同一战壕里的战友，教师自然不宜抛头露面，理当隐姓埋名，暗中出力。

请解放军提意见时，却遇到了一些麻烦。挂钩单位是编号×××

×的一支警卫部队。他们派出了几位战士,接到稿子后说是看不懂,提不出什么意见。原来那个时期的战士一般只有小学文化水平,自然对文字艰深的先秦典籍无法理解,不像工人理论班子中的人,大都具有高中或初中的学历,故能勉强应付。怎么办?工、农、兵的意见总得听取,于是领导小组派出了几个善于表达的学生,先给战士上课,然后再去虚心听取宝贵意见。

听取农民的意见最为困难。上级指定我们到郊区著名的十月公社去取经。时值夏初大忙,农民劳累一天后,还要文绉绉地来谈什么法家著作,无疑是一项不受欢迎的额外负担。但对上级交下的政治任务,却也不能推卸。于是定下一个晚上,由工农兵学员赶去受教。学生事后讲,那天晚上简直有些惨相。大屋子里,一灯如豆,队长叫来的一些农民实在累得支撑不住,有的就靠在墙上睡着了,只有几个会说话的农民高谈阔论了一番,也就草草收场,交差大吉。

战斗继续进行,兵团却越来越小,集中突击,大约两个月后休整一次,调整班子,重新组团。开始时参加者有八十多人,后来缩小为四十多人。这样轰轰烈烈地干了将近年把,注释稿反复了三四次。到了1975年秋天,全书注释完成了第二稿,这时大家就想利用思想战线上的这项头等大事出外徵求意见,公私兼顾,旅游一番了。

出版局批准了我们的计划,兵分两路,北路由王友三同志负责,到北京、天津、沈阳、大连等处的高校中去徵求意见;南路由刘仲明同志负责,经武汉至广州,再由杭州至上海,然后回家。我参加南路的一支。出发之时,已是深秋。登上轮船直奔武汉时,面对浩淼的江水,多年郁积,不觉为之一舒。

我们到武汉大学徵求意见时,听到了哪些宝贵意见,现在一点记不起来了,只记得和我们座谈的一位教师诉苦,说是他们从农场回来时,系里书籍已损失殆尽,至今系里只有半部《辞海》云云。

我们住在一家招待所里,三个人一间,很干净,伙食也不错,感到十分满意。抓紧时间玩了东湖,饱览山光水色,和南京的玄武湖相比,各有巧妙不同。

刘仲明等几位组织观念很强,遵照上级批准的路线,直接去了广州,我和周一展同志则以瞻仰革命圣地为名,绕道去了长沙和韶山。周一展已患高血压多年,平时工作出力少,因此出版局本不批准他去,他来和我商量,说是以后不可能再有出门的机会了,希望我为他争取一下。毕竟我在这一工作中任主力,经我力争,上面还是同意他去了。他在高校工作一生,很不得意,这次畅游鄂、湘、粤、浙,可以说是最为惬意的一次长征了。

到了广州,和刘仲明等会合。一路劳累,身上很脏,但招待所里只有冷水供洗澡,又怕感冒。刚巧徐福基同志代表南京大学到这里来开编纂《汉语大词典》的动员会议,住在东方宾馆,于是大家以拜访领导的名义,前去轮流揩油洗澡。

我们到中山大学访问时,校内正在贴大字报,声讨容庚教授。原来"评法批儒"起来后,中山大学领导让众教授一一表态,容庚表示决不批孔,上面如果逼他,他就步老师王国维的后尘,跳到珠江中去自杀。容庚的儿子是个军官,组织上让他回家开导这位花岗岩头脑的父亲,但当儿子一开口,容庚就怒斥,让他立即滚蛋。在政治如此黑暗的年代里,此老还能有此表现,真是铮铮铁骨,可作知识分子的楷模,听后肃然起敬。

到杭州大学向王焕镳教授徵求意见,却又感到可怪。他在"文革"之前出版了《韩非子选》一书,这时又重印了。应该说,此书学术水平颇高,新见很多,但喜改字,有的地方整句、整段地移动,颇与传统的校雠之学相左。当我就此向他提问时,此老认为理该如此。古书原来是文从字顺的,如今文字不通顺,说明流传过程中发生了差错,我们今天就应该把它改顺,这样也就恢复了原貌。这番议论,听后将信将疑,最后只能以“道不同不相为谋”来对待。

到了上海后,就和上海钢铁三厂理论班子中的一位工人联系,我在修订《辞海》时认识他,也就请他带进车间去看炼钢的整个过程。转炉出钢时,钢花四溅,甚为壮观。出钢前,工人先舀出一勺,有人戴着墨镜观看,大约是看成色吧,然后让人抛了几块铁饼进去。我问向导,这样做什么意思?他说观测后感到成分不行,所以抛入铁饼去改变成分。以前我听理科的教师讲过,国外早就采用光谱等技术分析钢铁成分了,中国工人粗枝大叶地干,能炼出好钢来么?但我自知外行,也不敢多加追问。

回校之后,重新组织人马,继续战斗。学生不再参加了,出版社开始介入,参与组织安排。编写人员由教师、工人、编辑三方面组成,集中到江苏人民出版社的一个招待所,位于后宰门原共青团省委的一幢楼里,后勤工作由出版社负责。大家关起门来,全力修改注释稿,前后历时数月,最后还留下一张合影,其中四位南化公司的师傅,两男两女。都是优秀的青年工人。牛钊同志时任江苏人民出版社法家著作编辑组副组长,有时也来参加讨论;组长高纪言同志则很少来,没有参加过讨论。

记得当初南化公司的工人师傅列队进入南京大学时,一律手持红宝书(《毛主席语录》),身穿宽宽大大、同一式样灰色夹蓝线粗布缝制的劳动服,正步前进,有节奏地从心口起向上挥舞红宝书。灰蓝二色,是这一时期人们着装的标准色。春秋二季, 般都穿蓝色;一到冬季,一般都穿灰色,因此有些外国佬就称中国人为蓝蚂蚁或灰蚂蚁。反观照片上人的穿着，也是色彩单调，款式相仿，鼓鼓囊囊的。因为底色灰暗，因此也都有些灰头土脸，只有两位女师傅，身穿略带彩色的小棉袄，已可说是“一段好春藏不尽，土墙斜露杏花梢”了。

《韩非子校注》后期编写人员合影

从左至右，前排：周钟灵、洪诚、高纪言、徐福基、刘毓璜
中排：李仕安、王干、汤敬昭、马俊南、牛钊、李玉琦、曹元宁
后排：周勋初、刘仲明、李书有、林仁栋、王友三、彭纪纲

这时的编写班子已与前时大有不同。洪诚先生为中文系的教授，小学名家，他在训诂方面的修养，全国一流，全书的注释即由他把关；刘毓璜先生为历史系的教授，专攻中国古代思想史，史学方面的问题由他把关。其他人员，不是任教多年的教师，就是具有大学学历的干部和工人，讨论起来，也就深入得多。我们采取集体讨论的方式，一篇一篇地读，一字一句地推敲，各抒己见，达成共识后再改动，作风是很民主的。这时回过头来读梁启雄的《韩子浅解》（中华书局 1960 年版）等书，也就不断发现错误，里面的串讲部分每与原文意思不合。

这次修改的是第三稿，完成之时已至1976年1月底。过了春节，待全稿打印完毕，大家再次集中到后宰门招待所。只是南化公司的人员作了调整，王干等四人调回原单位，理论组又派来了两位青年工人刘敬义、苗延陆同志。我们从头至尾又磨勘了一遍，字斟句酌，反复推敲，完成了第四稿，这也可以说是“文革”末期的定稿了。

1976年上半年的后期，全书已接近尾声，是否抓紧时间出书，大家可犯难了。讨论过程中，大家深感韩非此书贴近现实太近，有些话就像是对今人说的，弄得不好，就会被人视作借古讽今，惹出大祸。例如《主道》篇中说：“有功则君有其贤，有过则臣任其罪。”（作出了贡献，君主享贤能之名；犯下了错误，则由臣下担当罪名）《二柄》中说：“君见恶，则群臣匿端；君见好，则群臣诬能。”（君主表现出厌恶什么，群臣就会把这方面的事情掩盖起来；君主表现出爱好什么，群臣就会吹嘘有这方面的才能）现实生活中不是常见这类情景么？《五蠹》篇中提出，要“誉辅其赏，毁随其罚”，犹如林彪荣任接班人后，大家就得尽情歌功颂德一番；刘少奇被废黜后，则还要加上叛徒、内奸、工贼的恶名，使之永世不得翻身。《韩非子》中类似的理论很多，读时常感毛骨悚然。大家深深觉得中国的社会发展太滞后了，几千年来政治领域中的肮脏东西居然能延续至今，读《韩非子》时，犹如读当今的政治教科书一样。我就觉得学了一段《韩非子》后，对中国历史和当前现实有了深一层的认识。

有些篇章，更是叫人无法落笔。例如《八奸》一文，分析君主身边潜藏着八种奸人，文曰：“凡人臣之所道成奸者有八术：一曰在同床。何谓同床？曰：贵夫人，爱孺子，便僻好色，此人主之所惑也。托于燕处之虞，乘醉饱之时，而求其所欲，此必听之术也。为人臣者内事之以金玉，使惑其主，此之谓‘同床’。二曰在旁。何谓在旁？曰：优笑侏儒，左右近习，此人主未命而唯唯，未使而诺诺，先意承旨，观貌察色以先主心者也。此皆俱进俱退，皆应皆对，一辞同轨以移主心者也。为人臣者内事之以金玉玩好，外为之行不法，使之化其主，此之谓‘在旁’。三曰父兄。何谓父兄？曰：侧室公子，人主之所亲爱也；大臣廷吏，人主之所与度计也。此皆尽力毕议，人主之所必听也。为人臣者事公子侧室以音声子女，收大臣廷吏以辞言，处约言事，事成则进爵益禄，以劝其心，使犯其主，此之谓‘父兄’。……”按照原定体例，每一段略为难解的文字必须有相应的串讲，但像上述一段，若是用口语翻译出来，有人上纲上线，诬为实有所指，那可是有口难辩的事，势必闹出个杀身大祸。“文革”前后这类文字狱难道还少见么？大家踌躇再三，不知怎么办。有人提出这类句子索性不加串讲，只保留原文，那就不关我们的事了；但有人立即指出，这不是又会让人说，我们是在故意引人注目而在此处留下一段与全书体例不同的文字么？当时处在“文革”结束前夕，“四人帮”正抓紧抢班夺权，和我们对垒的又有另一家《韩非子》的写作班子，假如他们咬我们一口，那不就会招惹飞来横祸了么？思来想去，无计可施，出书之事也就拖下来了。

我们尽力排除干扰关门注书，外边却仍是喧嚣动荡，折腾不歇，一些重大事件，仍在不断撞击大家的心扉。早在“评法批儒”初起时，“批林批孔”的鼓噪声中，就夹杂有“批林批孔批周公”的口号。项庄舞剑，意在沛公，下一轮的打击目标，似乎已经确定。到了 1975 年 9 月，江青又带了一批人马到大寨去发动“批《水浒》”，说是投降派的头头宋江架空了水泊梁山的首义英雄晁盖，于是那股矛头指向周总理的暗流，益发嚣张，更趋表面化。1976 年 1 月，人民敬爱的周总理逝世。清明时节，首都人民出于对周总理的怀念，对他生前死后遭到的对待深感不平，群情激愤，自发地汇成了声讨“四人帮”的洪流，随即遭到了残酷的镇压。之前不久，南京的青年学生也在街头与车站码头举行了声势浩大的声讨“四人帮”的运动，同样遭到了镇压。其时天灾人祸不断，唐山发生大地震，波及南京，大家赶紧捡几根竹竿，顶几块塑料布，搭个简易“防震棚”，睡到屋子外边去。人心惶惶，居处难安，又牵挂着时局的发展。周恩来去世不久，朱德相继去世，邓小平复出不久，又被打倒，正可说是“闻道长安似弈棋，十年世事不胜悲”。1976年的中国，何其多灾多难！然而“四人帮”不管你老百姓的心情何等郁愤，活得多么艰难，宣传机器却仍在无休无止地鼓吹“形势一片大好，越来越好”，而自五十年代之后开始的造神运动，仍在变本加厉地推进，神州大地的上空，仍被涂饰成霞光万道，瑞气千条。只是时至九月，突然晴天霹雳，我们心中最红最红的红太阳中天陨落，毛泽东离开了尘世，于是天地为之变色，举国上下一片迷茫，稍有政治头脑的知识分子无不预感政局即将发生巨变。中国往何处去，无法预料，也不准你猜想，大家只能在慌乱中等待，不管是好的消息还是坏的消息，大家都得接受。

《韩非子》编写组内人员关系融洽，想法相同，大家都对“四人帮”的所作所为又恨又怕。正在彷徨时，北京传来了“四人帮”被抓的消息。牛钊同志本是原省委办公厅的一支笔，与内部人员关系深切，当他私下里告知这一消息时，无不心情激奋，觉得中国历史上最黑暗的一页即将过去了。整个国家，可谓绝处逢生，我们的这项具体工作，也获得了转机。

这时倒是大家应该认真考虑《韩非子》注释稿如何正式出版的时候了。原来的稿子，在训诂等方面具有一定基础，但还得认真检查，清除“四人帮”的馀毒。尽管编写者人人痛恨这帮败类，但身处极左思潮之中，难免受到沾染，必须认真对待，清理一番之后，才能公之于世。

我们决心将此书改写成为一部真正的学术著作。于是上级委我以重任，由我负责改写定稿。我就想到，还得先在文字上取信于人，增加校勘部分。文字方面的消毒工作，可由出版社编辑协助，版本校勘之事，只能由我独力承担。我们在讨论之时对字词曾有很多推敲，但当时计不及此，没有做什么记录，这时只能到各大图书馆中去广求善本，作一番版本方面的校对，再吸收清代和当代学者的校勘成果，寻求根据。为此，我在北京崇文门旅馆中住了两个多月，每天到北京图书馆和其他图书馆去校书。当时借书限制较少，北京图书馆善本部内两位负责管理的工作人员许汉忠、杨殿甲同志大力支持，我乘此机会，看到了不少善本，大饱眼福。

《韩非子》诸善本中，最为名贵的，或许要以黄丕烈校影宋钞本《韩非子》为最了。此书原藏清初钱曾(遵王)家，其底本也是宋乾道黄三八郎刻本，黄丕烈求得钞本后，曾用李书年家所藏的宋代原刻校过，并"以别纸影钞宋刻之真者附于末"。后因宋乾道本失传，故此最得"宋刻之真"的十四页文字更显得可贵。后来的四部丛刊本即据此影印。我为留一书影，要求借出原书一观，藉睹庐山真面目。北京图书馆珍重异常，轻易不肯提出此书，他们要我去文化部开一介绍信，我照办后，终于让我看上了十多分钟。全书装帧极为精美，书别子用象牙制成，刻成两只象形。黄丕烈和孙毓修的校语，分别用朱墨二色书写，可惜四部丛刊影印时未加套印，不能显示原貌。

《道藏》本《韩非子》开本宽大，原为梵夹本，道光年间重配了书套。后有白云观的印记。左右无边栏，涵芬楼影印时，为便读者查检，于上端边栏外加上了页码，故与原书已有不同。

北京图书馆中有一种翁同书的《韩非子》(管韩合刻本)点校本，附记当日大事。翁同书为翁同龢之兄，当时正在安徽巡抚的任上，利用读书之便逐日记载与太平天国军队战斗的进程，真实具体，可以据此研究这一阶段的历史，可惜至今似乎还未有人注意这一史料。

我将十种左右的善本并列案头，与原稿一一对勘，制成"校勘记"。

这样优越的读书条件，他人怕是难以企及的。我先后将几种善本制成书影，下附简要说明，附在书内，增加全书的学术分量。

我请刘毓璜先生在《中国历史地图集》中春秋、战国时期地图的基础上，加上《韩非子》书中的地名，制成《春秋时期形势图》《战国时期形势图》两幅历史地图，并请我校地理系许培生同志绘制，后用彩色套印，附于书末，以便读者查检。

在全书的编写工作中，我最感到遗憾的一点，是一些编写人员过于注重个人专业。教师大都只对与己有关的篇章感兴趣，文章内容距离个人专业较远时，也就不予关注了。全书将成时，我就希望有人来做一个人名索引，这是当代的学术著作必须具备的附录。但经多次提出，却无一人肯做。或许他们认为这类工作只有付出，对个人没有什么提高，故而宁愿闲谈消遣，也不愿动手的吧。不得已，我在统稿的忙碌之中，只能利用空隙时间，细加考辨后制成这一索引。

这项工作的直接受害者是南京图书馆。他们借出吴鼒本《韩非子》一书，编写组翻来覆去地用，交还之时已接近残破。处在当时的情况下，大家对善本图书根本谈不上爱惜二字，此书没有被人中饱私囊，已属大幸。“文革”初起，红卫兵小将进驻中文系资料室，他们中的一些人把汪辟疆先生捐献的善本撕下来擦屁股，正像当年小军阀王金发的大兵在山东聊城海源阁中用宋版书擦鸦片烟枪一样，那么这部吴鼒本《韩非子》总算还能全尸归库，也已算是幸事了。

1978 年时，此书已近完成。全书面貌与原先的设想大有不同，故决定以《韩非子校注》一名问世。有人提出，全国形势与前已有根本不同，此书的编写者中不必再加上南京化学工业公司理论组的名字，因为他们考虑到这样的具名方式会影响到此书的市场前景，对此我坚决反对，认为应该保留历史原貌。南京的这批工人师傅与我们相处数年，关系很好，提高很快，实属难得，不能因为目下形势变化而抹煞他们的存在。最后大家统一了认识，全书编者用《韩非子》校注组的名义，后记中则详列后宰门后一阶段参加人员的名单。

我在完成集体著作《韩非子校注》时，还完成了一本个人著作《韩非子札记》。两部书稿同时交出时，我曾声明希望先出集体著作，后出个人著作。但《韩非子校注》采用注释不过页的排版格式。工人排版时，每页正文和注释的字数都要有精密的计算，在技术上要求很高，据说全国能排这种格式的工人不多，江苏新华印刷厂中也只有两位工人能承担。当时厂里业务繁忙，而此书篇幅很大，因此厂方一直拖着不肯排印。直到 1982 年出版系统在北京举办一次全国性的出版物展览，江苏人民出版社要把这部《韩非子校注》作为重点读物展出，出版局才下令新华印刷厂将此书突击出来，这时《韩非子札记》却已出版多时了。

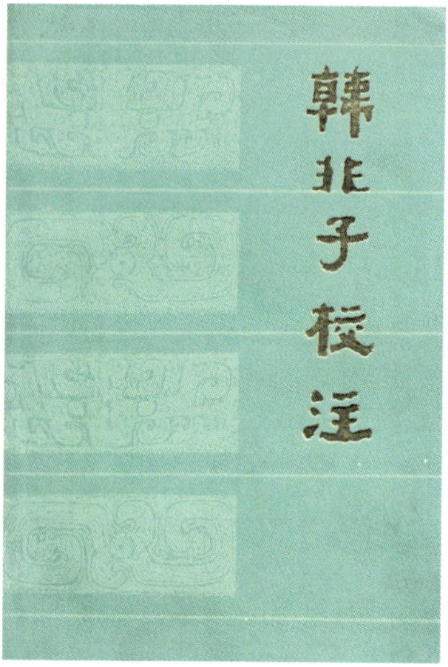

江苏人民出版社 1982 年 11 月出版

此书毕竟经过众多人士的反复推敲，质量尚有可观，出版后反映良好。陈奇猷、张觉在《韩非子导读》一书中介绍本世纪内的著作时说：“……其中最值得称道的，当然是《韩非子校注》。作者校勘时利用了国内各大图书馆珍藏的善本，取舍比较慎重，凡有校改，必列出校记。注释虽也有不妥当的地方，但大多比较简明精确、深入浅出。所以，该书也可以说是一种雅俗共赏的《韩非子》读本。”（巴蜀书社 1990 年版）

我很庆幸,处在史无前例的“文化大革命”中,演出这幕“评法批儒”的荒诞剧时,不幸卷入其中,但巧用机缘,个人还能完成公私两部著作,不但在学识上有所提高,而且对学术界也未造成损害,反而增添了一些可供参考的研究成果。与我们对垒的原上海总工会负责的那部《韩非子》注本则烟消云散,早就化为一堆废纸了。

三

我在后宰门招待所里负责统稿时,工作极为辛苦:白天参加集体讨论,晚上改稿,每天总要忙到半夜两点后才睡觉。生活作息时间无法和大家一致,出版社就让我单独住上一间,工作时可不相互干扰。

因为这是突击任务,不受他事影响,精力非常集中,一年多后书已很熟了。一个晚上,突然感到某篇文章之内有一个问题前人尚未讲过,可以阐发,只是改稿任务太重,无法精心组织成文,不过还是觉得应该立即记下,以免日后遗忘。可手边连一张白纸都没有。出版社为怕外界指责我们过世外桃源生活,每天派人到新华日报社去拿试印样张来看。这种报纸只印半面,我就把它裁成十六开样,制成笔记本,随手记下心得。

此事一开了头,真像打开了思想的闸门一样,差不多每天都有新的想法涌现。照例,我先拟一个题目,然后立一个简单的提纲,一、二、三、四……把论点记下来,附上所依据的篇目。引文则暂时不录,因为书已很熟,一看篇名就可知道要用的是哪几句话,这时不必多费时间抄录。

星期六回家,也就着手把这一提纲演绎成文。因为每一篇文章一般只有三四千字,一个星期天也就完工了。

工作一段时间后,就会休整一次,或半月,或一月,料理家事。我就用来加工此稿。文章接近定稿时,我就送请洪诚、刘毓璜等先生提供意见。

写作这一类文章，只是出于自娱，处在那种环境下，不可能想到正式出版。但我知道此生投入法家著作的学习与注释纯出偶然。有些想法如不及时记录，必然随着岁月的流逝而消失，因此笔头还是勤快的。没有多久，案头就堆积起厚厚的一叠了。

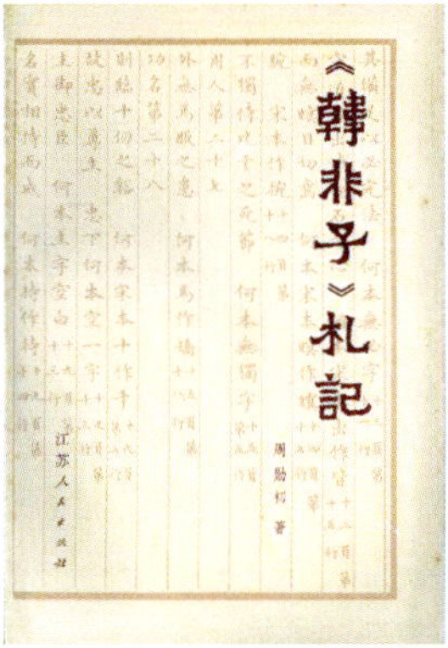

江苏人民出版社
1980年11月出版

因为只是读书的心得，而且是在一篇篇精读的基础上产生的，因此在正标题外，还要附上一个副标题——读《××》札记。几篇之后，突发一愿，应该写满全书五十五篇札记。不管是阐发理论也好，考订史实也好，编排材料也好……都要提出一些前人从未触及的东西来。当时也确是这么做了，但随后发现，前后交叉重复太多，因而不得不改变计划，又依主题归类，以“札记”为名而行兼收并蓄之实。各篇的编排，除第一篇外，隐然仍依五十五篇文章的原有程序。

我自己也感到奇怪，像我这样一个思维迟钝、学术底子又薄的人，怎么可能每读一篇《韩非子》就产生一种新见？事后思之，这可能与学术界的现状有关。清末以来，子学逐渐兴起，“五四”之后，学人开始注意先秦诸子各家学理上的贡献。但学术上的分科发展日益明确，研究哲学的人不再留意文学与史学，反之亦然。《韩非子》一书，这时已被列入“哲学”一科，自后也就少见有人从其他学科的不同角度去研究了。我自年轻时起就喜欢泛读，对文、史、哲都有些兴趣，读《韩非子》的文章时，就想在他人注意不够的地方，从每一篇文章中发掘出一点新见。

我的本业是中国古代文学，几篇有关文学的札记，像《韩非写作手法上的一些特点》，分析《观行》这一小品，分从排比、比喻、结构三方面探讨其特点，觉得还够水平；《历历如贯珠的一种新文体——储说》，从各家体例的异同分析韩非经说体的独创，还说出了一些道理；但像《寓言漫谈》一文，虽然题目不错，可当时一无参考书可读，也不知境外学者对此有无新见，因此在理论上颇感困惑，只能就目之所见略事申述。有关“寓言”的定义，只能采用当时几种小词典上的解释，也可见到我的窘迫了。

有关哲学的几篇，普遍感到弱。《“坚白”“无厚”综述》等文，因为发掘出了一些资料，理了一下哲学术语的线索，或有可供参考之处。但像《形名之术的由来》等文，颇欲辨析名理，只是困于素养不足，未能臻于深化，只能徒唤奈何。

有关历史的几篇，则尚有满意的地方。《战国时代的封君》《战国时期的几起变乱佚史》等文，有关若干国家史实的考订，前人均未道及，辨析还是比较细致的。《韩非与“百国春秋”》《〈战国策〉与〈韩非子〉》等文，前人议之者已多，但我在对历史文献进行探讨时，有些地方似乎更为深入些。

有关版本目录的几篇，则是这次参加工作后的新收获。我不懂版本目录，以前也从未系统地学过。1978 年，为了增加校勘部分，看到不少《韩非子》的善本，积累了不少版本目录方面的知识，也就写下了几篇这方面的札记。因为这是专门之学，事后一直不敢自信。八十年代认识了这方面的专家黄永年先生，就拿列于全书之首的《〈韩非子〉版本知见录》一文向他请教，承告所言无误，心中始安。

自知于此本是外行，只有经过目验的才敢发言，因此批评一些专家的错误时，他们只能默认。

有些问题，习非成是，即专家也不免于此失足。王力先生主编《古代汉语》，介绍法家思想时说："韩非反对'用人唯亲'，提倡'用人唯贤'。"这样说，只是根据儒法对立的现象加以推论，与实际情况不符。我就写了《"用人唯贤"不是法家观点》一文予以纠正。

有些札记，纯属积累资料，如《说图像》一文，把我当时所能见到的有关材料集中在一起，以备日后检索。

有些札记，从学科归类而言，我也不知道该属何类。如《圣人解》《〈有度〉辨》等文，着重辨析这一时期某些名词的特殊含义。反正想到就写，不受约束，文字则力求生动。

我在写作过程中，有意识地提高自己的分析能力，因此《韩非论君臣关系》等文，自以为分析得还是比较酣畅的。《〈十过〉的真伪问题》一篇，初在淮阴师范专科学校主办的《活叶文史论丛》上发表时，受到该校几位教师的高度评价，认为分析得比较透辟。

《论商鞅》一文，用历史发展的观点辨析王道、霸道、强国之术的递嬗与运用，自信前人从未说过。《周主·周君·周天子》一文，从主、君、天子三词的运用上识别西周君与东周君的地位，从而说明周天子帝毂之下的纷争，可以帮助大家解决《韩非子》中的一些难点，比之清儒苏时学《爻山笔话》中的有关论述，应当说已有很大的提高。

我力图打破写作学术论文的程式，不拘一格，采用了各种研究方法，写成风格各异的札记。例如《韩非的偏见》一文，仅限于归纳材料，让论点自行浮现;《〈亡徵〉史实例证》等文,则用注释的方法提示相关的历史事件,借以说明产生法家理论的政治背景;《〈韩非子〉版本小议》等文,则用统计的方法将研究成果列表说明,让读者易于掌握《韩非子》各种版本的异同。

这种列表说明之法,我用得很多,例如《韩非对吕不韦的批判》等文,就将叙述同一事例的两段文字对照,可以有力地展示二者之间思想上的歧异。《郭偃之法》《论申不害》等文,则将徵引到的各家之说前后并列,说明彼此之间的继承发展关系,借以显示韩非法家思想的形成和发展。《〈战国策〉与〈韩非子〉》一文,详列二书中的同一故事,进而探讨《说林》等文的性质,以及《战国策》的作者问题。

总的看来,《韩非子札记》中的四十八篇文章大体都能贯彻我原先的写作意图。有话则长,无话则短,随心所欲,信笔抒写。最长的几篇,如《韩非与"百国春秋"》《战国时期的几起变乱佚史》等,大约在八千字左右;短的一篇《当涂之人——韩玘》,不过千字略过。从我自己来说,不断变换手法,颇有兴味;对读者而言,文章错落有致,或许容易引起他们的兴趣。

南京大学领导为了支持我们搞法家著作,特地印了一批很好的稿纸供誊录。实则此时工作班子中另有两位打字员在操作,已无需再誊抄,因此这批稿纸一直没有使用。那时稿纸奇缺,大家决定将此瓜分给每一位参与者,我就利用它将全部札记誊清了一遍。1978 年,《韩非子校注》的初稿已告完成,《韩非子札记》的写作同时告一段落,责任编辑汤敬昭同志来到我家商量《校注》出版事,看到桌子上堆着厚厚的一叠稿子,这时才知道我同时还完成了另一著作《札记》。他当场翻阅了几篇,觉得都有新意,此稿很有价值,也就拿去正式出版了。

汤敬昭同志是《韩非子校注》成书的功臣。他参加这项工作历时最久，具体工作做得最多。“文化大革命”结束前夕，李仕安同志调回省委宣传部任职，责任编辑仅剩下他一人。后一阶段的编辑工作，由他一人承担。我在北京数月，从事校雠工作，他则驻社负责统一体例、梳理文字、复查注释稿、起草出版说明与后记等，二人相互配合，效率很高。自《校注》的编写工作开始到成书正式出版，我们相互支持，合作得很愉快。

《札记》出版后很受各界欢迎。我也不太明白此中原委，但此书内容不一，采用综合研究的方法，目下很少见到同类著作，当是受到注目的原因之一吧。

前辈学者段熙仲先生主动撰文介绍，云是“全书共收札记四十八篇，实质上是篇篇有根据有心得的学术论文”。虽觉受之有愧，然而考虑到身处疯狂的年代尚能进行理性的思考，还能取得一些成果，心想书呆子最后还是没有吃亏。

通过此书，我还结交了好些本行之外的学者。1995 年后多次去台湾访问，遇到不少新的朋友提及此书，“文革”时期的著作居然还能得到大家的青睐，实属意想不到的事。

通过此书，我还结交了几位国外的朋友，如日本东京大学教养学部法律系的长尾龙一教授和时任马来亚大学中文系主任的郑良树教授。郑良树教授以精研先秦诸子知名。他在大著《韩非之著述及思想》（台湾学生书局 1993 年版）中常是引及我在《韩非子札记》中提出的论点，且作为有价值的结论而推介。例如我在《韩非作品写作年代的推断》一文中根据韩非思想的变化和书中内证推断其作品的写作年代与真伪，当年洪诚先生即誉之为“大有用之文”，郑良树先生亦每采用其中论断而定作品年代。然而我所引以为憾的是，此书毕竟成于“文革”之中，其时图书馆仅局部开放，学术交流完全中断，无法看到他人的著作和有关的参考资料。因此每当听到这类赞誉时，心中总是杂有丝丝苦涩。

长尾教授于1999年信山社出版的《古代中国思想ノヘト》的后记中还叙及结识经过，文曰：

> 1982年赴美期间，我利用华盛顿国会图书馆中的中国部、日本部藏书，将在日本未及写就的韩非子论完成，即本书中的《韩非子笔记》。在那儿，我发现了研究韩非子的、具有敏锐智慧和渊博知识的大陆学者周勋初的著作，“在文革的狂风暴雨中，居然有这样的智慧幸存下来”。这使我深受感动。
>
> 回国后，我将周书的复印本交给台湾留学生李纯如，她查明周先生乃是南京大学的教授，于是我们开始通信。1991年我访华时，在上海籍留学生姚胜旬的陪同下，我去了南京，拜访了周勋初先生，向他请教了有关白川孔子、渡边墨子和韩非子传的意见和感想。后来周先生来日，我陪他在东京游玩了一天，驹场宿舍的污秽，曾令他目瞪口呆。

长尾先生说的驹场宿舍，是在我的要求下，前往参观的东京大学学生宿舍。日本大学生在校期间的浪漫，与工作之后的谨饬，反差太强烈了，不由得不引起我极大的惊诧。由此我又想到，要想真正了解其他国家的文化或国民性，谈何容易。长尾教授还说他本想把《韩非子札记》译成日语，但后来觉得有的文章不便下笔，因而作罢，这就引起了我的警觉，随之对全书作了进一步的检讨。

“文革”结束后，我对《校注》和《札记》都曾作过一些修改，删去了一些极左的论点和言词。当时也发现了一些全局性的问题，如不称“孔子”只称“孔丘”等。不过这时还自有一套自圆其说的道理，觉得现在的人对先秦诸子的称呼不必厚此薄彼。“子”字自是尊称，对孔子等人动必称“子”，无此必要，应当与韩非一样对待，直呼其名。因此，文中每逢其他各家，也都直呼墨翟、庄周……只有老子例外；李耳一名，一般读者不易理解到底指谁，因此只能采用老聃一说。

时隔数年，随着社会上思想解放运动的进一步开展，个人的认识也在不断深化，对于《札记》中的问题也就看得更清楚了一些，觉得个别地方的论述已经不太像是学术著作的应有格局。例如《田常与宰予的斗争》一文中，说是陈恒杀掉齐简公，“旧秩序的维护者孔丘听到这个消息后，如丧考妣”云云，读后自觉不是味道。“五四”以来，随着反封建潮流的涌现，嘲弄孔子的文字不断见诸报章杂志，但像我这样的论证，用阶级斗争的观点考察齐国的政争，从而批判孔子的保守，正是当时极左思潮尚未清除干净的表现。

困难之处出在学界早已成为定势的阶级斗争观点和社会发展阶段论，尽管“评法批儒”的错误已经昭然若揭，但在当时来说，阶级斗争的观点仍然要贯彻，仍然要强调。这种观点所发生的影响，对中国知识分子来说，可谓深入骨髓。因而那个时候的人，遇到“矛盾”，容易上纲上线。《韩非子札记》中保留着《禅让与儒法之争》《耕战与儒法之争》等文，正是七十年代末虽已感到此中存在问题但却无法处理的尴尬局面的自然流露，也是前此时代风气的流风馀韵。

这类文字一直困扰着我。看来《札记》中的提法还是有根据的，但又觉得不必如此强调，将之演绎成文；想要遽尔舍弃，却又觉得自己又没有向壁虚造，因而无此必要。这种问题，所以颇费斟酌，难在人们考察这类社会现象时，在例证的采择和性质的判断上尺寸往往很难把握。想来想去，此书再版之时还是保留了下来。

这事促使我认真地反思。本来我以为自己只是一个纯粹的知识分子，在学术上没有什么偏见，还曾努力排除“四人帮”的干扰，因此不可能与极左思潮沾上什么边。现在看来，情况并非如此。身处极左思潮主宰一切的时代，很难做到截然与之决裂。他们所散布的毒液，年深月久，人们受其侵染，往往不知不觉地表露出来。例如我虽抓住每一个机会，痛斥“四人帮”的荒谬，文中动辄联系政治，而且动辄引用马恩列斯的语录以壮声势，这在我的其他文章中是不多见的；但在论及西门豹、司马错等人时，却又不加论证地将之归为法家人物，这就降低了此书科学论证的水平。因此我感到，中国学人如欲摆脱错误理论的羁绊，既要抓紧时间清除，也还需要经历一段很长时间的反思。

有些朋友向我建议，这书既然还受到大家的欢迎，那何不修改一下，进一步清除错误思潮的痕迹，我可不想再动了。人的一生，很难摆脱时代的影响，在每一个阶段都会留下一些特殊的痕迹，那么就让《韩非子札记》一书留下我在二十世纪七十年代的烙印吧。

回首平生，时生感慨。或许有人认为我一生顺遂，长时安排在“重要岗位”，实则仅因我略具那么一点使用价值，做事又很投入，禀性还不算太懒，因而在每个历史阶段常能留下一些文字。然而长时置身于复杂形势之中，处境艰难，有时也只能逆来顺受。不过从辩证法来说，“逆”“顺”之间本可相互转化，二者似乎也没有什么绝对的界线。若从这一角度考察，那么我在“文革”后期被起用而驱赶进“评法批儒”的行列，也可说是撞上了一个“千载难逢”的机会。君子随遇而安，假戏不妨真做。身处“非常时期”，还能完成公私两种著作，总是一件幸事。而且两项工作又互为因果，能相互促进，也是一件快事。因为承担了《校注》的统稿工作，反复阅读相关资料，终于酝酿出一部专著；而通过《札记》的写作，加深了对《韩非子》一书的理解，定稿之时也就全局在胸，从容得多。最后又可把自己的研究成果尽可能地纳入，提高《校注》的学术水平,更是一件意想不到的好事。时至今日,看到两种著作还能为学界所接受,获得好评,说明当年的苦功没有虚耗,那么尽管这些成果在别人眼里或许微不足道,但对自己来说,似也可以告慰平生的了。

四

如果说,我在“札记”中对这些问题还比较容易采取模糊的态度来对待,那么我在为《韩非子校注》定稿而写作“出版说明”时,也就只能迎着困难上了。这里遇到的第一个问题是如何为韩非定性。在当时来说,我就只能称之为“新兴地主阶级的思想家。他的著作反映了处在上升时期的地主阶级的要求”。这种论断,也可以说是新中国成立之后一直流行的说法。尽管大家感到此中问题复杂,可也难以解决。因为社会主义国家向以社会发展五阶段论为建立新制度的理论支柱,而奴隶制向封建制的过渡,定在何时,却又众说纷纭,迄无定论。八十年代初,人们经历了思想解放,对此逐渐提出不同看法,有的学者对“封建制”的说法是否科学也提出了疑问。只是郭沫若所主张的战国为封建制初期之说,隐然仍占主导地位;秦始皇统一全国后建立中央集权专制主义政体,体现了历史前进的方向,仍是不容置疑的经典论断。韩非顺应这一时代潮流,从而在理论上作出论证,那么把他作为进步思想家看待,应是顺理成章的了。所谓“新兴地主阶级思想家”,就是这么定下来的。

中国进入二十一世纪之后,学术空气更趋正常,各种不同意见均可自由发表。况且二十多年来,随着考古资料方面的发现日新月异,学者结合文献加以探讨,对先秦社会的结构也就不断提出新的解释。况自周初至战国,历时将近千年,社会内部一直经历着剧烈的变化,这些都有待进一步予以说明。战国末期，处在社会下层的庶民，主要应是具有自由民身份的小农与一般的工商业户，当然仍有一定数量的奴隶留存，而各地的统治者，则应为各诸侯国的王室、封君、官僚和一些拥有赐田的人，还有一批浮沉于上下之间的士在活动。这也就是说，旧的贵族在很多国家仍然据有重要职位，而从秦国所体现出来的社会发展趋势而言，地主阶级正在逐步排除一切旧制度的残馀；再从秦王朝之后的历史发展而言，应当认为战国后期的地主阶级正处在上升时期。至于韩非是否可以称为“新兴地主阶级思想家”，“新兴”二字应作进一步的考虑，不过还是应该看到韩非思想中确是含有促进历史发展的先进因素，在形成大一统帝国的过程中起过相当重要的作用，因而将其列为进步思想家，看来还是合适的。当然，对于这样一位中国历史上少见的思想家，大家似乎也不必过于强调其某一个方面而匆促地就下结论。

自春秋起，中国一直处在动乱之中。时至战国末期，全国重新趋于统一的形势已很明显。这也是当时绝大多数的人盼望出现的局面。中国疆域广大，情况复杂，因此韩非希望出现一个理想中的君主，采用铁腕政策，建立一个大一统的新兴王朝。为此他提倡法治，要求大家都在法的规范下行动，这里自有反对旧贵族执政的用意。以此而论韩非论法，应当有其可取之处。他在《大体》等文中，把法治下的民众生活描绘得富有诗意，可以认为他对法治的理想是真诚的，也富有魅力。但在韩非的理论中却有一个内在的矛盾，尽管他曾提出“法不阿贵”，却又绝对尊君，因此作为最高统治者的君主，可以与众不同，不受法的约束。为了防止奸臣弄权，管好官僚队伍，韩非还设计了许多“术”，本意是在防止危害君主，但后来的专制帝王可不会严格区分用术的对象，他们滥施淫威，什么告密、连坐、罗织等肮脏勾当，一直充斥在中国的历史上。平民百姓也饱受荼毒。我们在编写《韩非子校注》时，时常感到韩非这套理论有其可憎之处。应该说，评价韩非其人，可从不同角度观察。他的理论，内容甚为丰富，学术界也可从不同角度加以探索，目下要想作出一个既很新警、又很平稳大家都能欣然接受的结论，可能有其困难，况且似乎也无此必要。

五

《韩非子校注》出版时，印了13 600册，不到一两年就卖完了。事后出现一些评论，认为水平颇高，雅俗共赏，校雠、注释和各种附件都做得不错。这对参加编写的人来说，在"文化大革命"中没有荒废年华，还能取得一份学术成果，自属难得，值得珍视。但一看作者的署名方式，就可知道这是一种在荒诞的政治环境中出现的读物。国人出于对"四人帮"的深恶痛绝，已经很难接受这种命名方式的法家著作。因此，尽管江苏古籍出版社成立之后，高纪言社长等一直想再版，可总是想不出什么处理的办法。

薛正兴社长继任后，也想重印。他与我商量，让我改写一遍，然后用我个人修订的名义发表，这我可不能考虑。此书从编写时起，我做的事确是多些，但这毕竟是一部集体著作，我最不愿意看到的是沾上任何一点公私不分的边。但我也一直在认真思考，如何解决这个历史上遗留下来的难题。看到参与编写此书的一些成员，如洪诚、刘毓璜、周钟灵、牛钊等几位先生先后谢世，想到在"文化大革命"这样一种险恶的环境中，大家还能以诚相待，通力合作，完成一桩事业，实属不易；我也不时在想，应该采取什么办法，可使《韩非子校注》脱困而流传下去，这不也是对亡者的一种纪念，为生者提供一丝对过去历史的温馨追忆么？

因此当凤凰出版社(原江苏古籍出版社)姜小青社长、倪培翔副总编等再次提出,让我加工一下,用修订本的名义再版时,我终于下定决心,承担起这项任务了。况且这书的出版距离"文化大革命"结束之时不久,内中不可避免地仍会留下些许遗痕,此后二十多年中,又有一些研究成果出来,可以用以纠正原书的个别错误,增入新知。因此,现当此书将出新版之时,再作一些修改,也是必要的,对读者也有好处。于是我与当年参与编写的一些人员通了气,得到他们的赞同后,花了几个月的时间,作了加工改写;还设计了一种新的体例,既能保持书的原貌,又能适应新的时代要求。这种设想是否已经全然实现,则尚有待于读者的检验。

薛正兴同志自动请缨担任此书修订本的责任编辑。他是洪诚先生的高足,这次为老师倾注了大量心血的著作尽力,也有学术传承的意义。他认真审读,仔细加工,在此书的质量保证上起到了很好的作用。

此书之末,附入这篇记实文字,目的就在介绍这段"黄连树下弹琴"的经历。"疯狂的年代,理性的思考",希望这种环境中产生的成果,经过不断打磨后仍能焕发新的生机,只是希望这种在"最最革命"的粉饰下愚弄民众的丑恶把戏永远不会有人在历史上再耍弄。

十二 治学经验谈

选龙二学　百年沉浮

——从教学工作之一角看世运变迁

2011年8月,南京大学文学院与古典文献研究所承办"《文选》与中国文学传统国际学术研讨会",我作为南京大学的一名老教师,理应对与会者表示欢迎,还应对古代文学中的这一重要典籍在我校的讲授情况作些介绍。

我在准备过程中,发现《文选》一书很有代表意义,可以说明古代文学研究领域中的起起落落,而且与我这样一名承担这一方面课程的教师也息息相关。我就想到,可把这段经历记录下来,由此可觇南京大学的兴衰荣辱,还可透视古代文学发展过程中的很多微妙变化。

我国古代典籍中,梁代昭明太子萧统主编的这一文学总集具有重要地位。因为古代典籍保存不易,前时精粹的作品很多收录在内,学习古典文学,绕不开这一部大书,历代文士成长中都有一段学习《文选》的经历。自唐代起,就有"《文选》烂,秀才半"之说。一些大儒,如曹宪、李善等人,均以精治《文选》而为后代所推崇。

民国时期,先后有两位《选》学大师在此讲学。东南大学时期,扬州李详(审言)负天下重望,通儒沈子培称其精于《选》学;中央大学时期,蕲春黄侃(季刚)享有大名,章太炎许为“知《选》学者”。照理说,李、黄二人应该为南京大学增添光彩,实则不然,因为其时中国历史正经历着千年巨变,时移势转,《选》学已经由盛转衰,步入逆境。因此,李、黄二人所开创的学统,反而给东南学术带来种种磨难。

民国初期,北方兴起了一阵震古烁今的新文学运动。胡适等人提倡新文学,要求用白话代替文言。主古文的桐城派,主骈文的《文选》派,都遭到了讨伐。钱玄同在《新青年》上先后撰文,赐予恶名,曰“桐城谬种,《选》学妖孽”。东南大学早期,桐城派的巨子姚永朴已来此任教,于是“谬种”“妖孽”都在南京集中,形成了与北方遥遥相对的一种奇异景象。

不过黄季刚此时仍意气豪迈,没有感到什么压力。由于学问好,仍有一大批崇拜他的学生围在身边。他的坏脾气是出了名的,讲课时喜欢骂人,骂得最多的人之一也就是这位钱玄同。两位章门弟子势不两立,却互不相妨,各有自己的地盘。

然从总的形势看来,南京方面还是处在不利地位。因为自清末起,中国思想界受进化论的影响特别大。其时列强环伺,国步维艰,人们无不觉得中国即将沦为列强殖民地,因而救亡图存的运动此起彼伏。“五四”新文化运动,就是在这种背景下产生的。以白话文取代文言,文学要求革命,大势所趋,符合历史潮流,不管《文选》派中人物如何饱学,也难阻挡时代的发展,北方学界的声势,显然不知要大上多少倍。

这时正处北洋军阀执政时期,各个系统的军阀忙于争战,无暇顾及其他。若从好的方面看,当时的一些执政者也有其开放的一面,他们对学术问题不加干预,因此各家各派可以自由发展。总的来看,这一阶段可以称为近代中国学术的黄金时期。犹如魏晋南北朝时期一样,国力虽弱,思想界却很活跃,创获也多,成为百家争鸣的又一高峰。例如胡适、鲁迅、郭沫若、冯友兰、顾颉刚、陈寅恪、赵元任等，各路大师都是在此时段中先后涌现的。这些学界要人，一直影响后代学术的走向，惠溉后人至深。桐城派和《文选》派中人物，没有遭到过什么政治上的打压，只是大势所趋，不能像过去那样风光罢了。

国民政府时期，情况大体仍然如此。中华人民共和国成立之后，却是情况大变，因为政治上的主导思想，除进化论之外，又增加了阶级论。当时认为，像胡适、钱玄同等人物属于资产阶级学者；李详、黄侃等人属于封建学者。从社会发展史的角度来看，封建学者自然低了一等。何况与鲁迅叫阵的《学衡》派中人物也集中在此地，因此南京大学的前身，成了保守派的集中之地。这样，南京大学的地位势必会随之下降。

李详、黄侃等人殁于抗日战争之前，他们的一些老同事，胡小石、汪辟疆两位先生，则仍在此任教。他们年岁相仿，经历亦相似，自然也被列入封建学者的行列。

汪辟疆先生学问好，成果多，和国民党中要人多有来往。因为他们那一辈人大都出身世家，国民党中的一些要人也多通文墨。汪先生和于右任等人诗酒往还，还参加过北极阁雅集等活动，于右任就利用职权送他一个监察委员的头衔。想起此事，我就觉得好笑，像他这样一个人，能监察谁呢？方光焘先生说，汪先生实际上是个文人，喝喝酒，做做诗，只是身在高校工作，在学术上也得有发展，但在政治上可没有什么心计。大约是在 1948 年吧，汪先生在国民政府的电台上还作过一次演讲，提倡读经，凡此种种，新中国成立之后自然会被视作落后的表现。

一些历史悠久的大学里，大都集中有一大批本校毕业的教授。中央大学的情况当然如此，这在阶级观点鲜明的人看来，也就是封建势力集中地了。到了六十年代，一些观点鲜明的人已将南京大学中文系视为封建堡垒。

胡小石先生的情况有些不同。他一生清白，性格孤高，无论在北洋政府还是国民政府时期，都与政要没有任何瓜葛。他在护校运动中立过大功。国民党溃退前夕，政府严令中央大学迁至台湾，为此教职工组织了护校委员会，拒绝迁校。委员会由梁希、潘菽、胡小石三人负责。其时风声鹤唳。梁希因与共产党有直接联系，随后到解放区去了。潘菽因两个堂弟潘梓年、潘汉年都是共产党的高干，也不便耽在校内，因此后期只有胡先生一人在此主持护校委员会。他积极支持学生运动，与民主党派中人有些来往，因此新中国成立之后一直受到党和政府的尊重，初期仍然出任文学院院长，到了 1952 年秋，转任南京大学图书馆馆长。这大约也是为了削弱中文系内封建势力的需要吧。

南京大学在教育界的地位，在 1952 年院系调整中遭到了严重削弱，文科尤甚。哲学系合并到了北京大学中去，中文系中并过来的教师，只有任职于金陵女子大学的陈中凡先生一人，而在此之前，却调出去了不少名教授。吕叔湘去了北京，唐圭璋去了东北，段熙仲回安徽老家去了，张世禄在华东革命大学学习后，分配到复旦大学去了。这些先生何以一一离开服务多年的母校，我也说不清楚，事后看来，当与铲除封建堡垒有关。老师既不便动，那就把他麾下的学生一一调走，来个釜底抽薪吧。

中央大学位于国民政府的首都，蒋介石曾经兼任过中央大学校长，校内一些教授与国民党政要有关系的很多，或在各种衙门内任职过，不管是实职还是闲职，是实名还是虚衔，情况的确很复杂。改朝换代之后，势必要有一番清理，这也是历史上的常态。只是当今情况又有不同。因为中华人民共和国初建时，社会主义国家中只有一个苏联在教育上有一些完整的经验，因此大学院系调整时，分为文理科的综合性大学和各种专业的工业大学两种，这些都是从苏联引进的做法。首都北京，重点建设北京大学；中国最大的城市上海，重点打造一个复旦大学，也就相当于苏联的莫斯科大学和列宁格勒大学。位于二者地理位置中段的南京大学，政治上情况复杂，势必要有降格的处理。当然，各级领导都没有明白地宣布过这一点，作为一名底层的学生，仅凭个人观察，也无法具体地说明内情，只是从大势来看，实际情况就是如此。

时至上一世纪六十年代之初，罗根泽、胡小石、方光焘等几位先生先后去世，南京大学已无知名人物。三十年代声华藉甚的南雍重镇，已经虚有其名，无怪乎处在南京本地区的兄弟院系也对我中文系古代文学专业的学术水平表示轻视。

新中国成立初期，全国高校之间很少来往，因此中文系的窘态还不会明显地暴露，教师不会感到有什么压力。只是到了五十年代末，社会主义阵营发生分裂，中国为了摆脱苏联的影响，提出了反修（苏联修正主义）的口号。中共宣传部副部长周扬主持编写一系列的大学教材，取代前此仿照苏联模式或直接从彼处引进的各种教科书。为了强调中国的独立自主，突出悠久的文学传统，中国文学批评史开始得到重视。周扬安排复旦大学与南京大学各编一套中国文学批评史和中国古代文论选，大约是看到复旦有郭绍虞与朱东润两位专家，南大有陈中凡与罗根泽两位专家，因而让两家各搞一套的吧。只是陈先生此时已年过七十，罗先生患高血压与肝硬化，已不能任事，因此两校的实力已无法相比。

这项工作初起时，还在“大跃进”的高潮中，学生为主大编教材，轰轰烈烈，关起门来搞，仍然可以自我陶醉。但要两校相拼，拿出真货色来，可就显出高低来了。到了六十年代，上级指定两种批评史方面的教材都要由中华书局上海编辑所出版，南京大学可是窘态毕露了。

六十年代之初，罗根泽先生去世，这里最后的一张王牌已告失效。

两处编书，情况大异。上海方面把前阶段的重点放在《中国历代文论选》的编写上。参加者中不但有一批实力很强的青年教师，而且在中共华东局的支持下，从杭州大学调来了夏承焘，从江苏师范学院调来了钱仲联，从上海师范学院调来了马茂元。他们在郭绍虞的统率下，住进了国际饭店，所需资料，均由位于对面的上海图书馆负责供应。就在这样优越的条件下，自 1964 年起，陆续出版了《中国历代文论选》三卷本，取得了很大的成绩。

反观南京大学，因无高级专业人员，只能由一位研究散文的老教师负责，集中了三名年轻教师编写《中国历代文论选》。其时我已改为助教，匆匆赶去担任中国文学批评史的教学，算是一名专业人员。大家心里有数，要想编出一本足以与上海方面抗衡的著作，根本无此可能，只是任务在前，也要交差吧，于是大家分析了一番形势，觉得应走一条切实可行的道路，我们应该编写一本简明扼要的《中国历代文论选》，显示自己的特色。这书字数不能太多，控制在二三十万字即可。每篇选文之前，要写一段精粹的提要，总领全局。学生读古文时，不易厘清思路，因此遇到较长的文章，就要分段介绍，从章法上分析。词句方面，则应努力说清文论术语的内涵，深入浅出，好让学生容易理解，容易掌握。应该说，这种设想还是符合实际的，但在工作一年多稿子交老教师审阅后，却不知什么原因，如同石沉大海，连废纸都不见一张了。

《中国文学批评史》的稿子原是由四年级的学生编写的，后由下一届学生接手，完成了初稿。等到大家奔赴上海交稿时，情况已经大变，大编教材的高潮已经过去，上级不再强调小将的革命精神，而是注意起用老专家，发挥他们的作用了。我们由一位副系主任带队，一两位教师，再加两位学生，住进了中华书局上海编辑所的招待所。我们也有自知之明，觉得稿子没有什么水平，也不乏东抄西袭的地方，但当对方一一指出时，却也感到难堪。特别是那位姓刘的主任语带讽刺，大家更是感到难受。回到房间,副系主任就表示要想法子反击,因为这是对待小将的态度问题,但当时大气候已经改变,无力回天,只能灰溜溜地回校。

我作为一名正在教这课程的教师,当然感到丧气,觉得自己像是一个没落家族中的飘零子弟。后来想想,这种想法也有些自作多情,因为上级本来也没有指望你挑什么大梁。两种教材的编写中,也只是做一些具体工作,没有资格担任什么领导性质的职务,因此无论从行政看,从道义上看,没有什么地方要我承担责任。只是我对南京大学的传统有些了解,知道师辈在此作出过贡献,因而才有那些悲凉之感。当然,这在当时来说,也会成为一条罪状:你想为封建学者招魂么?

到了"文化大革命"前夕,南京大学中文系古典文学的力量已经跌到谷底,其后又遭不断摧残,成了革命小将和革命教师大显身手的一块阵地。经过反复清理,封建堡垒已荡然无存。像我这样一名不成材的学生,仅因跟老师学得认真一些,也被加上"封建学者俘虏"的恶谥,成了一名革命师生群起而攻之的不合格教师。

"文革"结束,天日重光,社会观念起了根本变化,南京大学的教师不必再为历史蒙羞。因为大家的态度趋于客观,学界不再用进化论与阶级论的观点来衡量一切,甚至《学衡》派的价值也有人来重新加以评估。学者只要在某些方面作出过贡献,就会得到肯定。大家不再在封建主义、资本主义的鉴别上来分高下,那些自命为社会主义精英的人也不能仅凭几句语录打遍天下了。

到了八十年代,学术界成立起了各种不同系列的学会,中国古代文学理论学会成立后,我也被吸收入内。1981 年时,《中国文学批评小史》在长江文艺出版社出版。我把三年教学中积累起来的讲义改写了一下,沿用前此形成的思路,向少而精的方向努力,考虑读者需要,行文深入浅出,追求体系的完整与明晰。全书仅二十万字,出版不久就售完了。其后在国内与境外多次翻印,还有两种不同语种的译本,传播也就更广,影响不断扩大。

1984年11月时,复旦大学主办中日学者《文心雕龙》学术研讨会,与会学者多为其时名流。程千帆先生与我得到了邀请,但他心脏不好,无法参加,这样我就必须前往。心想南大毕竟是个老大学,我又教过几年批评史,所以才会破格让我去一下的吧。之前中国关起门来搞政治运动,从来没有开过什么学术会议,这时要请日本顶级的学者来开会,又安排在条件优越的龙柏饭店,这可是一个难得的机会,应该前去开开眼界。但我心中很虚,自知没有写过一篇《文心雕龙》的专题文章,很有可能去丢人现眼,因此接到邀请函后,尽可能挤出时间来读《文心》与《文选》,慢慢地磨出了一篇文章——《刘勰的主要研究方法——"折衷"说述评》。

开幕式前,我忐忑不安地走进会场。李庆甲任这次会议的秘书长,带着一批年轻教师恭候在门口。那时他已致力于《文心雕龙》的研究,且已取得初步成绩。见我到来,突然将手一摆,向青年教师介绍说:"这就是大名鼎鼎的周勋初。"我一无思想准备,感到突然,心想是不是在开玩笑?再看看倒也不像。开会期间,我一直很纳闷,他为什么这么说?后来我才慢慢体悟出来。与人交谈时,常有人提到《梁代文论三派述要》。原来好多人看过这篇文章,所以我才能跻身这次会议。

"文革"之前,全国没有多少纯学术的刊物。到了六十年代,北京的中华书局办了一本《文史》,上海的中华书局上海编辑所办了一本《中华文史论丛》,这是当时规格很高的学术期刊。上面发表文章的人,都是一流学者。与我同在《中华文史论丛》第五辑上发表文章的人,如杨宽、平心、高亨、谭其骧、夏承焘、徐复、唐圭璋、唐长孺、俞平伯等人,都要比我大上二十岁至四十岁,他们当时正处巅峰时期,像我这样的年龄,很少有人在上面露脸,或许就是这样让人记住的吧。

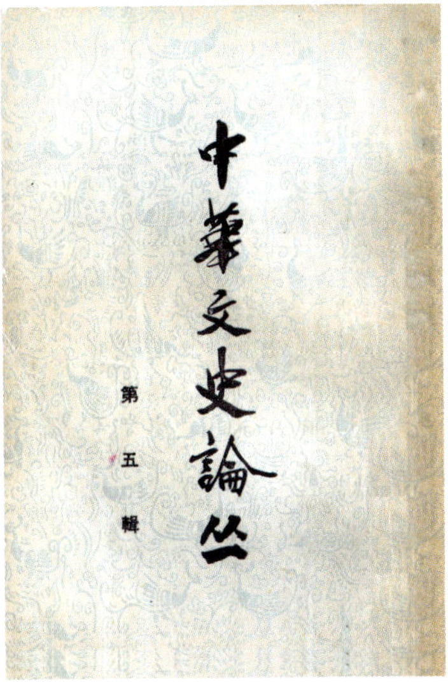

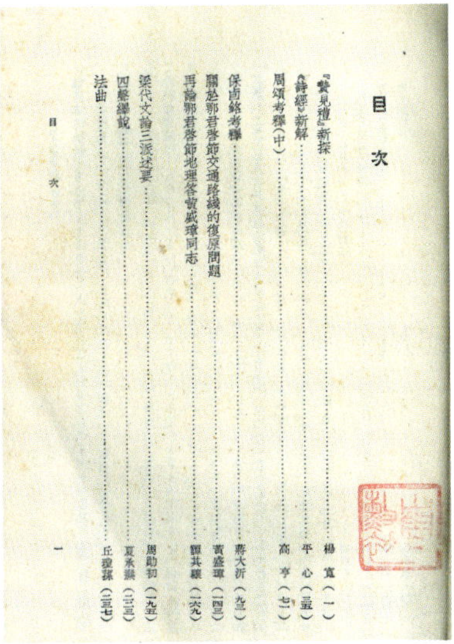
目　次

目　次　一

时至七十年代，任教于台湾大学的杨家骆主编了一种《中国学术类编》，由鼎文书局出版，内有“中古文学史等七书”，计收刘师培、王瑶、夏承焘、詹瑛、郭绍虞等人的文字和我的那篇《梁代文论三派述要》。其他五人年辈较高，杨氏均有了解，故介绍颇详，介绍我时则只是泛泛地说该文“探骊得珠，久称佳制”。实则截至七十年代，我只发表过这一篇学术论文。当时正处极左思潮之中，一些人视此为烦琐考证，这也可以看到其时两岸文学观念的差异。到了八十年代，台湾大学的罗联添又将此文编入《中国文学史论文精选》和《中国文学史论文选集续编》，影响进一步扩大。其后我到台湾讲学或开会，好多学界朋友对我早有了解，就缘于这篇文章。

就是这篇文章，其命运也与时代同步，一波三折。南京大学改换门庭之后，校内教师致力于摆脱封建势力的影响，竟相学习新理论。我很清楚，大家对我的评价是读书还算用功，但观点落后，因此《梁代文论三派述要》一直是墙内开花墙外香，境外的影响超过境内，校外的影响超过校内。这时看到自己的《文心雕龙》研究能够得到好评，摘掉了“学风陈旧”的帽子，心中自是高兴。

1987年时，暨南大学在广州珠岛宾馆举办《文心雕龙》国际研讨会，我写了一篇《〈易〉学中的两大流派对〈文心雕龙〉的不同影响》；1995年，北京大学在皇苑大酒店举办国际研讨会，我又写了一篇《“登高能赋”说的演变和刘勰创作论的形成》。这几篇文章都曾得到过好评。牟世金本想把《刘勰的主要研究方法——“折衷”说述评》放在《文心雕龙学刊》上，徐中玉要去后，放在《古代文学理论研究丛刊》上，列在前端，张少康等《文心雕龙研究史》、李平等《〈文心雕龙〉研究史论》等著作都曾给予好评。张少康总结《龙》学百年成就时，则把《〈易〉学中的两大流派对〈文心雕龙〉的不同影响》选入了《文心雕龙研究》一书，董焱、马勤《20世纪“龙学”研究的回溯》则把此文作为将《易》学思想引入“龙学”研究的代表作。罗宗强在评论《周勋初文集》中有关《文心雕龙》方面的文章时，重点介绍《“登高能赋”说的演变和刘勰创作论的形成》一文，以为辨析清楚了一个向为大家忽略的问题，即误读经说引起的文学观念变化，依经立说者构拟的体系其实并非经典真意，实已经过后人的演绎。以为此见带有原创性质。

我一直认为，自己并非《文心雕龙》专家，因为我治学的范围较广，写的东西五花八门，在《文心雕龙》的研究上花的精力不多。九十年代之后，事务更趋繁剧，已无馀力再来从事魏晋南北朝文学方面的研究，因此好多《文心雕龙》的会议，我都无法参加；上述三次会议，因系规模宏大的国际会议，勉力前往，为了不当场出丑，努力写出三篇文章，却能得到好评，实属意想不到的事。原因何在？却是值得寻味。

我想，这应当与我出身于“封建堡垒”有关。因为我的《文心雕龙》研究，有一个特点，即将此书放在中国学术史的背景下考察。试看我在这一领域中的专著《文心雕龙解析》中文体论方面的一些“解题”，就可明白。我把各种文体的很多要素放在历史发展的长河中考察。这种研究方式所呈现的特点，也就是突破当下所谓“文学”的界限，而是把政治制度、时代思潮、文坛风气、历史演变等因素综合起来考察。这样做，涉及面广，历史感强，学术史的意味也就浓厚。因我不断奔波在各个学术阵地，也就培育出了一种多角度考察问题的本领，谈天说地，纵论古今，自然会向学术史的方向发展。

我干的活很多，有人称我为“通人”“多面手”，我则自嘲为“勤杂工”。反正一有突击任务，要开什么新课，接手人家丢下的课，总会首先考虑到我。自做研究生起，就碰到鸣放、反右派、大批判、交心、拔白旗、大搞卫生、除四害、“大跃进”、大炼钢铁、四清、“文化大革命”，真所谓大的运动三、六、九，小的运动年年有。从教学工作来说吧，除了讲授批评史、多门文学史与作品选外，还参与大编教材，先编中国文学史，后编中国文学批评史。“文化大革命”后期，又参加注释《马克思、恩格斯、列宁、斯大林文艺论著选读》，编《辞海》，注释法家著作《韩非子》。改革开放之后，改教越南留学生，开大一语文课，前后三次参加高考出题；……如此奔波劳碌，非勤杂工而何？我的这种经历，说明身份特殊，不可能担任什么领导职务，做的都是实际工作，这倒也培养出了我苦干实干的精神，或许也可以说是“有心种花花不发，无心栽柳柳成荫”吧。

进入新世纪后，我已步入老年，各种科研任务都得一一结项，还要把若干著作增订完善后重印，只有《文心雕龙解析》一书未能完稿。想起当年讲课与交流学术时也曾投入不少心血，出版《周勋初文集》时编入十三篇讲义，只能算是一种半成品，未能尽抒所怀。但要想把五十篇文章全部加工出来，已无可能。之后我又完成了《诠赋》《丽辞》两篇的注释，已感力不从心，只能顺乎自然，看来只能以十五篇《解析》充数。

上一世纪八十年代，当我讲授“近代学者治学方法研究”时，王华宝尚在南京师范大学古典文献专业攻读本科，也时来旁听。其后他任江苏古籍出版社(后称凤凰出版社)编辑，一直承担我在该社出版的各种书的责任编辑，来往甚多，一直以师礼事我。他就力劝我完成全书，以为这也是研究成果中的一个方面，有我自己的特色，自可独树一帜。其他学生也都表示可以参加进来，帮助我完成剩下的三十五篇的“注释”与“解析”。过去我一直不愿让学生帮着干活。当今学界竞争激烈，他们有自己的前程，理当集中精力高歌奋进，如今我却陷入了进退两难的境地，看来只能依仗众力，通力合作才能完成此书。心想《文心》毕竟也是一本重要的书，汪辟疆师认为“研究文学者所必读”，黄季刚以为学者必须终身诵习，这时让他们细读一下也有好处，这样还可留下一种凝聚师生情谊的著作，也有纪念意义。于是我下定决心，邀约了九位在魏晋南北朝文史研究中已有成果的学生，分别承担三十五篇文章和《刘勰传》的“注释”与“分析”。自 2012 年底起，王华宝已转至东南大学任教授，机动时间较多，也参加了这项工作。不过此事还是费去了他们的不少心力，总觉有些过意不去。

我在《选》学方面一无成绩可言。聊可自慰的是，讲学日本期间引进了一部《文选集注》，后来整理成了《唐钞文选集注汇存》一书，受到学界好评。在国家新闻出版总署、全国古籍整理出版规划领导小组联合召开的专家评议会上，《唐钞文选集注汇存》入选六十年来九十一种优秀古籍整理著作。我之所以能够有此眼光，认识到它的价值，也与我的特殊身份有关。做的事多了，涉及的方面多，才能注意到他人看不到的地方。

当年任教东南大学、中央大学的一些教师，曾在《选》学与《文心雕龙》的研究上作出过很大的成绩，而我作为短期教过《文心雕龙》的一名教师,只是滥竽充数,势难有大的开拓,只能留下一些具有个人特色的著作,聊充一家之言。于此我只能说,限于条件,限于能力,只能做到这个地步。我只能自我安慰,我尽力了。

“选龙二学,百年沉浮”,当年“封建堡垒”中的“残渣馀孽”如今还能圆满收场,留下一些具有个人特色的成品,而且能够得到学界的欢迎,可以说是晚年交上了好运,实属意想不到的事。俗话说“六十年风水轮流转”,信然!信然!

十三 治学经验谈

孤掌难鸣　得道多助

——感谢学术旅途中的一些同道

古人说:“独学无友,则孤陋而寡闻。”有人可能会不同意。因为目下已经进入网络时代,此中高手从事研究时,只要掌握电脑技术,各种资料都可络绎奔赴手下,足不出户也可经营策划,完成预设的课题。因此学术道路上要有朋友的帮助,似乎不必再去留意,只要利用新技术,就可收到博闻多识的效果。我不懂电脑,从事科学研究,除了在家坐冷板凳外,还常要跟人打交道,想要办成一些事,都要得到大家的帮助。应该说,我出的每一本书,都曾得到他人的帮助。其中《唐钞文选集注汇存》和《宋人轶事汇编》二书的完成,情况更为特殊。只要在某一个环节上无人伸出援助之手,就难以完成。其中的曲折,常是萦绕心头,其中充满着温馨的情谊,似可提供大家分享。

1994 年 9 月,日本国立奈良女子大学的横山弘教授陪同我去天理图书馆看书。这是一所天理教设立的图书馆,藏书的丰富,位居日本前列。所藏中国的古籍,不论是宋版书还是唐钞本,都可填补我国国内藏书的空白。限于时间,我也无法多看,只是浏览了几种古钞长卷。回家时,则借出了一套《京都帝国大学文学部影印旧钞本丛书》,因为内有初唐四杰中的王勃死后不久就传到日本去的《王子安集》和残存的《文选集注》。这是国内看不到的珍贵文献，我得借出来好好读读。

这套丛书是在太平洋战争前后出版的。限于当时条件，印数很少，传播的面很窄，中国学人，包括香港、台湾，都很难看到，日本的很多文教单位也没有购置。横山弘从京都大学毕业后，就在天理大学教书，与该馆负责善本管理的金子和正研究员熟识，他就利用这一因缘，又借助我当时的“国外学者”身份，把这套书借出来一个多月。

这套书用珂罗版影印，纸质优厚，开本宽大，特别沉重。幸亏那天一起去天理的还有两三位女学生，大家一起帮我搬回了奈良。

经过一番考虑，我决定把二十三卷左右的《文选集注》复印后带回国。大平幸代同学帮我复印。这时我看到，日本女孩子工作时的认真，出乎我的想象。每一页纸她都要印得方方正正，清清楚楚。日本学生中的很多人都要打工赚学费，我不能让她白干，与横山商量后，付出了八千日元劳务费，聊作报酬。

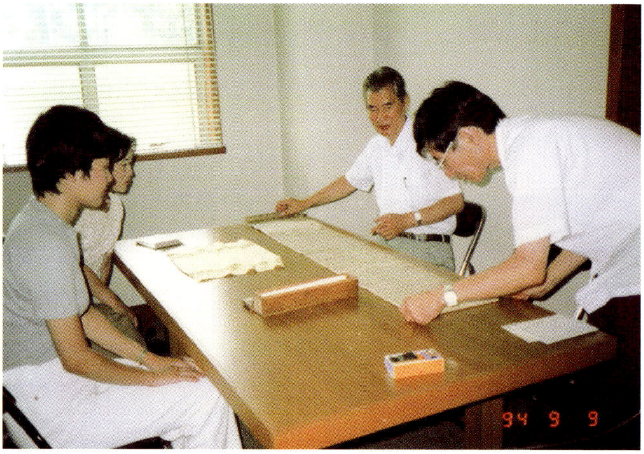

1994年9月在天理图书馆内阅读古钞长卷。左起：坂井多穗子、大平幸代、周勋初、横山弘

计算下来,光复印一项,就超出了文部省给我的十万日元图书资料费,不够的部分,横山用专业中的经费给垫上了。假如这书放在图书馆内复印,还不知要贵出多少。

1995年时,郑州大学举办"《文选学》国际学术讨论会",我应邀前往,发现国内《选》学界困于前时的闭关自守,对外面的情况不太了解。其时台湾地区早就把《景印宋本五臣注文选》印出,国内却还有人在讲世上无五臣注宋本。关于《文选集注》,也很少有人知道情况。我就应邀向大家介绍了境外的一些珍贵版刻。大家知道我有一份《文选集注》的复印件,又认为我与出版界的关系很多,于是就有人提出让我把《文选集注》公之于世,让大家分享这一珍贵资料。

我知道,这书早就残佚,还有一些残卷分散在日本、台湾地区和国内各地,情况复杂,要想搜集完备后推出,绝非易事。仅把手边《旧钞本丛书》中的二十三卷复印件印出来,无疑是不够的,这得多与各地的朋友联系,让他们一一帮助我解决困难。

这书是由内藤湖南与狩野直喜两位教授经手印出的,版权属于京都大学文学部。这是最为重要的一关。幸好我与该校文学部教研室负责人兴膳宏教授早有交往,相知颇深。这次我到日本讲学,他也是邀请人之一,为此我还到京都大学去做了一次演讲。京都大学文学部的一些教师,老的一辈,如清水茂;年轻一辈,如川合康三、平田昌司、木津祐子,我都熟识。他们都知道,当年罗振玉卖掉了日本的住所,委托上述京都大学的两位教授专门用来出版中国流传到日本的旧钞本,才有了这套丛书的问世。他们都是研究汉学的专家,对于两国间的文化交流,向来热情参与,于是当我向他提出这一要求时,便立即应允了。

尤为难办的是,流失在台湾"中央图书馆"内的《文选集注》第九十八卷如何迎回?这是一件接近完整的长卷,内有干宝《晋纪总论》和范晔《后汉书·皇后纪论》全文，中多珍贵的异文，如果不纳入新辑的书中，那就是致命的缺陷。只是两岸隔绝已久，人地生疏，当时又是李登辉在台上，对大陆不友好，如何去商谈，有些茫无头绪。

恰好1995年时我有一次去台湾的机会。两地的“中央大学”与金陵大学校友已经建立了联系，开展文化交流。1993年时，南京大学举办过一次“海峡两岸文学研究新趋势研讨会”，接待过台湾学界中人，至是台湾“中央大学”邀请江苏的一些人士前去，而以我校教师为主。同时我还接受了全国高校古籍整理研究工作委员会的委托，寻找一家单位联合举办一次两岸古籍整理会议。到了台湾以后，经与众多朋友商讨，认为此举可由汉学研究中心承担，为此我就必须与该单位建立联系。

汉学研究中心是设立在台湾“中央图书馆”内的一个机构，本身独立，不负责图书方面的具体业务，而又可以动用馆内的藏书与文献。我与中心负责业务的刘显叔先生本无一丝因缘，然初次见面后即很投缘，立即决定明年举办两岸古籍整理研讨会，他们那边立即着手筹备。

这次行色匆匆，忙着到好多学校去讲演，幸亏我于1996年时又有两次机会去台湾开会，每次必与刘显叔会面，我也就提出了《文选集注》第九十八卷的问题，没想到，他一口答应帮我解决。

刘显叔是日本京都大学历史系的毕业生，熟知京都学派在汉学上的贡献，对于《文选集注》的价值，也深有所知。对于我正在进行的这项工作，大力支持。按照当时情况，如想用个人或单位的名义去申请让他们提供这一珍贵文献的复印件，那肯定要碰壁，于是我们决定以交换珍贵资料的方式解决。因为台湾的图书馆和博物馆等文化单位本有这项规定，单位与单位之间，地区与地区之间，可以进行资料交换。为此刘显叔还特为制作了一份胶卷，及时寄来，且附其已故友人著名学者阿部隆一《中国访书记》中的相关论述，供我参考。

中国内地的资料相对好办。我知道，天津艺术博物馆内藏有周叔弢捐献的一种《文选集注》第四十八卷的残卷，恰好上海古籍出版社筹印《续修四库全书》，已经取得胶卷，可以用来印入《汇存》。

1998年11月，与刘显叔游览乌来山时留影

陈尚君应上海古籍出版社之邀，参照李善注本，为《唐钞文选集注汇存》中的文字重新编次，发现第七十三卷中缺了两页。我得知后，经复查，发现罗振玉印《唐钞文选集注残本》时文字无缺，原来是此卷原藏者田潜从中裁取了二十行文字，本拟留作纪念，后来又卖掉了，最后流入了北京图书馆。恰好北京大学的傅刚在做博士论文时曾到图书馆去查资料，发现了这二十行字，且附有田潜的题记。他告诉我后，我即与馆内负责业务的部门联系，通过正常手续，得到了所需的照片。

万事俱备，只待开印了，上海古籍出版社已经在《古籍新书报》上作了介绍，预告此书即将出版。恰在这时，横山从日本的《中国中世文学研究》36上看到了富永一登、衣川贤次的一篇文章,得知东京的成篑堂文库中还藏有一页《文选集注》第六十一卷中的残片,计有文字二十五行,他立即告诉了我,我随即通知上海古籍出版社,等我拿到这页残片后再行开印。

横山随即与成篑堂文库商洽,希望他们提供照片,然而御茶之水图书馆规定,这类珍贵资料只能前去阅读,用铅笔抄写,不能提供照片。不得已,我们就只能以促进中日两国文化交流、学术界共同推出《唐钞文选集注》为题,由横山打一正式报告,将情况说明,请求他们支持。这里还有一些复杂情况,原来御茶之水图书馆是东京府府立的,成篑堂文库是由财团法人石川文化事业财团经营的一个私营书库,是在彼邦著名学者德富苏峰藏书的基础上建立的一个文化单位,他们对此态度郑重,要由董事会开会决定,结果拖了几个月后方才解决。他们还附有要求,规定这一残片只能用于《唐钞文选集注汇存》书中,两个月后照片必须寄还。

我在搜集资料的过程中又想到,这书的出版应该能对《选》学的发展起到很好的推动作用,但对一般读者来说,还应该作些介绍。即使对于专家来说,也要作些必要的说明,因为中国的学术界于此还会感到陌生。有关此书的研究文字,国内一无所有,这就只能仰求日本与台湾地区的朋友多多提供。对我来说情况也很困难,各方面的知识得从头学起。为此我花了很长时间,慢慢理出头绪。反复打磨多次后,才算是完成了这篇《前言》。

在这过程中,我也作了一些研究,例如依据田潜在第七十三卷中的题记和书中的藏书印章,考知此书并非如人所说的原藏于宋代荆州田家。只是田潜其人情况难明,山东大学的杜泽逊随即来信告知,王重民在《中国善本书提要》的《论语集解》十卷提要中曾有过介绍,由此我就慢慢地了解到了此人的历史。

为了写好《前言》，有的学生帮我将日文中的重要资料译成汉语，台湾东吴大学的王国良教授帮我复印该地学者的相关文字，牵动的人可真不少。

进入新世纪之后，一些朋友来信说外面已经买不到《唐钞文选集注汇存》，此时日本则又发现了一些《文选集注》的残片与残卷，我就筹划出一种增补本，也好将初版中的一些不足之处与误字纠正与弥补。恰好我古籍所要在 2011 年 8 月承办一次"《文选》与中国文学传统国际学术研讨会"，我就与日本学界和上海古籍出版社商洽，赶在会议前夕推出新书，向会议献礼。

此举得到上海古籍出版社的大力支持。总编赵昌平与助理奚彤云驱车至南京面洽，计划出书的时间与印制规格。时间较紧，但能完成。而我要求保证高质量，日本方面提供的四种残片与残卷，必须插入原来的卷子内，俾使全书浑然一体，这得将第一卷重新制版。昌平当即答应了我的要求，封面与附录都重新设计与编排，遂使此书的质量又有了进一步的提高。

为了求得这四件新发现的材料，也是大费周折。这些珍贵文献都属私人或私家所有，如果他们不同意，那就一无办法可想。横山弘所藏《南都赋》中的一页残片，当然没有问题，他一直在为谋求这一大书的出版而努力。东京莲念寺中珍藏的《杂体诗》中的十行文字，原是从京都思文阁古书部中购得的，横山与该阁中人熟识，经思文阁与莲念寺联系，也就得到了该寺住持的慷慨支持。其他两种，《南都赋》中的另一片计四行文字，刘休玄《拟古》中的六十四行文字，则均藏于佐藤道生处。前者已正式发表，藏者表示已可提供，后者则尚须待以时日，他要在研究过后再向学界公布。这就必须等他的工作告一段落后再着手。

佐藤道生是日本东京庆应义塾大学讲授汉学的教授。关于《文选集注》,已有好多成果发表,这次要将这一珍藏的重要文献公之于世,不论从本人的研究而言,还是从文献的收藏价值而言,都是至为重大的事。然在时隔数年之后,他终于如约将复印件交付此间出版了。我与佐藤先生不熟,横山弘、芳村弘道二教授都研究魏晋南北朝文学,与佐藤均为该地的六朝文学学会的会员,故替我多次传话。恰巧兴膳宏教授于 2009 年时应我校域外汉籍研究所所长张伯伟之请,前来演讲,欢宴之时,我就面托他与佐藤沟通,希望早日得到他珍藏的材料与授权。兴膳是日本东洋学会的会长,地位高,影响大,处在这个节骨眼上,有他这么一推,此事也就迅速办成了。

《唐钞文选集注汇存》增补本,2011 年 8 月出版

回想起来,这一重要文献的回归故土,惊动了多少热心人士,幸有他们的无私帮助,珍藏者的热心公益,出版界的积极配合,才能办得如此妥帖。中间如有一个环节不顺,也就有其可能彻底受阻。高兴之馀,对上述同道,自不能不再次表示感谢。

国内已有不少学者在专心钻研此书,许多博士生与硕士生从中发掘题目撰写论文。刘志伟在《〈文选集注〉成书众说评议》中介绍许逸民之说,云是:"它标志着'新《选》学'研究在资料的占有上,达到了一个前所未有的新高度。对于今后的中国文学史研究,特别是'新《选》学'研究来说,《唐钞文选集注汇存》必将永远是弥足珍贵、取之不竭的史料宝藏,其影响之巨大深远,想来不会在李善注、五臣注、六臣注等各类版本以下。"刘氏随即补充说:近年来《选》学研究中取得了一些新的成果,就是因为借助了《文选集注》中的资料。

本来我还打算把藏于台湾"故宫博物院"中的一种《文选》珍贵钞本弄到国内来出版。这是当年杨守敬从日本带回来的一种古钞无注三十卷本,现存二十一卷,有人说是渊源于隋唐时的一种古钞本。此间仅存两种过录本,一为屈守元过录向宗鲁的详校本,一为傅增湘的校本,也是外界难以见到的珍本,当然很宝贵,但总不如藏于台湾的原件更为近真。2001 年时,我与彼处负要责的一位朋友谈妥,用交换资料的方式将此钞本的胶卷转给我,我已把两种珍本复印件寄出。孰料其时恰值陈水扁上台,该处发生人事变动,那位朋友离开了博物院,此事也就告吹了。失之交臂,至为可惜。由此我体会到,谋事在人,成事在天。要想办成一件事,也确实不易。

我在学林跋涉途中同样受益于同道而难忘的另一著作是《宋人轶事汇编》。二者情况不同,然而同样令我感动。

我所主编的《唐人轶事汇编》于 1995 年出版后,学界反映颇好,程千帆先生以为应该趁热打铁，编出一本同样体例的《宋人轶事汇编》。这样做当然很好，上海古籍出版社也希望我们立即上马。只是《唐人轶事汇编》的三位工作人员已经另有科研任务，我也不愿他们再花上几年时间从事集体项目，应该让他们抓一下自己选定的题目，这样我就必须另行物色几位同仁来一起干。

系里正在从事宋代文学研究的年轻教师忙于教学，已退休的教师中没有合适的专业人员，我就请南京师范大学的朋友推荐，约请到了周子来参与。他过去一直教宋代文学史，对材料很熟，但退休多年，健康情况不是很好，不能给他过多负担。

赵昌平介绍葛渭君参与此事，帮了我大忙，为此书的完成提供了有力保证。

葛先生的情况有些与众不同。他并不任职于文教界，退休之前是浙江平湖市一家航运公司驻沪办事处的一名工作人员。他出身于平湖葛氏，书香门第，对此有兴趣，也有学识上的积累。过去他就写过这方面的东西，故与上海古籍出版社有交往。但我与他素昧平生，彼此可谓一无所知。当我向赵昌平询问情况时，他只是说："葛渭君是一个古人，以后你一定会喜欢的。"当时我还感到摸不着头脑，日后恰正应验了这番预言。

葛渭君承担了从笔记小说等方面辑录材料的任务，这是该书的关键，面大量广，遍览为难。他花了十多年的时间细加爬剔，完成了初稿。这段时间内，他除了用于编纂个人的另一著作，列入"2011—2020 年国家古籍整理出版规划"，将由中华书局出版的《词话丛编全编三种》外，全都扑在《宋人轶事汇编》的工作上了。

葛渭君住在浙江乍浦的老家，离南京较远，大家都已年老，已难经常聚在一起开会，因此前后一共只开过三次会议。第一次在 1998 年 8

2005 年 5 月 2 日，《宋人轶事汇编》第二次会议在系会议室内举行
左起：葛渭君、周子来、周勋初、王华宝

月，我介绍了全书体例与工作要点，分配了任务，三人随即分头干。第二次在 2005 年 5 月初，进一步推敲体例，分析稿件，决定由葛渭君将稿子带回加工，纂成长编。第三次就在本年度(2013)三月下旬，讨论出版前的种种具体事务。中间我就通过写信与大家联系，至今还保留着几十封来往信件，互通信息，讨论工作，商量一些学术上的问题。葛渭君处个别找不到的资料，我就让人代做或把材料寄去。大家通力合作，彼此都有信任感，工作一直很顺利。

到了 2010 年时，全书初稿完成，上海古籍出版社交由南京的展望公司排版后，我即请周子来复看了一遍。三位具体工作人员中，王华宝为凤凰出版社编审，熟悉文献，除了辑录部分资料外，对编务方面的事能提出宝贵意见。他年纪最轻，日后将由他在出版方面把关，编制索引等附件，并处理一些杂务。

照理说，我作为主编，应该从头到尾看上一遍，才算是尽到了责任。当年我任《唐人轶事汇编》主编时，还在百忙中抽出时间通读了全稿，尽管此稿由严杰、武秀成、姚松三人完成，他们在识字、断句等方面能力很强，我也没有看出多少问题，但总算是尽到了责任。这次《宋人轶事汇编》的定稿，我已年过八旬，体力衰惫，实已力不从心。完成三万字的《前言》，已是作出了很大努力，要想对两百三十多万字的正文再磨勘一遍，已经无此可能，因此我就只能再请他人帮助。严杰在完成《唐人轶事汇编》时出力最多，已是笔记小说方面水平很高的一位专家，由他出来审核一过，也就可以预期大功告成。我文学院内的领导人员同意了我的要求。其时严杰已届退休年龄，人在韩国教书，我就打电话给他，告知此事，严杰立即回答说："周先生的事，我就是不返聘，也一定要帮助完成的。"他的这种态度，让我感到师生情谊之可贵，心中无比温暖。

我的处世原则是，凡是集体的工作，都应采用某种方式明确地将每一个人所处的位置表示出来，大家都应信守承诺，不再改变原先达成的协议。每一个人所作出的贡献，都应有所说明。我做了哪些工作，也要明示，决不贪天功为己有，将别人的劳动算在自己头上。我将用处理《唐人轶事汇编》的方式在《宋人轶事汇编》的适当地方介绍葛、周、王三人分别作出的贡献，也要详细介绍严杰在最后定稿时作出的重大贡献。

葛渭君因工作时属企业单位编制，退休得又早，故收入不高，但他为了《宋人轶事汇编》，又花了好多钱买书，还多次去嘉兴图书馆查书，我总是让他寄发票来，由我古籍所报销，但他不肯，对此我总是感到不安。为了解决这一难题，我向古委会申请立项，得到了一笔科研经费，然而当我与他商量，想把部分经费寄去时，他又不肯接受。对此我无法可想，只能告诉他将来稿费出来后，应该由他拿最大份额，他也不要，有

2013 年 3 月，我与葛渭君在欢迎宴会上

一次居然说要平均分配。这我可绝对不能同意，这样太不公平了，一定得贯彻按劳取酬的原则。其他参与的几位人员也都认为应该说明葛先生在工作中的贡献，以及他应该获得的报酬。

在此我才领悟到了“古人”的涵义。或许这种人以后越来越难以出现，但他的这种道德和修养，正是传统文化中的光辉一面，我们还是希望会在各种场景中闪现。我感到幸运，晚年还能遇到这样一位令人尊敬的“古人”。

葛渭君也说，他在晚年与我结交，也感到非常愉快。不过我始终觉得有负于人，总想有所补报。葛先生在生活上极为俭朴，没有什么嗜好，一直吃素，平时只是喜欢喝喝茶，恰好我于此还有资源可挖。我认识的人多，国内的朋友和学生常是送茶叶给我，台湾的朋友和学生，甚至韩国、日本、英国的朋友，有时也给我带茶叶来，我就遴选其中佳品转送给他。可以说，当我寄出茶叶时，心中总是感到一丝快意，像是减轻了一些负担。

常言说“君子之交淡如水”，从我与葛渭君先生的交往来说，可以说是“学人之交醇如茶”吧。

我参加过很多集体编书的项目，既有帮助他人主编的书出力的时候，也有主编一书而与他人合作的经历。其间既有欢乐，也曾出现很多困惑，经过协调，最后都有好的结果。其中《唐钞文选集注汇存》与《宋人轶事汇编》的编纂，更是处处散发出学术的芳香，值得珍惜。

往事历历，不由得又引起许多新的想法。时代毕竟不同了，人的生存状态有了根本的变化，治学方式也会有所不同。过去的人，如元代的胡三省，明代的谈迁，还能在很困难的条件下凭借个人之力完成《资治通鉴音注》与《国榷》这样的大书，如今还想孤军奋战，怕已很难。除非你不工作，不营家室，不受任何外界的干扰，又有较好的经济条件，一直在宽松的政治环境中生活。这种情况，似乎太理想化了。假如你的著作分量很大，势必要与人合作；如果所需的材料远在海外，不借助外力，更是只能望洋兴叹。因此，我想考虑问题时还得回到现实中来。治学之道，先得从做人讲起，至少要让人觉得可信，可以与你很好地合作。这也就是说，研究者在学术上要有相当的实力，选择的项目要有意义，各方面的朋友认为值得提供方便，大家抱着学术为天下之公器的信念，才会伸出援助之手。这样八方合力，大功始能告成。

十四 治学经验谈

东南学术　浴火重生

——学术史研究之一端

有些建树多端的人每自称“杂家”。我做的事情很杂，读的书也杂，但水平有限，无法成“家”。只是身在高校工作，总得拿出几本书来。由于工作需要，长期充当“勤杂工”，也就与“杂”字结了缘，写的东西五花八门，也就有了“杂”的特点。

大学毕业，分配到中国文字改革委员会工作，总算与语言文字方面的研究工作沾了一点边。1956年年底考回南京大学读副博士研究生，从胡小石师学习金文、甲骨与《说文解字》，洪诚先生为中央大学的老学生，也来一起听课。“文革”之时，重新修订《辞海》，南京大学承担《语词分册》中的最后几十个部首，洪先生完成修订稿后，希望有人帮他看一下，系里先提出一位专攻古代文学史的老教师，后提出一位专攻文字学的老教师，帮助洪先生定稿，洪先生不同意，提出要我帮他看一下。当时强调的是观点与理论方面的问题，一般老教师很难对付，或许我年岁稍轻，读过一些理论书，教过几年批评史，故而洪先生让我去复看一下的吧。或许他也看到了我在《中国语文》上发表过文章，也学习过《说文解字》，所以想起我来的吧。

“文革”后期，中央“文革”还在兴妖作怪，闹起什么法家著作来了，南京大学接受命令承担《韩非子》的整理工作。从新的学科分类来说，韩非的著作已属哲学范畴，因此参加注释工作的人，哲学系的教师居多，但要有懂得训诂的人把关，总得从中文系内挑一个人出来参与，这时也就想到了我，于是我又转换岗位，与《辞海》暂时告别。那时中文系的其他教师也在注释"法家人物"曹操的诗文。曹操也是一位著名的文学家，中文系的教师干起来很对路，我则属于可以跨行作业的杂牌教师，也就承担起《韩非子》的统稿工作来了。

改革开放之后，新的领导人着手为过去遭到迫害的专家平反，一些杂志开始约请各方人士为老专家写传记。山西的《晋阳学刊》、北京的《文献》杂志，都到南大中文系来联系，让人写一份罗根泽先生的学述。系领导找了一位教师负责，最后没有完成，或许是罗先生建树很多，有些方面的贡献，如诸子研究等，中文系的教师不太能适应，于是又想起我这个杂七杂八的人来了。

罗先生是我的老师。发扬师门学术，自是学生一辈义不容辞之事，幸亏我在评法批儒时读了一些诸子百家的书，故能勉强应对。罗先生在高校工作一生，生活很不稳定，学术正处高峰时，恰值抗日战争发生，流离颠沛，缺少长期追随他的学生，因此一一能够追溯他的学术生涯的人不多。我的那篇《罗根泽先生传》，后来多次发表，时而改名《罗根泽先生在学术领域中的多方开拓》《罗根泽先生在三大学术领域中的开拓》，应该说是反映罗师学术成就最为完整的一篇文字。

1985 年，程千帆先生主办了一次黄季刚先生逝世五十周年纪念会，与会者很多，大都属于章黄学派中人，递交的论文大都集中在语言文字方面。千帆先生以为季刚先生建树多端，决非小学方面可以概括。《文心雕龙札记》水平甚高，影响深远，而我正在开《文心雕龙》的选修课，因此让我写一篇这方面的文章。刚巧其时千帆先生让人把诸祖耿等整理的章太炎国学讲演稿印了出来，里面提到民国之初北京大学的一段往事，主《文选》的黄侃与主桐城的姚永朴曾发生过一场冲突，由此我就想到这一时期的骈文、散文之争，表现为《文选》派与桐城派的冲突，北京大学学坛上的这件往事，可谓新文学运动起来之前古代文学领域中的一次回光返照式的谢幕。随后我就写了一篇《论黄侃〈文心雕龙札记〉的学术渊源》，反响颇大，一些研究近代学术发展史的学者常加引用，上海古籍出版社重印《文心雕龙札记》，列入"蓬莱阁丛书"，即以这篇文章为导读。

上世纪八十年代，中国步入改革开放时期，学术界颇呈蓬勃之势，中华书局创办了一本《学林漫录》，集中介绍学人的一些轶事。中央大学时期集中了一大批学界名流，傅璇琮先生就约我为本师胡小石先生写一点东西。胡先生殁于 1962 年，方光焘先生当时就提议让我写一篇有关教学方面的文章作纪念。胡先生特别能讲课，在老辈中非常突出，方先生就说你可以写一篇这方面的文字，好让外界有所了解。方先生眼光独到，他说国内学者纪念老师时常讲些学术活动或学术建树，国外有些教授水平很高，但不留下什么东西，而教学水平特高，对学生影响很大，一些学生就从他的教学方面加以论述。方先生的这番开导，我记住了，但自知力不能逮，迟迟不敢动笔。况且其时极"左"思潮愈演愈烈，当时要想让这类揄扬学术权威的文章面世，困难很多。时移势转，大家都想看到一些过去被压制下来的有用知识，我就想到利用这次机会完成宿愿，于是就写下了一篇《胡小石师的教学艺术》。

不论是黄侃，还是小石师，早年即身负重望，但一直不太写东西。我时常与千帆先生讲起小石师在文学史的建设上有重大贡献。但他只留下一本在上海一家小出版社匆促印出来的《中国文学史讲稿（上册）》，大家不太容易看到，也就影响到此书的传播，难以获得相应的称誉；程先生听过胡先生的文学史与文学批评史课，与我的看法一致，他就叫我把这些看法写出来，随后我就写下了《文学“一代有一代之所胜”说的重要历史意义》《胡小石先生与中国文学史研究》等文，向外发表。

我是新中国成立初期进入大学的，旧时流风遗韵尚存，老师喜欢学生前去提问，我就常是前往胡小石师、汪辟疆师家中请教，他们对抗日战争之前的一段生活很怀念，经常讲起与王伯沆、吴瞿安、黄季刚、汪旭初等人交往事，汪师还拿出一把九教授结社题诗的折扇给我看，可见其时诗酒风流的盛况。我在与师辈的交往中，听到过一些文坛掌故，后来与学生辈交谈时，也会偶尔提及这些往事。当今的学生对“文革”之前的事已有隔膜，对抗日战争之前的事更感陌生，而今学风又已改变，中央大学时期的学者业已恢复名誉，报章杂志上也常见介绍，内中时有不实之处，因而在有些场合，我也时而讲些前辈学人的掌故。

实际说来，我是不太喜欢把师辈的事常挂在嘴边的。“文革”之前，这会被人视作吹捧封建学者，不合时宜；“文革”之后，在学术界活动，动辄提及名师，会被人视作招摇。自知本是一个普通的知识分子，用不到捞什么虚名。小石师、辟疆师交游广，桃李满天下，我自可借重他们的名义去一一登门拜访，而这与我的本性相违。我不喜欢拉关系，访名人，只愿以文会友，因此我在出席大小会议时也很少拜访他人。

“文革”之前，运动不断，知识分子稍有不慎，便会引起麻烦。我很明白，自己的性格不容易适应严峻的政治形势，因此我的处世之道是“君子随遇而安，一切顺乎自然”，从未想过抛头露面，青云直上，然而情况的发展出人意料。1980 年后，中国起了翻天覆地的变化，新的任务不断出现，我为师辈连续写下了一些纪念文章。这些方面的介绍，无疑也是学术史的重要内容。这些工作本属无心，却是为表扬东南学术尽到了一份责任。

目下“东南学术”这一课题已经引起了各界的兴趣，也得到了大家的认可，好些研究近代学术史的学者已经视作研究对象。作为长期在南京工作承上启下的一名教师,自然会进入这一行列。实际说来,像吴梅、黄侃、辟疆师与小石师等人,早年都曾在北京学习或工作过,自上世纪二十年代至抗日战争之前,才陆续汇集到南京来的。总的看来,这一些人确是呈现出某些共同特点,他们大都出身于书香门第,在清代末年开始求学,民国初期逐渐成长。早年接受的是清儒传统的培育方式,训练比较规范。因此他们的教学与研究,能够贴近古人心灵,并不纯属理性方面的解读。

东南学术的几位代表人物都在中国文史的领域中分别作出了贡献,如黄季刚的经学、小学、《选》学与《文心雕龙》的研究,小石师的文学史、楚辞、诗歌、书法史,辟疆师的唐人小说、清诗、目录学、《水经注》研究等,都有开拓新局面的作用。东南学术后来受人重视,也就为这一群体恢复了历史原貌。

程千帆先生为发扬东南学术作出了很大贡献。他在求学阶段亲炙这些大师,颇得各家真传,因此他的治学,能够体现这一学统的特点。他提出,治学应重文献学与文艺学的结合,而重文献之说,即承清儒朴学而来。

千帆先生早年有《文论要诠》(后改名《文论十笺》)一书行世,首列章太炎的《文学总略》,后有章学诚的《文德》《古文十弊》等多种,说明其时他很重视章氏“大文学”的观点,而与时人普遍倾向纯文学的看法不同。后来他又提出“两点论”,且付之实践。除学习理论、注重文献外,还要背诵名篇,从事创作,培养艺术感觉,以为这样才能深刻领会前人的诗意。因此,他在培养学生时,也要让他们写作古文与创作诗歌,全面提高他们的修养。

就我而言,情况就很不相同了。太平洋战争爆发后,父亲长期失业,家庭逐渐陷入困境。他本是学中文的,这时感到此路不通,因此不让我走他的老路。当时社会上有“学好数理化,走遍天下都不怕”之说,父亲就让我偏重理科。家在乡下,兵荒马乱,读读停停,差不多半年、一年就要换一所学校。休学两年,跳级两次,学的知识都不联贯。高中分班,进入理科,又因基础太差,只能似懂非懂地应付。三年级开始时,就发现肺病,卧床三年,把过去积累的一些零碎知识忘却殆尽。新中国成立之后,只能以同等学力报考文科,进入南大。虽有名师指点,然因基础太差,无法达到老师的期望。

1956年年底重回高校当研究生后,对中央大学的学统认识深入了一些,颇欲循此培育根本,然而笔头功夫却已无法达标。有时也写写诗,锻炼锻炼笔头,自觉水平不高,形成不了个人特色,与师辈距离过远。这既要天分,也要花功夫,我则自始至终困于杂务,无法细水长流地磨炼出水平。怎么办?这就得另辟途径来弥补。

我教过几年文学批评史,读过一些诗话词话。其中一些高水平的著作,虽仅寥寥数语,却能抓住根本,对一代诗风或一代名家的成就作扼要的点拨,帮助你掌握要领。因为诗话作者的生活环境与接受的教育比较接近评论对象,他们的见解不大会隔靴搔痒,不像当代一些学者那样,纯靠一些现成的理论去硬套,因此我对一些著名的诗话下了些功夫。例如1986年应邀参加福建邵武纪念严羽的会议,我就写了一篇《从"唐人七律第一"之争看文学观念的演变》,得到与会者的好评。其后我写《李白评传》,叙及李诗在形式技巧方面的创造与贡献,也就大量引用前人成说。陈伯海编了一本《唐诗汇评》,收入各家评论甚多,我就从中挑取一些切当而有启发性的评语,供读者参考。

由上可知,我们培养学生时的关注之点,重视从传统方面寻求解决问题。作为一门古老的学科,这种培养的方式很对路。时至上一世纪后期,莫砺锋等几位博士生陆续在学术界崭露头角后,大家开始注意南京大学的这一群体。赵昌平在《评程千帆吴新雷先生的〈两宋文学史〉》时就提到:"由于出版工作的职业需要,我常注意各研究单位的学术动态。总感到南大中文系，至少是中古段的群体力量是学界的一股新气象：有老成典型的带头人，有功底深厚的若干中坚，更有一批虎虎生气、成绩突出的后起之秀，尤可贵者是能彼此紧密合作，有发展成鲜明特色的学派的趋势。”傅杰在《书林漫游录》中论及余历雄的《师门问学录》而提到我时说：“在教书育人方面，他与程千帆先生共同培养了一批杰出的学生，成为国内古典文学人才培养的最为成功的范例，已是当之无愧的教授之教授，博导之博导。”这对我来说当然受之有愧。前此我与千帆先生也讨论过，学派之说不敢当，但我们也确是在努力，怎样把我们师辈的学风继续发扬。不论从千帆先生提出的文献学与文艺学而言，还是从我后来提出的文献学与综合研究而言，都可说明我们都很重视培育文献学方面的基础，而这正是继承了清儒朴学的优秀传统。

1992 年 9 月 21 日，我在主持程千帆先生八十寿辰庆典之后陪同他与部分弟子合影

左起：陈书录、蒋寅、巩本栋、程章灿、张伯伟、莫砺锋、曾广开、曹虹、张宏生、姚继舜、工青

南京大学举行程千帆先生八十寿辰庆典，当晚举办昆曲演出招待会，我陪同众贵宾上台慰问演员

左起第二人章培恒，第四人程千帆，第六人匡亚明，第九人周勋初，第十人傅璇琮

南京大学重视文献的特点，得到了同道的认可。1999 年我在参加哈尔滨师范大学主办的“全国古代文学、古典文献博士点新世纪学科研究发展讨论会”时，曾与北京大学周先慎教授论及全国各大学培养学生的特点，他就认为我们这里的人文献学基础较好。我也曾说过，我们这里的人写的东西水平如何任人评说，而在文献的处理上还不至于有多大毛病，总想做到植根在坚实的文献基础上，决不望空立论，歪曲材料，甚或偷袭他人成果。

就在今年暑假中，教育部指定我校举办一次“2013 年度中国文献学暑期学校”，为全国研究生搭建一个学术交流平台。这也是对我们重点学科治学特点的认可，我们当然感到高兴。为了组织好教学，学科内的教师都踊跃参加，还请其他高校的教师来授课，甚至还请了不少日本和台湾、香港地区学者前来授课。因为我们早已认识到，汉学是一门国际性的学问,世界各地都有一批学者在做研究,其中就有不少在文献学方面卓有建树的学者,我们应该请他们来传道,帮助这里的年轻一辈打开眼界。

一些参加学习的研究生先后来信,表达他们的感受,韩国成均馆大学学员苏岑说:"文献学是整个学术和文学研究的基础,这是谁都无法否认的事实,文学欣赏和理论分析都必须建立在充分可靠的文献基础之上,否则就会成为无水之源,无本之木,得不到令人信服的结论,我想这正是这次南大的文献学习班举办的出发点之一。"北京大学学员朱锐泉则联系南京大学的历史与现状,云是"如果纵观汪辟疆先生《目录学研究》、程千帆先生《校雠广义》,以迄《古典文献研究》第十五辑'中国文献文化史'专号,不难发现南大古典文献研究的传统是老树新枝、旧曲重翻。古人云'校书如扫尘,旋扫旋生',当我从崭新的仙林校区回到鼓楼,目睹完成兴建或粉刷的楼房,与另一些尚在大兴土木的工地,不禁感慨这座学校的发展志向与重建魄力"。这种认识,也是我们长期探索不断开拓的结果。

时至中国国门大开之后,大家从前时的观点至上转为方法至上,以为只要掌握了新方法,就可在古代文史的研究上打开一条新路,于是大家竞相引进境外的种种新方法。不管是民国时期已经有人介绍过的学说,还是当下欧美最新潮的方法论,都有人引进与倡导。我与千帆先生讨论过,觉得国外的那些研究方法或是成功经验,是从他们的研究对象中总结出来的,用在中国传统的文史研究上,往往凿枘难合。与其这样,还不如挑选一些我国学人文史研究方面的名篇,进行具体分析,看他们采取了哪些研究手段,才能取得成功。这样做,既是一种学术史的研究,也是一种方法论的探讨,对学生来说,可能更实际,也容易操作一些,于是我便开了一门"近代学者治学方法研究"的新课。

我以王国维、陈寅恪为例挑选了五篇文章，逐一讲解。工作得很吃力，讲得很细。一学期下来，只讲了四篇，但同学们表示欢迎，认为有收获。其他高校的教师闻讯也仿此开新课，也有人来索取讲义作参考。

我选了王国维《殷卜辞中所见先公先王考》《汉魏博士考》二文，陈寅恪《陶渊明之思想与清谈之关系》《论韩愈》《韦庄秦妇吟校笺》三文，进行分析。大家不难看出，这些文章并非目下中文系的教师所普遍认可的文学研究，而是一种文史方面的研究。这也反映出了我的治学特点，不想局限于纯文学方面的研究，而是喜欢从源头上探讨，从学术史的高度来俯视文学。我认为，这样考虑问题比较切合中国古来做学问的实际情况。

我也不想从章太炎、黄季刚等人讲起。从学术史的发展来说，王国维、陈寅恪等人的研究工作更有新意。因此，我在介绍东南学术时，眼睛并不盯在家门口这一块。我讲罗根泽师的学术，也介绍朱东润先生的贡献，这样才能见到中国学术的整体。

就以东南学术而言，内容也很多样，即如小石师的研究楚辞，就运用了宗教学、民俗学、神话学与地域文化等方面的知识，我在他的指导下，研究楚辞，也就带有同样的特点。其后我把这方面的知识用到李白研究中，同样呈现出了这些特点。因此，我所主张的研究方针是文献学与综合研究。因为中国古代文学的内容极为多样，研究的对象各不相同，人们自可从各种不同角度进行考察，运用多种不同学科的知识帮助解读。

2000年时，江苏古籍出版社为我出了一套七卷本的《周勋初文集》，《文学遗产》编辑部邀请程毅中先生写了一篇书评，题为《寻求新朴学发展的道路》，内云："文献学和综合研究，体现了一种具有朴学精神的治学方法，也许可以说是开拓了一条具有民族特色的文史研究的道路。”他还联系实际，对我的治学道路进行评述，云是：“在历次政治运动的冲击下，在生搬硬套前苏联教学制度的专业分科下，在过分强调理论批判的空气中，有几个人敢讲朴学家的传统呢？而周勋初则是比较自觉、比较坚定地遵守他的师法，不怕‘学风陈旧’‘观点不行’等议论讥笑，默默地、刻苦地走自己的路，终于取得了令人歆羡的成绩。”

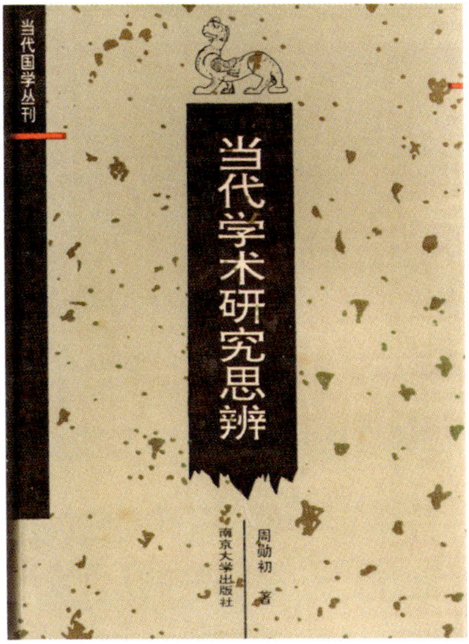

南京大学出版社 1993 年 5 月第一版，2000 年 10 月第二版

也就在本年度（2013 年）这个八月，新闻出版广电总局、全国古籍整理出版规划领导小组在上海书展上发布了“首届向全国推荐优秀古籍整理图书活动入选书目”，共计九十一种，我有三种入选，即《唐语林校证》《唐钞文选集注汇存》《册府元龟（校订本）》。有人称誉：“入选数量之多，独一无二。”细想起来，当以三书性质有别，各有其独特的贡献，才能得到众多专家的青睐。像《唐钞文选集注汇存》，材料远在海外，如果得不到各方朋友的支持，仅凭个人努力，根本无法完成。由此可见，其时我们已与国际汉学界建立起了良好的互动关系。

1993 年时，我把研究当代学术的文字集合起来，编成了一本《当代学术研究思辨》，问世之后，反响颇佳，不少学校用作教材；内中一些文章和观点，也获得了学术界的认可。

其实我对此书还是并不太满意的。因喜泛读，除了王、陈二人之外，本来还想对其他一些学者进行研究，如胡适、顾颉刚、钱穆、闻一多、郭沫若等，都曾关注过。然在上世纪八十年代，这些人的资料还未集中，胡适等人尤甚，而我又不可能花大量精力从积累资料做起，这样本想开展的学术史方面的研究，未能全面铺开。

也就在上世纪九十年代，北京三联书店来约稿，让作五万字的文章，对近百年来古代文学研究进程作一总结。这一出版计划，后因所约各家未能如期交稿，最后作罢，我也写得匆匆忙忙，未尽所怀，却又舍不得把稿子丢掉，最后命名《西学东渐和中国古代文学研究》，编入了《周勋初文集》第六册中。

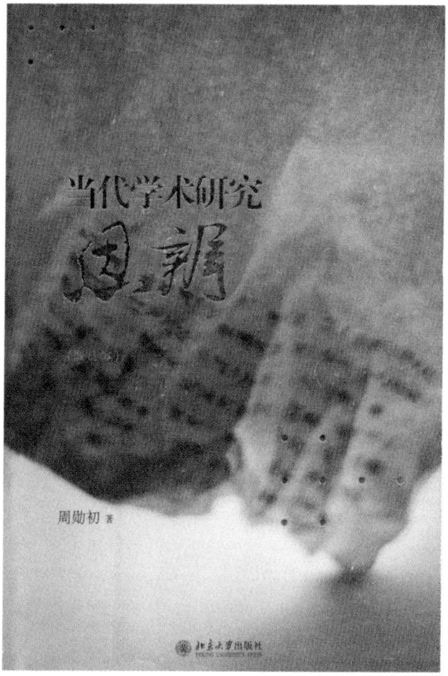

北京大学出版社 2013 年 5 月第三版

每当想起当代学术方面的研究，总有一种难舍难分的感觉。对此我有兴趣，也有一些积累，但想要深化与扩大，却是心有馀而力不足。改革开放之后，任务日重，教学、行政、社会活动、对外交流，常是压得喘不过气来。身为重点学科的学术带头人，必须全身心投入，不能光考虑个人的学术成就，应该做好多方面的工作，才能对得起国家、学校与各有关单位，也对得起学生。我体质素弱，反应迟钝，忙忙碌碌过了二三十年，各种担子陆续卸下之时，已是衰朽馀年，不可能再投入繁剧的研究中去了。

我想，学术史的研究应是大有可为的。近代学术史的研究，更有很多新的领域可以开拓。不光是东南学术尚有许多文章可做，就是蜀学、湘学、粤学等,从清末发展下来,分别作出了贡献,而且各有其特点。即以蜀学而言,为什么会有廖平、吴虞等人出现?一代今文学大师廖平,下开广东万木草堂康有为一派;胡适誉为"四川省只手打孔家店"的吴虞,出于今文而又变得如此激进。蜀中学人旧学基础之深厚,大家都知道,那又为什么定要出川之后才能扩大影响?蜀人自云"出川后是一条龙,不出川是一条虫",古今似乎都有这种现象,这种地域文化又是怎样形成的?

近百年来,中国一直处在急剧的转型过程中,新旧学风冲突,也在学术界产生了很多趣闻。创作领域中有京派、海派之说,据云学术界也有所谓"京派""海派"之分,这又如何区别?如能成立,又将如何论证?在当时认为先进的民主圣地又有良好的学术环境的西南联大,刘文典为什么还能享有这么高的尊荣?后来名闻天下的沈从文,为什么没有得到相应的对待?这里就有很多内容可以挖掘,可以探讨。上一世纪下半期,在一次次的大批判运动中,上级号召,全民动员,声势之大,亘古未闻。上峰云是"批字当头,立也就在其中了",但至今似乎尚未见到有人总结过"立"在哪些地方。而那些挨"批"的文字,不论是所谓观点落后,或是所谓烦琐考证,反而又博得了大家的青睐,历史到底在开什么玩笑?如从学术史的角度分析学风的冲突与演变,不但内容丰富,而且富有情趣,可觇世运之变迁,还可看出中国人是怎样一步一步走到今天的。

【附录】

《当代学术研究思辨》增订本后记

《当代学术研究思辨》一书，于1993年5月出版，受到学术界的重视，曾被许多指导研究生的导师指定为参考书，有的教师则按照其中分析王国维、陈寅恪的几篇文章中的体例，另挑一些范文进行讲授。到了1998年5月，南京大学出版社重印了一次。2000年10月，江苏古籍出版社为我出《周勋初文集》，列入第六卷，又重印了一次。顷蒙北京大学出版社垂顾，又要给我印行新版，我就筹划出一种增订本，把后来陆续写成的一些同类文章也印进去。（此书于2013年由北京大学出版社再版）

对我来说，进入当代学术研究领域，可说很偶然，不能说是早就立志于此云云。改革开放之前，党叫干啥就干啥；改革开放之后，情况有所改变，工作上需要，这才进入这一新领域。形势使然，其间仍有不由自主之处。

其时各个学校出现了竞争态势。一些老大学，忙着翻家当，把过去一些名教授重新抬出来壮声势，争地位。南京大学当然也不例外。外面的一些报章杂志也纷纷来约稿。只是过去的教授往往涉及的面很广，而新中国成立之后培养出来的教师大都属于某一方面的专家，很难为其师辈作全面的陈述，于是系领导又让我挑起这副担子。我因喜欢泛读：东奔西走，干过不少突击工作，适应性较强，因此前前后后也就承担了不少介绍中央大学至南京大学时期一些老教授的文字。

人的生存状态很复杂。我写这些文章的时候，当然是在表达对师辈的一份情感，但身处上世纪八十年代，还得以考虑完成任务为重，因此收在这里的一些文章，我得说清，并非全部出于尊师或兴趣等目的。

我为罗根泽师写评传，在 1983 年的上半年。教育部通知我去参加全国高考出题，还要隔离两个月，系里就不能安排课程，我就利用之前之后两三个月的间隙完成了初稿。罗先生曾在很多高校任教，为时都很短，又身历抗日战争与解放战争，兵荒马乱，辗转流徙，没有长期追随的学生，因此很少有人能理清头绪，承担写作任务。我为写好这篇文章，下学期时还赴上海向郭绍虞先生请教，后又广发书信，请他当年的好多老友提供意见，还曾得到过杨向奎先生等人的回音。到了第二年时，又与编写《罗根泽先生著作年表》的聂士美先生交换意见，还让罗先生的子女提供意见，再改写定稿。因此，我为完成此文，也可说是尽到了最大努力。而我前后只教过两年中国文学批评史和两个学期的上半段批评史，其后一直不再教这门课，也无必要再进入其他教师主管的领域，只是为了写好此文，我还是阅读了很多有关资料。随后研究中国近代学术史的热潮越来越高涨，好多单位，好多朋友，都来邀约撰写有关罗先生的文章，要求提供面目一新的新稿，可我已无法再写出另外一篇不同样式的文字，只能以这篇稿子到处充数，最多随情况不同作些小的改动。后来收在《光明日报》1985 年 6 月 8 日《文学遗产》副刊、《中国当代社会科学家》第八辑（书目文献出版社 1986 年版）、《中国现代社会科学家传略》第九辑（山西人民出版社 1987 年版）、张世林编《学林往事》中册(朝华出版社 2000 年版)、陈平原主编《中国文学研究现代化进程二编》(北京大学出版社 2002 年版)、夏晓虹编《清华同学与学术薪传》(三联书店 2009 年版)中有关罗先生的传记,都用的是这一篇文章。对此我内心一直很矛盾,一方面觉得为师门学术的发扬光大做了一些工作,得到学术界的认可,总算是尽到了一份责任,一方面又感到不能处处有新稿寄去而感到遗憾。这篇文章反复使用,实出无奈,只能祈求他人谅解。

我写胡小石师研究方面的文章,情况相似。小石师在中央大学时期,就是与黄季刚齐名的知名学者与名士。据詹瑛先生面告,重庆时期,国民政府教育部第一次评部聘教授,他与黎锦熙是中国语言文学领域内首批评出的两位,可见其学术地位之高。但他很少写东西,与政界与学界都很疏离,因此新中国成立之后就很沉寂,据云上面有人就说他不写东西而不能评科学院学部委员。改革开放之后,情况大变,南京大学的地位也有所改善与提升,于是校领导敢于宣扬当年中央大学的光荣历史了,何况小石师生长在南京,毕业于两江师范学堂,学校更要重点宣扬了。南京市与江苏省基于同样考虑,也要积极宣传他的业绩。小石师建树多端,一些同门难以适应,于是动笔的任务又常落到我的身上。为了写好有关文章,我尽了最大努力,然因各方面的工作头绪纷繁,这方面的任务又连绵不断,尽管我已竭尽所知,觉得该说的话都已说尽,但新的任务仍不断下来,于情于理还得完成,有时不得不将部分旧稿移入。例如 2008 年时校方为了筹办百年校庆,要编一套《学术大家经典》(后改称《南雍学术经典》),希望我负责编写有关小石师的一部著作,其时我已年届八十,为了抓住最后一次发扬师门学术的机会,还是努力完成了任务,只是体力衰惫,有的地方只能偷巧,如介绍他在文学史方面的贡献时,就用了不少旧稿。作为一本单行的书或单篇论文来看，自成体系，问题还不大，如今都编在一起，可就有些不合适了。但我已经无法可想，只能将情况说明，请求大家谅解。

《胡小石文史论丛》（学术大家经典丛书本），南京大学出版社 2008 年 4 月出版

《胡小石文史论丛》（南雍学术经典丛书本），南京大学出版社 2016 年 10 月出版

平心而论，我本不喜欢在人前多介绍师辈的业绩，这样做，总会惹上吹嘘自己的嫌疑。只是任务当前，可也不容迟疑。不过我还是一直在努力注意掌握分寸，不能为私人感情所支配，应该把老师的贡献放在学术史的洪流中考察，确定一个适当的位置。（后略）

十五 治学经验谈

文献为本　结果开花

——我在古籍整理领域内的一些活动

我之从事古籍整理，是在中国人民经历了长达十多年的磨难之后才开始的。

“文化大革命”的实质是大革传统文化的命。其间不管是折磨别人的闯将，还是九死一生的受难者，大家痛定思痛，同称这是一场“空前浩劫”。自秦始皇焚书坑儒之后，还未看到过这种在最尖端的理论粉饰下演出的暴行。与秦相比，岂仅小巫见大巫而已。人类进入二十世纪之后，为什么会发生这种咄咄怪事，看来一时还难以作出大家普遍认可的结论。只是不管经历多少世代，大家在颂扬中国悠久的传统文化之时，总会不断想起这段荒诞、肮脏而血腥的历史。

“5·16”通知中提出了“除四旧”的口号。所谓“四旧”，即旧思想、旧文化、旧风俗、旧习惯，它的内容到底指什么，不太容易把握，但当红卫兵运动一起，目标可就明确了，原来锣鼓登场打泡戏就是焚书坑儒。

“空前浩劫”之后，文化阵地上自然一片荒芜，热爱祖国文化传统的人更是痛心疾首。

1982 年，在教育部召开的一次古代文学教学研讨会上，二十四位知名学者提出了一份报告,吁请中央建立一个专门从事古籍整理的机构,加速培养这方面的人才,以免传统文化在我们这一代人手上中断。1983 年 3 月,教育部召开高等院校古籍整理研究规划会议;9 月,成立全国高校古籍整理研究工作委员会,简称“古委会”,负责组织与协调高校古籍整理的科学研究和人才培养工作。

南京大学在 1984 年 3 月成立古籍所,全名“古典文献研究所”,程千帆先生任所长,我任副所长。这时千帆先生因劳累过度,已患有心脏病,次年即由我接任正职。

南京大学古籍所初建时由文、史、哲三系各出教师数名组成,这时为什么会挑出我来担任这一职务,想来当与我在这一领域中已经做过一些工作有关。

“文革”之中,我做过多年《辞海》的修订工作。改革开放之后,南京大学中文系承担的《辞海》语词部分即由我负责定稿。1979 年 9 月,《辞海》出版时,我被列为“参加本书编订工作的主要编写人”。而自 1974 年开始的所谓“评法批儒”运动,南京大学文科三系承担注释法家著作《韩非子》,我负责全书的统稿工作。“文革”结束,我又受命将其改编成一部学术著作。早在 1980 年时,江苏人民出版社即已出版了我的《韩非子札记》,此书是在整理工作中积累了各方面的研究成果而撰就的,很多地方涉及版本、校雠、训诂等问题,显示出了整理古籍的一些基本功。其中若干单篇已先在杂志上发表,如《陈其猷〈韩非子刻本源流考〉商兑》等文,批评陈其猷《韩非子校释》中的版本错误,也体现出了我在这一领域中的实力。

早在“文革”之中,我已开始研究唐诗,写了一部《高适年谱》,上海古籍出版社于 1980 年出版。这时正值十年动乱之后,出版界无书可出,《高适年谱》及时推出,无疑会给人以深刻印象。郁贤皓于《文学评论》1984 年第 5 期上发表了《评周勋初的〈高适年谱〉》一文，认为在众多高《谱》中最称完善，更扩大了此书的影响。中华书局约我编写《唐语林校证》，也与我在《高适年谱》中呈现的文献学功力有关。这书在历时三年之后于 1983 年完成，我在古籍整理领域中的地位又有了提升。

1980 年时，我在《文史》第八辑上发表了《叙〈全唐诗〉成书经过》一文，影响也是比较大的，我之所以能迅速进入唐诗领域，与此有关。其后我被推举为《全唐五代诗》的第一主编，也应和上述一系列唐代文史方面的研究成果有关。

由此我体会到，任何一个领域内风起云涌之时，你得抢先一步，推出一些水平较高的成果，这样更能给他人耳目一新的感受。由此你就可以迅速扩大影响，奠定你在这一领域中的地位。

我的这些成果，都与现在大家所说的"文献学"有关。对我而言，有过这么一段整理古籍的经历，还相应取得过一些成果，在我校的文科教师中也就算是比较突出的。因此，学校领导迅速作出这一决定，让我去接千帆先生的班，或许就是这一现状所决定的，对此大家也似乎比较容易接受。

自 1984 年起，截至 2003 年止，我一直担任南京大学古籍所所长。在我众多职务中，古委会名下的活动占了很大比重。

下面可对我所经历的几次重要事件作些介绍。

我在古委会中的第一项集体活动是参与《古代文史名著选译丛书》的规划与编写。1985 年 7 月，我与章培恒、董治安三人负责选目，共定下一百五十种左右的典籍，工作即在此基础上开展。自 1986 年起，至 1992 年止，多次参予审稿会议。1992 年 4 月，我所还接受古委会委托，在中山陵景区内的东郊宾馆集中了多位编委，修订其中最后几部稿子。计算起来，我前后一共审了十七部书稿。作为一名常务编委，尽到了责任。

我所人员在这项工作中也得到了很好的锻炼。例如严杰，前时刚好完成《唐人轶事汇编》的定稿工作，随即接下了《丛书》中的一种——《唐五代笔记小说选译》，这样做，既可把前时积累下来的知识作一番梳理，又可抓住问题在理论上作进一步提高。趁热打铁，工作得轻松，也容易出成绩。应该说，古委会通过这套丛书的组织与编写，将新成立的各家古籍所内的力量动员起来，增强了凝聚力，在业务上普遍提高了一步。

但在工作中也发现了不少问题。有的所，承担的项目质量上始终达不到要求。记得内有一种某个朝代文言小说的选译，距离出版计划时间已近，还是有所距离，主编与我商量，希望我所来一次突击，我就找张宏生苦干了一下，总算及时交了差。

这就说明，我们所里的学术水平已经能够适应新的形势。

大家可能会感到奇怪，在上级如此重视的情况下，各个所里都已集中了不少专业人员，为什么编写这么一种译注的书，还会发生困难呢？

实际说来，古委会组织的这项工作也不容易做好。当时面临着很多困难。本来，各个所里承担的任务，所长应当负起质量上把关的责任，但有的所长承担的稿子自身就达不到应有水平，真正能够应付裕如的单位很少。这又是什么原因呢？

这是因为“文革”前后中国学风变化太大。“文革”之前，强调的是观点。学习古代文学的人并不重视文献。譬如讲授唐诗的人，不研究诗集的版本，不熟悉诗歌的注本，不清楚诗人的生平与家世，他们只要挑几首所谓思想性高、有人民性的作品讲讲，用毛泽东思想发挥一下就行了。如果文献用得多了，反而会被扣上烦琐考证的帽子。而且这些教师的古汉语水平大都有限，遇到复杂一些的句式，往往难以应付。这样的教师，要他去做唐诗的注释，当然会有困难；要他去做白话翻译，当然穷于对付了。然而上面指定某些学校建立古籍所,那些学校也只能从教文学课的教师中抽调一些人来担当,这样必然会有很多不理想的情况出现。

可能大家又会说,你们南京大学历史悠久,人才济济,自然应付裕如。实际情况并非如此。因为历史的原因,南京大学的处境一直不好。到了上世纪中期,“文化大革命”前夕,已经没落得很厉害,很难说有什么竞争力了。古委会成立的时候,教育部给各高校分配编制名额,北京师范大学古籍所给五十名,复旦大学、华东师范大学给四十名,南京大学给三十名,说明其时南大文科已经沦落为三等货,这是符合实际的,当时我们的力量确实不强。只是“文革”结束之后不久,程千帆先生回母校工作,卞孝萱先生也来到这里,我们卧薪尝胆,艰苦奋斗,经过十年的努力,终于改变形势,大家才对我们评价高了,全国重点学科也评上了。自此之后,我们摆脱了困境,稳步前进,一路走到今天。

南京大学古代文学学科点从跌入谷底到逐步提升的过程,凝聚着几代人的心血,我也投入了大量精力,晚年能以看到目下的情况,真可说是三生有幸。由此我体会到,不论单位或个人,处于逆境时,光凭迎合上司,结交热友,捣弄历史,自我吹嘘,都不是根本之计。唯一可取之道,就是埋头苦干。只要你真正做出了成绩,人家自会另眼相看。

这里可把这段历程简单地作一回顾。

我们主要抓两方面的工作——科学研究与培养学生。科研方面又分两个方面,个人项目与集体项目并举。程千帆先生先后推出了《唐代进士行卷与文学》《古诗考索》《史通笺记》《校雠广义》等著作多种,我先后推出了《唐语林校证》《文史探微》《唐人笔记小说考索》等著作多种,卞孝萱先生先后推出了《元稹年谱》《唐代文史论丛》《刘禹锡研究》等著作多种;程千帆先生主编了《明清文学理论丛书》,我主编了《唐诗大辞典》,这些都曾产生过很大影响。

处在学科建设的开始阶段,应该突出重点。其时唐代文学正呈蓬勃发展之势,我们集中力量,攀登制高点,也就容易引起他人注目。

我们把主要精力放在培养学生上。莫砺锋等先后毕业,博士论文一一出版后,外界对此均有好评,这就进一步扩大了我们在古代文学领域中的发言权。

程千帆先生提出了文献学与文艺学相结合的主张。由于南京方面的学风与清代朴学的传承关系比较明显,大家都很重视文献方面的基本功,这就形成了南京大学古典文学研究者的特点。我们确是一直在作探索,如何将中国传统文化中优秀的治学方法贯彻到教学与研究之中。

千帆先生早年就读金陵大学,老师中有黄侃、汪东等人,都是章门弟子,因此从他早年编撰的《文论要诠》一书中就可见到明显的特点。全书共收十篇文章,首列章太炎的《文学总略》,后收章学诚《文史通义》中文五篇,其中显示的观点,首重学术史的研究。新中国成立后,千帆先生又在武汉大学中文系讲授过文艺学,可知那时他的学术观点,重视传统的继承,也重视学习新时代的理论,他之所以提出文献学与文艺学相结合,不但可见这种见解渊源有自,也体现出了一种新的探索与要求,主张传承与创新相结合。

我主张治学必须重视文献学与综合研究。因为我在从师受业时,首先从研究《楚辞》开始,因此除了主张文史并重之外,还很重视与之相关的各种新兴学科。后来我又将之扩大到文化方面的许多领域,犹如我在李白研究中所显示的那样,认为若仅限于从文学方面去探讨李白的成就,远不足以见其全貌。如能运用各种相关知识,多方探讨,则其研究成果就会更丰富多彩。这也就是说,研究问题时应该配备与之相关的各种知识,否则易起瞎子摸象之感。

由此可见,我们培养学生时首重文献学方面的训练,自与南大的学统有关,也与教师的个人体验有关。经过这方面的训练,不论是留在教研组内的教师,还是进入古籍所工作的研究人员,文献基础都比较好。留在教研组内的教师也都兼任古籍所内的职务。因此,我们的古代文学重点学科实际上是一个大集体,如有大的项目,就大家一起动手,例如上世纪九十年代接手的《册府元龟》校订工作,就是大家一起参加的。从我们学科内成员承担的部分而言,水平较齐,效果不错。

我们还举办了多次重大的国际会议,以文会友,这样不但在大陆,而且在港台等地,甚至于在日本、欧美,都扩大了影响,让大家看到了我们的实力。

这里可以重点介绍一下唐代文学会议方面的情况。

上世纪八十年代末尾,随着两岸人员来往的开禁,偶有一些台湾学者前来访问,然因其时交通不便,他们大都先从香港到上海,再乘火车到南京,这样一个来回就要花上整整两天时间,大家也就难以奔波于此了。由此之故,京沪地区的一些高校已经在开始举办大型的国际会议,南京则受各种条件的限制,始终无法有所作为。然而经过十年左右的培育,我们的这支队伍已经成熟,我就想到应该举办一次国际会议,广邀中外知名学者前来,既使我等有向外界学习的机会,也可让外界对我们的情况有所了解。

1990 年 11 月,江苏五校南京大学、南京师范大学、苏州大学、扬州师范学院、徐州师范学院联合召开“唐代文学第五届年会及国际学术讨论会”,由我古籍所具体操办。程千帆先生为此制作了一种南京大学古典文献研究所的介绍,内分一、概况;二、研究成果:中分 1. 专刊,已发表的著作十八种;2. 丛书三套;三、集刊《古典文献研究》;四、正在进行的工作;五、人员介绍。这份古典文献研究所的介绍还配上相关彩色图片,全面地反映了我所情况，印得很精致，这就给人留下了深刻印象。

1988年太原会议之后，我就决定编一本《唐诗大辞典》，在南京会议上献礼，分送各位代表。我任主编，莫砺锋、严杰任副主编。为此我们拟订了周密的计划，完善的体例，邀约全国唐诗学界各个领域的专家撰稿，用了不到一年的时间先后集稿。三人采取流水作业，莫砺锋初审，统一体例和写法，改正一些误处，由我定稿后，交严杰复核。苦干了两个月，工作完成。上海印刷三厂突击排出清样，严杰、程章灿与江苏古籍的四位工作人员去厂里校对，不分昼夜，连续几天，累得腰都直不起来了。

江苏古籍出版社
1990年11月出版

凤凰出版社2003年
9月修订本

上一世纪八十年代，正处唐诗学界成果最为丰硕的阶段，我们抓住编写辞典的时机作了一次总结。因此，我在《前言》中说："此一辞典实为集成之作，全面反映出我国唐诗研究之成果。吾等希望此一著作能起里程碑之作用。"其后，江苏古籍乃邀约与会的海内外专家举行笔谈，计有中国大陆程千帆、王运熙、罗宗强，台湾地区罗宗涛，日本松浦友久、村上哲见等知名学者赐稿，均给予好评，又为会议增添了一层光彩。

会议可谓盛况空前。日本、韩国、美国与台湾地区来的代表都是该地区的一流学者。台湾"中央研究院"文哲研究所筹备处主任吴宏一教授认为此举把大陆人文学界学术会议的水平提高了一大步。

通过这次会议,我们与各界朋友建立了联系,增进了情谊。其后开展的好些活动都是在此基础上进行的。以文会友,以友辅仁,对此我有深切感受。

在这次唐代文学国际会议上,日本方面来了很多出身于京都大学的学者。兴膳宏、笕文生、笕久美子、西村富美子、横山弘等先后同学,一起与会,且游览了浙东等地,对此间加深了了解。日本京都大学有着悠久而光辉的汉学传统。自内藤虎、狩野直喜、铃木虎雄等教授始,一直重视文献学方面的基础学识,因此京都学派在日本汉学界一直占有十分重要的地位。这时该学派的一些代表人物前来与会,此后一直与我古代文学专业与古籍所的教师多所来往,交流不断。现在京都大学的三位教师,平田昌司、木津祐子、绿川英树,奈良女子大学的教师大平幸代,都曾在我文学院中留学,与此间有密切合作关系。应该说,通过文献这条纽带,东亚文化圈内的人员之间的联系更趋密切,更趋正常了。

这次会议后,我们与台湾方面友人的联系亦日趋紧密。

1995 年时,我校部分教师应台湾"中央大学"之邀,前去参加"第二届两岸文学创作与研究新趋势研讨会",我随团前往。这时我还承担了古委会委托的另一任务,与台湾的汉学研究中心联系,商量举办一次两岸古籍整理学术研讨会。为此我多停留了两三天,与该中心业务处刘显叔先生多次洽谈,决定次年立即召开会议,这是我在这次台湾之行中意义最为重大的一项活动。

这几天中,除去汉学研究中心洽商公务外,还奔波于台北、台中、高雄与台南等地,到好几所高校与研究机构演讲。联系此事者,大都是那次南京会议上结交的朋友。其中像杨承祖、罗联添、江中等先生,原来都是从大陆出去的学生,其师辈中人很多曾任教于"中央大学"。王梦鸥先生任出

我与杨承祖教授在首届两岸古籍整理学术研讨会举办的大陆高校古籍整理成果展上合影。杨承祖即上述唐代会议台湾代表团的团长

席南京会议的代表团的顾问,他曾在位于鸡鸣寺下的中央研究院中任职,那次来宁开会的团队中,罗宗涛、李丰楙、王国良等几位先生都是他的学生,彼此辗转都有学统上的联系。这次在台湾岛内相聚,自然倍感亲切。随后我就写了一篇《文化同根倍情亲》的文章抒写我的感受。

在此我又想起当年在南京开会时的一件趣事。因为南京那时还未接待过规格如此高的台湾学者团队,因此分管江苏省港台地区事务的吴锡军副省长特地在丁山宾馆设下盛宴,招待这批宝岛来宾,席间却因长期阻隔而滋生的隔阂,发生了一些龃龉。这时罗联添教授就激动地说:“因为我们都是读孔子的书的,所以来这里开会。”这话当然是有道理的,文化同根的人容易找到共同的话题。只是我对这层道理还有更深一层的体会。因为我曾奉命注释过法家著作《韩非子》,那时举国上下无不狠批“孔老二”,只是到了改革开放之后,才逐步恢复了孔子在思想界的应有地位。如今孔子学院更是遍地开花,成了中国传统文化的象徵与标志,可知孔子的命运,也是与国运同步起伏的。

中国内地与台湾地区隔绝已久,社会结构与意识形态方面都有很大不同。在我看来,那边有很多人坚持统一,很难说是在政治或经济上有什么企图,而是传统文化在起巨大作用。自古以来,《春秋》大一统的思想在维护国家团结防止分裂方面起到了无法估量的作用。《三国演义》开头就说:“话说天下大势,分久必合,合久必分。”这种观念早已深入每一个中国人的心中。我之所以痛恨破坏文化的“大革命”,就因一些滥用政治暴力的极“左”份子硬是要将分居世界各地的中国人的感情联系纽带彻底切断,而那些还未丧失良知的人却只能忍受、战慄和哀叹。时至今日,人们仍是心有馀悸,对那些丧心病狂的暴行不敢多予指责,这真是中国人最大的悲哀。近年来,有一些大陆嘉宾在访问台湾之后也说,台湾因为没有遭受到那么多的政治运动,所以传统文化保存得比较完整。这从人际关系的伦理上也可以看出。由此可知,中国几十年来的肆意破坏传统文化,践踏古典文献,实际上是在破坏立国的根基。目下台海关系问题多多,内地传统道德元气已伤,何以如此,情况复杂,但也与前时不能正确对待传统文化有关。是非颠倒、美丑不分的理论与措施培育了几代人,自然会在社会上留下种种恶果,后遗症还将延续数代。

可喜者,我们这次两岸古籍整理会议产生了很多积极成果。王国良教授随后在台北大学建立了第一个台湾地区的古典文献专业,与此间同道一直往还不歇。

我体会到,由于两岸意识形态方面距离过远,学术交流往往出现困难,然而有关整理古籍的话题最易形成共识,彼此均可倾心畅谈,无所间隔。这又是关怀中华民族前途命运的人最为重视的命题,容易勾起四海同心的感受。我在这次联系会议的过程中能够起到一些作用,一直引为幸事。

古委会和汉学研究中心联合主办的“两岸古籍整理学术研讨会”前后一共举行了三次，我都参加了。1996 年 4 月的这一次，在时间上还有其特殊之处。当时正值台湾“大选”。李登辉做过一任领导人之后又在参选，大陆方面自然高度关注。本来两岸有关单位都在抓紧时间准备会议上见面，到了临行时，风云突变，气氛陡然紧张。“大选”过后，尘埃落定，两边均不愿把弦绷得太紧，台湾方面人心尤为浮动，希望大陆方面马上去一个团队，好稳定人心，大陆方面也不愿联系自此中断，于是港台办一路开绿灯，让我们及时赶去。古委会乃组成了一个庞大的代表队，内有十一所大学，四个图书馆，一家研究院，共二十七位教授，中多文史学界的知名学者。那时入台要到香港的台湾驻港机构去办入台证，路过香港时，我找香港中文大学中文系主任邓仕樑教授帮助，安排食宿，联系车辆，王晋光教授与我正在该系访问的学生陈书录做了不少具体工作。其间还与中文大学中国文化研究所的饶宗颐教授等人与香港大学东方语文系的赵令扬教授等人举行了座谈。

台湾当局为此拨下了一笔丰厚的会务费。他们那边也有数十位代表参加。因系初次见面，提交的论文中多介绍两岸学界在文史领域内开展研究的情况，也有不少古籍整理方面的专题论文，彼此提高了学识，增进了友谊。参加会议的人都认为收获颇丰。我提交的论文就是印在《全唐五代诗》前端的《御定〈全唐诗〉的疏误与〈全唐五代诗〉的编纂》。古委会秘书处曹亦冰副秘书长随即编了一本《两岸古籍整理学术研讨会论文集》，且在《中国典籍与文化》1996 年第 4 期上发表了一组大陆与会学者记叙会议观感的文字。

台湾汉学研究中心作了精心安排，除在会议上交流学术外，组织大陆代表到台湾大学、中国文化大学、东华大学与“中央研究院”历史语言研究所和文哲研究所访问,参观了台北“故宫博物院”等文化场所,还赴阳明山、太鲁阁公园等地赏玩,大家都感到此行不虚。

1998 年 5 月,会议移至大陆方面举行,古委会安排在北京五洲大酒店内食宿与讨论,会议规格仍然很高,气氛热烈。台湾方面随队而来的大陆办人员特来告诉我,下半年去台湾“清华大学”教书的手续已经办妥,欢迎我偕夫人前去讲学云云,礼貌周到,感觉颇佳。此间招待台湾代表去承德避暑山庄参观,好多台湾朋友也以为此行不虚。2001 年 5 月,第三次会议又在台湾那边举行,路经香港,我又请浸会大学中文系主任邝健行教授帮助,解决驻港时期的一切事务,任教于此的学生陈致协助做了不少杂事。会议仍然保持了很高的规格,只是此时我已垂垂老矣。新陈代谢,代表已以年轻学者为主。由于两岸交往日益便捷,学者来来往往参加各种专题会议已是常事,这类有关两岸古籍的大型会议也就不再继续了。

【附录一】

《唐诗大辞典》的策划和突击

1988年秋，中国唐代文学学会第四届年会在山西太原举行。我代表江苏五所高等院校（南京大学、南京师范大学、苏州大学、扬州师范学院、徐州师范学院）提出一提案，希望接办下一届年会，学会同意了我们的请求。五校人员随即商定，推举我担任这届会议的筹备委员会主任，统筹一切事务。

我们觉得，唐代文学已成一门国际性的学问，很多国家都有人在讲授并作研究，应该交流成果，提高彼此的认识与学术水平。以往的几次唐代文学会议也有个别的国外学者参加，但仅限于一些正在国内访问的学者，未能广泛地邀请到世界各地的唐代文学研究人员前来。我就想到，应该举办一次高水准的唐代文学国际会议，不论在学术水平上，还是在文化交流上，都应把唐代文学的研究与传播推向一个新的水平。

中国步入改革开放的新时期后，唐代文学的研究发展迅猛，取得了极为可观的成就。在这次会议上，应该通过某种方式，将十年来的成果集中地反映出来，让与会的国内外代表了解与把握。我就想到，可以编写一本辞典，通过众多辞条的撰写，将唐诗研究中各方面的成果集中加以反映。这一辞典应起里程碑的作用。它是八十年代唐诗研究成果的全面总结。九十年代的唐诗研究，应该在此基础上进行，再谋求发展。

唐代文学年会间隔两年举办一次。这一辞典必须在两年内编成，并正式出版，时间极为紧迫。估计全书的印刷，从发稿到出书，大约总要留出半年多时间，这样全书的辞条也就必须在一年内定稿，才能前后衔接。这就要求我们拟订一个周密的工作计划，高效率地进行，将此辞典突击出来，才能作为第五届唐代文学年会暨国际学术研讨会的一份礼物，贡献给国内外的代表。

我对全书内容作了规划，共分八类，计为：1. 诗人；2. 体类；3. 著作；4. 名篇；5. 格律；6. 典故；7. 成语；8. 胜迹。由于我与学术界许多领域中的学者一直保持着密切的联系，这时就向各个领域的专家求助，撰稿人员很快落实下来了。其中"成语"部分，商请蒋荫楠、许结二位撰写；"格律"部分，商请顾易生、汪涌豪二位撰写。他们于此钻研有素，熟悉材料，也就按时交出了高质量的草稿。

我们为每一类辞条提供一份写作的体例，并分别撰写了三份样稿，分发给每一位作者，请他们根据这一份体例并参考样稿撰写。体例的规定甚为具体。江苏古籍出版社一直把这作为编纂辞书与撰写辞条的重要参考物，提供给其他辞书的撰稿人，作为借鉴。

在这八类文字中，诗人、著作二类分量最大，特别是诗人一目，计有3800馀条之多。刚好厦门大学的周祖譔先生受中华书局约请，正在编纂《中国文学家大辞典》中的唐代部分，他约请了金涛声、吴企明、吴汝煜、陈允吉、陈尚君、吴在庆、贾晋华等几位分工撰写，这批学者我都熟识，于是我在求得周祖譔先生同意，并在中华书局傅璇琮、许逸民二先生的支持下，分别约请上述数位专家为《唐诗大辞典》赶写辞条，这就加快了成书的速度。为了与《中国文学家大辞典》唐代部分的辞条明显地区别开来，我们在《唐诗大辞典》的体例上作了新的规定。《中国文学家大辞典》唐代部分兼收诗文作者，《唐诗大辞典》中只收诗人，介绍诗人生平和成就的文字，要求用接近口语的文言表达，力求精炼。为了避免雷同，我们还把唐诗中的四五十位大作家另外约请专家撰写，如有关李白的辞条，全部由郁贤皓教授撰写；有关杜甫的辞条，全部请山东大学《杜甫全集》注释组人员郑庆笃、张忠纲、焦裕银、冯建国四位教授撰写。这就使《唐诗大辞典》中诗人部分的辞条具有与其他辞书明显的不同。人们如将各种辞书合观，当不难发现。

八十年代，中国大陆地区的学者在诗人行历的研究方面取得了极为丰硕的成果，其中成绩最为突出者，如陈尚君同志等人，在发掘逸诗的同时，对许多中小诗人的事迹也作了甄辨。诗人辞条汇集后，我又商请陶敏同志帮着复看稿子。陶敏对唐代文献的熟悉与专精，那是学术界一致公认的，他把个人撰写的《全唐诗人名考》时的考订心得全部融入了辞典中，从而使《唐诗大辞典》中诗人部分的写作质量又有了新的提高。

上述诸撰稿人，都能抓紧时间，在规定期限内交出草稿，这对保证全书按计划编纂完成，起了决定性的作用。对于他们的支持，我很感谢；对于傅璇琮、许逸民、周祖譔诸先生的支持，我也一直铭记在心。

“著作”辞条的撰写，也有其难度。撰写某一辞条的人，对这一部著作，如没有读过，或是读后不能掌握要领，那是无法拟稿的。我们对唐诗方面的专家作了广泛的调查，分头约请他们为研究有素的著作撰写辞条，也就收到了预期的效果。全部四百馀条，内容极为广泛，例如一些流传不广的总集，如《唐诗正》《寒瘦集》等；一些奇特的版刻，如“颜色套印唐诗集”等；近代新发现的资料，如“敦煌遗书中之唐诗”等，有关唐代诗歌的诗格类著作，如《缘情手鉴诗格》等；以及域外有关唐诗的钞本，如《新撰类林抄》等，都有介绍。一编在手，可对许多不易找到答案的疑难问题有所解答。

可以说，《唐诗大辞典》中的八类文字，集中了八十年代的研究成果，包括最近取得的一些新的资料和新的观点。因此，此书是对前此的研究成果所作的全面总结。

除正文八类外，我还设计了三个附录，一为“唐诗文献综述”，二为“唐诗大事年表”，三为“唐代地理分图”。这些都是为指导读者作进一步研究而撰写的。“唐代地理分图”部分，可以利用《中国历史地图集》中唐代部分的已有成果，加上唐诗中经常出现的地名，今古对照，按道分制，使读者便于掌握与领会。这对读者甚为有用，但后因印制地图在技术上要求很高，编制不易，只能付之缺如。

《唐诗文献综述》内分文集、史传、小说、谱牒、碑志、壁记、登科记、书目、诗话、艺术、地志、政典、释道书等十三类。说到“文献”，则范围至广，似乎无所不可包容，例如类书等，均可列入，但限于时间，也限于学力，只能限于上述数类。况且这一附录按原定计划只能写上五万字，与《年表》合在一起，字数不能太多。

这五万字，写得还是比较顺畅的，前后花了三四个月的时间，就完成了。大约个把星期写好一类。我因平时工作就比较忙，教学、行政与社会活动老是压得人喘不过气来，这时见缝插针进行突击，可以说是艰苦奋斗。因为牵涉至广，而我步入唐代文学研究领域只有十多年时间，还不能做到全身心的投入，因此每当概括某一类文献的来龙去脉和必须注意的要点时，常有力不从心之感。但我黾勉从事，力求融会贯通，深入浅出。经过这一番奋斗，自觉也有一些提高。过去从事唐代文学研究工作时，因为工作忙乱，头绪繁多，只是干啥学啥，从未系统地积累过资料，梳理过问题，这时逼着自己构拟出一个唐诗文献研究的体系，对各类问题进行系统的清理，这才看出自己的长处究竟在哪里，不足在哪里，从而对该补的知识尽可能地作了一些弥补。

莫砺锋同志负责编纂《唐诗大事年表》。他在博士生阶段主要从事宋诗研究，毕业至今还不到六年，承担《年表》的编制，驱使材料，已能运用自如。程千帆先生培养学生时，极为注意文献学方面的训练。从莫砺锋编制《年表》的过程来看，或从这份《年表》的质量上来考察，可知我们培养学生时注意文献的努力方向，还是颇具实效的。

自拟定编写方案，约请撰稿人，到稿件陆续寄来，用了大约一年的时间。因为撰稿人的总体水平很高，这就为全书的按期完成提供了基本保证，但也有个别撰稿人交出的稿件未能达到预期的质量要求，有的撰稿人还按平时的书写习惯撰写，与统一规定的体例不合；有的将稿子一交了事，也不复核原文，留下明显的错误。为此我们又作了最后的审订和加工，由副主编莫砺锋同志负责初审，并统一体例；我作为主编，负责定稿。最后由另一副主编严杰同志负责复核。严杰同志对唐诗文献颇为熟悉，工作态度认真负责，由他最后把关，又扫除了不少错误。三人集中办公，采取流水作业，工作效率很高。事后江苏古籍出版社的负责人和责任编辑曾感叹地说，编写工具书，像我们这样，主编和副主编亲自动手，做审订和复核工作的，不多见。由于我们在定稿时认真地作了审订和加工，故全书风格一致，各部分相互照应，这在目下的工具书中也是不多见的。

全书完成，我们又一次发动大家进行检查，看有没有什么遗漏或差错。这时发现还有几十个问题需要补充，诸如著作、诗体、典故等方面，都有一些缺失，我等随即组织人力分工弥补。全书最后的一大类"胜迹"，就是在最后阶段决定添加，并由大家分头撰写而补入的。

为便读者查检，我们编制了一份四角号码的综合索引，诸如诗人的排行、别号等，都可循此检索。当时大家还不会使用电脑编制，只能将辞条一一先制成卡片，然后编排。时当暑假，南京有“火炉”之称，我们古典文献研究所内的一些同志集中在一起，突击了两个月，终于如期完成交稿。

我们与江苏古籍出版社的责任编辑配合得很默契，稿子分批交出，他们作了技术加工后，立即送上海印刷三厂用电脑照排。交稿后立即审稿，排版后立即校对，循环往复，进展甚速。但最后一校，连带印好后装订成册，只留下两个月的时间。出版社派出四名精干的校对人员，加上我所严杰、程章灿二位同志，一起到厂里坐镇。任务紧急，日夜突击，大家累得腰都直不起来。如果没有出版社与我们编写人员的紧密合作，没有我们编写人员忘我的奋斗精神，那么这本辞典也就无法如期完成。

出版社提出，可以加上彩色插图八幅，封面也可用彩色图片印制。为此我又勤翻有关图谱，挑出了与唐诗有关的几种古画与碑刻。插图首页为清道光十四年芸叶盦刊五色套印本《杜工部集》的书影，此书用五色套印，可以反映出我国古代印刷艺术方面的先进技术，而且色彩斑斓，效果极佳。三幅唐代绘画，《游骑图》《宫乐图》和《韩熙载夜宴图》，分别反映盛唐、中唐、晚唐五代时期的民情风俗和服饰器用，其中《宫乐图》一幅原藏台湾“故宫博物院”，是根据该院一种画报上的图片复制而成。其他两种古画《游骑图》《韩熙载夜宴图》和杜牧的《张好好诗》真迹，据北京故宫博物院提供的反转片印制。敦煌莫高窟156窟壁画《张义潮出行图》，据敦煌博物院提供的反转片印制；宋拓《慈恩雁塔唐贤题名》，据中国社会科学院考古研究所提供的相片印制；日本真福寺珍藏的唐钞《翰林学士集》一幅，则根据日本某出版社的《唐钞本》一书印制。

这些图片都与唐诗有关，分别反映了唐代社会文化生活的各个方面，且材料可贵，可使全书文字相得益彰。封面上的图片则采辽宁博物馆的镇馆之宝周昉《美女簪花图》，诸仕女雍容华贵，与唐诗的整体风貌相吻合。

唐代文学国际会议如期于1990年11月21日至25日在南京大学召开，江苏古籍出版社及时派车赴上海运回此书，我们将此作为一份厚礼赠送给与会代表，得到大家的一致好评。

江苏古籍出版社的负责人后又委托程千帆、郁贤皓二先生向与会的代表和若干专家徵询意见，得到了好多专家的回应。他们选出大陆的程千帆、王运熙、罗宗强；台湾地区的罗宗涛；日本的松浦友久、村上哲见六位教授的意见，编成专辑，以《创新·完备·精到——海内外专家学者谈〈唐诗大辞典〉》为题，发表在《社会科学辑刊》1992年第5期上。六位教授对《辞典》作了全面的评述，指出这是一本有用的书，质量很高，总结了当代唐诗研究的成就。全书容量大，包罗极广，融知识性与学术性于一炉，言必有据，很少废话，在文献资料上是完全可以信赖的。我本人作为会议的主持人和《辞典》的主编，身体几为繁重的工作所压垮，中间曾生了一场大病，连续发了七天高烧，免疫系统遭到严重破坏，但看到会议的成功和《辞典》的如期出版，则又深感庆幸。我中文系古典组和古籍所内的全体成员齐心协力，并得各方友好人士大力支持，共襄盛举，这也可以说是中国唐诗研究领域中取得集体成绩的一件大事吧。

【附录二】

浮光掠影

——追记南京唐代文学国际研讨会

郑向恒

(一九九〇年十一月)二十一日在南京大学文学馆的大会议室(按:实为南京大学鼓楼校区大礼堂)举行了“中国唐代文学国际学术会议”开幕式。由会议执行主席南大中文系主任周勋初教授(按:实为古典文献研究所所长)主持,与会学者包括来自美国、日本、韩国、加拿大、香港,以及海峡两岸的学者计八十多人。大陆资深教授程千帆、曲钦岳(按:实为校长)均应邀致词。

他们一致认为唐代文学,不仅是中华民族传统文化中光辉灿烂的组成部分,而且是世界人民共同珍爱的文学遗产。唐代文学研究,不仅是中国文史研究的重要领域。而且早已成为世界范围内的重要学术活动。尤其是近十年来,随着中外文化交流的日益频繁,唐代文学研究已成为国际上显学之一。他们并祝会议成功,代表们身体健康。接着由来自各地区代表,分别报告当地唐代学术研究概况。

东海大学教授杨承祖报告:“台湾近四十年唐代文学研究”引起大

陆学者之注意。下午开始,随即展开一连串学术交流活动;一连五天,分组宣读并讨论了有关唐代诗歌、古文、词、小说、文学批评等七十篇论文,收获甚丰,尤其感谢主办单位赠送《唐诗大辞典》以及有关论著,我们都打包邮寄台北。

开幕的当晚,在双门楼宾馆的江南厅,举行欢迎餐会,菜肴丰富,采用自助式。其中甜食如炸藕片、冰糖百合、桂花元宵,最受欢迎,因为这是江南特产。

二十二日晚间则观看江苏省昆剧团演出,演技相当精湛,只可惜剧场太简陋,设备太差。团长张继青女士,十四岁参加剧团。如今名闻中外,是继梅兰芳之后的昆曲名角,她的唱腔优美流畅,有馀音绕梁之感。

二十三日,大会安排赴扬州参观与唐代文学有关的文学名胜古迹,如平山堂,并参观木版书刻印工艺。

二十四日下午参观了南京名胜古迹:如中山陵、明孝陵、雨花台、灵谷寺、莫愁湖、南京大屠杀遇难同胞纪念馆、夫子庙等。其中特别令人感动的是庄严肃穆、气势宏伟的中山陵。国父所题"天下为公""博爱"清晰可见,历久不衰。从络绎不绝的游客来看,国父仍活在广大人民的心目中。

与中山陵对峙的明孝陵,则是朱元璋与马皇后合葬之地,墓道旁有石雕的骆驼、大象,吸引不少游客。

另外有一个南京大屠杀遇难同胞纪念馆,里面收藏了二次大战日本暴行的血腥照片、资料。作为中国人不能不知道这一段惨痛的史实。

"到南京不去夫子庙,不能算是到过南京",位于秦淮河畔的夫子庙,如今已渐有书卷气息,昔日祀孔的"大成殿"在抗战时曾毁于日机轰炸。一九八三年重建,一九八六年完工,状极宏伟,殿内经常举行文物展览,壁上嵌有名书法家字。

后来从一些教授的谈话中,得知目前大陆已开始研究孔子,而且从孔子的思想,扩展到经济、法律、道德、社会的价值。他们肯定了孔子的中庸之道,以及孔子的有教无类的精神。一位年轻教授,心平气和地说:“孔子不尚空谈,不走极端,重视伦理,提倡仁爱的道德体系,已成为大陆学者的共识。”由大陆对孔子的肯定来看,中国是有前途的,有出路的,廿一世纪将是中国的。

《诗经》上说:“嘤其鸣矣,求其友声。”此次在南京举行的唐代文学国际会议,虽然时间很短,但是充分达到“以文会友,以友辅仁”的目的。

廿五日晚上举行送别餐会,地点仍然是江南厅。席开二十桌,菜色丰富,酒也淳美,有国乐演奏,宾主尽欢。

天下无不散之筵席,我不禁低吟著李白的《客中行》诗句:

葡萄美酒郁金香,玉碗盛来琥珀光。
但使主人能醉客,不知何处是他乡。

这首挂在小会议厅壁上的诗,实在耐人寻味,我特地拍了照,以为留念。

(原载 1991 年 4 月 16 日台湾《“中央日报”》国际版,作者为台湾中国文化大学教授)

十六　治学经验谈

教学终身　甘苦备尝

——教育生涯中的若干突出事例

自上世纪起，中国一直处在急速的转型之中，这一点大家都已有所感受。对于吾等上了年纪的人来说，自然感受特深。

我出身于一个教师家庭，伯父与父亲都是当教师的，只是父亲并不希望我再走他的老路。他毕业于光华大学中文系，学习成绩很突出，得到校长张寿镛的赏识，留在校本部当职员，兼任附中教师。不久太平洋战争爆发，学校停办，随即失业回家。其时兵荒马乱，乡下的学校无法正常开办，我家境也不好，能有学校进就好，结果小学读了五年，换了五所学校；中学四年，换了四所学校。高中三年级入学不久就发现肺病，卧床三年，又把学到的那些数理化都忘掉了。1950 年全国高考，只能报考文科，还好遇上国家新建，亟需大批培养人才，录取标准很低，这才让我得以进入南京大学中文系。

因为长期生病，一直在父母的呵护下维持一线生机。1948 年时，卧床已有一年多了，又一次大口吐血，不得不去上海诊治。路上颠簸后，病灶急性扩散，高温降不下来，也吃不进东西。来看我的人说，脸色土灰，实已濒临生命的终点，幸亏链霉素正进入上海，当时叫做“特效药”，才挽救了生命。但药价昂贵，父亲不得不在高利贷的盘剥下买药为我治病。治疗后期，蒋经国到上海“打老虎”，不准商店囤积商品，几家大的药房迫于压力，只能每天拿出几十瓶应付一下门面。哥哥住在南市陆家浜路，一早就得赶往市中心的福州路、河南路口的五洲大药房排队，买到两瓶后，立即赶到城北边复兴岛的上海海洋渔业公司上班。一下班，赶快回到南市家中，给我烧些荤菜，增加营养，然后赶到城西枫林桥的中山医院来送链霉素和食物。坚持了一、两天，再也顶不住了，只能停止。哥哥为此多次自责，我听到时就阵阵心痛，事后想起就心酸。

前前后后，我一共生了七年肺病，只是在父母的慈爱和哥哥、妹妹的关切下才能维持生命，因此在我的一生中，亲情自然占有极为重要的位置。我结婚后，妻子对我的这段经历很理解，对已划为地主的母亲也一直很孝敬，这也让我至为感激。

1994 年 4 月 13 日，兄弟姊妹五人摄于西门外面。老宅西面原来只有中间一扇西门，两侧的门均为后开者

坐者为嫂嫂金文玉，后面左第二人为弟媳杨菊芳

进入南京大学后，不到半年就发现肺病复发，于是又移入疗养宿舍，减少课程负担，不再随班参加各种政治活动。新中国成立初期，运动不断，参军参干、三反五反、抗美援朝、去皖北土改等等，很多内容都给豁免了。学校对生肺病的学生很照顾，每天有荤菜和牛奶供应，定期有医生检查，这样也就像是栖身于风势和缓的温和之区，健康得以恢复，四年级时又恢复了正常生活。

远离家乡，家中的事已不清楚，虽然一直牵挂在心，终究隔了一层，然而校中的有些运动却难正确对待。思想改造运动之中，教师都得批判封建思想与资产阶级思想，一些历史上有问题的教师更是难于过关。我没有参加全过程，但看到一些情况后，还是觉得难于全然接受。对一些学生写文章，面对面批判老师，总觉得过分。因为父亲是教师，总希望能维持尊师重道的传统，这时自然会感到难以适应。

这时的老教师，除了难过政治运动关之外，在教学上也难以适应。

1953 年时,胡小石先生开“中国文学史”课,当局规定上课之前必须要有完整的教学提纲。系主任方光焘先生见我跟小石师已学过两门课,就让我去通知。他也知道以前高校中从无这一要求,这下会让小石师为难,因此嘱咐说:“你告诉胡先生,只要简单地写上几条就行了。”果然,胡先生听后眉头皱起,似出意料,但得适应新形势,几天之后还是交出了一份提纲。如从现在的标准看,敷衍塞责,定要打回去重做,但对胡先生一辈人来说,也算作出努力了。

中央大学期间,一些狂放的教师每以汪洋恣肆的作风进行讲学,林损讲《老子》,开头两句“道可道,非常道;名可名,非常名”就讲了两个多月;徐英上课,只拿两支粉笔进场,对那些手持讲义和参考读物的教师反加讥笑。小石师因系两江师范学堂出身,备课一直很充分,教学效果特佳,但他总是完不成教学计划。其他老师能够按部就班完成计划的也很少很少。

我一直认为,凡事有利有弊,有得有失。过去一些水平高的教师常是随便谈谈,聊聊掌故,甚至攻击他人,自诩高明,但他们确有两手,否则也站不住脚。一些听过黄季刚讲课的人说,老师每次上课都要骂人,但到最后十分钟或一刻钟,真正讲到点子上时,却是其他地方无法听到的,因此学生还是蜂拥而至。

到了六十年代,教师队伍中加入了不少新人。这时开始使用统一教材,教师上课时,不会再发什么离题的怪论,大家都能全面完成教学任务,但往往流于照本宣科,不再强调什么个人心得,研究成分大为减少,首先贯彻的是政治要求。这对新政权的巩固可以起到好的作用,但对培养具有独立思考能力的研究人才而言,可未必有利。

我于 1956 年年底考回母校当副博士研究生,不参加教研组活动,本以为可以集中精力读书,然而“拔白旗”运动到来时,却又不由自主地卷了进去。

反右派之后,继之以“大批判”。那些幸未划为右派的人,凡是所谓有“问题”者,还得经受考验。接着就有所谓“交心”运动,人人都得交出“黑心”,清洗一番之后,才能恢复“红心”。火越烧越旺,矛头慢慢集中到一些资产阶级学术权威身上。每个学校,都会确定几个目标,学生与年轻教师则以马列主义、毛泽东思想为锐利武器,进行批判。领导上说,这是无产阶级战胜资产阶级的大事,在思想战线上要拔下资产阶级的白旗,插上无产阶级的红旗。

每一所学校批判的对象人数不一。北京大学名教授多,如游国恩、林庚、吴组缃、王瑶等,编有《文学研究与批判专刊》四辑,由人民文学出版社出版;复旦大学则集中批判刘大杰、朱东润、赵景深等人,又以刘大杰为重点。南京大学中文系决定以罗根泽为唯一目标,其他教授则作自我批判。

这时罗先生已患高血压、肝硬化,健康状况很不好,如何经受得起这种批判?事后罗先生一直郁郁不欢,罗师母及其家人更是想不通:中文系教师那么多,一级教授就有胡小石、陈中凡两位,为什么要把罗根泽抛出来?

我也事出意外,噩运当头,系主任俞铭璜指定我承担写作一篇批判罗先生的重要文章,登载到为批判而创办的《火箭》杂志上。其时“大跃进”正热火朝天,校方规定每人每天都要写一百张大字报,还要敲石子大炼钢铁,俞主任都给我豁免了,但要按期完成这项政治任务。

我在思想上压力很大,不知道怎么办。我在本科学习时,因生肺病,勉强上课,成绩很差,罗先生从不嫌弃我,反而以为我可以造就。我在四年级时不听其他老师的课,只听胡先生的一门文学史,他也不以为意,还向组织上提出应该留下当助教。这次重回母校,当胡先生的副博士研究生，他仍一如既往地关心我，师生关系一直很好，这时接到这项批判任务，既不能违抗，又觉得有负师门，真不知如何处理才好。思来想去，无计可施，到了第二天下午，仍理不出什么头绪，只能到胡先生家中去求指点。胡先生听我介绍后，沉默很久，最后只是说："文章你还得写，但要注意态度，不要伤感情。"这真是金玉良言，也是唯一可能的选择。所谓大批判，已经提到思想战线上的阶级斗争的高度，因此学生发扬战争精神，尽管讲不上几句有力的话，无不竭尽讽刺漫骂之能事，受批判者已被剥夺申辩的权利，于是运动无不以无产阶级思想的无比威力宣告胜利。我在写作时，力求磨损大批判的锋芒，把它写成一篇带有学术气息的文章。

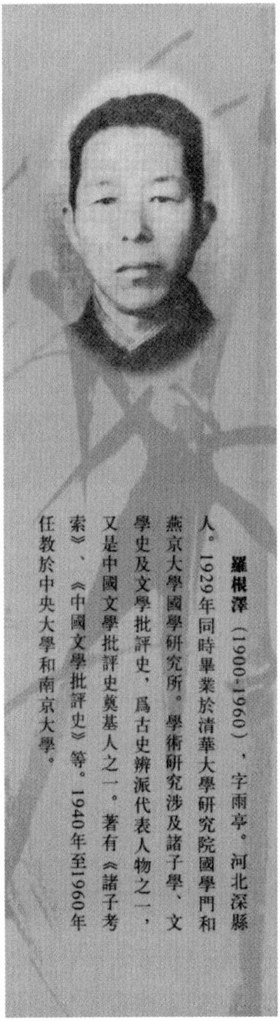

罗根泽先生

"拔白旗"运动席卷全国，各个高校似乎也在展开革命竞赛。上级不断督促，让学生加强火力。有一所老大学，运动中一贯足尺加码，这时还让老教授一个个手执白旗登台接受批判。我校的大批判矛头则始终集中在罗先生一人身上。

现在看来，俞主任在运动初起时把写文章的任务交给研究生时就有其考虑。因为年轻教师充当批判主力，日后与老教师之间怕难以相处。研究生不同，好多人将来会离开，这就简单得多。但研究生也不愿意承担这项任务，因此每人只写了五、六百字交差大吉。只是建国初期的知识分子对运动的操作方式还不太清楚。罗先生以为他的《中国文学批评史》是用丰富的材料写成的,你们几个年轻学生讲讲大道理就想批倒我了么？因此他多次以不屑的口气说:“可以具体一些么！可以具体一些么!”这下子俞主任可拉不下面子来了,于是找了我这个本已在与四年级的同学一起编写“红色”《中国文学批评史》的老学生执笔写批判文章,压压罗先生的傲气,这就给我增加了难以承受的负担。

有一次,俞主任又找我们研究生商讨任务,结束后把我和谭优学留下。谭优学为研究生的党小组长,我则是非党非团的一位文章执笔者。我知道,他在布置一番之后就要面授机宜了。这时俞主任交心了,他说:“现在外面风越刮越紧,我们必须跟上去,但我们头脑也要清醒。胡小石、陈中凡已是七十多岁的人了,还能批么？现在没有办法,只能拿罗根泽来批一下,但罗先生身体也不好,批垮了,怎么办？上面压得那么紧,你要顶是顶不住的。我们也没有什么办法,只能看一步走一步。”显然,他的心情也很沉重。俞主任足智多谋,当年在新四军内是三大才子之一,处此情况之下也想不出什么办法,只能搜索枯肠,力求减少后遗症。

隔了一段时间,运动风头减缓,俞主任立即下令收场。通过此事,我体会到,一些领导人以群众运动为武器,实际上是在运动群众实现其无从悬测的政治目标,一些自命为革命种子的人也就令箭在手,发扬蹈厉一番。只是身处漩涡中的人,有的可是处境艰难,无法自处。不管是久经考验的老干部,还是下面的芸芸众生,即使心有不甘,也只能勉强跟上,以免自己陷入对抗运动的危险境地,不但自身难保,而且还会连累九族。

我的政治条件向来很差,仅因能动动笔方被召唤入闱,身份不明,角色难当,内心的矛盾与冲突还不能表露,无法宣泄。在阶级斗争理论指导下,学生是无产阶级接班人,教授是资产阶级代表人物,尤其是那些名教授,社会影响大,更需集中火力批倒批臭。因此,这一段时间内也就难以产生和谐的师生关系,学术传承几趋断裂。尊师重道的传统,也就无从说起。这类矛盾,不时让我左右为难,头脑一片混乱。

对于我这样的一名知识分子来说,能够熬到"文化大革命"结束,真是意想不到的好事。七十年代之末,产生了一个新名词,叫做"拨乱反正",对此我有深切感受。

二十世纪五十年代,罗根泽师、张曼漪师母摄于鼓楼校区东大楼前草坪

上一世纪八十年代至九十年代,我一直担任南京大学古代文学重点学科的学术带头人,教学与科研中的感受,也就更多了。

中国过去称人文学科中的很多知识为文史之学,学术上并无严格的分科意识,后以西学东渐,文学才慢慢独立。"五四"运动之后,随着白话文运动的兴起,又有新文学与旧文学之分。我所从事的中国古代文学研究，源远流长，可谓最传统的一种学问，里面充满着古人的智慧。我在几十年的教学实践中，经常感到儒家的教育思想有其重要的借鉴作用。

作为高等院校的一名教师，当然要做研究工作，为此我也写下了一些东西。但我的本职是教师，自当把教书育人放在第一位。自从程千帆先生手中接过重点学科学术带头人的重任之后，理当带领大家一起继续前进。经过一二十年的集体努力，南京大学文学院古典文学团队一直受到学术界的重视与好评。世纪之交，我年事已高，逐渐卸下这副担子，由莫砺锋教授接任。薪火相传，至今火焰仍炽，回望过去，差堪自慰。

既称团队，那就应当同心同德，通力合作，相互支持。目下学术界盛行大项目的竞标活动。中宣部、教育部或其他文教单位常是推出一些大项目，让各高校去竞争。一个学校如果缺乏团队实力，往往难于中标，这样就很难在同行中脱颖而出，也难争取到充裕的科研经费。长时不能参予竞争，也就慢慢地会被边缘化。

这些大项目，大都属于通史、通论或古籍整理方面的题目。如果你所在的单位人员不齐，力量不够，那就无法应战。因此，组成一个有实力的团队，犹如训练一支有战斗力的部队，一有情况，就立即出动，拔得头筹。这是培养团队的一种基本功。

学术界有不少人对这种做法有意见，以为应该机会均等，让目下尚未具备竞争力的小单位也能一显身手。这对领导方面而言，应当考虑。下属高校处在只能仰求上级分配资源的情况下，上面应该听取下面的呼声。但分配也有分配的难处，很难摆平。过去主张平均主义，结果流为大锅饭、铁饭碗、低效率，整体学术水平上不去，从平均分配改为竞争，可能也是必然的趋势。而采用竞争机制，下面的单位还是应该抓好自身团队建设。先从一些力所能及的中、小项目做起，逐步作出成绩，努力扩大影响，提升竞争力。

我们也常听到说，有些高校中有些教师在某一领域中成绩很突出，但却组成不起一个团队，孤掌难鸣，竞标的队伍中难以见到这些人的身影。我们学中文的教师常是采取个体经营的方式，容易流为只看到自己的长处，不能正确评估他人的成绩，结果大家都自负其才，写一篇文章，在具名的先后上都会引起争执，所谓“荷叶包钉子，个个想出头”，结果合作不成，反多内耗。彼此拆台，甚至闹到有人远走他乡，这样团队又怎能组成？

由此之故，我总觉得经营团队时，不论是引进人才，还是留学生任教，都要考虑这个人的品德如何。如果该人确有水平，而品德欠佳，本单位一时虽能得到一些好处，却难有大成。这种人往往把新的地盘作为发家的据点，负面的影响远超所起的作用，所谓“一颗老鼠屎搞坏一锅汤”，这些自应警惕。

当然，一个团队里面也难做到个个都是精兵强将，但大家都应相互尊重，相互学习，每一个人从对方身上都能看到自己赶不上的地方，也就不难做到通力合作。每个人都能发挥其长处，各有其前途；大家一心向学，不再花什么精力在勾心斗角上，这样也就增强了凝聚力。

我一直主张兵不在多而在精。不论是南京大学古籍所，还是古代文学教研组，人数都不算多。在我看来，当好学术带头人也没有什么难处，带好这支队伍，首先得尽心尽力，为大家的发展创造空间，而不要形成重叠挤压。不论才力高低，都能各得其所，顺利成长，非但足以自立，而且各有好的发展前途。

作为学术带头人，对于学术界的动向也得有所了解，有一个宏观的审视，拾遗补阙，不致在重要领域内有严重的缺失，新兴的领域中不见任何踪影。

下面可以介绍本团队内几位人员的发展情况。这里先对两位女学者作些介绍。

曹虹思绪很细密，可以应付佛学中那些繁复的名相，我就鼓励她向佛教文学方面发展。她写了一本《慧远评传》，编入《中国思想家评传丛书》，获得好评。日本学术界在佛学研究上成果很多，在她访学日本京都大学时，广泛地阅读了这方面的专著，例如有关慧远与鸠摩罗什攻难的《大乘大义章》的研究等，遂使《慧远评传》的面貌与水平超越了前人。

张伯伟筹组"域外汉籍研究所"后，曹虹自然加入其中。她在博士阶段专攻辞赋，从其专著《中国辞赋源流综论》来看，"域外篇"中就收入了研究日、韩文士写作辞赋的论文多篇。此书提要中自述宗旨，云是"还对赋史与思想史进程中某些交相呼应的景观，根植于中国的这一文体向邻国赋学的渗透等情形，加以新证。研究视野的开拓与多种角度的参用，是本书致力之处"。

她的硕士论文《阳湖文派研究》出版后，奠定了她在清代文学研究方面的地位。自 1998 年起到 2000 年止，《文学遗产》编辑部组织了一系列专家座谈，总结二十世纪这一时段的研究成就，又以《一个期待关注的学术领域》为题，约请吴承学、曹虹、蒋寅三人就"明清诗文研究"展开对话，可见其时她已成为这一领域中的代表人物。其后她又与蒋寅、张宏生等人合编《清代文学研究集刊》，定期出版，不断作出成绩，影响也就越来越大。文史方面的重大工程新编《清史》启动时，《文学艺文志》中的"文章篇"实行招标制，众多专家竞标，曹虹脱颖而出。目下这一项目已结项，专家评审鉴定，云是"体现当代研究水平，包含个人学术心得和创新的高水平认知，具有很高的学术水准。无论是论述问题之多，涉及面之广，认识之深刻，都超过现有的研究著作，具有总结和创新的意义”。

(自 2015 年起,曹虹已出任中国骈文学会会长)

另一位较年轻的女性学者俞士玲的情况也有类似之处。她在攻博阶段,研究魏晋南北朝文学,曾赴日本随从奈良女子大学横山弘教授学习一年。自《陆机陆云年谱》《两晋文学考论》出版后,随即完成了《汉晋女德建构》一书,获得国家后期资助,本可立即出版,然以《前言》尚未推敲停当,故需稍待时日。

2012 年南京大学与美国布朗大学联合举办性别学术研讨会,她将《汉晋女德建构》中的一些想法写成《阴阳的平衡与倾斜:谈女性为家庭复仇题材在汉晋文化建构中的意义》一文,在大会上宣读,引起了不少与会代表的兴趣。美国性别杂志 Differences 的主编也与会,请人译成英语,发表在该杂志的 2013 年夏季卷中。后来她又以纯文献和文化文献之不同的新视角研究文化情境中的李清照诗词,也取得了不少成绩,得到这一领域中专家的赞赏。目下她已接替许结出任教研组组长。

下面再举两位六十年代之后的学者来看。

徐兴无涉猎的面也很广。他也通佛学,早在上世纪九十年代就有《金刚经》的译注出版。他本从事汉代的谶纬研究。东汉时期的谶纬与神仙道教相杂,他在《谶纬文献与汉代文化构建》的《后记》中也提到:“谶纬包罗万象,在天道(宇宙观)、圣统(历史观)、道德(伦理观)、经典(文化观)和祭祀(宗教观)诸方面,生动地反映了汉人大规模的建构工作。其建构调动了大量先秦思想资源,除了明显的阴阳五行学说和经学思想(所谓儒生与方士的混合)之外,其中的黄老道家、神仙道教、墨家思想也很丰富。体现了先秦诸子思想在汉代的生存形态,其中有不少资讯甚至可以和马王堆出土帛书以及近年来出土简帛文献中的内容互相印证。”可知他在从事这一研究时,对于人文科学、社会科学或是自然科学中的许多学科，都要有相当的学识，否则无法措手。就以 2007 年发表在《中华文史论丛》总 87 辑上的《道德、政治、医术——谶纬文献中的儒家治气养性之术》一文而言，又从医术等多方面进行开拓。目下从事这一课题的学者不多，有成就的更少，即以其难治而知退。其后他写了一种《刘向评传》，编入《中国思想家评传丛书》，又对经学、目录学等问题进行探讨。近来他已专攻经学，先后已主持了几次国际经学会议。

这种经纬综合起来研究，从思想史和学术制度史等多种角度考察学术流变的治学特点，将在往后的研究中不断展现，而在即将正式出版的《经纬成文——汉代经学思想与学术制度论稿》一书中有明显的呈示。(此书已于 2015 年 12 月由凤凰出版社出版)

徐兴无天资颖悟，方方面面的专业都能涉足，例如他为牛犇东的中国风景摄影集《澄净的大地》(中国画报出版社 1999 年版)作序，就能以很内行的笔墨抒写对风光摄影的见地。早在硕士生阶段，就在《中国社会科学》上发表文章，一些科研单位争取他去任职。我总希望他能集中精力在学术上有重大开拓，但他太能干了，因此自学生时就一直承担社会工作，留校后一直承担行政工作，现在又任文学院院长，公私似难兼顾，只能牺牲一些小我，但文学院的新景象中，都融入了他的心血。功在大众，也有价值。人生贵有担当。历史发展到某一阶段，轮到你出来担当大任，那就应当义无反顾，勇往直前。

赵益治学本从道教文学入手，从其《六朝南方神仙道教与文学》一书中即可见其特色。内篇第一章《导论》的第一节《作为认识基础的概念系统》中分论六朝、宗教、道教三个部分，辨析概念的内涵，对相关问题条分缕析，层层推断，足以显示其思辨水平之高。研治道教文化，必须具备这方面的能力，因为此中概念纷糅殊甚，难于清理。如果概念不清,囫囵吞枣,那就难以深入。目下研究道教文学的著作每陷于浮浅,或是故弄玄虚,或是限于描述,均难称作高层次的研究。

他在《导论》第三章《六朝道教文献的研究及本书所遵循的文献原则》中,又对有关文献作了详细的介绍与评述。可知书中的结论,都有坚实的文献基础,决非望空立论者可比。这从他的另一专著,列入“古典文献新视野丛书”中的新著《六朝隋唐道教文献研究》之中,也可看到他的实力与路向。

赵益具有这方面的优势,兴趣所在,教学所需,顺理成章地进入了方法论的研究,从其后出的《古典研究方法导论》一书来看,视野开阔,方法细密,例如第五部分《证明之方法》内论证“人文研究中常见的两种非形式谬误”,中举“诉诸无言(默证)”为例,论说充分,举例精当,均可见其功力。这书不论对于研治古代文史的初学,抑或此中爱好者,均有很高的参考价值。再从书中援引的范文来看,覆盖面的系统知识之广,探讨的深入,均有可称道之处。

上述四人取得学位后就留校任教,大家在一起的时间较久,故能看清他们的发展历程。治学之始,即不拘守本师的原有矩矱,随后多方探索,不断开拓,也就体现出本学科的理念。方光焘先生曾指点我说:人在五十岁之前,可以放得开些,多进入一些领域;五十之后,慢慢收拢,集中到一两个点上,深入下去,写上一两本书,五十年内有人来阅读和使用,也就可以了。这番开导很平实,实寓深意。年轻之时,意气风发,不妨闯荡江湖,五十岁之后,慢慢收心,或可找到自己真正的着力之点,从而取得一些突破性的成就。

团队之中,更为年轻一辈的学者也已崭露头角,前景美好。

我体会到,担任学科带头人的人应秉持公心,不要只是想到自己的出名与牟利,让下面的人为自己服务。年轻一辈寻找新的题目进行开拓，作为年长一辈，经验可能丰富一些，可为他们出谋划策，如何结合兴趣、积累与才性，走上正路。

我关心学生，但决不以培养学生的方式建立什么派系。我是一名教师，长期担任学科带头人，即使与我没有师承关系的年轻人，也都一视同仁。举一个例子吧，古代文学教研室主任原来由张宏生担任，他去哈佛大学访学，我就推荐许结接任。许结高中毕业，没有学历，但他的才学和品德都好，已经发表过很多论文。他原先在系资料室工作，要转到教学岗位上来，障碍很多，我去找副校长，找人事处，反复说明情况，才得成功。这时出任教研组组长，与教育界的现状也就形成了很大反差。后来事实证明，他的领导能力和学术研究都很不错，完全可以胜任。2003 年 8 月 25 日的《南京晨报》上还发表过一篇报道，名为《知名博导　小学文凭——南大不拘一格选人才，有力嘲讽学术腐败》，南京其他报纸也多有转载，里面说到“现任古代文学教研室主任的他，手下的‘兵’全部都有博士学位”。须知这些博士之中就有莫砺锋、张伯伟、张宏生、巩本栋等早就出名的学人，其后加入这一行列的博士，也都不是等闲之辈，大家相聚在一起，均无学历高低的想法，彼此亲密合作，自始至终打成一片。这种情况，在中国高校里，非但空前，恐将绝后（许结父亲因错划为右派，“文革”之中遣返桐城乡下，因此许结中学阶段只有结业证书）。

许结治学涉及的面也很广，在辞赋方面的成绩尤为突出，自 2012 年起即出任中国辞赋学会会长。

上述云云，本是一个教师应尽的责任，说不上有什么独特的心得。我只是感到，不论是师生关系，还是团队合作，都应植根在感情基础之上，不能时时用功利之心对待。斤斤计较，必然陷于勾心斗角。由于自己一直在亲情的温暖下才能求得生存，在老师的关怀下才能得到成长，前时身处逆境，犹如置身寒冬，但总觉得人间自有真情在，因而才能一步步走到今天。如今忝为人师，也应像亲长那样，真情待人，多为人家着想，这样自然能够培植起一个和谐的团队。

作为一个传承传统学术的团队，我们完全可以从传统文化的教育思想中找到无尽的资源。有教无类，因材施教，唯才是举，平时则应无为而治，才能引导大家一心向学。限于个人的水平与条件，我也只能做到这个地步，但我可以无愧地说，我尽力了。

【附录】

八咏歌

许　结

戊子春，恭逢周勋初先生八十寿辰，欣撰五律八章，乃读先生八部著作之感想，名曰《八咏歌》为先生寿。

一咏《九歌新考》

华章生楚国，解说更相亲。三姓多恩泽，九歌一曲新。
东皇云雾散，河伯故名申。读罢明心志，南庠又是春。

二咏《韩非子札记》

儒法争锋日，群贤竞辩才。泊兮其未兆，隐秀待春开。
昭昧申韩义，钩玄解老材。东方三国志，西帝望仙台。

三咏《中国文学批评小史》

道小何须大，家肥国自肥。文心崇简妙，史笔破幽微。
片语常居要，千秋尽入围。外邦争译介，异域竞芳菲。

四咏《文史探微》

汉唐称盛世，魏晋亦多文。三派成新论，折衷逐暗云。
咏怀明阮志，立贱述曹君。更有刘公梦，重言自解纷。

五咏《诗仙李白之谜》

诗坛奇崛境，太白谪仙人。侠骨缘夷夏，悲风起外姻。
微茫思坠绪，奥妙出艰辛。若问其中味，一支笔有神。

六咏《当代学术研究思辨》

开卷馨香至，如观翰墨林。显彰明本位，考镜说诗心。
一代文章胜，千年雅颂音。通才缘博识，安辨古与今。

七咏《唐诗大辞典》

禹域称诗国，唐音大典成。条分工具用，品藻匠心衡。
古调群贤奏，新编一卷精。欣然予亦在，附骥得彰名。

八咏《校订本册府元龟》

忆昔辛勤甚，同怀共济情。十年磨利剑，千卷曜书城。
捷报频传至，奖居特等名。元龟呈盛世，美誉寿先生。

（原载《南京大学报》2008 年 4 月 10 日第 8 版，总 971 期，同年《广州诗词报》转载）

十七

治学经验谈

人生体验　学术归趋

——个人经历在学术观点上的印痕

一个人的学术观点，往往与他的人生经历有关。这对他人来说或许不合适，但对我来说却是感受很深。我年轻时多病，初中时患中医所说的流痰，俗称“流痰不留命”；高中时生肺病，都是生命攸关的恶疾，家长为此牵肠挂肚，母亲为此不知流了多少眼泪。在我病重时，两个弟弟又不幸夭折，母亲受到了严重打击，终日以泪洗面。我真觉得家人之间的感情出于天性，是人世间一种最纯洁的感情。

儒家强调的是人伦关系。由于我早年的这种经历，一直在亲情的温暖下求得生存，对于儒家学说也就自然地趋向认同。

“文化大革命”中，我被吸收进了评法批儒的写作班子，编写《韩非子》的新注本，也就奉命批判起儒家来了。法家认为，人与人之间的关系都是利害关系，《六反》篇中说，家长生了女孩就淹死，生了男孩就庆贺，可见父母儿女之间也是利害关系。这种情况当然存在，但也并非全然如此。我生的是严重的肺病，俗称痨病。家乡地区向来认为风（麻疯病）、痨（结核病）、臌（血吸虫病）、膈（食道癌）四种病症为绝症。看来那时我已无重生的可能，但父母还是千方百计地挽救我，哥哥明知这种医治只是耗费钱财，假如不死不活地拖下去，还会分掉一份家产，但他还是竭尽全力地抢救我。妹妹也不避传染病的危险，竭尽全力地侍候我。我就感到，法家的判断太绝对，太片面，人间自有真情在。一个人若是处处用功利心来衡量，那世间定然一片漆黑。孟子骂无父无君的人为禽兽，其实禽兽也会爱护幼牲，动物也由此而延续了种群，这是天性。

1958 年底相聚上海时之合家欢

前排左起：母亲顾彩云、小弟周肖初、父亲周廷槐

后排左起：小妹妹周吉芳、大妹妹周静芳、大哥周正初、次子周勋初和妻子祁杰

家人父子之间有血缘为纽带，联系自然紧密，夫妻之间的结合，本无血缘可言，是否就难于维系？那也未必。我在“文化大革命”中长期放逐农村，妻子顶着巨大压力，以羸弱之躯，带着两个年幼的孩子，儿子又有病，只能雇佣阿姨照顾。事后知道，阿姨患有精神病，但对儿子极好，没有她就很难活下去，我俩心存感激，也只能在忐忑的心情下依靠她维持一家生计。妻子远嫁南来，举目无亲，勉力支撑这个濒临崩溃的

家庭。我则奉命坚定地走“五七道路”，虽然置身革命大熔炉中，但总觉得孤单凄清，只是感到南京还有一个人在惦记着你，家中的两个小儿女在等着爸爸回去，才让我感到在这阴冷的环境中还有一丝温暖。可见人是感情的动物，情意相合，可以超越功利，让人看到在兽性大发作的气候之下，还有人性的闪耀。

我读墨家的著作，觉得《兼爱》等文章中提出的理论陈义太高，怕难推广。农民起义队伍初起时，总是要求大家一律平等，亲如一家，然而就像《水浒》中所展示的，中间还有个领导者与被领导的关系。聚会之时还要分个高下，排个座位。这批好汉最后被招安了，如果顺其发展，还是会因争权夺利而自相残杀，太平天国式的结局不是近在眼前么？

上一世纪五十年代，江苏省的《新华日报》上登载了一篇报导，南京郊区正在热火朝天地“大跃进”。大家一起吃大锅饭，过大集体生活。有的农民子女少，劳动力强，平时生活水平就高些，一些子女多的家庭生活水平自然不如，这时一律拉平了，那些劳动力强负担轻的自然有怨言，于是当地干部组织了一场大辩论，到底应该怎样正确对待？那些孩子多的农民振振有辞，说是你们不要以为吃了亏，现在帮我们养孩子，等到你们年纪大了，做不动了，我们的孩子就会来养你们，因此你们没有吃什么亏，应该眼光放远一些。文章作者当然是在热情宣传这种共产主义思想。我当时就有一种想法，这是在为懒汉作宣传，因为我看到过农村中有那么一种人，劳动一般，生孩子没有节制，他们宁愿降低生活水平，得过且过，过另一种他人无法忍受的生活。

由此我想到，墨子的兼爱思想虽然光彩异常，实施起来却非常困难，远景也未必好。如果真有那么一群志同道合的人组成一个团体，在小范围内实现其理想，或许还有其可能，要想在大范围内推广，要求人人都能无保留地奉献一切，那就有可能走到理想的反面。

比较之下,我就觉得儒家的理论可能更切合实际。“老吾老以及人之老,幼吾幼以及人之幼”,爱有等差,人的生存状态原本就是这样。父母子女为直系亲属,关系就亲,旁系亲属关系就较远,血缘愈疏的亲戚关系更远。儒家的礼,就是根据这种关系制订的。历朝历代,人们为死者披麻戴孝时,在丧服上就有所区别。由此可知,古人为什么会如此重视“士丧礼”。

我在参加评法批儒时,虽然在思想上有所保留,但也说不上抵触,因为觉得韩非的分析中也有其可取的一面。先秦各家,对儒家大都有所批判。道家的批判很尖锐。《庄子·外物》篇中描写两个儒生去盗墓,从死者口中挖出一颗珠子,虽然满心欢喜,嘴里却喃喃有词地引用诗书,表示合乎礼制。这种“以诗礼发冢”的描写极为辛辣。韩非一直批评儒家的不切实际,表里不一,也是有道理的。记得有一次我和日本学者长尾龙一教授聚谈时,他问我:你们本来接受的是儒家教育,为什么反过来会批判孔子?我就答以儒家中人多虚伪,有时觉得还是法家来得坦率。因为为人应该表里如一,不要说的是一套,做的又是一套。

我在“文化大革命”中,深感中国人至今仍然受到儒家的影响,什么情况下都有其影子。那些反儒最激烈的人,革命口号高唱入云,干的却是肮脏不堪的勾当。正像前人骂那些假道学的人一样,“满口子仁义道德,一肚子男盗女娼”,那些高唱入云的口号只是将儒家的仁义道德换成另一种理论就是了。

就在那一段时间内,这种思想极为强烈。我对宋明理学所知甚浅,以前从未写过有关道学或理学的文章,但在《北宋文坛上的派系与理论之争》一文中,却对朱熹大加批判。现在看来,朱熹与唐仲友之间的纠纷情况很复杂,我仅根据《齐东野语》等书中的记载对朱熹迫害歌妓严蕊之事大加挞伐,就因当时有一股特有的情绪,针对那些假革命之名而戕害无辜者的厌恶在。

由此可知,我对中国古代一些学派的分析时而带有感情色彩,深入钻研学理之时容易加入个人经历所产生的好恶成分。如果讲得好听一些,那也可以说是感性与理性的相互渗透。但应说明,我的这种表述方式还是不多见,因为我毕竟生活在二十世纪,多少接受过一些现代学术的训练,懂得一些规矩。写作学术论文,应当避免个人情绪的侵蚀,不能允许有偏爱,有偏见。

儒家的学说按其本义而言,并无什么深文奥义,但关乎人伦物用,可以促进社会和谐。因此我比较相信儒家早期提出的一些原则,以为循此生发,切合中国人的实际情况。

只是在我成长的中间阶段,上一世纪的五十年代至七十年代,即新中国建立初期,却是儒家最受鄙薄的特殊阶段。像我这样一名出身不好的知识分子,必须和家庭划清界线。中国古来重视孝道,这时不但对我们这样的人不准讲“孝道”,就是那些出身好的人,也已不宜多讲,因为大势所趋,“忠孝节义”都已成为封建糟粕,只有“忠”字之中业已灌注进了新的阶级内容,成了独一无二的道德准则。“文化大革命”时,在原有的“忠君”思想基础上,升华为“三忠于”;利用中国原来的多神教,改造为一神教;举国颠狂之时,凡我国人,都得早请示、晚汇报,婆娑乐神,跳“忠字舞”。

我前后生过七年肺病,濒死者再,长期过着与世疏离的生活。前三年时,一直卧床养病,只能生存在一种空幻的梦想中。后来读道家的著作,齐生死,等荣辱,也就容易理解。面对病魔的纠缠,培育出了一种坚韧的精神。面对挫折与磨难,也就不会过度介意。平时不太斤斤计较个人得失。

由于我的经历中有这么多的特殊情况,学习古代文学时,也就有了一些特殊体会。

魏晋南北朝时，竹林七贤中的阮籍，母亲下葬时还饮酒食肉，礼教中人都视之为不孝。然而临诀一恸，乃呕血数升，委顿久之。鲁迅在《魏晋风度及文章与药及酒之关系》这一名文中指出，阮籍是真相信礼教，那些援据礼制而对他指责的人倒是假道学者，这是深刻的见解。因为阮籍的孝亲，不在于外在的形迹，而在于真挚的感情。这倒也无关于儒家的义理，儒家只是依据这种人伦关系宣扬其教理而已。

《论语·阳货》中记载，弟子宰我曾对服丧三年之事提出疑问，以为太旷日持久，有碍于正常的生活与工作，是否可以缩短丧期？这与墨家的观点比较接近。孔子认为，父母哺育子女三年，始能脱离孩抱，因此守丧三年是对亲情的回报，如果人有良心的话，就应该实心实意地为父母守孝。可见儒家的思想，重视感恩。后来人们所说的滴水之恩当涌泉相报等等，都是由此申发的。但在我所经历的诸多政治运动中，却是强调大义灭亲；当时还不叫“大义灭亲”，而叫“站稳立场”。“亲不亲，阶级分”，即使是最基层的领导或是某个群众组织的头头，喝令一声，叫你揭发亲友或尊长的所谓“罪行”，就得立即划清界线，不得有少许迟疑，否则就会立即驱入阶级敌人的队伍中去。如果父母或其他尊长对毛主席的某些言行有所不解，有所议论，那“天大地大，不如党的恩情大；爹亲娘亲，不如毛主席亲”，也就应该揭发他们的“罪行”。于是子女揭发父母，夫妻相互揭发，学生揭发老师，朋友相互揭发，一切都是为了阶级利益。实际说来，那些搞理论的人对儒家的批判其实影响还不算太大，而是那些翻来覆去的政治运动却是极大地破坏了人际关系，这样也就掏空了儒家的基石。中国几千年来一直奉此为人伦关系的最高准则，如今却是遭到肆意践踏，彻底唾弃，整个民族的素质必然会发生质变。正如当时民间私议中所总结的：路线斗争觉悟越来越高，道德水平越来越低。近年来人们常是慨叹中国人的道德底线崩溃，当与前时执政者的执意铲除传统道德有关。

我在《郭璞诗为“晋中兴第一”说辨析》中论及王敦之乱，谢鲲与郭璞均不顾自身安危，极言进谏。谢鲲为“八达”之一，史称这些人“行同禽兽”，但在生死关头，却能“推理安常，时进正言”。郭璞行同巫觋，喜言灾异，卒以阻挡王敦谋篡而被杀。他们的归宿似与平时的行为大相径庭，原因在于他们的骨子里遵循的是真正的儒家精神。时至魏晋，达者加入了道家狂放的内容，信奉儒家今文学派的人加入了阴阳家的内容，但他们所遵循的政治准则，仍是儒家的“君君、臣臣、父父、子子”。

儒家学说的根本原则是“明上下之序，严夷夏之防”。每当外族入侵，总有大批志士仁人前仆后继，与之抗争。例如文天祥，状元宰相，身份不同寻常，文集中保留着不少与各色人等应酬的无聊文字，但当元人入侵，国破家亡之时，却是义无反顾，百折不回，威胁利诱无所动其心，忠贞之气可贯日月，这才真正是中国人的脊梁。中国历史历经千年而从不中断，传统文化从不颠坠，这种思想所起的作用不容忽视。

因此我认为，研究中国古代文学的人不可不了解儒家思想，《论语》《孟子》是重要的必读书，对此如无基本知识，则其研究工作定将隔靴搔痒。

新中国建立之后，输入了一整套的苏式理论，自身也已积累起了不少革命理论。吾辈进入大学中文系学习古代文学，自然要以这些理论武装头脑，批判儒家思想所起的不良作用。只是由于我的个人条件有些与众不同，对于新理论，总觉得有些格格不入，难于把握。例如阶级观点等重要原则，就是觉得只能停留在书面的阅读上，难于融化到血液中去。

我想，本人既非出身于工农家庭，又非党团员，与家庭的感情又那么深，因此很难培养起什么先进的阶级感情。所谓阶级观点，也只能是把一些理论书上所提炼出来的若干观点，如工人的阶级属性是什么，农民的阶级属性是什么，记在心里挂在嘴上就是了。

学习古代文学，贯彻阶级观点就更困难了，那时没有现代人所说的工人，古代典籍中的农民又难分清富农、中农、贫农、雇农，怎样进行阶级分析？好在彼时文艺理论中还有一个重要概念，叫做“人民性”，这或许也是为了补救阶级观点使用上所面临的种种困难而产生的吧。当时的一些书籍或文章中，提到一些古代作家的优秀作品时，往往说是具有“人民性”，因为“人民”这一概念的内涵比起“阶级”来似乎要宽泛一些，也模糊一些，它的适应性也就显得更富弹性一些。

“人民性”的内涵是什么？也难于把握，于是一些人就从苏联的文艺理论中去引进种种解释。在我求学阶段，苏联学者顾尔希坦著、戈宝权译的《论文学中的人民性》一书最具权威性。文艺理论的教师，学习理论的学生，无不深受其影响。

这位苏联专家在“什么是人民性?”一章中作解释时，援引列宁的一段话，作为经典。列宁说:“在每一个民族文化里面，都有着即使是没有发展出来的民主主义与社会主义的文化成分，因为在每一个民族里面，都有劳动和被剥削的群众，这些群众的生活条件，不可避免地会滋生出民主主义与社会主义的意识形态来。”这话当然是有启发性的，但在我的感受中，仍然觉得很玄。中国历史悠久，像《诗经》中的《硕鼠》等诗，当时认为最有强烈的“人民性”，据云诗人站在被剥削者的立场，对剥削者作了尖锐的讽刺，但又从何可以看出内有民主主义与社会主义成分来呢?

唐代诗人中，要推白居易的诗歌最富人民性。因为他的诗歌“唯歌生民病”，“但伤民病痛”，因此他的《卖炭翁》《新丰折臂翁》等诗，大家一致认为思想性最高，最富人民性，因而享有最高评价。但我仍感困惑，这里又怎能看出其中含有民主主义与社会主义意识形态来呢？不过当时我也只能在心里感到困惑而已，不能说出口来。

细细想来，白居易在诗中表达的思想与感情，也就是儒家的仁政爱民思想，难道儒家思想中也包容着“没有发展出来的民主主义与社会主义的文化成分”么？对这类作品，是否可以讲些好听的话，只是不要强调儒家所出就是了。但对“人民性”一词，我还是不敢用，自知思想水平低，怕驾驭不了。

我喜欢看《红楼梦》，对晴雯的悲惨命运甚为同情。当然，可以由此看到封建贵族家庭对一个少女的迫害，但我也看到，晴雯这个女孩子其实也很厉害，对那些地位比她低的小丫头开口就骂，动手就打，因此那些压在最低层的小女孩才是荣国府中最可怜的一族。我就想，为什么我们那些持阶级观点的人只同情晴雯，不去同情小丫头？封建社会中常见的现象是大鱼吃小鱼，小鱼吃虾米，是不是我们只站在小鱼的立场上，没有站在虾米的立场上？但我自知这种想法太幼稚，无法说出口来。

如上所言，我在学习古代文学时困惑很多，常找不到正确的解释，因而只能少讲话，走自己的路，这样却也与以论带史的正宗学风保持了距离。我也时而隐约听到他人的评论，以为我学风陈旧，思想觉悟不高，战斗性不强，实际上这倒是我的本来面貌，这里保留着我的一点个性。

多少年来，我一直在想，为什么我的一些著作能够历经诸多曲折而仍然流传。例如《韩非子校注》一书，本是“文化大革命”中评法批儒的集体产物，因为背景特殊，更易引人关注。当时“四人帮”到处肆虐，主宰思想阵地，他们假“红色司令部”之名，“挟天子以令诸侯”，登高一呼，各地纷纷响应，全国编成了不知多少法家读物，然而流传下来的却是微乎其微，差不多全部成了博物馆中的陈列品和废纸收购站中的垃圾。我们的那本《校注》，由我负责改写后，于 1982 年出版，受到学术界的重视；2008 年再次修改，出了一种修订本，又受到各界的重视。2012 年荣获江苏省首届新闻出版政府图书奖，说明这书也已得到当前政府的认可。自“文化大革命”之前多年就开始，学术思想反复无常，变化太大了，这书却未遭淘汰，反而受到欢迎与高度评价，这又是什么原因呢？

我想，这可能与成书时的主导思想有关，即扣紧文章的原意讲。讲儒家，就照《论语》《孟子》中的原意讲，讲道家，就照《老子》《庄子》中的原意讲……不去外加多少后人或国外引进的新观点，故而贴近主题，所讲的道理，与过去传承下来的观念相符，大家容易接受。我的那本《韩非子札记》，也颇有好评，我到台湾去进行学术活动，也听到过该地学者的很高评价。或许因为其中的主要观点符合原意，比较可信，因而易被他人接受吧。

我的那本《中国文学批评小史》，也受到读者的欢迎，对我来说也是意想不到的事。此书初稿完成于 1965 年，正在“文化大革命”前夕，后于八十年代略事修改后交长江文艺出版社出版，基本格局未变。随后又有辽宁古籍出版社、复旦大学出版社重印，至今还在不断再版。2000 年我出《周勋初文集》时，又重印了一次。复旦大学出版社出版此书前夕，北京的三联书店也托人与我联系，我就告以上海即出，因而作罢，随后香港三联书店就出了一种新版。台湾地区的崧高书社也在八十年代印了一版，我总以为这是一种盗版，因为从一位韩国学生手中就看到过另一种版式的盗版，后来遇到台湾“中央研究院”历史语言研究所的陈鸿森教授，说是此书是他从日本带回的，交崧高出版。他认为这书写得好，而两岸学术交流又不通畅，所以无法徵求作者同意，这不能叫盗版。这我当然认可。只是当时为了纠正，我又请高雄的丽文文化公司重印了一次。其后韩国与日本都出版了译本。从教学方面来说，日本奈良女子大学、韩国汉城大学（首尔大学前称）以及香港大学等校的有关系科都曾用作教材，韩国外国语大学、新加坡国立大学等校都曾指定为重要参考书。计算起来，此书写成前后已有半个多世纪，中国经历着翻天覆地的变化,国外与境外的情况又与内地迥然不同,这书为什么能够承受时地的多层考验呢? 对此我一直感到不解。

现在看来,情况或许与前类同。我在《小史》中贯彻的原则,也是贴着问题讲,先对原文读深读透,然后进行概括、提炼与升华,提出个人的看法。我不用前时认为最先进的革命理论,也不用后从西方引进的新理论、新方法,只是抓住主要问题讲,解释清楚问题的实质,理清发展的线索,内容务求平实可信,行文力求通顺畅达,让读者容易领会,容易掌握。因此,这书的面貌虽无多少色彩,但读者反易接受,也经得起时间的磨损。我的一些书,大约就是得益于此的吧。

日本的高津孝教授将《中国文学批评小史》译为日语后,由勉诚社出版,取名《中国古典文学批评史》,删去了原书最后的第七编《清代中后期的文学批评》,这又是为了什么? 一时颇感困惑。反复思考后,觉得可能由于下述原因:这里讲的都是所谓近代的文学理论,因而中国式的理论用得多了,文史观点难以全然与外边的人同步了,所用的名词术语中西洋色彩明显,政治色彩也显得浓了,这样就有可能难为国外与境外的学者所接受。这事又让我想到,我们写书当然不必迁就他人,但想要扩大自己学术观点的影响,那也应当多多考虑各方读者的接受方式和喜好。书毕竟是写出来给人看的,不能老是放在家里孤芳自赏。

如果说,《韩非子校注》本是古籍整理方面的著作,只要把其中夹杂进去的特定时期的意识剔除,也就容易让人接受。这话或许有其道理,但在工作筹划之始,还是先得有一种正确的设计,犹如缝制一件衣服,做好之后再要来修改,即使下了大功夫,还是会留下痕迹。我的其他一些古籍整理项目,如《唐语林校证》《唐钞文选集注汇存》;主编的书,如《唐诗大辞典》《唐人轶事汇编》《宋人轶事汇编》《册府元龟(校订本)》等,都是在动手之前设计好方案,既要保证质量,又要多方为读者着想,让他们容易接受。这些书大都得到过好评,应该都与我的事先设计比较周密有关。

写理论性的著作,事先也要有一个完整的设计,务必要对所想说的东西想得清楚,不论是理论方面的探讨,还是某些问题的陈述,都要吃深吃透,融会贯通,有一种成竹在胸的感觉。即使运用的是一种新学来的理论,也要与所表达的问题融为一体,如水乳之交融,不能生吞活剥,给人以夹生饭的感觉。动笔之时,文气始能顺畅,笼罩全局,才能给人以构思已经成熟的感觉。犹如在与读者聊家常,娓娓而道,不要摆出一副理论架势,让人望而生畏。即使你讲的道理很深奥,也要努力做到深入浅出,力求通俗易懂。黄永年先生在评论我的《文集》而议及当下文风时,介绍一些前辈学者的文字,说是“看似不吃力,还往往有美感,感到是一种享受。勋初兄的文字也是如此,尽管讲得多深入,多精彩,看起来仍很亲切”。他眼界很高,不轻许可,蒙其赞誉,不胜惶恐之至。

中国古代文学因为历史悠久之故,不论在国内还是国外,都拥有一大批读者,如果你心目中没有这些读者,只着眼于业内的一些专业人员,那么考虑的问题必然非常专门,写出来的东西,常是学究气十足;有的人还会故作高深,读者必然也会有所觉察,社会影响也就会减少。

总的说来,文章论点当力求新颖,追求创辟,体例则力求周密,处理材料时则应平实可信,不能人为地增加什么额外成分。设计固然重要,表达也要讲究。现在还常时看到一些全然依据某种西洋新理论的模式而写作的研究论文,引用许多新名词,诘诎聱牙,让人难以卒读。这样的文章,要想发生多大社会影响,更有其难度。不可否认,西方学术界确有一些新的理论可供我们参考,甚或采用,但得结合中国实际变成自己的理论,有如前人说过的那样,从自己的肺腑里流出,不能勉强凑合,暴露出明显的斧凿痕。或许有人认为面貌崭新才是高明之处,那对我来说,也就只能认为“道不同,不相为谋”了。

吾等身处当今之时,写作学术论文时还应注意与世界接轨。假如政治色彩太浓,过于意识形态化,重走过去以论带史的老路,结果未必如愿。我在“文化大革命”中参观过扬州的玉器厂。该厂本以制作传统题材的雕像为主,此时奉命改用革命题材,于是慈眉善目的阿弥陀佛、观世音菩萨一律改成了怒目圆睁的《红灯记》中英雄李玉和与《智取威虎山》中英雄杨子荣,好像时时要与敌人决一死战似的,吓得那些国外收藏者退避三舍,结果只能流为“出口转内销”,上级部门指定让有关部门收购珍藏。自知本系一介草民,《小史》《札记》本属戋戋小册,无法引起首长的垂顾,只能自求多福,日后还能侥幸闯关成功,真是不胜欢忭之至。

【附录一】

多次与死神擦肩而过

祁　杰

回顾已走过的八十二个春秋冬夏，深深体会到，人生是悲欢离合的交响曲，是痛苦与快乐的合声。

我在兄弟姐妹中排行第四，出生后体质较弱，三岁左右又患过一次莫名的肠胃疾病，久治不愈。据父母说，当时的我骨瘦如柴，全身连打针的地方都难找到，医生束手无策，小小的我已奄奄一息，父母认为没有希望了，为了对得起我，让我想吃什么，就吃点什么。我告诉他们想喝酸梅汤。我大口大口喝着父母买来的酸梅汤，慢慢、慢慢地没有了气息。父母只好把我先送至姥姥家，等待第二天天亮告别……

我平时喜欢玩小板凳，他们找人做成了纸模型，当晚也就烧掉了。令人料想不到的是，大约在夜间两点，姥姥看到盖在我身上的“青单”动了起来，我忽然有了呼吸，连忙把我从地上抱起。第二天清晨，母亲赶来，看到焚烧已尽的小板凳，已泣不成声。但是当她走进房门，万万没有料到我居然死而复生，睡在姥姥的怀抱里。自然，在兄弟姐妹中，我的体质是最差的。

父亲虽是一名大学老师,但在抗日战争爆发后因家庭所累而不能随校西行,为了一家八口人的生活,多处兼课,疲于奔命。当我从北京师范大学女附中初中毕业时,只能去报考师范学校,以减轻家庭的经济负担。在读师范学校时,我的体重是全校最轻的——35公斤。毕业之后,我被留在附属小学工作。解放初期,教师奇缺,一个教师同时要担任两个班级的课,那时叫做“二部制”,上午是一个班的班主任,下午又是另一个班的班主任。不但语文、算术,连音乐、体育、美术都由一人来担任,当时叫“包班制”。由于小学教师的职业性质,常是白天上课,晚上去街道参加义务扫盲,终日劳累异常。解放之后,各种政治运动接连不断,羸弱的身体总处在超支状态。父母常为我的身体担忧,曾建议我去报考体育学院,以改变体质现状。

六十年代初我从北京调来南京与勋初团聚,干的仍是我的老本行。那时的小学班主任,每天早出晚归,每周要上二十节课,批改作业,走访家长,备课时间只能放在晚上。我虽然出任教导主任,也还是兼任课程,为提高全校的教学质量常常加班加点。“文革”期间,我从教导主任的位置靠边,担任初中班的班主任,更要带领学生搞卫生、在班级小农场种菜、参加挖防空洞等劳动,当时的革命口号是:“深挖洞,广积粮,备战备荒为人民。”终日疲惫不堪。

1966年8月19日,曾经两次流产的我,终于产下一个男婴,不幸的是难产。在那轰轰烈烈的革命气氛中,医护人员的注意力全集中在“革命”上,由于产后的手术处理不到位,造成子宫突然大出血,这时已是深夜,医院立即通知单位值班工友,请家属立即到医院。那个年代,整幢家属宿舍连一台电话也没有。一中心小学的工友康芸跑到我家,勋初得知医院的紧急通知,立即赶往妇幼保健医院。不巧的是,继北京1966年8月18日毛泽东第一次接见北京红卫兵之后,南京于当晚零点就“全市戒严”,以迎接第二天江苏省革命军事委员会领导接见红卫兵的大型活动。深夜两点钟,群众队伍开始陆续向鼓楼广场集中。而我家就住在鼓楼广场西侧的小巷子里,大路难以通行,他只好在小路上绕行,辗转一个多小时才来到医院。这时的我,已经虚弱到没有力气发出声音来,见到南京唯一的亲人,只有泪流满面。天亮了,可喜的是,我又一次与死神擦肩而过。

“无产阶级文化大革命”继续深入,上级对教师的学习抓得越来越紧,每周两个下午的课后要进行大批判或是学习。一天正在开会,天色渐渐昏暗下来,然后乌云密集,雨还没下来,校长宣布散会,我想快速回家或许还来得及。令人意想不到的是,骑车到上海路的坡上时,风来得很急,硕大的雨点顿时变成了倾盆大雨,风也越刮越猛。暴风骤雨中,我连气都喘不过来,于是想要躲避一下,但因三年困难时期之后市面萧条,整个上海路没有一家商店,没有一处可以挡风避雨的地方。如果停车,站在路边,会冻得发抖,还不如回到家里把湿透的衣服换下来,于是加快车速冲上第二个坡。此时,干树枝随着狂风不停地掉落下来,一根又一根从头顶上飞过。此时此刻虽心生恐惧,但也无计可施,只有加快速度赶往家中,因为惦记着家里年幼的孩子。

第二天到校后,噩耗传来,在昨天的狂风暴雨中,一个三年级的贫困学生,因拣拾房顶上的树枝,被刮落下来的高压电线击中,不幸身亡,年仅九岁。我在为学生伤悲之余,庆幸没有被树枝击中,不然又是一场灾难临头。

1968年,我的女儿顺利降生了。邻居们同事们都来祝贺,因为她身体健康。但是,在这个孩子尚未满月之时,另一场灾难又降临到我的头上。忽然有一天,多个红卫兵闯进家来,把我赶到走廊上,连一声招呼也不打,就“抄家”了。当时我们住的是筒子楼,十一家人家,每家一间,我只好抱着未满月的女儿坐在过道内。过道内十一个小煤炉,还散发着阵阵煤气味。在我的记忆中,“抄家”一词是在刚解放时斗争反动资本家或农村大地主时才有的。如今一个普通的教师家也遭此厄运,真是没有一点思想准备,内心非常纠结、害怕。左思右想,不知自己的命运会怎样。只有自我安慰:“不做亏心事,不怕鬼敲门”,我料想他们抄不出任何可以证明勋初是反革命的证据。信念使人坚强。一阵翻箱倒柜,拿走的是我俩各自的日记。同时邻居也先后告知,勋初所在的中文系外面的大道旁贴满了“打倒地主阶级孝子贤孙——周勋初”的大字报。或许因为女儿平安降生是我莫大的安慰,或许是阶级斗争的年代无法回避的现实,心中虽觉委屈,但也只能勉强支持,因为只有一个“忍”字可以应对。其后每天一早勋初就得到系里报到,什么情况,一无所知,他也不讲。直到“文革”结束很久,他才说到其间还遭到批斗。如果当时我知道这一情况,那更是难以忍受。

这时勋初的同事、同学、朋友都必须与他划清界线,视他为敌人。而我调来南京后,没有父母,没有兄弟姐妹,没有同学,只有孤独和无助。我想,在产假期间最重要的是带好女儿并保养好自己的身体,因为中国人一向重视妇女“坐月子”,这期间既不能劳累,更重要的是不可以受到任何精神上的打击。但是“最高指示”已明确告诉过我们“共产党的哲学是斗争的哲学”。过不多久,又接到一个来自造反派的指令,要将家中全部书籍上缴造反派。勋初的专业是古典文学,自然属“封、资、修”的范围。我们哪敢申辩,很快用平板车将家中几书架的书,全部运往中文系。自此他没有书看了。

经历这次不寻常的产假后,继续上班了,这次冲击,对我精神上的打击太大了,我庆幸自己没有患上可怕的“产后忧郁症”。在那疯狂的年代,遭遇此种毫无人性的劫难,回忆起来仍心有馀悸。

1969 年,革命深入开展,最高统帅常以“最高指示”的形式指导着运动不断深入开展。一天晚间,新闻联播中又发出了一条“最高指示”,按惯例,我必须立即赶往学校,带领初中班的学生们列队,手举“红宝书”,跳着“忠”字舞,去所在的鼓楼区党委报喜。为什么要这样做?这个举动我至今都不能理解。但是那时国家副统帅对人民的要求是“理解的要执行,不理解的也要执行”。我立刻骑上自行车奔向学校。从家到学校要经过上海路的两个高坡,仗着年轻,平时两个高坡我都可以冲上去,但在这一晚,冲上第二个高坡开始下行时,只觉得车子一颠,失控了!

当我醒来时,已经躺在工人医院的急诊室,周围是一中心小学的校领导和勋初。原来,当时这条路上没有路灯,马路边上堆的是深挖防空洞后的泥巴和砖头,我从车上跌下后,顿时失去了知觉。我的学生苏玉波也正赶往学校,发现躺在马路旁的人是自己的老师,立即报告学校领导。这时一位好心的三轮车夫把我送到了工人医院急诊室。医生诊断为锁骨骨折,脑震荡,脸部多处挫伤。医生说,如果不是锁骨承受了重力,头部着力的话,人就已经不在了。后来听说,一位解放军八二医院的护士就是在同一个地点,也是从自行车上跌下来,当场离开了人世。

到了七十年代,由于“文革”的深入,地主阶级在家乡自然不得安宁。原本把儿子送回乡下生活一段时间是为了解决燃眉之急,此时必须把儿子接回来。勋初则接连不断地下乡接受劳动改造,很少回家,两个孩子只能托咐给阿姨,全天由阿姨来照顾。这位中年妇女,对小孩子非常有爱心,因为男孩患有先天性心脏病,她就格外细心照料,这让我很感谢她。听洪诚教授介绍,她的丈夫解放之后下落不明,两个儿子中有一个不幸落水而亡,丧夫和丧子之痛对她刺激很大。我也非常同情她的不幸,相处和谐融洽。但我慢慢发现,每逢节日,当大家欢快地过节时,她的情绪就不平静,或许联想到自己和家人已不能团聚?或许在思念着谁？发展到后来，竟然整夜整夜不睡，面对着身边的小煤炉口中念念有词，我也因此而无法入睡，然而第二天我仍不得不去上课。没过几天，我发现她的精神失常了，自己已经难以控制，常常跑到附近的一家幼儿园，和同乡的一位妇女住在一起，深夜不回。一天，失控的她，拿了一把菜刀，直奔邻居高奶奶家，高奶奶连忙关上门躲避，她不顾一切地举着刀，边叫喊边敲门，吓得高奶奶带着孙子躲在家中，第二天就逃回城南老家。但是我却不能因此而不去上班，因为在小学里“一个萝卜一个坑”，没有可代替的闲杂人员。无奈，我依旧把两个孩子留在家中，由这位阿姨看管。那天刚到学校，同事们得知此情况，都担心阿姨精神失控会将小孩从五楼上摔下，叫我立即回家，他们还争相为我代课。那个场景，至今记忆犹新。

我担心出事，真是不知所措。这时邻居高妈妈建议我要报告辖区派出所备案，以防不测，同时通知她的儿子前来送她到精神病医院治疗。但是医生开的药，阿姨一律拒绝服用，邻居们都来帮忙，不得不强迫她将药吃下去。当天经派出所民警了解情况，做了大量工作，批评他的弟弟想让我们负责其姐的终生医疗和生活费用，说服他的儿子，买了当天的火车票回家了。临走时，阿姨带走了两个孩子的帽子，似乎有些不舍，我的心里也十分难过，毕竟孩子出生后的五年时间里，白天黑夜全由她带，感情自然不一般，她走了，我们都忍着难以割舍的痛。勋初得知情况，从乡下赶回来，匆匆处理此事后，又不得不按工宣队的规定时间赶回去。由于事情处理较快，邻居家的小孩和我家的小孩都免去了难以想象的灾难。街坊四邻也得以平安无恙。 2014.5

【附记】妻子祁杰为了不遗忘往事，写下了这篇《多次与死神擦肩而过》，每次读后，总是阵阵伤痛。

最难忘的是1966年8月18日毛泽东在北京接见红卫兵的第二天晚上。

系里通知,明日早上九时要在鼓楼广场集中,接受江苏省革命军事委员会主任杜平中将的检阅,接受动员与指示。全校师生要在半夜两点钟到大操场集合。一点钟时,我就穿好衣服,锁上房门,摸黑下楼。走到楼梯上时。突然发现有一个人在摸索着上楼。我看不清,赶忙回到家里打开电灯,那人已经走到门口,原来是妻子任职的鼓楼区第一中心小学的工友康芸。她说"刚才接到电话,祁老师在生产时出了问题,叫你赶快到医院去"。随后她就回学校去了。这个突如其来的消息如五雷轰顶,妻子在生产时出了问题,半夜里叫家属去,定然凶多吉少,可当时已全市戒严,大马路上不能行走,我只能穿行小道,往西南方向莫愁路上的妇幼保健医院奔去。可我又是一个老肺病,虽然痊愈多年,但肺活量小,跑了一段就喘不过气来,只能放慢脚步,等换过气来,就这样跑跑停停,不再多想什么,只是麻木地向前奔跑。过了个把钟头,终于到了妇幼保健医院。那里一片漆黑,鸦雀无声,我一步步走向妻子的病区,也不知会出现什么场景,只是又畏缩又存一线希望,想早点看到悬在死亡线上的妻子,我的心好像已经跳到喉管了。前面已是病区值班室,只见一个护士伏在桌子上写什么东西,一灯如豆,我怯生生地,硬着头皮前去问询。她对我看了看,说了一句"病人已经稳定了,血已止住了,你可以去看看"。原来妻子产后的手术尚未做好,医生和护士都乱轰轰地挤到另外房间去谈论白天毛主席接见红卫兵的头等大事去了。等到十二点钟以后,妻子突然子宫出血,犹如血崩,顿时整个床单都染红了。妻子已无力呼喊护士前来。幸亏旁边一张床的一位产妇发现,赶快按铃,医生护士得知情况,采取急救措施,才挽回了一条小命。她睡在靠窗的一张床上,映着月光,只见她脸色煞白,已无力发声,我只是握着她的手，唤她的名字，耳朵凑到她的嘴边，也听不到她的声音。只见她眼角上不断地流淌着泪水，我也说不上什么话，只是不停地用手帕替她擦去泪水。到了天光渐渐泛白，我又挂念着鼓楼广场上检阅的这件大事，不去参加政治上的头等大事，又会惹来麻烦。万般无奈，顾不得妻子，只能告别后奔到系里去报到。

妻子第二次捡回小命，从自行车上跌下送进工人医院时，系里正在大搞运动。什么运动，当时好像还没有定下什么名堂。我们集中住在鼓楼校区南园西南角上前时越南留学生的宿舍里，越南留学生撤回后，这里经常用作集中地，开展运动。如今此地已改为招待所。

晚饭后不久，工作队突然叫我去，说是你爱人已受伤住院，你可以去看一看。因为没有车子可乘，我赶忙奔往工人医院，一中心小学的领导已到场，妻子正在包扎，头部、胸、背都是厚厚的白色纱布，只露出一张煞白的脸，脸庞上都是血水和泪水，一位女老师不断地帮她擦。我们集中时，工作队宣布，这次运动非常重要，任何人不得请假，没有办法，我只能把妻子丢下，回到集中地去向工作队汇报。

妻子幸而不死，又属硬伤，医院第二天就让她回家，工作队这次又开恩，让我接她回家，并陪她一个晚上。第二天，就有革命教师去向工作队提意见，这么重要的运动，怎么能让周勋初住在家里？于是我当天又赶忙到集中地报到。

妻子的母亲是个虔诚的佛教徒，不知作了什么孽，她的四女儿会千里迢迢地跑到南京来跟我这个“地主阶级的孝子贤孙”一起受苦。对她我一直心存愧疚，为什么让她这么一个清清白白的女孩子来这里受到这么多的苦？小孩子生下来就患有先天性心脏病，嫁了个丈夫一生下来就盖上了先天性的阶级烙印，又不思进取，才让全家阵阵蒙难。

后来知道，这次运动原来是抓 5.16 的前奏。江苏省电视台原台长丁群披露，据江苏省落实政策办公室的统计，南京大学被打成5.16分子的师生员工达1560人，占到在编职工的近1/3；被关押批斗的有389人，被判刑的16人，被迫害致死的达28人。我的几个老同学与老同事幸而自杀未遂。我能在如此高压下活下来，妻子也能死里逃生，不能不说是天大的幸事。

改革开放之后，情况不断改变，尽管老的格局需要经历时间的消磨，慢慢变化，总的趋势，却是日益顺畅。我的问题到底属于什么性质，领导上始终没有作什么结论。是敌我矛盾呢，还是人民内部矛盾？一直没有人告诉我。当时有一种说法，叫做“挂起来”，一挂就挂到了我出任“研究生院副院长”，似乎也就一下子落到了地上。

我年轻时长期生病，从小学起就不时在外过寄宿生活，因此笨手笨脚不会做家务，不能料理生活，她退休后看我仍然忙碌，因而推掉了外单位的聘请，全身心地在家照顾我。其后我多次获得了到国外或境外讲学的机会，总是二人一路同行。国内讲学的机会更多，而我已垂垂老矣，因此也总是携手同行。苦尽甘来，想不到后来还会有这些日子。

妻子体质原来就羸弱，自来南京后，历经种种磨难，免疫功能严重下降，平时脸色苍白，口疮不断。一些同事说她“一阵风都刮得倒”，“踩不死一个蚂蚁”。大难不死，时来运转，总算来了后福，身心逐渐放松后，健康状况居然越来越好，这也是家庭的大幸。

妻子手勤，喜欢学习，能接受新鲜事物。网络时代到来后，她又学电脑，又玩QQ和微信，居然能与时代同步。耄耋之年，用五笔字型文字输入、编辑、扫描、刻录、查询等等，她都能应对。我晚年所写的书稿，都是她在电脑上打印出来的。虽然她不懂我的专业，但时间长了，也总能看出一些问题。我已老了，思维常欠周密，她就不时指出，哪些地方有些节外生枝，有的地方又缺乏论证，这样不断地帮我补苴罅漏，尤其是一些带有回忆性的文字，我常是颠三倒四，她就跟我一起追溯，慢慢地理出时间顺序。因此我晚年的很多作品，可以说是合作的结晶。

儿子早已治好了病，两个苦难中出生的孩子，如今都有了美满的家，而且也有了可爱的下一代。尽管三户人家分别居住在大洋两岸的三国四地，但通过互联网，仍然可以面对面聊家常，如在身边一样。我们把早年相聚时的一张照片挂在寝室内，随时观赏，回顾他们的成长，总是想到改革开放。整个国家改变了，我们都是受益者，也彻底改变了整个家庭的命运，心中总是充满着阵阵欢乐。

2007 年，合家摄于广州

左起：媳妇彭伟萍、儿子周晨、女婿杨剑宇、女儿周月

中间：上、孙女诗懿（小名毛头），下、外孙睿闻（小名多多）

【附录二】

《中国文学批评小史》写作中的点滴心得

屈指算来，我在南京大学教书已有数十年了。任务多变，开过不少课，其中中国文学批评史课教了四遍（其中两遍只教上半段），已经算是我开过的课中时间最长的了。其间我写了一篇论文《梁代文论三派述要》，一本书《中国文学批评小史》，两本教材《中国文学批评重要专著篇目索引》和《文心雕龙解析》；后二者都没有正式出版，要到将来空闲些时再来考虑如何加工问世。

现在一切都要讲效益。回头看来，这一时期的成果效益不差。《梁代文论三派述要》一文发表在《中华文史论丛》第五辑上，并列作者都是老一辈的知名学者，如高亨、谭其骧、夏承焘、唐圭璋、唐长孺、俞平伯等，而我当时三十刚出头，因此"文化大革命"中有人开玩笑，说我是削尖脑袋往资产阶级学术权威的队伍里钻的。其后台湾杨家骆将此文编入《中国学术类编》（鼎文书局）内的《中国中古文学史等七书》，罗联添编入《中国文学史论文精选》（学海出版社）、《中国文学史论文选集续编》（学生书局），改革开放后见到不少台湾朋友，好些人都一见如故，就因读了这篇文章。

《中国文学批评小史》的效益也不差。初版八千多册，几个月就卖完了。以后不少人来函索取，但已无货供应。1986 年参加汕头大学举办的韩愈国际学术会议，遇到新加坡国立大学讲授中国文学批评史的杨松年先生，承告已将此书列为主要参考书。1993 年韩国学者多人前来南京大学访问，汉城大学的李炳汉先生告知，他曾用此书作教材，其他几所大学的教师也先后告知，他们曾用或至今仍在使用此书作教材。而在前年，韩国全弘哲等三位先生又将此书译成韩文，已由该国理论与实践出版社出版。日本奈良女子大学横山弘教授以此作教材，指导学生译为日语，且加注释，最后由其审订，公开出版。鹿儿岛大学高津孝副教授也已将此书译为日文，正谋求出版。

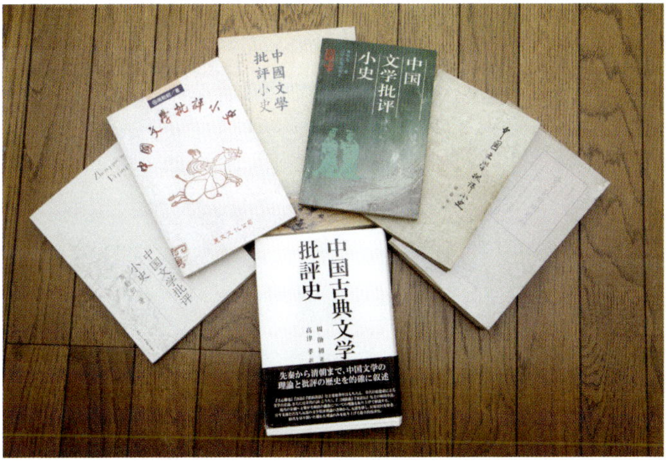

各种版本的《中国文学批评史》书影

此书曾被台湾崧高书社盗版私印，韩国某出版社又据此私印。为了满足社会上的需要，避免以讹传讹，我作了一些必要的修订，分别于 1994 年与 1996 年由台湾的丽文文化公司和沈阳的辽宁古籍出版社再版。

嵩高版书影

此书为什么具有这么好的效益？分析起来似有一些问题可供他人参考。

首先是个定位的问题。不论做什么事，总要先考虑对象，写一本书，也应考虑对象是谁。文学批评史的读者对象较窄，连本国一些大学里的中文系都未必开此课，更不要说是中、小学或其他单位了。它的读者只能是大学生和一些中国古代文学爱好者，以及部分文学理论研究者。但目下学习中文的学生各种课程负担很重，不可能抽出时间来读分量很大的著作。对此我还有另一种体会。年轻时读书，总想找一本纤悉无遗的大书来看，依仗记忆力还好，可毕其功于一役。事后总结，往往效果不佳，读后似懂非懂，记不下多少东西。后来明白，学习确是应该循序渐进，先把这一学科的基本问题弄懂记住，然后再求提高。贪多务得，往往欲速则不达。

目下有关中国文学批评史的著作已有一、二十种之多，篇幅一般都很大，写大书固有难处，但也有容易的地方。篇幅小的批评史，至今为数很少，也可见其难处。我的《小史》定位在“小”上，确是不够大气，但我追求的是“少而精”，或许正是在“小”上适合了读者需要。有的朋友问我是否还有计划扩展成大书，我可不想动，即使这次略作修订，也不破坏原有格局。

对象既明，就得考虑他们学习时会遇到哪些困难。批评史中有许多术语，现在的人很难把握，这得想办法解决。例如《古诗源》《唐诗别裁》《清诗别裁》的编者沈德潜属格调派，这一名词怎样理解，李梦阳《潜虬山人记》中说："夫诗有七难，格古、调逸、气舒、句浑、音圆、思冲，情以发之，七者备而后诗昌也。"又《驳何氏论文书》曰："高古者格，宛亮者调。"说明沈氏所追求的艺术境界，以及他所继承的文学传统，与七子有关。又如姚鼐在《古文辞类纂》的"序目"中提出："凡文之体类十三，而所以为文者八，曰：神、理、气、味、格、律、声、色。"我解释道：神当指精神，理当指义理，气当指气势，味当指韵味，格当指体式，律当指法度，声当指音调，色当指辞藻；并引谢应芝《蒙泉子》曰："文以理为主，神以运之，气以充之，酝酿以取味，抑扬以取韵，声贵能沉能飞，色淡而不黯，丽而不耀。"这样就可让读者自行研索，求得正解。我不太喜欢用理论界常用的术语像现实主义、浪漫主义等名词去解释，因为中西文化背景不同，有时嫌不贴切。

有些风格方面的问题，更是抽象，难以把握，我就试用作品去印证。例如江西诗派中三祖之一的陈师道在《后山诗话》中提出"宁拙毋巧，宁朴毋华，宁粗毋弱，宁僻毋俗，诗文皆然"。不熟悉古代诗文作品的人，就很难理解，我就酌举一些诗句作为例证加以说明。杜甫《即事》"一双白鱼不受钓，三寸黄柑犹自青"，是谓"拙"；陈师道《示三子》"喜极不得语，泪尽方一哂"，是谓"朴"；薛能《自讽》"千题万咏过三旬，忘食贪魔作瘦人"，是谓"粗"；孟郊《秋怀》"商叶堕干雨，秋衣卧单云"，是谓"僻"。江西诗派刻意寻求的就是这类诗句，读者自可玩味得之。

在历史书中，我很喜欢读范文澜的《中国通史简编》。范老国学基础深厚，文笔省净，而又见解高，看问题一针见血。评论古人，说好说坏，态度鲜明，不迎合世俗之见。我在写作《小史》时，颇欲效其笔法，只是限于水平，而又受到其时极"左"思潮的影响，有的地方批评古人过严，例如对江西诗派与黄庭坚的评价就有片面之处。这次修改，适当地作了些纠偏的工作。

文学批评史是建立在历史、文学史、文学理论等多种学科之上的一门科学。由于中国古代文人往往兼作家与理论家于一身，专业的文学理论家很少，纯理论的著作也不多，因此批评史上的思潮起伏，流派纷争，都应放在当时的历史背景下，结合文学史而进行阐发，这样或许更切合中国的实际，写起来也有血有肉些。当时感到中国的历史那么长，要想理清文论的历史发展线索，如何下手，很费斟酌。记得曾经拟过几个题目，对每一个时期文坛上发生的重大事件进行剖析，或许能够执简御繁，先把古代文论发展史上的几个重要阶段的轮廓勾勒出来。我为先秦拟的题目为“儒道两家对文论的影响”，两汉拟的题目是“王充与两汉文风”，魏晋南北朝拟的题目是“梁代文论三派述要”，唐代拟的题目是“元和文坛的新风貌”，宋代拟的题目是“北宋文坛上的派系与理论之争”，明代拟的题目是“王学左派影响下的文坛演变”，清代拟的题目是“新旧交替过程中的王国维”。后因“文革”陡起，这项计划无法实现，写好的一些稿子，只发表了一篇《梁代文论三派述要》，“文革”之后又发表了《王充与两汉文风》《北宋文坛上的派系与理论之争》二文。《元和文坛的新风貌》一文，还是为了筹备唐代文学国际会议而重新写作的。

由此可见，我在研究中国文学批评史时，重点放在考察文学流派的递嬗兴替上。我很注意产生各种理论的时代思潮，分析理论之间的继承发展关系，把这放在文学史与大文化的背景下考察。论述的内容，不光限于传统的诗文，明代之后，着重介绍小说、戏曲理论方面的成就，还有一章专门介绍有关民歌的理论。麻雀虽小，五脏俱全，有关批评史的基本知识，似乎无所遗漏。

上面拟的题目，摊子仍然铺得太大，无法在短期内完成。于是我又把魏晋南北朝和明代的文论列为研究的重点。前者上继先秦，下开唐宋；后者则对近代文学起到滥觞的作用。若能研究好这两个时期的文论，那么对于其他时期的文论也就融会贯通了。这种看法，我至今仍然坚持。

由于其时运动不断，任务多变，涉猎此途的时间过短，因而好多计划无法完成，只对魏晋南北朝时期的文论下了一些功夫，线索理的比较清楚，因而还能在《小史》中列出几张表格加以表示。

我年幼时多病，高中、大学阶段长期生肺病，因而体质很差。这时毕竟年轻，读书还算用功，在这四五年内干的事确实不少。当时学生学习中国文学批评史的热情很高，而又苦于难以入门，缺乏合适的辅导读物。刚巧我在 1963 年时有一个学期轮空无课，我就利用这段时期，每天上午到南京图书馆去看书。这样坚持了半年，也就编成了一本《中国历代文学理论批评专著篇目索引》。

我对各种著作的版本初步摸了一下，挑选一种常见而又可靠的列于首位，让学生易于借阅。例如欧阳修的《欧阳文忠公集》，有四部丛刊、四部备要、国学基本丛书、世界书局刊行等诸本，我把四部丛刊本列于首位，从中选出《水谷夜行寄子美圣俞》(卷二)等诗文共十九篇，并在《水谷夜行寄子美圣俞》《梅圣俞诗集序》《送徐无党南归序》《答吴充秀才书》《答祖择之书》等文之前加圈，表示这些文章尤为重要。我还在《水谷夜行寄子美圣俞》下提示程千帆、缪琨《宋诗选》(古典文学出版社)有注，《梅圣俞诗集序》下提示王水照《宋代散文选注》(中华书局上海编辑所)、中国人民大学语文系文学教研室《历史文选》(中国青年出版社)有注，《送徐无党南归序》下提示黄公渚《欧阳永叔文》(商务印书馆学生国学丛书)、高步瀛《唐宋文举要》(中华书局上海编辑所)有注，《答吴充秀才书》下提示王焕镳《中国文学批评论文集》(正中书局)有注。最后我又加按语曰:“欧阳氏诗话后来通称《六一诗话》,单行者有历代诗话本、丛书集成本等多种,近人民文学出版社出版了郑文的校点本,最便阅读。”其他著作的介绍也大体如此。

这份教学辅导材料,当然谈不上有多高的学术水平,但颇适合学生自学需要,因而也有它的价值。而我通过这番踏踏实实地阅读原作,对批评史的内容了解得具体多了。这对我后来写作《小史》无疑有很大的好处。

八十年代以来,我的研究重点转移,古代文论方面的研究不得不暂时放下,但迫于形势,有时也不得不重弹旧调。例如1984年时复旦大学举办《文心雕龙》国际会议,我应邀参加。会议规格很高,与会者很多是中、日两国与香港地区负有盛名的《文心雕龙》专家,我则过去从未写过有关《文心雕龙》的文章,这次滥竽充数,可也不能太辜负邀请者的盛情,于是我在旧稿的基础上,写了一篇将近两万字的论文《刘勰的主要研究方法——“折衷”说述评》。罗宗强教授于1991年新加坡国立大学主办的“汉学研究的回顾与前瞻”会议上还特别提到此文,作为研究刘勰理论特点分析深入的范文而推举。我想此文要说有什么特点的话,那也就是从刘勰《文心雕龙》的文本出发,而不去学过去与目下理论界常见的工作方法:介绍一些苏联的或西方的文艺理论来指引,然后徵引《文心雕龙》中的文句为例证,从而构成一些与现代理论切近的论文。我的研究,一般都是在大量原始材料的基础上进行概括和提炼,《小史》的写作似有不同,实则同样体现出我的个人特点,即以大量的文献资料为基础,然后进行理论阐发。

(原载《古典文学知识》1995年第5期)

十八 治学经验谈

才学兼识　成败在勤

——正确对待才性问题

1982年时，作家徐迟在《人民日报》上发表了一篇有关陈景润在数学上艰苦跋涉取得卓越成就的报告，引起轰动。其时正值“文革”结束，国内一片疮痍，出现转机之后，大家心中充满着希望。如何改变落后的现状，首先考虑到的是科学技术。陈景润的出现，点燃了大家心中的火花。

当年高考，报考数学的学生很多很多，家长们都想把自己的子女培养成陈景润式的人物，然据数学系的朋友说，在这领域中想作出成绩，定要绝顶聪明。世界上的大数学家绝大多数在一二十岁时取得成就，少有纯靠勤奋而在晚年取得成就的。学生家长恐怕不太了解这种情况，而且对子女往往有偏爱，结果选错专业，反而会误其一生。与此相似，有些家长看到影视演员和歌星舞星光鲜无限，挣钱又多，于是不顾子女本身条件，硬将他们推向这条道路，结果往往事与愿违，误了他们一生。

已经进入了高等学府的学生，选好了专业，仍会面临不少诱惑，也会不断出现波折与迷惘。二十世纪八十年代初，李泽厚的《美的历程》风行一时。处在僵化的思维方式的控制下，突然发现还有一种超功利的文化产品，处在青春时期的学生更易被它吸引，于是美学研究立即成了显学。与此异曲同工的是,古典文学研究中考证之风大盛,这也与前此的荒谬学风有关。“文革”之中的所谓“大批判”,上纲上线,信口开河,完全不顾事实。拨乱反正,要求一切凭事实说话,考证之风自然会引起重视。

自此之后,重鉴赏与重考证的学者大量涌现。由于各有所长,都有一大批读者来追随,彼此之间似又出现互争雄长之势。

这是一种好现象。比之前时,大家都更注意研究工作中的个性化了。只是从任职于学术界的人来说,光凭一己的兴趣还是不够的,要想在研究工作中作出成绩,则还得注意自己的个性。

顾颉刚在编《古史辨》第一册时,写了一篇很长的《自序》,介绍自己的经历、志趣和困惑,中间有一段文字,分析自己的个性,自称“我是一个桀骜不驯的人”,“一个历史兴味极浓重的人”,“一个好奇心极发达的人”,“因为有了这几项基本的性质,所以我敢于怀疑古书古史而把它作深入的研究,敢于推倒数千年的偶像而不稍吝惜,敢于在向来不发生问题的地方发生出问题而不丧气于他人的攻击”。罗根泽接手《古史辨》第四册的编务时,也写了一篇《自序》,进行自我评估,认为“做考据吧,按不住自己奔放的情感。做文学吧,理智又时来捣乱。做哲学吧,哲学要有己见……我反对己见,当然不配研究哲学”,彷徨多时之后,“最后体察出自己的短处和长处:自己没有己见,因之缺乏创造力,不能创造哲学,亦不能创造文学。但亦惟其没有己见,因亦没有偏见,最适于做忠实的、客观的整理工作。利用自己因爱好哲学而得到的组织力与分析力,因爱好文学而得到的文学技术与欣赏能力,因爱好考据而得到的多方求证而小心立说的习惯,来做整理中国文学与哲学的事业。由是拟定了以毕生精力,写一部忠实而详赡的《中国文学史》和一部《中国学术思想史》”。其后顾、罗二人按照自己拟定的方向前进,都取得了可观的成绩。

罗根泽先生在《古史辨》第四册中收入了他自己写作的好多篇文字，达到了当时学术的最高水平，一直得到学界的尊重。1958年人民出版社约请他编成《诸子考索》一书，单行出版。上海古籍出版社于本世纪初编《蓬莱阁丛书》，邀请我编了一本《罗根泽说诸子》，均可说明其在子学上贡献之巨。

上海古籍出版社2001年12月出版

这些事例有其参照价值。说明每一个人选择发展方向时，都应作一番严格的自我解剖，不能一窝蜂，随大流，为外界形势所驱动。如果自己看问题时喜欢从大处着眼，而每忽略细节，那就应该作一种偏于宏观的研究，反之亦然。有人喜欢鉴赏，有人喜欢考证，也可发挥自己的所长，不必过于压抑自己而从众。这也就是说，应该扬长避短，发挥自己的优势。

不过学问之道往往是相通的，宏观、微观，鉴赏、考证，有时也难截然区分。学者的修养，还是应该力求全面，因此正确的做法，应是扬长补短。

顾、罗二人的发展比较顺遂，一举足就步入了学界，而且能够按照自己的兴趣和所长谋职。目下知识分子成堆，每一个岗位都有一大批人竞逐，你想去找一个好的岗位，格于情势，往往未必如愿。人总得先求生存，再求发展，如果一时不能如愿，那也可来个迂回战术。或许在你从事另一专业的工作时，发现你的真正才能不像原来想的那样，自己还有好多道路可走。

对吾辈而言，情况更为特殊，大学毕业后都由组织分配工作。犹如老式结婚一样，对方是谁，事先一无所知。就以我来说，毕业之后分配到了国务院直属的中国文字改革研究委员会工作，犹如贫家女嫁入了豪门。新中国成立之初，政府机构与文教单位亟需补充干部，全国的同班学生都提前一年毕业，等到我这个老肺病毕业时，全国已无大学毕业生供应，而党内元老吴玉章又正筹组文字改革方面的机构，这才给了我一个进京工作的机会。文字改革委员会是一个介于行政与学术之间的机构，集中了大批语言学者，如曹伯韩、倪海曙、周有光、杜松寿等，年轻学者中有彭楚南等，都是很有成就的学者。这一单位规模甚小，但级别极高。吴玉章出任主任，凡有会议，只要他出面，各级领导都会出席。语言学家中来往的人员更多，如吕叔湘、王力、丁声树等，都来开过几次会。我被分配在汉字整理部，搞简化字工作，日常工作由副主任曹伯韩负责，主任叶恭绰、副主任魏建功是兼职，一个星期也要来两三次。讲条件，那是首选的机构，但我却是处之漠然，因为我在语言学上天分太低，始终引不起兴趣。

应该说，我对各种学术还是容易引起兴趣的，但在语言学上却是例外。曹伯韩为培养我们一批年轻人，特地举办了几个星期的语法讲座，他讲得津津有味，还是无法打动我。细究起来，可能与我一辈子没有上过一次正规的音乐课有关。我在小学、中学阶段，由国民党时期到日寇占领，再到国民党统治，兵荒马乱，时时辍学，因而连简谱都看不懂。语音、音韵方面的学问本属口耳之学，对此我却特为迟钝，一口浦东官话，一直改不过来，与人交往，听各地方言的能力也差。也想努力补救，但天分太低，无法彻底扭转。研究生阶段，虽然在音韵学等领域涉猎了一番，但为时已晚，偏于理性的认识，始终培养不起兴趣。总之，我在语音方面的感受能力太差。

自回南大读研究生起,就没有再离开过母校,从事的工作大体上都可称为古代文学专业,但从学科分类而言,还曾涉及哲学、历史、文艺学和辞书编纂等等。这些我都能接受,还能作些不同方式的研究。后来我一直在想,幸亏当年离开了文改会,否则定将一事无成。

可以说,我们这一辈人进大学选专业时家长往往起决定作用;分配工作时,各级领导往往起决定作用。即使如此,个人还是有其可能利用各种机会,找到适合自己发展的道路。目前情况大异,比之前时,更趋开放,大家面临的机会不知要好上多少倍。人们如想调整自己的发展方向,机会自然更多,因此有志于学的年轻学者,还是应该首先作些自我解剖,认准自己的资质究竟怎样。

应该说,目前年轻学者面临的形势,比之过去已有根本不同。过去的学术资源,分配权都掌握在领导手中,个人少有回旋馀地。业务水平较好的人,如果政治上跟不上,容易被人扣上白专帽子,这样更会举步维艰。如果你对此很执着,风险也就更大,闹得不好还会毁了一生。现在情况不同,已经听不到有什么又红又专与白专道路之分。社会上总的形势,鼓励大家走专家道路。不过大家似乎也应警惕。当今社会各种诱惑纷至沓来,学者如果对学术缺乏高度的期待与追求,也就可能只满足于现状,不再前进,只热衷于吃老本与炒作;结果外面虽然风光无限,未到衰老却已销声匿迹。

也许这是一种偏见。我总觉得中、日学者对待学术的态度有所不同。日本学者的成就当然有高下之分,但他们对专业的热爱,却是基本相同的。他们大都一心向学,对升官发财之类的诱惑,不太趋之若鹜。记得当年兴膳宏教授出任京都大学文学部主任时,我致信祝贺他,他回信说,这是他的不幸。我想中国学者中如此看待领导职务的,怕不多见。

日本学术界,一些学者常是专注于某一专题的研究,先从积累资料着手,终身从事一种规模宏大的著述。特别是像广岛学派之于《文选》学,自斯波六郎始,历经小尾郊一、森野繁夫、冈村繁等人,直到当下正活跃于学界的富永一登等年轻学者,一脉相承,代有撰述,从不懈怠。不但个人成果可观,整个学统亦卓然树立。这种精神,这种作风,值得学习,值得借鉴。

返观国内情况,似乎有些不太正常。一些有所成就的学者出了几本书,在学界或政界占有优越地位之后,忙于四处活动,多所应酬,随之沉醉于是,乐而忘返了。由此之故,一批批有望冒尖的人,最后却是未见大成。近来大家常是慨叹中国不见大家出现,此或亦原因之一。纵观学界,大家似乎太看重眼前利益了。学者如在学术上停止攀登,缺乏宏大目标,浅尝辄止,往往过早止步,自限于本可达到的更高成就的前端。

就我而言,多少还有一些自知之明。我们那个时代,出身于地主家庭而又与之割不断感情联系的人政治上充满风险,不可能有什么发展前途。我的性格上还有一些孤高的毛病,不喜迎合上级,也不热衷于交际。有老同学指出,我有逆向思维的问题,人家说好的,我常要挑出一些毛病;人家说坏的,我又常是说有它好的地方吧,这在政治上很危险,因为政治场合要求一面倒。而在学术上,却又似乎有其好处,这样可以避免人云亦云,保持一些独立思考的天地。

我很清楚,自己难当时代宠儿,也不是什么做官的料子。处世之道,只能是"顺乎自然,随遇而安"。但我做事比较负责,也喜欢钻研业务,自有其使用价值。从研究生起,接二连三地参加突击,到处打杂。工作一段时间之后,料想又要转向了,前时积累下的一些想法,如不及时记下,很快就会忘掉,这得抓紧时间写下来,我的一些书,好多是在工作的间隙中抢下来的。

这样的研究工作,用一句俗话说,也就是"东一榔头西一棒",不成系统。我则努力在若干专题研究的基础上，通过批评史、文学史等方面的教学，融会贯通，培育一种宏通的视野。2000年《周勋初文集》出版后，大家方始看到一些全貌。于是有的朋友才说，你除了研究唐代文学之外，其他方面也写了不少东西；一些研究魏晋南北朝文学的朋友说，想不到你还涉足过其他方面的研究。中国大陆的学术界也实在分工太细，于是专家林立，其中一些人，除了个人从事的专业书外，不看其他方面的书，因此有些研究李白的人，还不知道我研究唐人的笔记小说，甚至不知道我研究过高适。比较之下，我所涉猎的领域已可算是较为广阔了。

《周勋初文集》七卷本，江苏古籍出版社 2000 年 9 月出版

黄季刚等人一再告诫后学，学习《文心雕龙》时必须兼习《文选》，反之亦然。目下《文心雕龙》学会与《文选》学会规模都很庞大，参加这些学会的人中却很少见到二者兼学者，他们都属于《文心》或《文选》方面的专家。《文心》专家缺乏作品方面的精心研究，往往流于从理论到理论；《文选》专家缺乏理论方面的厚实基础，往往难以深入阐发。这就影响到了学术队伍的茁壮成长。

我读李白的《避地司空原言怀》诗，总觉得难以理解，中云“刘琨与祖逖，起舞鸡鸣晨。虽有匡济心，终为乐祸人。”这是本诸《晋书·祖逖传》而立论的，中云：“祖逖与刘琨俱为司州主簿，情好绸缪，共被同寝。中夜闻荒鸡鸣，蹴琨觉曰：‘此非恶声也。’因起舞。”史臣曰：“祖逖散谷周贫，闻鸡暗舞，思中原之燎火，幸天步之多艰。原其素怀，抑为贪乱者矣。”阅读文学史上有关刘琨的介绍，可以说是罕见的一位人物，《诗品》卷中评曰：“琨既体良才，又罹厄运，故善叙丧乱，多感恨之词。”其《重赠卢谌》诗末云：“何意百炼刚，化为绕指柔。”英雄末路之悲，令人心恻。反观同时文士，何异苍松之与弱枝。《文选》之中收入了刘琨《答卢谌诗》《重赠卢谌》《扶风歌》诗三首，《劝进表》文一篇，都是传诵千古的名篇，《文心雕龙》中亦多次叙及，《祝盟》篇曰：“刘琨铁誓，精贯霏霜。”《章表》篇曰：“刘琨《劝进》，张骏《自序》，文致耿介，并陈事之美也。”《才略》篇曰：“刘琨雅壮而多风，卢谌情发而理昭，亦遇之于时势也。”为什么祖逖、刘琨志枭逆虏这样的一代雄才，反遭恶评？

后来读田余庆《东晋门阀政治》一书，才对这种情况找到解释。原来祖逖率族南渡时，属于晚来门户，东晋政要早已成了“王与马共天下”的格局，这些先入为主者已成既得利益者，他们不让晚来的豪族继续南下，将之阻断在江淮之间，或是安置在距离都城较远的荒野之地，不让进入帝都，只让他们在外边为先占高位者立一道屏障，阻止北方铁骑南下，而又不支持祖逖等人北伐，防止他们借机扩充势力，因此祖逖等人虽怀忠义之心，却处境艰难，这就难怪他们满腔悲愤了。

田氏这一著作在陈寅恪所开辟的道路上又迈进了一步。陈氏从典章制度、种族民族、民俗宗教、家世姻族等角度分析魏晋南北朝的历史，翻开了学术史上的新篇章。田氏从分析流民集团着手，且对郗氏、庾氏、桓氏、太原王氏等家族重新作了审视，还对苏峻之乱等情况作了新的考察，得出了很多新的结论。此亦可见，学术研究要想求得突破性的进展，必须对前人的著述玩味有得，从中发现可以再作开拓的着力之点，也就可以取得新的成就。

五胡乱华，永嘉南渡，历史上不断出现类似情况，身当其时的文人也就枨触多端，怀古伤今。李白避安禄山之乱南下，乃有句云“三川北虏乱如麻，四海南奔似永嘉”；卢沟桥炮声响起，日寇兵临北平城下，陈寅恪匆忙避乱西南，亦有句云“南渡自应思往事，北归端恐待来生”。抗日战争前后，学界兴起的魏晋南北朝热，自与政局有关。

陈寅恪注意到了南朝统治阶层成员的兴替，《魏书司马睿传江东民族条释证及推论》中详加论证，以为宋、齐、梁、陈四朝皇室之“社会阶级”均非文化显族，属于善战之“社会阶级”，由晋入宋之后的江左世局变迁即为后来侨寓江左善战之寒族北人又逐渐丧失战斗力，不能不重用新自北方南来之降人以为将帅。这些后来发生的情况，田氏书中未有申论，但在论述流民集团时已见端倪。应该说，田余庆所作出的解释，凭借很多新出的研究成果，自有其优胜之处，可以予人更多启发。

由上可知，了解祖逖的情况有助于对刘琨的研究，而研究刘琨，势必要对《文选》与《文心》下一番功夫，在《选》学与《龙》学上打下良好的基础。触类旁通，出入文史，这种基本的研究方法，还是不能忽视。

陈寅恪之治魏晋南北朝史，应当是在放弃东方学的主攻方向之后开辟的新领域，而他之研究李白，则应视为利用东方学研究的积累而在作家研究的一个点上进行的开拓。

我的从事李白研究，受陈氏《李太白氏族之疑问》一文的影响很大，但我不相信他作出的结论，而是寻求一种新的解释。我很清楚，闭关锁国之后培养出来的知识分子无法傍东方学之门户，但我可以利用研究《九歌》时积累起来的一些知识，从地域文化与民族宗教等方面去审视李白的特异之处。改革开放之后，考证之风大盛，李白生活的方方面面都已有人考察,取得很大成绩,我若于此再行投入,势难有大的开辟。若以“多元文化的结晶”的角度阐释李白的风貌与创获,可以得出一些新的结论。一些研究李白的学者也认为,我的这种研究可称独树一帜,这也是我在出入文史、触类旁通的道路上迈出的新一步。

我在晚年重捡《文心雕龙》的旧稿,从学术史的角度进行新的开拓,力求在这领域中也能闯出一条新路。《文心雕龙解析》正式出版后,学界或许会认同我的这一预告。(《文心雕龙解析》已于 2015 年 12 月由凤凰出版社出版)

我经常进行自我解剖。有人说我聪明,我可并不认为,周围比我聪明的人很多,他们之所以不能取得成就,关键在未能找到合适的路子走下去。有些人反应特快,很敏感,但不肯下功夫,结果小的收获很多,却难有大成。我读书速度慢,反应也慢,但做事认真,肯下功夫,讲求效率,追求完美,反复琢磨之后,有时也能想出一些新意来。

自参加工作以来,常是多种任务重叠相加,感到难以应对,没有办法,只能以勤补拙。扪心自问,像我这样的体质,也可以说是尽力了。七十多岁之前,除了“文革”期间,从未在十二点钟之前上床休息过。无论寒暑,无论假期还是星期天,总要摸摸书本,动动笔头,这也不是说热情有多高,个人奋斗的精神有多么足,无非是任务接二连三地压下来,自有那么一种责任,要完成任务;说不定这种任务后来会成为罪状,但还是不愿草草了事,敷衍塞责。

从自然条件而言,南京地区可说更为艰苦。南京、武汉、重庆,人称“中国三大火炉”。二十世纪六、七十年代,我住在最高层五楼的一间十八平方米房间,内放一张大床、一张小床,夫妻两人带两个孩子。阳光毒辣,面对南方的大门,薄薄的一层木板,无法阻挡层层热浪。夏天赤膊上阵,背脊上还是一层痱子。午觉醒来,草席上印下一个湿漉漉的影子。一到冬天,寒风又从木板裂缝中不断侵入,房间内的洗脸毛巾冻成了冰条,我只能穿上一件厚厚的棉袄,坚持读书到深夜,手上长了好些冻疮,到春天后才慢慢消失。我也明白,比我艰难的人很多很多,君子随遇而安,我也应该知足。今日或许有人认为我一生顺遂,可以终日躲在书斋内读读写写,他们却是不太了解情况,与我当时处境距离过远。

人当然有聪明愚笨之分,但聪明的人也不一定能成才,关键在于是否找到与个性合适的路子,将这种聪明发挥到极致。这里还有一个勤奋与否的问题。考察前人的成功之路,可知一些大学问家,如顾炎武、钱大昕等人,无不极度勤奋。即以近人而言,像王国维、黄季刚等,也是勤奋异常,才能取得如此大的成就。小石师当年寓居清道人家中时,接触过王国维,后来二人还一起在仓圣明智大学同事过一段时间,故对王氏的情况有所了解。有一次我问他:“王国维是不是特别聪明?”小石师似有保留,只是回答说:“用功,用功。”由我看来,王国维应该是非常聪明的,也可称为才气过人,但他应是过人的勤奋,才能取得如此大的成就。

刘知幾在标举学者应该具备的条件时,强调才、学、识三个方面。这也就是说,一些热心向学的人,才也好,学也不差,但还不够,应该在识上高人一筹。这是更高层次的要求。凡是在学术上卓有成就的人,必定在识上有其过人之处。

如何培养“识”,更难确说,我虽然写过一些东西,也获得过一些赞誉,但自知识见有限,岂敢妄谈?为了表达我对刘知幾这一名言的理解,姑对前面提到的一些想法加以归纳,列出下面几条,供大家参考。

一、避免平庸,但也不必标新立异。论从史出,凭材料说话,还是应该在继承的前提下追求创新,寻求突破。有人另辟蹊径,写法似乎面貌一新,实则他对过去的各种学说均已有所了解,才能提出一种崭新的学说。

二、广泛涉猎近人著作，认真阅读原著与名家之作。反复琢磨，由此及彼，提炼出前人从未提出过的新鲜观点。视野宽，角度新，能从其他学科中汲取相关的研究成果，进行新的开拓，提出一些与前人迥然不同的观点，最好能够给人以豁然开朗的感觉。

三、不要人云亦云，应该独立思考。不分古今，不薄中西，去伪存真，兼收并蓄，一切出于个人的沉思冥想，戛戛独造，出人意料之外，又在情理之中。

“识”字微妙，实难言说，姑妄言之，读者不妨姑妄听之。

治学经验谈 十九

新手登场　老成结局

——两种研究能力的发挥与协调

晚饭后总要看一会电视新闻，有时也看体育节目，觉得两种情况差异很大。那些短跑运动员，如百米选手，爆发力特别强，常以迅雷不及掩耳之势取得胜利；那些长跑运动员，如马拉松赛中的选手，坚持到底就是胜利，具有过人的耐力与超凡的毅力，然而二者兼能的情况似乎比较少见。学术界中人物也有这种情况，但如协调得好，则可兼容，两方面都可取得成功。

民国时期的学坛，这种现象比较明显，而在一些体现新学风的人物身上，更有很多可资借鉴之处。

北洋军阀之间争战不歇，学术领域中却出现了较为宽松的环境，其时一大批国外留学的精英回国任职，引入了新思想和新方法，这一批人原来的国学底子较好，新旧融合，开疆拓土，揭开了历史上新的一幕，馀波袅袅，一直延续到抗日战争前后。

胡适引进了实验主义，一切诉之理性，主张有一分材料说一分话，对古来三皇五帝之说提出挑战，在这股新思潮的推动下，顾颉刚发起的疑古运动，其声势之大，影响之巨，突过前人。

顾颉刚于 1923 年发表《与钱玄同先生论古史书》，提出“层累地造成的中国古史”说，直有振聋发聩之势。其后他又主编或委托他人编有《古史辨》凡七集，对古史的原有体系加以破坏，似有摧枯拉朽之势。这些地方，可以说具有十足的爆发力。

《古史辨》派提出种种挑战性的言论之后，也有刘掞藜等人提出诘难，然似不能显示出什么力度，顾颉刚把反对意见也一一编进了《古史辨》中，这些地方均可看出顾氏的雍容大度，体现出了学者探讨真理的精神。比之后来一些人热衷于凭仗权势压制反对意见的作风，直有天壤之别。

经过历史的一大曲折，大家慢慢认识到，在批评《古史辨》派的人中，张荫麟的《评近人顾颉刚对于中国古史之讨论》一文具有很高水平。他在《一、根本方法之误谬》中指出：“凡欲证明某时代无某某历史观念，贵能指出其时代中有与此历史观念相反之证据。若因某书或今存某时代之书无某史事之称述，遂断定某时代无此观念，此种方法谓之‘默证’(Argument from silence，意谓静默之论据)。默证之应用及其适用之限度，西方史家早有定论，吾观顾氏之论证法几尽用默证，而什九皆违反其适用之限度。”其后他又分从《二、夏禹史迹》《三、尧舜史迹》等方面进行“辨正”，力破顾氏之说。

顾颉刚受胡适的影响，也讲求方法，张荫麟由此进行批判，可谓抓住了要点，不过这一问题的彻底解决，有待日后考古学的发展。随着近几十年来田野考古新成果的大量出现，胡适提出周宣王以前的历史尽不可信的理论早被打破，顾颉刚兴起的疑古思潮也已消退，人们要求走出疑古时代。学界普遍认为王国维的二重证据法之说，更具说服力。

张氏殁时年仅三十七岁，未能尽展其才，他的著述中评论文章占了绝大部分，其中对梁启超、冯友兰、郭沫若等人的批评，均能片言中的，足以见其目光的敏锐，但总嫌不成体系。他想尽力完成的一部大著《中国史纲》，仅完成上古篇，由于时代剧变，也已很少有人提及。人未尽才，不能不使人产生“人固不可以无年”之叹。

上面所举的例子似可说明，大凡学人之成功，创新能力最好的时期，往往在其年轻阶段。其时精力旺盛，思想活跃，假如外界约束较少，也就会喷薄而出。年纪大了，精力日衰，人事活动又会急遽增加，这时一些学力好的人往往转而从事长线工作，像顾颉刚，逐渐转向《尚书》研究，于此也取得了很多成绩。

我们也可看到，历史上出现过一些学者，每以一种著作名世，如所谓“九通”之学中的《通典》《通志》《文献通考》三书，杜佑、郑樵、马端临等人花了几十年功夫，慢慢磨炼而成。这些百科全书式的著作，编辑者不但要掌握各门学科的丰富内容，还要构拟出一种体系，慢慢梳理，汇成各种系统。长期钻研，锲而不舍，毕生精力尽瘁于是，近乎那些马拉松式的选手。时移势改，当今社会纷纭扰攘，各门学科的内容越来越丰富，以个人之力还想完成某种这一类型的著作，怕是很难的了。

当务之计，司马光编写《资治通鉴》的经验似可借鉴。他邀请了当时最具实力的史学家刘攽、刘恕、范祖禹三人，移居洛阳，远离政治漩涡，花了十九年的功夫，从纂辑资料做起，完成了这部大书。当时他也具备了很多有利条件，朝廷崇尚文治，反对他的人不对此进行干扰或迫害，生活稳定，一心向学，才能取得成功。

司马光的治学精神又是这么感人。从珍藏于国家图书馆中的几页《资治通鉴》手稿来看，字体方方正正，一笔不苟，体现出了一种极为严肃的态度。修改的过程不算，一个人就是用正楷把《资治通鉴》抄上一遍，需要多么大的毅力，难怪司马光在呈报朝廷时说“臣之精力尽瘁于是”了。这样的著作自能垂之不朽。

吾等治学，自当以史为鉴。当今政治空气宽松得多，歪路不必重走，自可从容思考，结合自己的具体情况找一条适当的路走。

对我而言，不论从成长的环境来看，还是从个人的禀赋来看，都有许多先天不足的地方。虽然自己主观上还算努力，然而总是不由自主，只能随波逐浪，顺乎自然，难以做到后天协调。然而回顾前尘，则又可以说是仍与学术界中人物常见的发展过程有其相合之处。

我在学生阶段长期生病，精力不敷，只是思想还是比较活跃。尽管我在八十多岁时还能写一些长篇论文，也有人称赞我脑子仍然好使，然而心知肚明，人过六十精力日衰，本来就显得迟钝，此时更是悟性大减。三十上下完成《九歌新考》一书，气势或许还有一些，也曾获得过一些赞誉，然而未能闯出一片天地，只能算是试水的新手。数十年来，历经艰险，不甘自暴自弃，孜孜兀兀，至今仍在握管。只是拖三拉四，钝刀子割肉，半天也难滴出一点血来。

私心自幸，走的道路还算规范，后半辈子做事越来越顺手。年轻时从事先秦两汉学术的研究，也就为后来的发展打下了一些基础。老辈学者认为，中国学术起于先秦，治学之人应当在先秦学术上打下一些基础，即使专攻小说、戏曲，也应如此。我与章培恒讨论过这方面的问题，他就推崇孙楷第的成就，认为可称此中翘楚。而孙楷第之所以能在这领域内取得成就，也就因为他在先秦两汉的学术上也下过一番功夫。我总觉得，我曾有过一段研究楚辞与先秦诸子的经历，对我影响很大。有人替我抱怨，以为我在楚辞方面的成就还没有得到应有的评估，我则对此很释然。先秦学术，特别是神话、传说等方面的问题，不易得到实证，因此常是众说纷纭，难以取得共识。楚辞学界在理论领域中少见突破性的进展，与此有关。我在《九歌新考》中提出的一些新见，作为各家之说中的一说，仅供参考即可。

处在政治决定一切的年代，条件差的人本无可能选择什么发展道路，一切都得服从组织安排。我在“大跃进”后转入中国文学批评史的领域，其后产生了一本《中国文学批评小史》，还产生了《王充与两汉文风》《〈文赋〉写作年代新探》《梁代文论三派述要》等论文，有了新的任务之后就得立即转向。见缝插针，总算还留下了一些成果。现在看来，当时的准备工作做得仍嫌不够，然而毕竟年轻，精力还是充沛一些，能够进行一些较深入的思考。前此已经接受过一些思维方面的训练，分析与归纳的能力尚能支配，从而取得了一些在批评史方面立足的资本。

“文化大革命”中奉命注释法家著作，重新回到先秦学术上来，注意力集中到思想史方面。先秦诸子本难以现代学术归类，于是我把哲学、历史等方面的典籍又重新复习了一番，在训诂、校勘、版本等实学上又提高了一步。

在那一家争鸣的年代，郭沫若凭借其特殊身份，还能乘机抛出一本《李白与杜甫》，大家也就可以托他的福，读读唐代诗人的书了，于是我就转入高适、李白、杜甫等人的研究，又写下了《叙〈全唐诗〉成书经过》等论文，这也为后来的发展准备了一些条件。

改革开放之后，全国高校之间出现竞争态势，我校中文系力量太弱，各方面都不占优势，然自程千帆先生回母校工作建立博士点后，力量逐渐壮大。卞孝萱先生随后加入，吾等也就确定以唐代文学为重点，展示我们的优势。自上一世纪八十年代中期起，千帆先生出任唐代文学学会会长，学会同仁从工作考虑，让我担任学会副秘书长，那我就必须全力投入到这一领域中去。古委会成立，我出任古籍所所长，自当在此机构内多所活动。处在其他兄弟单位竞上大项目的形势下，至少也得有一个中型项目可以撑撑场面，于是我就提出了《唐人轶事汇编》这一能够体现本所特色的项目。

上一世纪八十年代至九十年代,国家财政困难,文科教师既无科研经费,本身收入又低,出门开一次会都捉襟见肘。幸亏古委会每年能有一两万块钱的经费下来,才能支撑起这个摊子。于公于私,我都得在这个大集体中起些作用。因此,自古委会成立始,我在每一项重大活动中都曾努力贡献力量。

古委会下来的钱,不能用于提高工作人员的生活水平,于是大家转向创收,想尽办法多发一些奖金。有的学校忙着办班,有的学校忙着编通俗读物,我作为"一家之长",也得忙着张罗,于是接下了《册府元龟》校订本等任务,以为这样做,可以做到业务提高和改善生活两不误。事后看来,效果还是不错。这书有很高的学术价值,参与整理的人在业务上都有提高,收入尚称丰厚,对我中文系古典文学专业的声誉也有所提高。

老师的主要任务是培养学生,我的主要精力还是放在备课和教学上。那些一心只想通过科研提高个人声誉的人,也不能算是合格的教师。这样的人,尽管学生时而也会讲上几句好听的话,目的可能也只是搭个顺风车,利用"名师出高徒"的传统观念为自己加分,内心深处可未必尊师。这样的师生关系,出于功利目的,一有波折,也就会分道扬镳。

集体项目的负责人要有高度的责任感。一些超大型的著作,往往需要一批人去做基础工作。他们穷年累月,从事一些简单劳动,难于提高层次,结果总有一批人得不到正常发展。处在目前竞争激烈的情况下,有人若是赶不上步伐,往往惨遭淘汰。因此那些负责全局的人,不能只考虑自己的光环如何扩大,应该多为属下着想,不但要帮他们在经济上脱困,首要任务还是要帮他们求得正常发展,稳扎稳打,在学术界占个有利位置。这样的大项目做来才有意义。既完成了任务,又培养了人才,这种项目才可算是取得成功。

时代不同了,学人所处的环境已有很大变化,像我这样的一名小知识分子,出身不好,身体又差,思想跟不上形势,时时处在肃杀的气氛之内,仅因还有那么一点使用价值,才能做做文墨工作。这样的角色,自然不能担当大任,凭自己的兴趣去求得发展,平时只能兢兢业业,不出岔子,自求多福。改革开放之后,多少能够独立自主了,但纷纭扰攘,也难以潜心向学。我想,目下已经不可能再出杜佑、郑樵、马端临等一辈子搞一本大书的可能,也不能再有司马光主持《资治通鉴》那样的条件,我的情况更是如此。那些条件比我好的人,似乎也难以突破当前条件的限制。有些学界中人,口气大,声势壮,搞的项目规模宏大,足以超迈前古,但能否编出像《通典》与《资治通鉴》那样传世之作,还是一个未知数。

不过话得说回来。处在当前情况下,作为一个单位的负责人,完全不去考虑项目,争取科研经费,看来也有困难。既然进也难,退又不能,那就得找一条可行之路,选一些确实有意义的项目来做。这种项目,不一定都要在通史、通论、集成、汇编等方面去考虑,思路可以放开一些。

我对从事《册府元龟》校订和《唐人轶事汇编》《宋人轶事汇编》等项目的编纂抱有信心,确信这些工作都是有意义的,都是学术上的基本建设,本身也有学术价值。如果限于时间,限于条件,工作一时不能达到理想高度,还可再接再厉,再次加工。像《册府元龟》这种项目,篇幅大,参加的人多,有的卷内问题尚有,我们还要再磨上几年,访求其他资料,不断加工,重行修订,力求完善。只要你的项目有价值,整理出来的书可以流传,那就可以不断重印,把自己发现与他人发现的问题一一改正过来。像《唐语林校证》,印了三四次以后问题也就大大减少,这可是超过前人的优胜之处。古人用木板刻书,重刻一次不易,那些编书的人大都为官作宦,一回官场,也就难以继续。因此,吾等自可利用目下有利条件,或编写,或整理,心无旁骛,留下几本有用的书来。

在此我还可以介绍一下《全唐五代诗》这一项目的产生与我出任第一主编的前后经过。

回顾历史,纵览全局,可以发现,每一种有价值的著作的产生,都与其特定的时代背景有关。司马光的《资治通鉴》不可能产生于唐代或元代,吾等从事《全唐五代诗》的编纂,只能在中国步入改革开放之后。

自上一世纪八十年代起,唐代文学研究取得了巨大成就。为了纠正前此学风空疏之弊,学界转而重视文献方面的建设。时至九十年代,唐诗学界的朋友发起了编纂一种《全唐五代诗》的计划,并推举我担任第一主编。所以如此,当与其时在我身上集中了许多有利条件有关。如上所言,我一直在唐诗学界与古委会中活动,与各方面的朋友多所交往,与境外汉学界的朋友也多有联系,可以汇集各方面的力量与资源。我本人也做过一些唐诗方面的研究,对《全唐诗》也有一定的认识与钻研。或许大家认为我办事比较公道,认真负责,乐于与大家共享成果,能将这项事业完成的吧。而且我还具有另一方面的优势,工作中如果发生了困难,那我校文学院古代文学专业与古籍所内的人员都会全力投入,这些都是能够保证工作完成的强大后盾。

我在主持编写《唐人轶事汇编》与编纂《唐语林校证》时,都附有详细的人名索引;主持校订《册府元龟》时,后面也附人名索引,这些都对编写《全唐五代诗》中的诗人小传有帮助。我还做过唐人笔记小说方面的研究,熟悉诗人种种轶闻,这些都可在编纂《全唐五代诗》的工作中发挥作用。

不论从我个人的条件看,还是从外部条件看,如果结合二者而作综合考察,我自应列为出任第一主编的首选人物。

上一世纪八十年代,唐代文学研究独领风骚,只是“文革”之后国家元气已伤，很难在古代文史的某一领域大笔投资，幸好在中央的支持下，财政部直接下拨一笔款子，支持古籍整理。古委会的全称是“全国高等院校古籍整理研究工作委员会”，直属教育部领导，前几任秘书长，均由高教一司分管科研的章学新、陈志尚、夏自强等同志担任。当时学界一片荒芜，工作只能逐步铺开，教育部先在下属十八所高校内设点，分从教学与科研两方面着手培养人材。《全唐五代诗》的两个工作点，苏州大学和河南大学都无直属古委会的古籍所，不能申请大型项目。二校唐诗研究室开展工作，无法解决经费问题，于是唐诗学界内的朋友推举我出来任职，提出申请，也是势所必然。这样，《全唐五代诗》的情况就很特殊，与《全宋诗》《全明诗》等不同，工作单位并不设在南京大学古籍所内。之前我也参加过两校的一些会议，河南大学一直想在李嘉言提出的方案上开展工作，苏州大学方面则计划利用当时条件，新编一部总集。我对二校工作都曾提出过建议，但从不想介入具体事务。身为南京大学古代文学的学科带头人，教学、科研、社会活动、对外交流本已不堪重负，无法再外加什么重大任务，只是朋友们让我设法立项，于情于理，不应推托。毕竟我在古委会内工作了十年左右，主任周林对我已有了解，评审组内成员对我的情况也深有所知，都表示积极支持，工作才能上马。此等大事，首先要得到古委会周林主任的首肯，其时他本不想再增加“全”字号的大项目，打算在原有项目有了经验之后再行发展，但他认为我办事可靠，唐诗又是中国文化的核心部分，项目具有重大意义，也就改变了原先的想法，支持我出任第一主编，作为古籍整理工作中另一种方式的试点工程。

但他们仍照原先的规章制度办事，认准我的南京大学古籍所所长身份，一切公文都先发给我。参加《全唐五代诗》的一些单位和人员，用了多少钱，都有完整记录，可以迅速查出各处经费的下达情况。这笔经费，决定《全唐五代诗》能否启动，能否开展。

《全唐五代诗》于 1992 年正式立项，申请表内明言，我负责统筹全局，并协调各方面的工作。工作开始，大家想得比较简单，以为彼此认识已有多年，事情好办，然而后来的情况并非如此。现在的人，在社会上立足，面临错综复杂的各种关系，比之前时，要困难得多。参加有影响的重大项目，与人交往时所展示的身份，会牵涉到各种利益。个人在项目中活动，在任职的校内也会有其作用，显示学术地位。因此，参加集体项目的人，自然会关注自己的身份与利益。有的人强调自己的贡献大，但对他人的贡献估计不足，甚或漠视；有些人强调自己学校的贡献大，但对别的学校的贡献估计不足，甚或敌视；有些人声称要为学校争取荣誉，实际上只是想提高个人在学校中的地位。各人考虑问题的角度不同，情况越来越复杂，工作之初想不到后来的结果，项目初现成

1994 年，《全唐五代诗》主编会议在河南开封开会参观吹台时合影，左起：郁贤皓、吴企明、周勋初

效时各种矛盾也就渐次暴露。尽管工作仍在蜿蜒曲折地前进，到了后期，也就出现了举步维艰之势。

我一直秉承古委会的宗旨办事。周林主任嘱咐我团结各路人马，我就促进苏州大学与河南大学联合。承担项目的各界人员发生问题时，我得一一协调解决。截至世纪之交，打个长途电话都有困难，至今我的柜子里还保留着来来往往的几十封信件。

苏州大学唐诗研究室与河南大学唐诗研究室分别完成了各自承担的任务，古委会建议，初盛唐部分的收尾工作，中晚唐部分的完成，改由南京大学古籍所内人员来承担。我校文学院古代文学与古典文献专业的人员随即接下了这一任务，尽管他们教学与科研上负担都很重，但还是不计私利，不计报酬，以国家事业为重，全力投入了这项新的工作。

我接手这项工程的有利条件也很多。古委会坚决支持，广大作者积极配合，再从另一方面来看，主编会议中的主要成员——傅璇琮、郁贤皓等几位同志在历次《全唐五代诗》重要会议上都对此间团队的实力与奉献精神大力赞扬与鼓励，大家均以大局为重，终于携手冲出各种困境。

这时我又经历了一次思想转变。上一世纪八十年代，我不想搞大项目，考虑的是留校的那些博士生和硕士生要有一个提高和巩固阶段，让他们把学到的东西消化一下，将论文好好加工，达到公开出版的水平，然后顺利进入学界。如今情况已有不同，古代文学和古典文献方面的年轻教师都已有一两本书在手，他们尝到了甜头，正在向专家的道路上飞奔。我总觉得，为学不必太急于求成，应该趁年轻，多积累些知识，开阔眼界，树立远大目标。常言说，取法乎上，得乎其中；取法乎中，得乎其下；取法乎下，则无所得。一个人如果取得了一些成绩就沾沾自喜，则常是以小专家的身份结局，我之动员他们投入这一项目，即着眼于此。一个从事古代文学研究的人，不懂得版本、目录、校勘等问题，古籍所内人员，不清楚唐诗方面的基础知识，不能品味把玩，领略唐诗的妙处，都不能算是合格人材，将来也难有大的发展。而且通过集体项目的锻炼，可以增加任职单位内的凝聚力，培育团队精神。大家都可由此发现他人的长处，不至只看到自己的点滴成就而沾沾自喜。

我一直认为，为人处世，应先公后私，先集体后个人。在集体利益得到保证之后再来考虑个人利益。先要做好人，然后考虑做好学问，否则即使你能取得一些成绩，在社会上博得一些声誉，但不能得到大家内心的尊重，甚或引来一些负面的评论，那外面那些虚假的荣光又有什么意味？

中国人所说的家国情怀，就是要求摆正个人与集体的关系。单位就是我们的“家”，只有单位搞好了，才能求得个人的正常发展。如果过分看重个人利益，弃“家”不顾，甚至只想利用“家”来博取个人利益，那“家”里的人必然会对你侧目而视。与此相同，如果过分强调本“家”的利益，侵害到了别“家”的利益，那也难以获取“大家”的认可。即使一时靠这取得了一些好处，他人迟早也会觉察到此中问题而腹非，甚至谴责。

岁月匆匆，我已步入耄耋之年，岁月无多，但承担的任务都得一一有所交待，这样既无负于他人，也不负当年委我以重任的人。

人的一生，因缘凑合，往往有很多事先无法估计的情况出现。如果某些事情落到了你头上，那就应当承担起责任，尽力把任务完成，这样才能对得起大家，也对得起自己。我知道，《全唐五代诗》中凝聚着多少专家学者的心血，现在既然承担了这份责任，就得对历史有个交待。处在目前情况下，要把大家团结起来凝聚成一股力量，很不容易，但我一定不负众望，黾勉从事，与编写人员中的绝大多数专家打成一片，与陕西人民出版社通力合作，继初盛唐卷之后，把中晚唐部分出齐出好，留下一种比较完善的总集，贡献于学界。

【附录】

根之茂者其实遂

杨　军

二十二年前，正当《全唐五代诗》工程启动初期，主管部门全国高校古委会派员来苏州视察。座谈中，我们从两个方面概括了项目的前期准备工作：一是完成了顶层设计，绘制出工程蓝图；二是正进行着“竭泽而渔”的资料普查。

“蓝图”指《全唐五代诗编纂凡例》。这个六万馀言的小册子，是主编会主持制订的，参与讨论的包括常务编委。其中既有学界泰斗，也有出版社资深编辑，大家集思广益，历时三载，数易其稿，始告定案。这个凡例吸收了前此编辑大型总集的经验，故为群体学养的结晶。它构思精到细密，操作性强，体现了当代新的学术理念，成为约束工程进展的法规。

《全唐五代诗》的资料普查工作堪称广泛而深入。苏州大学、河南大学两校的唐诗研究室为此投入大量人力，分工合作，历时数年，对唐宋以降的存世典籍实行拉网式搜索，举凡四部群书、佛道二藏，金石方志、敦煌遗书、域外汉籍等，皆取资利用，爬搜甄录，制成资料卡片数以万计，然后分发各位整理者。有此一举，就摸清了唐代的家底；充分的材料准备，为随后的唐诗辑佚、辨伪，以及作家小传的撰写奠定了坚实的基础。

“富强之业，必深厚者为之。”以往三十多年，唐代文学研究声势浩大，既成立了引领全局的全国唐代文学学会，也有多位大诗人的研究会。不同流派、群体作家的研究，风生水起，成就斐然。大批重要成果如百川归海般汇入《全唐五代诗》工程，如《王维集》《李白集》《杜甫集》《李商隐集》等，都是相关专家承担整理任务的。再细数有唐一代其馀重要诗人：“初唐四杰”、陈子昂、“沈宋”、张说、张九龄、“高岑”、孟浩然、储光羲等等，这些别集的整理者，也多为学界各家或新锐，对相关作家研究有素。其馀别集的整理，则由主编会在全局范围内物色人选。这样的人力配置，使得《全唐五代诗》工程主体部分在质量上得到充分保障。《唐诗大辞典》《唐才子传校笺》《全唐诗人名考证》等著作，把唐代诗人的研究提升到崭新的高度。与我们工作相关联的唐诗研究、唐代文史研究新的著作和工具书不胜枚举，如：《唐五代人物传记资料综合索引》《唐人轶事汇编》《唐刺史考》《唐五代人交往诗索引》《全唐诗补编》《全唐诗重出误收考》《唐代墓志汇编》《唐代文学研究年鉴》等等。于是形成品类齐备、性能良好的工具库，使我们考索疑难、追踪信息方便而快捷，颇有左右逢源、得心应手之感。一言以蔽之，《全唐五代诗》工程，深深植根于一代学术积累的沃土，得众手之浇灌，才能茁壮成长，结成无愧于时代的硕果。

这项伟大工程，前后参加的单位与专家很多，大家分别在承担的工作中作出了贡献，完成了应尽的历史任务。由于事属草创，头绪纷繁，不可避免地会留下一些不足之处。2011 年主编会接受主管单位古委会的建议，责成南京大学工作委员会完成全书的出版事宜后，南京大学投入了大量人力物力，完成各项后续工作，解决前此未暇细思而遗留下来的问题，通过考证修正了稿件中的正文、诗人小传、校勘记的错误千馀处，剔除误收的伪作三十多首，增补漏编的诗人十馀家，诗数十首。傅璇琮主编在新闻发布会书面发言中说：“经过二十多年的时间，初盛唐部分的成果终于面世。这期间经受了很多困难，全靠学术界众多朋友的支持和帮助才能顺利完成。特别是南京大学文学院古代文学和文献学两个专业的许多同志，在这一项目重新启动之后，立即投入书稿的重新撰写工作，保证了书的及时出版，这种奉献精神是非常可贵的。”这一团队有着浓厚的学术氛围，能平等讨论问题，“临事而惧，好谋而成”，值得称道。

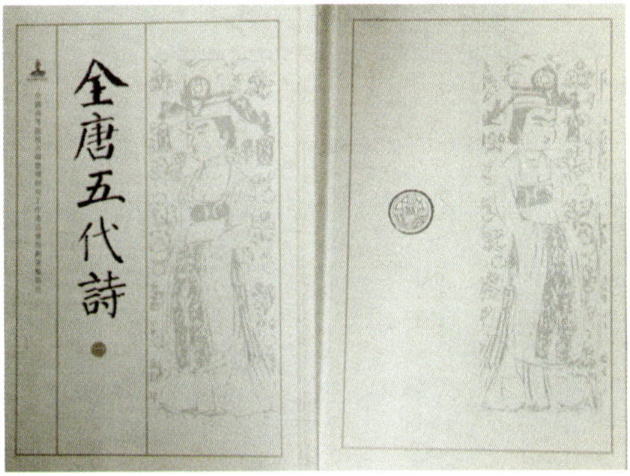

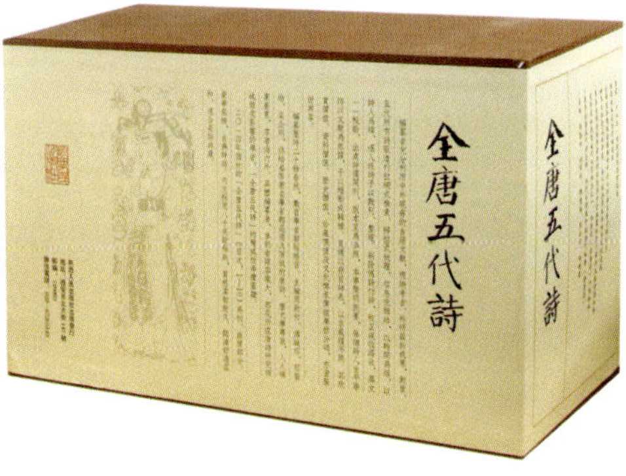

《全唐五代诗》（初盛唐卷），陕西人民出版社
2014 年 10 月出版

2015年1月28日,《全唐五代诗》新闻发布会在南京召开,全体主编、陕西人民出版社总编和众多代表都发表了热情洋溢的讲话,庆祝大功告成。大家也对前时学者的筚路蓝缕之功表示敬意。民国时期,闻一多、李嘉言二人就曾有志于对清编《全唐诗》进行改编,由于各种条件的限制,未能完成。李嘉言先生的女儿李之汤也参加了会议,感受更深,事后致信第一主编周勋初说:“参加会议,感慨万千。我的父亲可以说在生前把全部心思都用到了他钟爱的古典文学事业,但由于政治运动不断,加上‘文革’死于非命,使他改编《全唐诗》的心愿终未实现。历经几十年,这项宏伟的工程,这部巨著,终于在周先生主持下,也只能在周先生的主持下,才能得以实现。可喜可贺!”末了她又深情地说:“再次感激你们对李嘉言先生,我饱受磨难的亲爱的父亲的中肯的评价。”大家还对陶敏先生表示怀念,陶先生朴实谦和,所撰人物考证代表了当代相关研究的新水平,李、陶等学者的业绩将永远铭记在读者的心中。

(原载《中华读书报》2015年4月1日第4版《文史》)

治学经验谈 二十

时来运转　圆满收场

——长寿之乐

人到老年，一切都在退化，也是无可奈何之事。自然规律，无法抗拒，不能再像过去一些唱高调的人那样，说些人定胜天之类的大话。应该保持心态平和，一切顺应自然，力所能及做些舒心的事，反可延年益寿。

近几年来，仍然杂务缠身。主要精力则集中在三部书上——《全唐五代诗》《宋人轶事汇编》《文心雕龙解析》。《全唐五代诗》的初盛唐部分和《宋人轶事汇编》已陆续出书，一切都已步入正途，心态也就趋于轻松；《文心雕龙解析》有望近时出版，心情又是别样愉悦。此书的写作始于上世纪六十年代，一直延续到现在才能出版，外部环境真可说是“换了人间”。八十多岁后接续前缘，重新操笔，虽然反应已趋迟钝，老是拖三拉四，但是心情却很轻松，像是卸下了不少枷锁。只是中断已经几十年了，一切都得补课。重新翻出一些前辈与同辈学者的著作来读，忽然产生一种悲悯的感觉。

吾等开始进入这一领域时，首先得解决一个理论问题，刘勰到底是一个唯心论者，还是唯物论者？这像当代的中国人那样，首先得追究一下出身与成分，分个进步与落后，然后才能考虑如何安排。而在研究理论家思想方面的问题时，不论古人今人，也得先领一顶帽子戴上。因为《文心雕龙》也是阶级斗争的产物，刘勰到底站在哪个阵营，可不能含糊。

恩格斯在《路德维希·费尔巴哈和德国古典哲学的总结》中说："全部哲学，特别是近代哲学的重大的基本问题，是思维和存在的关系问题。""哲学家依照他们如何回答这个问题而分成了两大阵营。凡是断定精神对自然界来说是本原的，从而归根到底以某种方式承认创世说的人，组成唯心主义阵营。凡是认为自然界是本原的，则属于唯物主义的各种学派。"其后列宁在《唯物主义和经验批判主义》等文中反复作了申述。这项原则自是《文心雕龙》研究人员首先要解决的难题。这就苦了那些认真研究《文心雕龙》的老先生。一般说来，他们对于马列主义还会感到陌生，读起那些洋腔洋调的理论文章来，总是有些难于领会。一心想发扬祖国传统文化，则还得对这些经典著作中的论断有个正确理解。刘勰是唯心主义者还是唯物主义者，又是这么重要，必须先搞清楚。上世纪六十年代初《文学遗产》上还开展过一场有关刘勰世界观的讨论。刘勰本是一个准和尚，后又成了真和尚，自然应该加入唯心主义者的阵营，但唯心主义是个坏东西，一切伟大的创造都是由唯物主义者创造的，《文心雕龙》是部伟大的著作，理当由唯物主义者来完成，如今作者却是个宗教信徒，这又如何自圆其说？

于是研究者中也分成了两大阵营。按照《文心雕龙综览》中李淼执笔所作的介绍，主张"彻底的唯心论或主导为唯心论"者，有马宏山、杨柳桥、曹道衡、王元化等。主张"唯物论及主导为唯物"的，有范文澜、毛任秋、牟世金、韩湖初、吉谷、张文勋、毕万忱、李淼等。由此可见，两大阵营之中都有出色的专家，他们的论证，也可以说是竭尽心力。

而自范文澜在《中国通史简编》中提出了刘勰主儒家古文学派之后，学者大都沿此方向去论证《文心》的唯物主义倾向。王元化的理论水平超出侪辈，论证也较圆到，他在《刘勰的文学起源论与文学创作论》中说："刘勰的原道观点以儒家思想为骨干，这是不容怀疑的。他撰《文心雕龙》，汲取了东汉古文派之说。他的宇宙起源假说也的确接近于汉儒的宇宙构成论。然而，我不同意因此就把刘勰的宇宙观归定为唯物主义。因为他在什么是太极这个关键问题上并没有作出明确的规定，从而和古文学家明白断定太极就是元气的态度比较起来，可以说是表现了懦怯的退步。"

从后面几句话中，可以看出他所接受的西方哲学影响的痕迹。这话像是出于马、恩对某一不彻底的唯物主义者的批判。只是我已多年不摸马、恩原著，原始出处已忘。那些土生土长的学者说起话来可没有这么婉转了，像郭晋稀在《文心雕龙注译》的《前言》中就明确宣布："他的宇宙观虽然是唯心的，文学观却是合于唯物的。"照理说，文学观应该由其宇宙观所决定，因为文学这一块也属宇宙中的一种社会现象，那为什么会出现这种截然背违的情况？对此各家可都没有什么精密的论证。这些专家虽然都自以为已经解决了难题，但在我看来，问题仍然没有彻底解决。

时移势转，轮到我重操旧业解析《文心雕龙》时，这一问题似乎已经可以不了了之。试看近期出的一些《文心》专著，都已不再于此涉笔。对于我这样一个上了年纪的人来说，真可说是如释重负。我想这一问题太大了，那些哲学家绞尽脑汁还讲不清楚，像我这样一个半瓶醋的理论工作者，不要再去补凑什么热闹了，这时已是到了全身而退的时候了。

年纪大了，不但看过的东西多了，而且"阅人多矣"，也不想再受骗了。我看到，一些自称彻底的唯物主义者，实际上却是最大的唯心主义者，老是沿着“人有多大胆，地有多高产”的路子向前走；一些时常上教堂祈祷的政客，办起事来却很有章法，稳步前进。因此我已不再相信人家是怎么讲的，而是看他怎么去做。

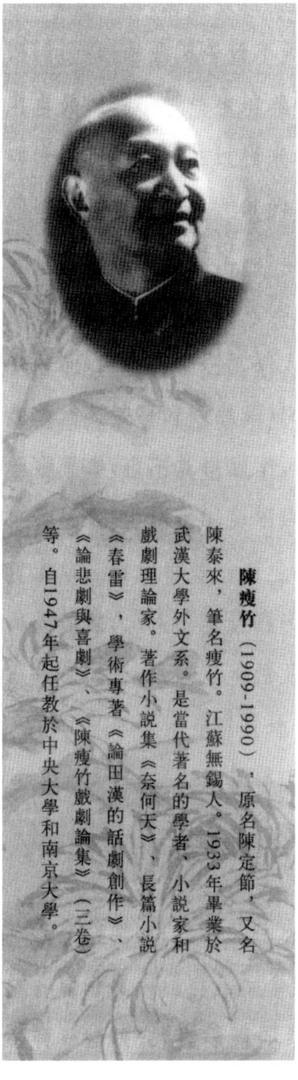

陈瘦竹先生

我之所以得出如此结论，可能也与本人的身份有关，因为我在前期的许多活动中，常是出任实干的事务，充当打杂的角色，因此看问题时，总是想到不要去听人家怎么说，而是看他怎么做。

长期充当实干家，听起来很好，然而此一时也，彼一时也，处在极左思潮愈演愈烈的情况下，却是充满着风险。世事反复无定准。新中国成立之前，毛泽东就大力宣扬鲁迅的战斗精神；建国之后，文学艺术界自然推尊鲁迅的巨大贡献。上一世纪三十年代，左联阶段，鲁迅更是左翼文艺运动的杰出领导者。当时说是冯雪峰协助鲁迅做了大量革命工作，丁玲便是其中一位杰出女作家，到了 1957 年反右时，冯雪峰、丁玲都打成了右派，于是历史重写，左联的正确领导者定位为周扬等人。其后周扬一直主持党内意识形态领域的主管工作，其身份不容怀疑，谁知到了“文化大革命”中时，周扬等“四条汉子”却又成了长期埋伏在党内的一批修正主义分子。上面不断折腾，他们都自以为是在捍卫革命路线，而在进行艰苦卓绝的奋斗，可是苦了下面那些无从了解真相的知识分子。“大跃进”时，大编教材，集体编书成风，我系研究现代文学方面的师生突击出了一本《论左联时期无产阶级革命文学》，纪念“左联”成立三十周年，向党献礼，展示一片忠心。“文革”陡起，这书却成了一株大毒草。主编者陈瘦竹先生，本是戏剧专家，本来与新文学史关系较浅，仅因年岁长些，声望高些，膺此美名，这时便被抛出，沦为反动学术权威，周扬黑线上的反动骨干分子。于是历史重写，当年与国民党政府斗争，支持学生运动，被警察局拘留等等都不再提了，反正就是历史上一贯反党的知识分子。这时《新华日报》公开点名，群情激奋，随后又有造反派的革命行动，在浩浩荡荡的游行队伍前端，两个革命斗志冲云天的红卫兵小将，像《水浒》传中押解豹子头林冲的公人那样，手持水火棍，把陈先生的头压得抬不起来，直奔雨花台烈士陵园去请罪。现在的学生可能无法想

沈蔚德师母，陈瘦竹师

象，好像过去的革命历史篇篇都是正义战胜邪恶，但在我们身历不同年代的人来说，却有一些心惊胆颤的另样感受。我在“文化大革命”中承担种种执笔的任务，时而还有一些意想不到的头衔，如果上峰突然灵机一动，又来一次一百八十度的转弯，那我可是一命休矣。追查责任，这棵毒草是如何出笼的，那时可不由分说，抓最软的柿子来捏，最大份额的罪状就得由你承担。像我这种出身不好非党非团的时代落伍者，过去人家背后讲讲你思想落后，还可以马马虎虎过去，这时若有风吹草动，便会立即升格为反动透顶，一贯与人民为敌，于是革命师生便会把你踩倒在地，纷纷踏上一只脚，让你永世不得翻身。

或许我也有所谓历史癖，总喜追忆往事，联系自己反省一番。历经艰险，苦尽甘来，另有一番意想不到的惊喜。“文化大革命”中投入的种种文字工作，非但不招来横祸，还能顺利推出，作为一份份成果而得到大家认可。修订《辞海》，客串演出的马列文论注释，负责统稿的《韩非子校注》，都一一公开出版。说明在那变幻莫测的年代里，时间没有浪费，风险业已一一解除。上海辞书出版社于1982年12月出版《辞海·语词分册》，我被列入“主要编写和修订人”，其后新一版、新二版均参予编写，所有版本中都有同样的标示，劳动成果有所呈现。江西人民出版社于1983年6月推出《马克思、恩格斯、列宁、斯大

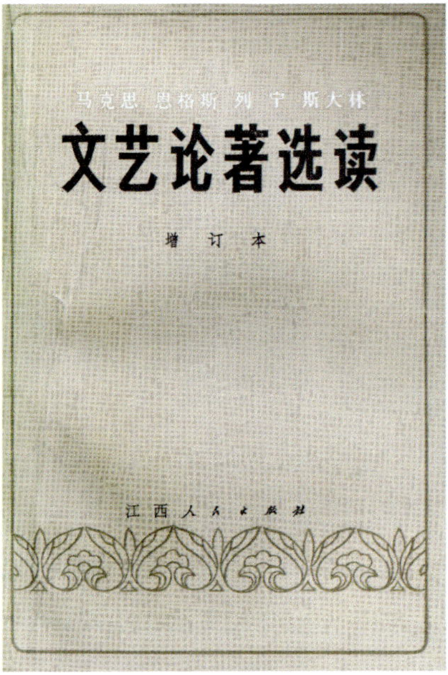

林文艺论著选读》的增订本,我注释的马克思《德意志意识形态》中的部分文字与《斯大林〈给高尔基的一封信〉》也收在里面,也可作为我勤杂工身份的最佳佐证。《韩非子校注》成效更为显著,江苏人民出版社1982年推出初版时,《后记》中云“全书的文字统一和校勘工作,是由周勋初同志负责的”,2009年由我修订后,凤凰出版社于8月内推出“修订本”,2012年时还荣获首届“江苏省新闻出版政府奖”。当年的政府徵召入闱,并无荣宠之感,仍然感到风险不小,压力很多,如今政府予以肯定,予以褒奖,真是“天翻地覆慨而慷”。我在书内还附入了一篇纪实文字《疯狂的年代,理性的思考——〈韩非子校注〉编写始末》,实录所谓“法家著作”出炉的前前后后和操作过程,也可作为出版史上的一道奇异景观看待。

“文革”十年,连头搭尾,一般人都要浪费上十四、五年。自从“千万不要忘记阶级斗争”的最高指示发表之后,空气日趋紧张,其后又有“书越读越蠢”的最高指示,一般人都已放下书本,不再敢与“封、资、修”的东西沾边了;一些积极分子,更是摩拳擦掌,准备大干一场。我反应迟钝,在政治上有些麻木不仁,自知起点太低,与此无法沾边,这样也就自甘堕落,仍然日亲书本。因此,处在“文化大革命”的紧锣密鼓声前,还完成了《中国文学批评简史》(后改名《中国文学批评小史》)的初稿。“文化大革命”中,喧嚣动荡,自然无法抓什么学习。整日锣鼓喧天,革命口号惊天动地,世上已无一片宁静土地,后来又奉命将家中“黑书”悉数上缴,只留下“雄文四卷”,就是想看杂书,也已无书可读。而且动不动就集中起来过集体生活,和革命师生一起时,还想抓紧时间学习,真是活得不耐烦了。迫于形势,前前后后也荒废了六七年的时间。迨至1972年回城,红卫兵陆续离校,工农兵学员前来学习,学校重新开张,本人还未发配到另外岗位,也就可以名正言顺地读起书来。因为本是业务教师出身,还有那么一点使用价值,于是陆续有人邀约,或是徵召入闱,从事一些集体编书项目,这才有了如上所说的一些成果。由此我就想到,人可不能没有一点看家本领,最好总要练出那么一手,人家做不了,或是做不好,只有你挺合适,而你又不那么怪,能与人合作,能融合于集体,那么不管形势多么严酷,还有可能有你一席容身之地。

应该说,我的求知欲还是比较强的,对学习有兴趣,平时总想摸摸书本。“文化大革命”中无书可读,下放农村走了几年“五七”道路。中文系的人只带下去一套《鲁迅全集》,我就利用劳动之馀读鲁迅的著作。这不可能进行研究,甚而写什么文章,这是尖端的学问,闯入其中,跌一大跤后还不知道撞在什么地方。但读读鲁迅著作确有好处,这不光是增进了好多现代文学的知识,也不限于了解到很多近代历史,而且他的这种文风,这种思辨能力,尖利透辟,简直有所向无敌之感,这也使我钦佩,获益匪浅。觉得写文章就得这样。虽然平时动笔并非参加什么论战,但应做到简洁明快,将复杂的问题透辟明白地宣示,不能钝刀子割肉,半天也挤不出一滴血来。

我的讲话方式,写作风格,时而又会像是在称赞,又像是在冷嘲热讽,可能也是受到了鲁迅皮里阳秋笔法的影响。

回顾前尘,觉得自己胡里胡涂地闯入古典文学的领域,真是人生一大幸事。像我这样的料子,如果真的学了现代文学,或是去学其他尖端理论,不知会有怎样的下场。我想至少不会像现在这样延年益寿到八十多高龄,还在吃人民的大米,不断推出一些成果。

我们这一代知识分子在“文化大革命”中受的罪,虽然没有师辈那么多,但除了那些善于利用形势者,或多或少都会遭过一些罪。青春岁月就是这么消磨殆尽。但时移势转,终于赶上了改革开放的春天,不像师辈那样已是接近风烛残年,再想振作也已为日无多,只能抱恨终身。

陈瘦竹先生自年轻时起即立志戏剧理论研究。“文革”结束，不去考虑恢复名誉等事情，坚辞系主任之职，在眼睛近于失明的情况下，争分夺秒，完成《陈瘦竹戏剧论集》三巨册，足以照耀学林，然而“文革”之中的心灵创伤，小将对他肉体上的摧残，终究让他无法完成宿愿，最后只能在《与八九届博士毕业生惜别》中伤心地说：“……学派未立人星散，空馀八十一老残。请君齐心建体系，寂寞晚年泪始干。”次年他就饮恨去世了。

我在1978年时也已人过中年，按照常规，不久就应退休，到了1988年时，已是到了彻底告老还乡的年龄，然而由于极左思潮的肆虐，中国的知识分子队伍出现了一个很大的断裂层，于是留用一些能够继续发挥作用的教师发挥馀热，继续工作，这时我在长期充当勤杂工时积累下来的那么一点本钱又发挥了作用，接着工作到了今天。

1978年时，中央宣布，匡亚明校长恢复南京大学校长职务。他在五月到任之后，立即雷厉风行，整顿秩序，重要措施之一，就是礼请原来的系主任出山，重新领导各系工作。他登门拜访陈瘦竹先生，请他重新担任中文系系主任，陈先生感谢领导的好意，却仍然坚辞不就。令人意想不到的是，转而推荐由我出任新的系主任。匡校长之前从来还没有听到过我的名字，一时摸不着头脑，只能再作调查。我闻讯后，紧张万状，赶忙去找陈先生，请他收回建议。我说：“我在中文系的情况，你是清楚的。我做系主任，能调动得起哪一个人？”陈先生说：“你的情况我当然了解。但中文系当前的情况你也清楚，我们也不能眼看着它落到这个地步。老实说，我们对南大中文系也说不上有多少感情，但我们毕竟在此工作几十年了，总不能让它再一天天没落下去，何况你又是南大培养出来的学生。我们只能作一些自我牺牲。老的不用管了，你也没有办法管，你还是要把精力集中放在培养下一代，希望将来能有转机。”

陈先生的这一番话,既痛切,又诚恳,我已无法再作解说,只能心情沉重地离去。但事情随后有了转机。校方随即又去徵求程千帆先生的意见。程先生说:“不要让周勋初去做什么系主任了。现在担任这种职务,没有办法作出什么成绩,只要有个人出来维持一下就行了。目下全国已经出现竞争态势,还是让周勋初参予到学术竞争中去吧。”程先生的这番话,帮我脱了困。按照我的条件和性格,这时接手这个烫手山芋,必然弄得焦头烂额,灰溜溜地下台。

陈先生的好意虽未成事实,却也告诉了我,老师对我都有所期待。自知水平有限,能力有限,但始终不敢有所懈怠,以期不致让师辈过多失望。看到目下古代文学学科点内欣欣向荣的景象,确是最大的安慰,总算在振兴南大古代文学这一学科的盛业中出了一份力,还不至于过多辜负老师当年对我的培养。

改革开放之后,情况大变,像我这样的落后分子,不再在人家眼皮底下度日。师生关系融洽,不论分到外地的学生,还是留在身边的学生,联系密切,宛如家人。上一世纪八十年代,我在六十岁前后方始过上正常生活,进入教学与科研的高峰期。二十年中,培养了不少硕士与博士,出版了一、二十种私人著作,也参予编写或主编了一些集体的中大型文献著作。

步入二十一世纪,我已进入晚年。人到八十,实已举步维艰,然而《全唐五代诗》《宋人轶事汇编》和《文心雕龙解析》等著作尚未完成。这时一些朋友和学生纷纷伸出援助之手,帮我排除万难,争取最后胜利。

《全唐五代诗》和《宋人轶事汇编》早在上世纪九十年代即已起步,前者遭遇到了种种意想不到的磨难。这事本来就太理想化了,没有经过什么周密的思考,三所学校,六个主编,临时凑在一起,要想始终“志同道合”,确是几个当代的“元始天尊(真)”。《宋人轶事汇编》则是另一番景象，参予工作的人也不少，却都能做到"志同道合"，原因在于参予者都能信守承诺，讲求"诚信"。《文心雕龙解析》的工作始于上世纪六十年代，如今也在学生一辈的帮助下完成。本来我已看不到什么前景的事，如今都有圆满结局，也是晚年莫大的幸事。

2014 年 12 月 18 日，我在《宋人轶事汇编》出版学术座谈会上讲话

《宋人轶事汇编》座谈会会场情景

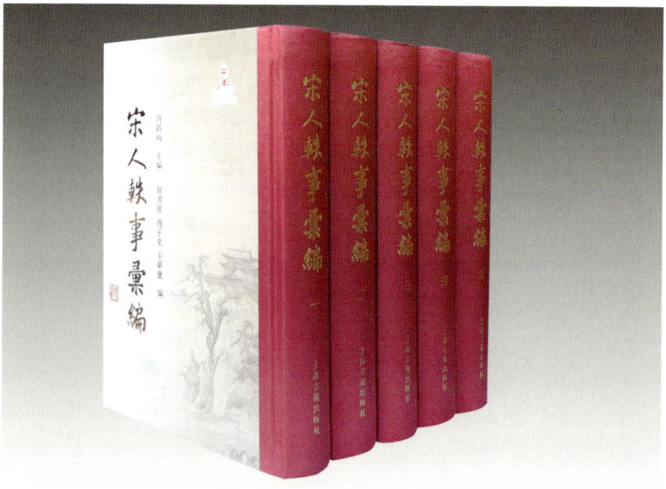

《宋人轶事汇编》(精装本),上海古籍出版社 2014 年 9 月出版

《宋人轶事汇编》(平装本),上海古籍出版社 2016 年 3 月出版

2015 年 1 月 28 日,《全唐五代诗》新闻发布会会场情景

人的一生,立身行事,应当讲究诚信。处理社会上的各种关系,就是要有责任感。从家庭来说,上对父母,下对子女,都应肩负责任。这是天然的要求,自然而然从心口流出,否则也就违反了天理。对师长学生也要有责任感,接受老师的教导,发扬师门学术,是学生一辈义不容辞之事;学生跟你学习,希望将来学有所成,做老师的应该竭尽所能,帮助他们提高学识,开创新的事业。对于主管部门,也要有责任感。我长期担任南大古籍所所长,一直在古委会活动,几种集体著作,如《唐人轶事汇编》《宋人轶事汇编》《〈册府元龟〉校订本》《全唐五代诗》等都是在古委会立项的,得到过经费资助,我们就应对古委会负责,承担责任。古委会是国家设置专门从事古籍整理传承祖国传统文化的一个机构,我们拿了国家主管部门的钱,却不去考虑完成国家资助的事,怎么说得过去?不去考虑这个大局,专在与本题无关的事情上纠缠;弃集体利益于不顾,只在有关自身的事情上折腾。我只认准一个道理,按立项时的规定办事。个别地方,如当事人同意,可以作些调整,但在大的原则方

面则绝不退让。因此，我在困难面前从不退缩，务必要在有生之年完成这些项目。

凡是不谋私利的事都能得到大家的支持。如今上述项目都在朋友和学生一辈的帮助下先后完成，一一实现初衷，对古委会也有了交待，总算做到了无负于国家的有关主管机构。

人的一生，步入哪一个阶段，总会碰到这一时期的特有问题。目下中国进入历史上最繁荣富裕的时期，举国上下无不意气风发，古代文化方面的巨大工程，纷纷涌现，超大型的项目层出不穷，简直有些眼花瞭乱。或许我已老来昏聩，思想严重落后于形势，对于这类工作已经提不起兴趣。有些部门或许出于国家民族文化建设方面的需要，时而提出一些大的项目来招标。对于一些超大型的著作，我却心存戒惧。每当看到这类题目，我就暗自庆幸。心想，如果我正当盛年，还在担任学科带头人，那我只能奉命出征，因为这牵涉到学校的排名、对外的面子、经费的收入等等问题。目下学校在教学、科研等各种活动上费用浩大，如无经济后盾，那也难以维持。幸好我的年龄段刚巧镶嵌在横扫传统文化期和超大规模发扬传统文化期之间，总算没有遇到什么难以逾越的难关。多方收集资料，自己搞搞《唐语林校证》；与各方朋友联系，纂辑《唐钞文选集注汇存》；在学生的协助下完成《文心雕龙解析》，和大家一起主持一下《唐人轶事汇编》《宋人轶事汇编》《〈册府元龟〉校订本》《全唐五代诗》等中、大型项目，本无馀力再来从事其他项目了。

从我来说，本职工作是教师，教好书是第一任务。大学教师应该不时提出新见，发表自己的心得，以期推动学术的发展，这得进行深入研究，因此我最看重的还是单篇论文。有些问题不是一篇文章可以解决，这得扩大篇幅，写成一本书。这些我都尝试了，觉得很自然。搞集体著作，从事古籍整理，却是事先没有想到过的。夤缘际会，先是裹挟到了运动中去，后来却成了专业人员，一切都很自然，可以说是与时代同步。这样看来，我这个人运气还好，还有那么一点适应能力，这也差堪自慰。心想大千世界，不可能完全按照你自己的期望提供一个个机会，不是得让外面的环境来适应你，你得适应这个环境。因此，提高自己的适应能力，看来还是必要的，适应能力强，也就可以抓住更多发展机会。

屈指算来，自小到老，几十个年头，可以说是备历艰辛。其间当然有欢乐，也有数不尽的困苦。从小学到初中，正值抗日战争时期，家乡沦陷，初尝亡国奴的苦涩，因此对那些慷慨赴难为国牺牲的人备致敬仰，而对一些觍颜事敌的人，即使在某些方面有所成就，总是不敢恭维。高中阶段，抗战胜利，蒋介石凯旋而归，到上海时，万人集会，称之为民族英雄，然而三年内战，国民党迅速腐败，犹如昙花之一现。中国人民在历经磨难之后，终于迎来了新的政权。新中国建立初期，除旧布新，一派欣欣向荣的景象，给人以鼓舞，给人以希望，谁知极左思潮开始抬头，且愈演愈烈。反右派运动，严重动摇了知识份子的信念，“大跃进”后陷入大饥荒，度过了三年艰难岁月。随之进行调整，国家好不容易出现了转机，孰料接踵而至的却是十年空前浩劫。像我这样一名微不足道的小知识分子，也成了革命对象。一些小将警告我，帽子拿在群众手里，意思是随时可以戴上；什么帽子，我不清楚。迟至本世纪初，一位外校的领导人偶然透露，上一世纪七十年代确是有人已经把我存入了另档。幸亏历时不久，中国进入改革开放阶段，埋下的地雷还没有爆炸，危险似乎已经自然解决。

早在文改会工作阶段，有一位女同志对我说，单位里有两个人遇到什么事情总会有自己的看法，一个是倪海曙，一个就是我。当时听了也不以为意，事后想想确是隐藏着危险。政治压倒一切的年代，不能允许有独立思考，否则就是异端，自然会打入另册。几十年来运动不断，险象环生,只要一个门槛跨不过,也就可能终身颠踬。知识分子命运的变化,还在于全国出现竞争势态。1984年时,修丽娟在法国得了一个自然科学大奖。邓小平讲话,全国要大胆提拔一些年轻人,不要再讲什么清规戒律,只要有特殊贡献,就应破格提拔。其时我在外地开会,耳闻如此,也不知底细,只是听说系里闻风而动,连忙开会进行选拔。据陈瘦竹先生事后告知,当时大家按照过去早就形成的格局将固定下来的名单对号入座,除了个别人外,其他人却总嫌不合适,因为上面在"贡献"方面有明确的要求。最后有人说,拿周勋初出来对一对看,这时我的勤杂工身份又起了作用,因与同辈人相比,做过的事情还不算少,因此可以勉强对号入座。这时领导上只能打破常规了,因为其他高校都会有人上去,我系如果榜上无名,面子上太难看,也就把我报上去了。就这样,第一次打破常规,我也就以特批教授的名义占了一个先机,随后又有研究生院副院长的任命,命运也就平坦起来。尽管我不喜欢担任纯行政的职务,做了几年就辞职了,但以后做事也就不再动多掣肘,可以按照自己的意愿开展工作了。这是我中年以后最大的幸运,历经艰险,终于熬到最后,迎来了改革开放的春天。

人的一生,来也匆匆,去也匆匆,既不必为自己的点滴成就而自我陶醉,也不必故作谦虚而妄自菲薄。我应《古典文学知识》之邀,连续写下了二十篇治学经验谈,自知成就有限,不足供人仿效,况且时代不断变化,经验无法复制,只是提供大家参考一下而已。除了介绍个人的一些成果之外,还对当时的有些背景作了描述,附带介绍一些个人经历。知人论世,始能真正了解真实情况。读者阅读之时不知前因后果,则此成果的出现总觉突然,或许无从捉摸,终究隔了一层。

【附录】

贯通历代　弥纶群言

——周勋初先生学术研究述评

莫砺锋

一

现代学术的一大特点是分工日趋细密。学者的队伍越来越庞大，学术成果的积累越来越丰厚，使得学者往往只能集中精力在某一个较狭小的领域内精耕细作，才可能获得较好的成绩。不说别的，单是把自己所从事的领域内每年所发表的研究论著全部读一遍，便会耗去许多时间和精力。在这种态势下，即使心想有所旁骛也难以实施。然而就其本质而言，学术研究，尤其是古代文史方面的学术研究，却又需要广博的知识结构和宏通的学术视野。否则的话，即使在一个狭小的领域内也难以达到真正的专精。在原则上，大家都明白这些道理，也都希望达到既能博通又能专精的境界，可是事实上能达到这个境界的学者却相当罕见，周勋初先生卓然独立，堪称其中的一个代表。

2000年，江苏古籍出版社出版了七卷本的《周勋初文集》，其内容包括以下十六种著作;《九歌新考》《韩非子札记》《韩非》《张鹭文士传辑本》《文心雕龙解析》《中国文学批评小史》《文史探微》《文史知新》《高适年谱》《诗仙李白之谜》《唐诗文献综述》《唐人笔记小说考索》《唐代笔记小说叙录》《当代学术研究思辨》《西学东渐与中国古代文学研究》《无为集》。其后,周先生又出版了《李白评传》《馀波集》等书。此外,周先生在文献整理以及工具书编撰方面也硕果累累,限于篇幅而未能全都收入《文集》。那些著作中有些是周先生组织学界同仁集体编撰的,如《唐诗大辞典》《唐人轶事汇编》等受到学界广泛好评的大型工具书,以及大型古籍整理成果——一千六百万字的《册府元龟》校订。这些书虽然成于众手,但是全书从发凡起例到审定全稿,都渗透了周先生的一番心血。至于其他的几种由周先生独自编撰的书,则都是具有很高学术价值的研究专著,像其中的《唐语林校证》,就被誉为"当之无愧的在研究的基础上进行整理"的著作(赵守俨先生语)。浏览一下上述书名,就可看出周先生治学的范围十分广博。从时间上看,从先秦、魏晋南北朝、隋唐直到近现代;从学科门类来看,涉及文献学、历史学、文学等学科。如果分得更细一些,则包括楚辞学、诸子学、谱谍学、文学史、文学批评史、学术史等分支。卞孝萱先生赞扬周先生"专通结合,又专又通,堪称特立独行,难能可贵",确非虚语。

那么,周勋初先生是如何取得如此卓著的成绩的呢?是不是他获得了特别优越的治学条件呢?非也。与大多数当代学人一样,周先生走过的治学道路也相当坎坷。他1954年毕业于南京大学,分配到中国文字改革委员会工作。1956年底考回母校读副博士研究生,未及毕业即留校任教。此后,政治运动一浪高于一浪,大学校园也与整个社会一样的喧嚣动荡。等到上世纪八十年代,教育界和学术界基本恢复正常时,周先生已经年过五旬了。周先生在《无为集·序》中回忆说:"我的前半生,就是这么七颠八倒地任人摆布,生命消耗在种种'革命'行动之中。"可谓慨乎言之。即使进入新时代以后,周先生也并未能把全部心力投入学术研究。他先后担任了南京大学古典文献研究所所长、南大研究生院副院长等职务,还有不少社会兼职,不但忙于教书育人,而且在学科建设以及社会工作方面花费了大量的时间、精力。可以说,周先生并没有得到命运的特别优待,他所以会成为一个又专又通的学者,完全是自身不懈努力的结果。

周勋初先生的性格沉稳宁静,处事方式缜密周详。他在南京大学读书时,曾师从胡小石、罗根泽、陈中凡、汪辟疆、方光焘、张世禄等著名学者,在文字训诂(包括甲骨、金文)、目录学、文学史、文艺学等方面打下了坚实的学术基础。周先生后来的学术研究经常由于客观条件的变迁而时断时续,而且经常被动地变换研究方向,但是早期打下的坚实基础使他左右逢源,触手生春,从而不断地写出高水平的论著来。例如他在读大学时曾听过楚辞名家胡小石先生讲课,读研究生又重听此课,对在楚辞中涉及的先秦神话产生了一些想法。可是研究生尚未卒业,系里却让他中辍学业并立即承担文学批评史的课程。那个年头大学里的师生都怕沾"白专道路"的边而对学术著述避之唯恐不及,周先生却考虑到自己即将转向专治批评史,遂抓紧时间撰写了《九歌新考》一书。此书是周先生的第一本学术专著,而且在成书二十多年后才得以出版,但它不但平亭众说、考镜源流,而且在论证《九歌》所及诸神时提出了很多新见,实已达到很高的学术水准,显示出周先生的著述从一开始就有着很高的起点。又如在文化大革命期间的"评法批儒"运动中,有不少学者被迫参加了所谓的"法家著作"的注释评论工作,当时也出版了不少书籍,但事过境迁,未见有多少书成为有学术价值的著作。周先生当时参加了由南京大学承担的编写《韩非子》新注的任务,他却把那个儿戏式的政治任务变成了严肃的学术活动，不但乘机熟读了《韩非子》，而且对先秦诸子也广泛地涉猎了一番，并对《韩非子》中的某些问题进行了深入的思考，从而写出了《韩非子札记》这部著作。天道酬勤，正是自强不息的敬业精神使周先生在与常人相同的处境中做出了与众不同的成绩，从而脱颖而出，成为古代文史研究领域内的著名学者。

二

坚实的基本功和勤奋的治学精神是成就一个优秀学者的必要条件，却不是充分条件。在古代文史学界，出身于名师门下、且自身勤奋不懈的学者并不少见，但是能像周勋初先生这样在多种研究领域内都获得卓越成就的学者却如凤毛麟角，那又是什么原因呢？我觉得个中奥秘只能从周先生的学术研究自身中去寻找。

周先生治学，严格遵循学术规范，对自清代乾嘉学派以来的学术源流有深透的理解，而且知各家之异同、短长。宋代黄庭坚赞扬陈师道"读书如禹之治水，知天下之络脉"(《答王子飞书》)，周先生对学术源流的掌握也有这种特点。周先生曾为南京大学的研究生开过一门名为"近代学者治学方法研究"的课程，从近代学者中选出王国维、陈寅恪二人的几篇代表作作为教材，详细深入地解析他们在方法论上的特点，为学生们指点治学门径。他还曾对黄侃、胡小石、陈寅恪、朱东润、罗根泽、程千帆等学者的治学特点撰写专文予以总结、论析。周先生后来把这些讲稿和文章编为《当代学术研究思辨》一书，于 1993 年出版问世，受到热烈的欢迎，被多家兄弟高校采为研究生教材。事实上，周先生对学术源流的理解和掌握并不仅限于此书。周先生平日与我们闲谈时，常会兴致勃勃地谈论有关近代学者的趣闻掌故，对缪荃孙、沈曾植、陈三立、李瑞清等人的情况如数家珍。然而周先生在方法论上并不局限于此，他对近代学术受到西方思潮影响的情况也非常熟悉，曾撰写《西学东渐和中国古代文学研究》一书对之进行剖析。他对当代的海外汉学进展情况也十分关注，与许多著名的外国汉学家保持着密切的联系。正因如此，周先生在方法论上就能转益多师，从而博采众家之长，并融会贯通而形成自己的学术路数。

周先生把熟读基本典籍视为治学的必要准备条件。我经常听到他说，某某前辈学者对某书读得真熟。事实上他自己也熟读了许多基本典籍，对所研究的领域内的基本文献几乎达到了烂熟于胸的程度。当然，任何人阅读的书总是有限的，像周先生这种研究领域十分广泛的学者，更加不可能穷尽所有的有关文献。于是周先生采取了前人行之有效的办法，就是治学从目录学入手。他在写第一本专著《九歌新考》之前，就曾按饶宗颐《楚辞书录》所附的楚辞学书目按图索骥，从而透彻地掌握了《九歌》研究的学术现状。他从事《韩非子》研究时，也先查阅了许多有关书目，并对《韩非子》的版本源流作了深入的考察，写出了《韩非子版本知见录》一文，然后才开始研读其文本。周先生还亲自动手撰写书目，例如 1990 年出版的《唐诗大辞典》有一个附录《唐诗文献综述》，这是由主编周先生亲自撰写的。唐诗文献浩如烟海，但周先生在这篇五万字的综述中非常全面地介绍了这些文献的情况，把它们分成文集、史传、小说、谱谍、碑志、壁记、登科记、书目、诗话、艺术、地志、政典、释道书等十三类，不但论述了每类文献的性质、产生背景、流传情况，而且介绍了此类文献的重要典籍的内容和使用价值。这篇综述对于唐诗研究者、尤其是对于初学者来说，具有十分实在的指导意义，因此受到广泛的赞扬，周先生把它从《唐诗大辞典》中抽出来独立成篇，原因就在于此。然而目录学的学术意义决不止于提供书目，它还有更重大的学术意义，那就是“辨章学术，考镜源流”(章学诚语)，周先生也是在这个意义上运用目录学的。周先生在《唐人笔记小说考索》的后记中自述其心得："我的研究方法，是先从目录学入手，把唐代笔记小说放在学术史的洪流中加以考察，然后将它置于唐代文化的大背景下予以审视，结合政治、历史、宗教等多种因素，探讨它与其他文学门类的关系和影响。"的确，如果不是从目录学入手，如果不是对目录学的深层学术意义有透彻的理解，就难以具有如此宏通的学术眼光，并对学术源流具有如此清晰的把握。

周先生的学术研究是多层次的，他虽然有很强的思辨能力，但决不轻视文献考释等基础性的工作，并把文献整理看作学术研究的第一步。他写了《文献学与综合研究》一文来专门论述文献整理的重要性："一个专业的古代文学研究工作者，对此应有较多的知识，才能熟练而恰当地处理研究工作中遇到的各种问题。""具有深厚文献学基础的人就有可能掌握并使用最恰当、最可靠的材料进行研究，从而得出可信的结论。"在这方面，周先生的《唐语林校证》堪称是典范性的成果。《唐语林》虽是宋人王谠所著的一部笔记，但是其材料却大多采自唐代的著作，所以是研究唐代文史时不可或缺的重要文献。《唐语林》的原序目中虽然列出了所引书目五十种，但是正文中并未注明出处，再加上编纂和流传中产生的种种错乱和残佚，遂使此书的材料源流不明，真伪莫辨，文字上的讹误更是层出不穷，使用起来非常不便。周先生评价《唐语林》说："一、这是一部很好的书，材料很可贵。研究唐代文史的人，一定得用作参考。二、这是一部很糟的书，太杂乱。不经过整理，就很难阅读。"可谓一针见血。在这种情况下，周先生接受了中华书局整理《唐语林》的约稿任务，真是明知山有虎，偏向虎山行，这生动地体现了周先生不计名利、只想为学术多作贡献的精神。周先生为整理《唐语林》付出了很大的心血，此中辛苦真是难以为外人道也。他首先对《唐语林》的文字进行校勘，不但遍徵此书的各种版本，而且运用大量的总集、别集、类书、笔记等旁证材料来作比勘，从而整理出较为可信的文本。他然后又进行文本溯源工作，尽可能找出每条条文的出处，用原书或后代引用过此条的类书来比较异同，并辑补了佚文二十多条。他还对书中难以索解的唐人习语、双关语和冷僻典故等作了解释，帮助读者读懂原文。他还撰写了所引各书的提要，编制了引书索引和人名索引。经过几年的辛勤工作，一部版本可靠、源流清晰、释义精确的《唐语林校证》才出现在学者的案头。此书受到著名学者赵守俨、程毅中、王国良等人的高度评价，连美国的《中国文学》杂志也专门发了短评予以好评（第11期），真是实至名归。周先生本人也专门为此书而写了《唐代笔记小说的整理心得》一文，不仅自道其甘苦，也为后学的古籍整理工作指示了正确的门径和态度。

经周先生之手的古籍整理大多达到了高度的学术水准，比如上海古籍出版社2000年出版的《唐钞文选集注汇存》，就是由周先生利用在日本讲学的机会复制了京都大学辑本，并多方访求，拾遗补阙，才得以最终编成的，周先生还为此书撰写了长篇前言以介绍此书的原委和特点。许逸民先生称赞此书“为新选学发展史树立了一座里程碑”，可证其学术价值之高。又如周先生主编的《唐人轶事汇编》，其创意虽是模仿前人的《宋人轶事汇编》，但是无论是体例之完善、编选之精审，还是资料之浩博、出处之准确，都堪称后来居上，是一部详实可靠的工具书。2006年由凤凰出版社出版的《册府元龟（校订本）》，是周勋初先生领导南大古典文献研究方面的同仁集体完成的大型古籍整理成果。《册府元龟》卷帙浩繁，原文又不标出处，整理校订的难度很大。周先生为校订此书制定了严密周详又切实可行的条例，并在实际的校订工作中对参加者予以精心的指导，倾注了大量的心血。经过长达十年的努力，全书终于出版,并荣获首届“中国出版政府奖”,成为大型古籍整理方面的标志性优秀成果。可以说,周先生在目录学和古籍整理、工具书编撰等方面的工作不但为其整个学术事业奠定了坚实的文献基础,其自身也达到了很高的学术价值,这是周先生对学术作出的无私奉献。

三

周先生的学术研究更值得称道的优点是既能博通又能专精,前者主要体现在他能在不同的学科领域和时代断限之间做到融会贯通,触手生春;后者主要体现在他的研究都是解决具体问题的实证式研究,每本书、每篇文章都能落到实处。这两者也许可以归结为“大处着眼,细处落笔”八个字。

周先生具有宽广的学术视野,他的研究打破了当今学术界习以为常的一些疆界,把不同学科、不同时段的研究对象放在一起进行统一的观照,从而达到了融会贯通的境界。当今的学者,往往把研究工作集中在某一个时段,或某一种文体,甚至某一位作家、某一部作品。可是我们很难说周先生的研究对象是哪一个时段或哪一种文体,更不能说他是专门研究哪一位作家乃至哪一本书的。从时段上说,周先生至少在先秦、汉魏六朝、隋唐、清至近代几个时段的文学史或学术史研究中都堪称专家。从文体上说,周先生至少在楚辞、诸子、古代散文、诗歌、笔记小说等方面都堪称专家。更不用说他的研究其实还跨越了文学、史学两大学科,他在研究中运用过的方法还涉及神话学、人类学、民俗学、宗教学等相关学科,而且常常把几种方法综合起来运用,从而更好地解决问题。汉人王充说:“博览古今者为通人。”(《论衡·超奇》)又论“通”之重要性说:“海不通于百川,安得巨大之名?夫人含百家之言,犹海怀百川之流也。”(《论衡·别通》)“通”之一字,在学术上的意义本有两重,一是指知识面广，《易·系辞上》："曲成万物而不遗，通乎昼夜之道而知。"孔颖达疏曰："言通晓于幽明之道，而无事不知也。"二是指通晓事物的变化之道，《易·系辞上》云："极数知来之谓占，通变之谓事。"孔颖达疏曰："物之穷极，欲使开通，须知其变化，乃得通也。"正由于周先生的学术研究中贯穿着这种"通"的精神，才能达到博古通今、出入文史的境界，才能对古今学术的渊源流变有深刻的把握。

周先生学术研究的"通"有两点明显的表现，一是其学术研究的范围十分广泛，上文已经涉及，兹不赘述。二是其学术研究经常体现出宏通的眼光，不仅视野广阔，而且脉络清晰，真正做到了一以贯之。在周先生的心目中，无论是文学史还是学术史，都是一个整体，他对它们都有着全局在胸的把握。例如他的《中国文学批评小史》一书，以二十多万字的篇幅展示长达三千年的中国文学批评史，在同类著作中可能是最为简洁的。此书出版后广受学界欢迎，不但在国内多次印刷，而且被译成日文、韩文，在国内外许多所大学被采为教材，除了其简洁明了的优点之外，其内在的"一以贯之"的清晰脉络显然是最重要的原因。蒋凡、汪涌豪先生评此书："疏而不遗，俭而无阙，使莠稗咸除，菁华毕出。"确非虚誉。即使是单篇的专题论文，周先生也常常能做到小题大做，在具体问题的论析中表现出他对其来龙去脉的整体性把握。例如下面两类论文：

第一类是论述对象自身即具有贯通不同时代的性质的论文，如《古今文史观念的演变——以正史、小说为重点所进行的探讨》一文，对中国古代关于笔记小说的史学价值的观念之发展演变进行了全面的探讨，指出古代轻视小说的传统观念虽然在近代逐渐有所变化，但仍未得到彻底扭转，并提议进一步开拓正确地处理小说材料的治学途径。又如《登高能赋说的演变和刘勰创作论的形成》一文，从《文心雕龙·诠赋》中论及“登高能赋”说对赋体之形成的作用说起，对此说在古代文献中的各种表述循本溯源，分析异同，从而指出此说在各种典籍、各个时代具有不同的含义和性质，最终得出刘勰虽引古语而实已注入新义的结论。此类论文虽然篇幅不长，但其中贯穿着文学史或学术史的通变意识，如果不是全局在胸，是不可能如此高屋建瓴的。

第二类论文的论述对象本是某个具体的问题，但在周先生笔下也做到了见微知著，贯通古今。例如《从唐人七律第一之争看文学观念的演变》一文处理的是一个比较细小的问题，即前人关于哪首诗是唐代最好的七言律诗的争论。但是周先生并没有象前人那样孤立地对那些作品作孰优孰劣的评判，而是把各家的说法置于不同的时代背景之下予以考察，并进而指出各家的说法都与其所处时代有着密切的关系，而且典型地体现出唐、宋、明、清四个时代的不同的文学观念。这样，此文不但为“唐人七律第一”之争这个长期聚讼纷纭的问题找到了合理的解释，而且为我们考察唐宋以来的文学观念之演变提供了一个独特的视角。与此类似的还有《郭璞诗为晋中兴第一说辨析》、《杜甫身后的求全之毁与不虞之誉》等文。应该说，要在第二类论文中体现出通识要比第一类具有更大的难度，因为当研究者关注此类题目时，往往会受到它们的研究对象的微观性质的束缚，从而入而不出，并影响其结论的准确性。如果长期如此，还会使研究者陷入琐屑、狭窄的境地而不能自拔。

那么，在学术研究中追求通的境界，其目的究竟是什么呢？周先生对此有十分明确的答案，他讲解陈寅恪的《论韩愈》的一篇文章就题作“通才达识，迥出意表”，并在此文的开头说：“事物之间的联系充满着辩证的关系。有些事物之间，看似绝无关系，甚至还有相互排斥的情况，但若细加考察，则仍可以发现彼此之间有其内在联系。人们观察事物时，如果只是停留在表面现象上，那就只能人云亦云，在低层次上作些论述;但若能发掘出事物之间的潜在着的深层联系,并能深入地加以阐发,最后取得大家的公认,这类文字才有可能被人认为具有发人之所未发的创见。显然,我们应该努力提高自己的学养,培养敏锐的感受力与观察力,有所发现,有所创新,有所建树。"这段话说得十分精采。所谓"发掘出事物之间的潜在着的深层联系",也就是深入事物的本质,因为世界上的万事万物之间本来就是互相联系、互相作用的,即使有些事物以孤立的状态出现,那也只是表象而非本质,这是我们所处的这个宇宙的根本性质。正因如此,深刻的研究必然要关注事物之间的联系(包括共时性的联系和历时性的联系),而不是仅仅满足于对单个的事物作孤立的考察。周先生的学术研究正是这种学术理念的生动体现。

四

周先生的学术研究带有强烈的朴学色彩,但是并不严守清代乾嘉学派的考据训诂的藩篱,程毅中先生为《周勋初文集》所作的书评题为"寻求新朴学发展的道路",可谓探骊得珠。朴学,究其本义,是指一种朴质的学问,故清人用来专指经学中特重考据训诂的流派。周先生对乾嘉学派的学术成就是很钦佩的,但是他更加心仪的是以王国维、陈寅恪为代表的现代学术传统,他说:"近百年来,我国学术界出现过好几位杰出的学者,如王国维、陈寅恪等人,他们一方面继承了清代朴学的优良传统,一方面又接受了西洋学术新的研究方法,他们的成就,必须继承。"周先生本人的学术研究,也带有同样的特点,程毅中先生评之为"文献学和综合研究,体现了一种具有朴学精神的治学方法,也许可以说是开拓了一条具有民族特色的文史研究的道路。"这种"新朴学"的内涵当然是十分丰富的,它在周先生的学术研究中也有多方面的体现,其中最为显著的一个特点则是不尚空言、意在解决具体问题的实证精神。

学术研究有什么实在的意义？著书作文的目的是什么？在周先生看来，治学的目的是很明确的，那就是为了解决问题。周先生对那种游谈无根、老生常谈式的论著是很不以为然的，他本人的论文无论长短，都是针对某一个具体的问题而展开的，而且都能得出一个切实的答案。当然，这个答案必须是具有新意的，甚至是发前人所未发的。周先生的文集中颇有一些题目就很新警的文章，例如《魏氏三世立贱的分析》、《刘勰的两个梦》、《〈文选集注〉上的印章考》等文。曹操、曹丕、曹叡“三代立贱”，即把出身贫贱的女子立为后妃，这个现象早在《三国志》的裴注中就提到了，但是人们一般只把它看作曹氏作为“赘阉遗丑”的家族的非礼妄为，却并未深究其本质。周先生通过仔细的分析，指出曹氏此举不但含有阻止后族干政的政治目的，而且意味着对传统道德观念的离弃，曹氏的这种家风对“慷慨以任气，磊落以使才”的建安文学有深刻的影响。刘勰在《文心雕龙·序志》中说到他早年作过的两个梦，一是梦攀彩云，二是梦中随孔子南行。这两个梦有什么意义？刘勰为什么要在书中写它们？周先生对此作了精采的分析，他考察了当时文人常常梦及多彩之物的现象，以及盛行一时的占梦之风，从而指出刘勰托梦示意的意图，于是刘勰的两个梦的意义就昭然若揭了。这些文章从选题到切入角度都具有别出心裁的创新意义，读来有耳目一新之感。

如果说上述论文的共同性质是题目都很新奇且较窄小，从而易于出新的话，那么我们再来看看周先生的论题较为宏大的文章。《梁代文论三派述要》是周先生写于文革之前的重要论文，此文把梁代的文论分成守旧派、趋新派和折衷派，详尽地论述了各派的特点和彼此间的分歧，从而对梁代文论有了整体的把握，且弄清了其内在脉络。此文较早传到海外，被台湾学人誉为“探骊得珠，允称佳制。”《韩愈的〈永贞行〉以及他同刘禹锡的交谊始末》一文所讨论的是前人聚讼纷纭的旧题目，但此文既把韩、刘关系置于中唐的政治、文化背景中进行宏观考察，又结合两人个性等诸多具体因素作微观分析，从而得出了比较新颖且公允的结论，很有说服力。《叙〈全唐诗〉成书经过》一文对《全唐诗》的来龙去脉进行了深入的探讨，详细论述了扬州诗局迅速编成《全唐诗》实因沿袭季振宜《全唐诗》及胡震亨《唐音统签》的奥秘，这对学界正确评价《全唐诗》并理清唐诗学史的自身脉络具有重要的启发意义。此文发表后得到学界的高度重视，傅璇琮先生认为它"是一篇很有分量的论文"。此外如《元和文坛的新风貌》、《北宋文坛上的派系和理论之争》等文也都具有后出转精、推陈出新的特色。至于他的《魏晋南北朝时科技发展对文学的影响》、《刘勰的主要研究方法——"折衷"说述评》、《宋人发扬前代文化的功绩》等文，体现出更宽广的视野和更敏锐的目光，对拓宽学术领域具有更大的意义，更是不言而喻的事实。

周先生曾自述其治学心得说："从事学术研究，应把'发前人所未发'作为第一要义。假如只是改头换面地抄袭前人的某些观点，或是把许多他人的观点综合一下，或是在前人的结论上再增加几条材料，都算是创新，那又有什么意味？"（《顺其自然地登攀》）又说："文中必须有创见，力争在学术上有所突破，这是从心灵中流出的精液，更能激发你魂牵梦萦的感受。"（《书林跋涉的自白》）如果你读过了周先生的全部论著，定会觉得这真是一位成功学者的肺腑之言。这些话虽然说得相当平实，但实际上已提出了一个相当高远的学术目标。在这个意义上，周先生的这番话也可看作是一个学界前辈对后来者所传授的经验之谈，具有重要的启迪意义。

周勋初先生虽已年近八旬，但他老当益壮，好学不厌，仍然像以往一样勤奋地读书、治学。在《周勋初文集》出版之后，他精心选编的《李白研究》一书已经出版，此书前言对百年来的李白研究作了全面的总结，选文则用宏取精，得到国内外李白研究界的高度重视。作为南京大学《中国思想家评传丛书》之一种的《李白评传》则凝聚了周先生多年研究李白的心得，在李白的家世、生平行事及思想倾向等方面都有较大的开拓，堪称李白研究的最新学术成果。薛天纬先生认为："由于基本史料的限制，李白的实证性研究已少见有效进展。本书却能独辟蹊径，揭示了李白独特思想形成的深层背景，为解读李白提供了新的视角与观点。"由周先生指导的马来西亚留学生余历雄博士将老师的教诲纂成《师门问学录》一书，记录了周先生在循循善诱的教学过程中所发表的许多富于启发性的学术见解。老骥伏枥，志在千里，周勋初先生依然笔耕不辍，在《文学遗产》等重要学术刊物上仍不断出现他的学术论文，由他主持的重编《全唐五代诗》、《宋人轶事汇编》等工作也正在有条不紊地进行。一位勤奋不懈的耕耘者方能长葆学术的青春，在周先生的学术活动中正闪耀着中华传统文化那种生生不息的精神。

（原载《周勋初先生八十寿辰纪念文集》，中华书局 2008 年版）

赘　言

我从未出过自选集。近年来，却接到了两项编写自选集的任务。2013 年，江苏省评出了十位社科名家，我忝列其中，省社科联要求每位当选者编一本自选集，内容也有所规定。2014 年，复旦大学中国古代文学研究中心计划编一套“当代中国古代文学研究文库”，主任黄霖教授来函邀约，把我列入“第一辑”中。二者内容差不多，我就作了分工。江苏的一本名为《江苏社科名家文库——周勋初卷》，为综合性著作，成果介绍中包括“文史研究”“序”“叙录”“访谈录”“前言后记”“教学讲演”等；上海的一本名为《锺山愚公拾金行踪》，仅收学术论文二十六篇。二者前端都有一篇介绍个人治学经验的文字，末尾都附学术年表。前者已于 2015 年 6 月由江苏人民出版社出

版，后者已于 2016 年 5 月由复旦大学出版社出版。看到自己在即将搁笔之时能有两次向学界请教的机会，自是高兴。但高兴之馀，也有些遗憾。例如《周勋初卷》中收入了一篇《宋人轶事汇编》的《前言》，《唐人轶事汇编》的《前言》就无法列入，总是受到字数的限制，只能阙如。我对二书《前言》本有分工，以前也已讲过：“《唐人轶事汇编》的《前言》，重点介绍笔记的价值、国史与笔记的关系、学术观念亟待更新等问题，《宋人轶事汇编》则将重点放在论证唐代社会与宋代社会的不同，生活在不同时代的文士作风与观念有差异，这些如何反映在笔记之中。二者既要分别有其总体的叙述，显示两种书的不同文献价值，学者应如何对待，如何利用，还要相互呼应，说明唐宋两代人物的时代风貌。”这些想法也就难于贯彻了。《锺山愚公拾金行踪》中也有类似问题，如《文心雕龙》研究论文中，本来我还打算把《刘勰的两个梦》也收进去，此文有我的一些新见，也曾蒙他人夸奖，但考虑到该书已收《文心》论文三篇，不宜再增加什么同类文字了。与此类似，李白部分本拟收入《李白的晋代情结》一文，该文是我后期写作的一篇长文，对李家自碎叶迁回，何以定居四川，李白离蜀后为什么首先到剡中探访名山，以及金华牧羊儿等传说内涵之演化等等，都有一些新见。但该文长达二万多字，故亦未能纳入，只能引为遗憾。由此想到，世上少有十全十美之事，“艰辛与欢乐相随”，欢乐之中也有可能夹杂着些无奈，这就是人生，但这却不必去介意了。

【附录】

风雨过后见彩虹

——我退休后的家庭生活

祁　杰

1978年，邓小平复职，开始拨乱反正，把颠倒的历史重新颠倒过来。教师们回归自己的本职岗位，教书育人，进行学术研究，开始新的事业。我被调至琅琊路小学，任务明显加重；丈夫周勋初更是忙得不亦乐乎，终日应付层出不穷的任务，但在宽松的政治环境中，大家精神舒畅，在教书育人的岗位上作出了各自的贡献。

1988年，我早已盼望的退休年龄到了，一方面可以使我长期透支的体力得到恢复，另一方面可以助勋初一臂之力。在经过短暂的过渡之后，我彻底回到家里，开始了我的退休生活。

我除了积极参加琅小退休老师组织的各项文体活动外，还在南大校园参加各种晨练活动，学太极拳、太极剑、大雁功等，乐此不疲，并且参加了在宁高校一些退休教师组成的“大乐天健身队”，每周学习各种新的舞蹈动作，随着音乐的节拍活动全身，觉得轻松愉快。在活动中，结识了-些南大的朋友，组成了“小乐天健身队”。队里有体育、气象、地理、生物、地质、中文系的退休教师，每个月安排游览、参观、聚会、聊天等活动，不仅能获得不少知识，也增进了友谊。坚持多年，经过锻炼和科学饮食，原本虚弱的体质，逐渐转好，体重由原来的过轻，逐渐增长到理想体重，心情无比愉快。

八十年代，有了接触电脑的机会，我很感兴趣，立即学习文字输入和基本的操作。因为要帮勋初打的稿件很多是文字艰深的古文。虽说我用汉语拼音输入法可以无师自通，但是考虑到输入古文的特殊性，读音不准就打不出，于是我又学习了“五笔字型输入法”。这种方法要记住各种偏旁部首在键盘中的位置，学习起来较难，但学会以后速度会比拼音输入法快。边学边干，成效显著。在活动小组内，我主动承担着打印名单、通讯地址和活动安排等任务，觉得很有成就感。

自改革开放以来，勋初的职务不断提升，因为工作的需要，任务也不断加重。过去这个连小组长都没有资格当的人，先后被任命为南京大学古典文献研究所所长、研究生院副院长、中国古代文学重点学科学术带头人等职务，其他社会职务也很多。所带的硕士生和博士生，既有中国人也有外国人，还有一些日本的高级进修生。他的个人著作和主编的各种类型著作不少，有的已传播并翻译到境外、国外。国内外的学术会议和国外的讲学邀请接二连三。他的学术著作接连获得政府大奖，所带领的古代文学团队在国内名列前茅，他也多次获得优秀学科带头人和优秀博士生导师的称号。所培养的不少学生，也已是各校的学科带头人或学科骨干。1999 年被聘为江苏省文史研究馆馆长，连任三届政协委员和常委。2013 年获“江苏省社科名家”称号，2014 年获南京大学荣誉资深教授称号。先后应邀去日本、美国、比利时、韩国、马来西亚、新加坡等国家和台湾、香港地区参加国际学术研讨会或讲学，均受到最高礼遇，这就为我创造了不少外出的机会。

我的退休生活可谓丰富多彩，从1991年至2013年，去过山水甲天下的桂林，珍贵的杭州西溪湿地，宛如仙境的九寨沟和喀纳斯湖，建筑在潺潺流水之上的云南丽江，楚汉相争之地河南鸿沟，还有诸多疑团未解的四川三星堆遗址……。在国外，我到过欧盟总部所在地的比利时，郁金香之国荷兰，世界最大港湾荷兰鹿特丹，法国名闻遐迩的卢浮宫、凡尔塞宫、埃菲尔铁塔和意大利比萨斜塔、斗兽场、万神殿，参观了拿破仑兵败之地——滑铁卢村、美国印第安人文化遗址、奥兰多环球影城……踏上了建在阿尔卑斯山顶"悬崖顶上的首都"摩纳哥和精美的欧洲小镇根特、布鲁日……世界著名的四大教堂，梵蒂冈的圣彼得大教

2003年9月，游毕荷兰鹿特丹港后自游艇上下来

堂、德国的科隆教堂、意大利的米兰教堂、法国的巴黎圣母院，我一一去领略了它们的气势恢宏和华丽精美。从米兰教堂出来后，还在旁边著名的商业街“埃马努埃莱二世”长廊一家饮食店前棚内餐桌上吃了一顿正宗的意大利牛肉面。参观科隆教堂后，坐在对面那家著名的百年老店“Cate Raichard”前面客座上，品尝其著名的蛋糕与其他各种名点，以最佳的角度品味科隆教堂的整体面貌。

2003 年 9 月，登意大利大卫广场俯瞰佛罗伦萨市全景

有许多可遇而不可求的机会，好些学生毕业后邀请老师去他所在的学校讲学，借机会好好招待老师；有的是同行朋友的邀请，也有一些学校慕名而来邀请。国外邀请讲学，按国际惯例，每次出国、出境讲学都要夫人同行，还有一些学术活动，对六七十岁以上的资深学者特别优待，盛情邀请夫人陪同；有的国家在讲学报酬之外另付旅游费，有的国家没有此项支出，那就自己慷慨解囊了。

多次的出行，使我最为自豪的是，祖国大陆版图的东南、西北、东北、西南边陲，都有了我的足迹。福建的厦门，与宝岛台湾隔海相望，晴天，可以遥望金门、马祖；走进云南大理的风雨桥，少数民族载歌载舞，以三道茶的民族礼仪款待我们，这里与越南毗邻；当我们登上长白山，一睹天池的秀美多姿，脚下便是中国和朝鲜的界石；漫步在新疆喀纳斯湖风景区，导游告知，如果要到山的另一边，就要到俄罗斯大使馆去签证了。

“旅游”一词是在改革开放以后才听说的，以前从未想起过，因为游山玩水是资产阶级所为，在革命的年代是要被批判的。那个年代，即使有此机会，每月几十元的工资，也难以实现。改革开放以后，各种学术会议纷至沓来，与会者都希望趁此机会就近参观一些久已向往的景点。一则机会难得，再则确实也是学术研究方面的需要。古人所到过的地方总会留有一些历史遗迹。以前从书本上所获得的知识，现在亲临其境，一种对传统文化和祖国大好河山热爱的情感油然而生，对于知识分子来说也是重要的一课。我们第一次出境是1991年到尚未回归的香港，日程安排紧张有序，朋友的问候和盛情的设宴款待，让我们倍感亲切。当地正值圣诞节前，朋友引领我们去“超市”购物，这个名词可是第一次听说，好奇地走进门后，宽敞的厅内，怎么会只见一排排货架上琳琅满目的物品，大家各取所需，却不见服务人员？心想就不怕有人将物品带走吗？参观维多利亚港夜晚大型的立体霓虹灯图案，浓浓的节日气氛，让我们目不暇接。乘登山电梯一节节登上太平山，一览香港夜景，对岸高楼林立，灯光明亮，色彩斑斓，恍如白昼。即使一些今天看来并不豪华的硬件设施，对于刚踏上境外的我们来说，都充满着强烈的新鲜感，真是从未体验过。我们两次去台湾，勋初分别在清华大学和东海大学讲学一学期，加起来有一年光景，所到之处，朋友们异常热情，假日常是驾车带我们出游。阿里山、日月潭二地，是童年时从书本中知道的，但又怎么可能有朝一日去“到此一游”？时移势转，“文革”终告结束，九十年代，居然能亲身领略到了宝岛的自然美景，我们不禁怀疑：这是不是在做梦？同时又想到，如果当年被戴上个什么诸如“现行反革命”“右派分子”之类的帽子，劳改判刑，或发配边疆，按我俩的身体状况，一定会家破人亡，哪会有今天这样的光景？在台湾生活的日子里，我还深切地感受到中国传统文化中的孝道并没有受到摧残，内容更充实，更时尚。一天，东海大学几位教师邀我俩去看京戏《阎罗梦》，散场后，系主任洪先生决定去“新天地”请我们吃晚饭。这是一家七层楼的大型饭店，进去一问，数百桌已全部预订一空！大家非常扫兴，只好走到第二家海鲜馆，谁料又是早已预订一空，不用说五个人，连一个座位也没有，又一次扫兴而回。无奈之下，又向第三家跑去，谎说早已预订，这才勉强占有几个位子。不一会儿，这里也座无虚席。原来，都是为母亲节而举家前来聚餐的，餐厅内欢声笑语，其乐融融。那一天，打开电视，为母亲节编排了多种多样的节目，整个社会营造了一种尊敬母亲、孝顺母亲的温馨气氛。我也接受了邻居送来的一束鲜花。那时我还从没有听说过“母亲节”呢，却在异地他乡享受到了母亲节的温馨。

九十年代初的出国出境，更有着强烈的新鲜感，令人难忘。解放后，闭关自守几十年，在我所接受的教育中，只知那些垂死的资本主义国家人民都处在水深火热之中，它们已日薄西山，正在作垂死挣扎，要靠中国人民解放军去解放他们。但当我真的走出国门，所见所闻却与我的认知差距甚远，国门之外所到之处，无论是硬件设施，市容市貌，服务水平以及人的素质，都使我大出意料。每时每刻都改变着并不断充盈着自己的认知。记得我们住在美国德克萨斯州女儿家中，一天晚上，电话铃声突然响起，“你们的信用卡是否被人盗用了？”原来信用卡公司监控时发现，当天有三次加油的记录，似乎不正常，因而提醒用户注意

1998年7月，参加台湾玄奘大学举办的“恭迎唐玄奘三藏法师舍利奉赠奉安大典”

此事。九十年代，他们的科技水平居然已经如此发达，让我大为惊讶。女婿向来电者解释，今天两人的确是分三次给两辆车加了油的。这种现代化的服务，值得借鉴与学习，我还记得，我们飞往密歇根州立大学讲学时，中途需要在底特律机场中转，女儿立即给机场打了电话，要求为两位老人提供帮助。当我们下飞机时，服务人员已经在机舱出口处等待我俩上车了，很快开往另一个登机口。服务如此热情周到却分文不取，这些地方让我真正懂得了顾客是上帝，并有了亲身体验。在日本，横山弘教授热情地带我们去他的老家，北海道的一个小渔村发展起来的一个小镇——江差。站在江差的小山上，他指着前方让我们遥望中、日、俄的海域交界，如此边远的小镇，但当你走进家中，却发现生活设施和所居住的奈良市没有两样，内心充满羡慕。我们在奈良和江差正好赶上他们的盂兰盆会和江差姥神大神宫祭礼（亦称江差姥神神社祭礼)的节日,当地民众几乎是倾城出动,热情参予,他们衣着讲究,神灵出巡时,几十辆车子都由人牵挽,据说有的是远在外地的大学生,也赶回来参加这次难得的祭奠活动。各种角色着装分明,大家齐心协力,哼着小调,步伐整齐,全身心投入巡街活动,他们没有丢掉能够凝聚民心的传统,令人震憾。勋初年轻时生长在农村,学生时代学过楚辞,所以对宗教与民俗一直极有兴趣。参加这样的盛会,真是终生难忘。横山教授说:“这里虽然是边远农村,生活水平和城市相比并不差,每户还不止一辆汽车。”到了北海道的函馆,午餐时间到了,横山的大姨把汽车停下,并没有加锁,连车窗也没有摇上去,我连忙提醒,但她却笑着说:“不用锁,不会有事的。”这让我很是不解,难道资本主义先行消灭了城乡差别?尽管我年幼时受到过卢沟桥事变炮声的惊吓,随后北京沦陷,对日本总有着一种挥之不去的恶感。数十年过去了,看到现实,也不得不让我感慨!外面的世界很精彩,闭关自守,唯我独尊,往往是自欺欺人。

中国的美食当然最为可口,但是国外的美食也不可小看。我们在密歇根州立大学,院长的宴请是地道的美式大餐;朋友在巴黎香榭丽舍大街设宴,让我们品尝到了标准的法国大餐;日本朋友在北海道函馆的山水旅馆为我们准备了很高级别的日本大餐,日本侍女身穿和服,跪在榻榻米上一道道上菜,提供的是标准的日本式服务。各国的大餐都有着本国的程式,餐具都极为精美,并富有该国特色。而让我记忆犹新的是,朋友从北海道买的大毛蟹,体长两尺有徐,为保鲜,打捞出海后直接空运至我们的奈良居所。我们都喜好美食,东西南北吃过的东西还算不少,然而在品尝美食方面也有小小的遗憾,那就是因为语言的隔阂,无法一一访求著名餐馆,例如到荷兰和卢森堡等地时,就只能到中国餐馆就餐了。

美国唐代文学学会会长艾龙教授在墨西哥湾水上餐厅设宴,佳餚中有专吃大鳌的一种螃蟹,他还亲自动手为我们做了布丁,其色、香、味、型与店家没有差别。这位亿万富翁，只身住在偏僻的海边，一座原始森林里，问起他的安全，他说数十年了，从来没有出过问题。我们住在艾龙的别墅里，这里是美国海滩度假胜地，佛罗里达州著名的索拉索塔的白沙滩，面临墨西哥湾，看看那里的天是湛蓝的，飘浮着朵朵白云，滑翔伞在上空飞来飞去，海豚不时游来游去，那么开阔，那么绚丽多姿。女儿女婿驾车陪同参观新墨西哥州的印第安人文化遗址时，这里规模虽小，却倍受国家重视，专门有国家安全部的工作人员精心守护。在日本京都，人们踊跃参观中国《大唐长安展》；在奈良，参观一年一度的正仓院展览。参观中国的文物展出时，众多参观者，不顾高价门票，从异地赶来，身着和服，自备放大镜，认真严肃，秩序极佳。解说员讲解时，坦言日本文化受到中国文化巨大影响，老京都城叫平安城，全部模仿中国长安而建造。作为一名中国人，由衷地感到自豪。在展览馆前，我们立即拍了照片，留作纪念。只有去经历、去体验，才更领会中国文化的悠久和伟大。

1997 年 11 月，应美国唐代学会会长艾龙教授之邀，于佛罗里达州的萨拉索塔市墨西哥湾水上餐厅共进晚餐

1994年10月，参观日本京都市举办的平安建都1200周年纪念展——大唐长安展

回顾半个世纪以来，我们的家经过了风风雨雨，跨过了沟沟坎坎，雨过天晴，疯狂的年代过去了，我俩也已进入了老年。回顾过去，真可以说是换了人间。改革开放之后，经过几十年的努力，中国已经成为世界第二大经济体，生产总量已超过日本，目下发展趋势仍势不可挡，作为一个中国人，内心充满着骄傲与幸福。

作为一个家庭，安排好每个人的学习、工作，生活才能解除后顾之忧，真正轻松快乐起来。值得高兴的是：患有先天性心脏病的儿子十二岁时，在北京阜外医院作了心脏手术，也是经历了一场生与死的考验。所幸的是，经过十年动乱，“改造”后的顶尖医生又可以重上手术台了，在北京亲友的大力帮助下，心脏手术成功了。痊愈后，儿子渐渐成长，毅然去广州打拼。如今他有了自己的家，有了学习优秀的女儿，爱人是中学历史教师，为人温良和善。儿子的自信和奋斗精神，常被亲友称道。

女儿从小自觉，我们从不为她的学习操心。从东南大学建筑系毕业后，去美国留学，研究生毕业后留在美国工作，并取得建筑师的资质，女婿也取得了设计师的资质。多才多艺的外孙正在读中学。去年她们邀请哥哥一家去美国旅游，两家欢聚在美国，其乐融融。使我们解除了后顾之忧。

我俩已是耄耋之年，勋初自知可用的工作时间已经不多，还是应该把有些事情落实到文字，留给后人，完成一个知识分子的使命。看着他日益衰老的身躯，仍伏案工作，不免有点担心，但是时不我待，只能多方面支持他的工作，助他一臂之力。自从南大文学院搬离鼓楼本部至仙林校区后，采用电子办公系统，一切联络都要通过电脑，诸如接收并转发文稿及信件，扫描、复印，刻录光盘、上网查阅资料，填写各类报表等事都由我代为完成。这些事情在我的退休生活中占了很大份额，使我从不感到空虚或失落。如今，电脑是我的书库，是我的字典，是我的老师，是我获取各种资讯的信息库，我可以从中享受各类文化大餐，它已经成为我不可或缺的好伙伴。

2014年教师节前，琅玡路小学的“小主人教育：一体化课程与教学改革探索三十年”获得了“国家级基础教育教学成果奖一等奖”。这是建国六十五年来首次将基础教育纳入国家级教育教学成果评奖的范围，琅小是江苏唯一荣获这一大奖的一所小学。三十年前，我任教导主任时，经过调查研究，提出“三个小主人”(做学习的小主人，集体的小主人，生活的小主人)的科研课题，并草拟实施方案。经过几代人的不懈努力，获此殊荣。三十八年的教学生涯，划上了圆满的句号，内心十分快慰。

近期勋初将完成《全唐五代诗》等国家项目，作为第一主编，带领团队，历时二十二年，最后冲出重重困境，可喜可贺！《宋人轶事汇编》五册四十卷也已出版，此外《文心雕龙解析》《唐诗纵横谈》等个人著作一一面世，《江苏社科名家文库·周勋初卷》《锺山愚公拾金行踪》两种自选集也先后出版，历经艰难困苦，最后有此结果，也算是为中国传统文化的传承贡献了一切。看到几种本已出版无望的书最后还能圆满完成，内心更加愉快。他看到学生们兢兢业业，事业有成，尊师重道，觉得无比快慰。毕竟我们赶上了国家改革开放，可以摆脱各种干扰，做一些自己想做的事，心中自然无比畅快！

经过漫长的人生体验，使我悟到：忘却计较，学会宽容，才会快乐。以前受到的各种不公正待遇，让它随风飘去。苦尽甘来，风雨过后，我俩满怀喜悦笑看天上的彩虹！